DAS GROSSE BUCH DER
INTELLIGENZ

Der schnelle Weg zum höheren IQ

Harald Havas

unter Mitarbeit von

Matthias Edbauer
Mike Hillenbrand
Doerthe Seifert
Kirstin Stadler

Sonderausgabe

2002 Trautwein Lexikon-Edition
Genehmigte Sonderausgabe
© Compact Verlag München

Chefredaktion: Ilse Hell
Redaktion: Dr. Matthias Feldbaum, Stefan Klein, Esther Haffner
Redaktionsassistenz: Anton Vogel

Produktion: Martina Baur, Susana Spatz
Zeichnungen: Nina Ruzicka, Gabi Spiegl
Titelabbildungen: AKG, Berlin; Gruppo Editoriale Fabbri, Mailand
Umschlaggestaltung: Inga Koch

Mehr Infos im Internet unter www.compactverlag.de

ISBN: 3-8174-5471-6
5454711

Vorwort

Viele Mythen ranken sich um das Thema Intelligenz. Der gefährlichste Mythos besagt, Intelligenz sei angeboren und unveränderlich. Wenn Sie diesen Nonsens ohnehin nicht glauben, überspringen Sie den Rest des Vorworts – viel Spaß mit allerlei Wissenswertem zum Thema Intelligenz, genießen Sie vor allem die amüsanten Übungen zur spielerischen Intelligenzsteigerung.

Bestimmt hat Ihnen schon einmal der Name eines bekannten Künstlers, Sportlers oder Politikers, ein Ortsname oder die Bezeichnung eines Gegenstandes „auf der Zunge gelegen". Sie wissen ganz genau, wen oder was Sie meinen. Nur der Name, der Name?! – der fällt Ihnen partout nicht ein.

Eine ganz alltägliche Situation. Psychologen sprechen dabei von einer „lingualen Hemmung" und die hat absolut nichts mit Intelligenz zu tun. Stellen Sie sich aber vor, so eine „linguale Hemmung" tritt auf, während Sie den sprachlichen Teil eines Intelligenztests bestehen müssen. Wie würde dann wohl Ihr Testergebnis aussehen? Und bestimmt hatten Sie schon mal einen wirklich miesen Tag. Vielleicht waren Sie verkatert – oder einfach schlapp und denkfaul. Ein Intelligenztest an einem solchen Tag brächte zweifellos ähnlich verheerende Ergebnisse.

Intelligenz ist also keine fixe Größe, sie variiert von Tag zu Tag, ja sogar von Minute zu Minute. Natürlich könnten Sie jetzt einwenden, schlechter kann es werden – aber doch nicht besser?! Das ist ein Irrtum.
Der Beweis ist denkbar einfach: Sprachgebundenes Denken ist eine zentrale Dimension der Intelligenz. Was nun, wenn Ihre sprachgebundenen Fähigkeiten – sagen wir mal, mit einem Intelligenztest in japanischer Sprache – getestet würden? Wahrscheinlich lägen Ihre Intelligenzwerte hier in der Gegend von Null-Komma-Irgendwas. Wenn Sie sich aber zu einem Japanischkurs aufraffen und den gleichen Test nach ein paar Monaten durchführen würden, sähe das Ergebnis schon ganz anders aus!

Zugegeben, das ist vielleicht ein zu simples Beispiel. Dennoch illustriert es deutlich: Intelligenz beruht zum Teil auch auf Erfahrung und Vorwissen.

Intelligenz ist schlicht die Fähigkeit, Probleme schnell und effektiv zu lösen. Wenn Sie noch nie zuvor einen Dosenöffner gesehen haben, würden Sie dann auf die Idee kommen, dieses merkwürdige Stück Metall einzusetzen, um an die Sardinen zu kommen? Weil Sie aber wissen, wie das Werkzeug Dosenöffner einzusetzen ist, stellt die Situation „Sardinen in der Dose" kein Problem für Sie dar.

Dieses Buch vermittelt systematisch Wissen über das nötige „geistige Werkzeug", um Probleme, wie sie typischerweise in Intelligenztest-Aufgaben vorkommen, schnell und effektiv zu lösen. Dabei handelt es sich zugleich um grundlegende Denk-Strategien, die auch Ihren Alltag bereichern werden.

Da man nie genau im Voraus wissen kann, worauf der vor einem liegende Test hinaus will, empfiehlt es sich, auf alles – auch auf das Unvorhersehbare – vorbereitet zu sein. Darum wurde in diesem Buch auch auf eine besonders große Vielfalt der Testaufgaben geachtet. Am Anfang der jeweils einem bestimmten Bereich der Intelligenz gewidmeten Kapitel finden Sie eine Reihe von Tipps und Hinweisen, wie in Folge mit den Aufgaben umzugehen ist. Der weitere Aufbau gliedert sich dann in drei Schwierigkeitsgrade:

```
*     =   leicht
**    =   mittel
***   =   schwer
```

Am besten, Sie arbeiten ohne Zeitdruck einen Schwierigkeitsbereich durch und lesen anschließend die Lösungen. Das wird Ihnen helfen, den nächsten Bereich besser lösen zu können. Manche der Tests lassen sich auch öfter wiederholen.

Egal, ob Sie dieses Buch als Vorbereitung auf einen Eignungstest benutzen, Ihre Fähigkeiten überprüfen und stärken wollen oder einfach Spaß am Lösen kniffeliger Aufgaben haben: Sie werden sehen, dass es sogar Spaß macht, mit Hilfe solcher Tests immer noch intelligenter zu werden!

INHALT

Intelligenz und IQ

Was ist Intelligenz?

Die Frage nach der Intelligenz ist eine Frage, die schon immer existiert, aber im letzten Jahrhundert zunehmend an testtheoretischem Interesse gewonnen hat. Das, was heute unter Intelligenz verstanden wird, hat damit eine lange Zeit der Forschung und Testtheorien hinter sich. Es wurden einzelne Faktoren, wie z. B. Rechnen, aber auch mehrere Faktoren in Kombination untersucht und entsprechende Tests zur Bestimmung des IQ beim Individuum entwickelt. Diese Tests haben sich je nach Forschungsrichtung im Laufe der Zeit mehr und mehr verändert, was auch eine Änderung der Testkonzeption mit einschloss. Wenn man früher noch von einem intelligenten Menschen sprach, wenn er gut rechnen konnte, so sagt die Wissenschaft heute, dass sich Intelligenz nicht nur auf gutes Rechnen bezieht, sondern auf mehrere Faktoren, wie z. B. räumliches Denken, Rechnen, induktives und deduktives Denken und so weiter.

Der Begriff der Intelligenz hat sich also in den letzten Jahrzehnten verändert und damit auch die Intelligenztests. Auch heute noch wird an dem Begriff der Intelligenz gefeilt, indem man ihn z. B. durch Faktoren wie Kreativität, soziale Kompetenz und emotionale Intelligenz erweitert, wobei diese oftmals durch extra konzipierte Tests erfasst werden müssen. Intelligenz ist also ein Begriff, der bis heute nicht eindeutig bzw. einheitlich definiert ist und es gilt: Intelligenz ist, letztendlich das, was ein Intelligenztest misst.

Die Anfänge des IQ

Intelligenz ist eine menschliche Eigenschaft, für die nicht erst seit einem Jahrhundert großes Interesse aufgebracht wird. So haben sich seit jeher die Philosophen für menschliches Denken und kognitive Fähigkeiten interessiert. Intelligenzforschung im heutigen Sinne hat ihren Ursprung um die Jahrhundertwende in der Psychologie genommen. Es gab verschiedene Forschungsrichtungen, so z. B. eine englische, eine amerikanische sowie eine französische Richtung, die von verschiedenen Forschern und ihren Ansichten geprägt wurden. Einige von diesen Forschern haben bis heute einen großen Namen (z. B. Guilford, Galton, Spearman, Thurston) in der Intelligenzforschung und ihre Erkenntnisse sind immer noch von großer Bedeutung. Der Beginn der Intelligenzforschung wird heute u. a. an einem aus der französischen Richtung stammenden Forscher namens Binet festgemacht. Er sollte im Auftrag des französischen Ministeriums für Unterricht und Erziehung die geistigen Fähigkeiten der (zurückgebliebenen) Schüler untersuchen. Hierfür setzte er zunächst einen Maßstab fest, der sich nach der durchschnittlichen Häufigkeit des Lösens der Aufgaben eines bestimmten Altersjahrgangs richtete. Somit konnte er dann in seinen Untersuchungen von einer durchschnittlichen, altersgemäßen Intelligenz ausgehen, d. h. von dem so genannten Intelligenzalter. In der Praxis bedeutet dies, dass ein Schüler, der die Aufgaben eines z. B. Siebenjährigen lösen konnte, das Intelligenzalter sieben zugeschrieben bekam, auch wenn er tatsächlich z. B. erst sechs oder schon acht Jahre alt war.

Woher kommt der Name IQ?

Die Bezeichnung IQ ist wie so vieles nicht einfach aus dem Nichts entstanden. William Stern – in Anlehnung an Binet – setzte die Zahl 100 als durchschnittliches, altersgemäßes Maß für Intelligenz fest. Dies bedeutet, dass jedes Testergebnis, das unter dem Wert 100 liegt, als unterdurchschnittlich und jedes Testergebnis, das über dem Wert 100 liegt, als überdurchschnittlich zu sehen ist.

Das Testergebnis sollte dann wiederum, zur Ermittlung des IQ, in folgende Formel eingesetzt werden:

$$\frac{\text{Alter der Intelligenz}}{\text{tatsächliches Alter}} \times 100 = IQ$$

Zum Beispiel: Ein siebenjähriger Schüler aus der 2. Schulklasse besteht durchschnittlich die Aufgaben eines achtjährigen Schülers aus der 3. Klasse. Sein IQ wird dementsprechend höher sein als der eines siebenjährigen Schülers, der durchschnittlich die Aufgaben eines sechsjährigen Schülers aus der 1. Klasse zu lösen vermag. Damit war der Begriff des IQ eingeführt.

Der IQ-Vergleich in der Bevölkerung

Wenn man die 100 als Maßzahl annimmt, so wird damit auch aufgezeigt, was als unterdurchschnittlich oder als überdurchschnittlich intelligent, als ge-

ring und gut, als sehr gering und als sehr gut und so weiter anzusehen ist. Damit weiß man aber noch nicht genau, mit welcher Zahl man sich in welchem Bereich befindet. Hierzu wurde ein Vergleich in der Bevölkerung durchgeführt, der mittels einer Gauß`schen Normalverteilungskurve errechnet und aufgezeigt werden konnte. Ausgeschrieben besagt er, dass sich eine Person in folgenden Bereichen befinden kann:

1. Im extrem geringen Bereich: Der IQ geht von 55 abwärts.
2. Im sehr geringen Bereich: Der IQ liegt zwischen 70 und 55.
3. Im geringen Bereich: Der IQ liegt zwischen 85 bis 70.
4. Im unterdurchschnittlichen Normalbereich: Der IQ liegt zwischen 85 bis 100.
5. Im Normalbereich: Dieser liegt zwischen einem IQ von 85 bis 115.
6. Im überdurchschnittlichen Normalbereich: Der IQ reicht von 100 bis 115.
7. Im guten Bereich: Der IQ reicht von 115 bis 130.
8. Im sehr guten Bereich: Der IQ liegt zwischen 130 und 145.
9. Im extrem guten Bereich: Der IQ geht von 145 aufwärts.

Hierbei ist zu bedenken, dass sich um die 68% der Menschen im Normalbereich (4 bis 6) befinden und dass es sehr selten Menschen mit extrem niedriger oder extrem hoher Intelligenz gibt. So sind z. B. Menschen mit extrem geringem IQ oftmals krank bzw. geistig behindert.

Intelligenzmodelle

Auch wenn nun der IQ geboren und eine Formel zur Festlegung erfunden war, so muss man doch erwähnen, dass in den heutigen Intelligenztests, Faktoren wie Alter in den Aufgaben schon mit einberechnet wurden, sodass Sie als Teilnehmer Ihren IQ aus Tabellen ablesen und nicht zu errechnen brauchen. Die Testkonzipierung mit ihren Berechnungen ist so komplex und kompliziert geworden, dass dies auch gar nicht anders möglich wäre. Als zweiter Punkt sei mit der Einführung des IQ auch erwähnt, dass dieser nicht die gesamte Leistung eines Menschen erfassen kann. Der IQ ist zwar eine Maßzahl für Intelligenz, jedoch handelt es sich dabei um einen pauschalen Wert. Man sollte seinem IQ-Wert also immer mit einer gesunden Skepsis begegnen. So bedeutet ein IQ von unter 100 nicht generell eine geringe Intelligenz. Es kann durchaus sein, dass man auf einem bestimmten Gebiet (das vielleicht kaum oder noch gar nicht getestet wurde) überragend gut abschneiden würde. Dies könnte dann bedeuten, dass man zwar auf einigen Gebieten eine unterdurchschnittliche Leistung zeigt, aber eben auf anderen sehr begabt ist. Welche Faktoren werden aber nun in der Regel überhaupt getestet? Hierzu ist zu sagen, dass in den letzten Jahrzehnten der Forschung viele Intelligenz-Modelle mit vielen, sich teilweise widersprechenden Systemen, entwickelt wurden. So kam z. B. der Psychologe Guilford auf über 100 verschiedene Faktoren, die es bezüglich der Intelligenz zu testen gäbe. Dieses Modell stellte sich allerdings als so vielschichtig und komplex heraus, dass es keinen Anklang finden konnte. Heute gilt das mehrfaktorielle Intelligenz-Modell des amerikanischen Psychologen Thurstone. Sein Modell besteht aus sieben gut überschaubaren Faktoren, die heute als die gebräuchlichsten und wissenschaftlich anerkanntesten gelten.

Was misst der IQ-Test?

Ein Intelligenztest misst in erster Linie die Faktoren, die man heute einheitlich als die sieben Intelligenzfaktoren versteht. Das heißt, dass nicht die gesamte Leistungsfähigkeit des Menschen erfasst wird und auch nicht erfasst werden kann. Der Mensch ist so leistungsfähig und komplex, dass dieses Gebiet zu umfangreich ist und die Konzipierung zu vieler Tests bedeuten würde. Außerdem lassen sich nicht alle menschlichen Fähigkeiten unbedingt normiert erfassen. Darunter fällt z. B. der Faktor Kreativität. Da der IQ den wichtigsten und einen gut messbaren Ausschnitt der Leistungsfähigkeit darstellt, bezieht man sich überwiegend auf ihn.

Ist Intelligenz angeboren?

Es gibt einige Theorien aus der Vergangenheit, die besagen, dass Intelligenz auf Vererbung beruht und die auch heute noch teilweise vertreten bzw. angenommen werden (besonders berühmt H. J. Eysenck). Sie hatten eine klare Kategorisierung der Menschen und ihrer Intelligenz zur Folge. Wer „dumme" Gene hat, wird dumm, bleibt dumm und vererbt seine „dummen" Gene wiederum weiter, wobei sich die nachfolgenden Generationen angeblich jeweils weiter verschlechtern. Dummheit soll demnach also Schicksal sein. Heute geht man, aufgrund von Zwillings- und Adoptionsstudien, allerdings von einer Gleichung aus, die besagt, dass Vererbung und Umwelteinflüsse gleichermaßen Intelligenz ausmachen. Hiernach ist Intelligenz teilweise angeboren, aber eben auch teilweise beeinflussbar, sei es z. B. durch eine stimulierende Umwelt, die einem von klein auf angeboten wird, oder eine selbst gesuchte animierende und fördernde Umwelt im Erwachsenenalter, die einem erlaubt, sich voll zu entfalten. Wichtig scheint dabei auf den ersten Blick nur zu sein, dass der erwachsene Mensch zuerst einmal (und vor allen Dingen) genug Motivation zeigt, sich animieren und fördern zu lassen.

Welchen Einflüssen unterliegt Intelligenz?

Intelligenz ist kein unabänderliches Schicksal! Intelligenz ist eine Fähigkeit und Fertigkeit, die sich trainieren lässt. Damit unterliegt Intelligenz ganz klar nicht nur der Vererbung, sondern auch der Umwelt und dem eigenen Zutun. Halten wir hier also fest: Intelligenz ist keine festgelegte, konstante Größe! Jeder kann seine Fähigkeiten aus- und aufbauen, indem er sich z. B. selber fördert oder sich durch Unterricht fördern lässt. Manche von uns genießen eine solche Förderung als Kinder durch ihr Elternhaus von klein auf. Sie werden oft animiert, es werden viele Spiele gespielt, sie kommen in Vorschulen und erhalten somit einen positiv stimulierenden Einfluss aus ihrer Umwelt. Wie stark oder schwach diese Umwelt fördernden Einfluss ausübt, scheint oft mit dem jeweiligen sozialen Milieu, in dem man aufwächst, zusammenzuhängen. Ein sozial schwaches Milieu mit sozial schwachen Eltern hält oft keine ausschöpfenden Förderungsressourcen oder -möglichkeiten bereit.

So zeigen sich dann leider auch unterschiedliche durchschnittliche IQ-Werte beim Vergleich unterschiedlicher sozialer Schichten: Zum Beispiel zwei extrem auseinander klaffende Schichten:

Soziale Schicht	IQ
Oberschicht	um 130
Untere Unterschicht	um 80

Die soziale Schicht spiegelt sich auch häufig in den Berufsgruppen wieder. So sind z. B. Akademiker eher in der Oberschicht und damit im selben IQ-Bereich zu finden, wohingegen einfache Aushilfskräfte eher in der unteren Unterschicht und dementsprechend in diesem IQ-Bereich zu finden sind.

Hemmende und fördernde Einflüsse auf den IQ

Hemmung oder Förderung der Intelligenzentwicklung ist aber nicht nur abhängig vom sozialen Milieu der Eltern, sondern auch von Gesundheit, Schule und Erziehung der Eltern. So zeigen sich folgende hemmende, aber auch fördernde Einflüsse auf die Intelligenz:

Hemmende Einflüsse:
– schwaches soziales Milieu
– Elternhaus und Schule: lieblos, strafend, gleichgültig, tadelnd und langweilig
– Krankheiten: Die daraus resultierende schwache Motivation, die geringe Belastbarkeit sowie der geringe Ehrgeiz und das mangelnde Selbstwertgefühl wirken sich wiederum hemmend u. a. auf die Intelligenzentwicklung aus.

Fördernde Einflüsse:
– stärkeres soziales Milieu
– Elternhaus und Schule: liebevoll, lobend, fördernd, stimulierend, Anerkennung der Leistung, Ehrgeizförderung, Entscheidungsfreiheit, Akzep-

tanz von Fehlern, Förderung von Interessen, individuelles Eingehen auf das Kind

– Gesundheit: Die daraus resultierende starke Motivation, die höhere Belastbarkeit, mehr Ehrgeiz und hohes Selbstwertgefühl wirken sich hier positiv u. a. auf die Intelligenentwicklung aus.

In welchem Lebensjahr fängt Intelligenz an und wann hört sie auf?

Intelligenz unterliegt zu einem gewissen Teil der Vererbung. Demnach soll sich schon ab den frühen Kinderjahren Intelligenz entwickeln, wobei früher viele Theorien davon ausgingen, dass Intelligenz überwiegend in dieser Zeit den größten Schub erhält, wenn nicht sogar ihren Höhepunkt erreicht. Der jeweilige IQ soll sich demnach dann noch einige Jahre halten können und sich schließlich im Erwachsenenalter langsam wieder abbauen.

Diese Behauptung unterliegt der Annahme, dass nicht die Schule, sondern das Elternhaus den größten Einfluss auf die Intelligenz ausübt. Neueste Studien unterstützen dagegen immer klarer die Theorie, dass Intelligenzentwicklung bis zum etwa 26. Lebensjahr stattfindet und erst dann langsam wieder nachlässt. Dieser Abbau muss sich allerdings nicht auf alle Intelligenzfaktoren oder Leistungsfähigkeiten und Fertigkeiten beziehen. Tatsächlich gibt es einige Leistungen, die noch bis ins hohe Alter gehalten werden können. Es ist nur oft so, dass ältere Menschen denken, sie könnten keine Leistung mehr zeigen, und sich daher nicht mehr

bemühen. Natürlich kann mit einer solchen Einstellung dann auch kaum noch Leistung erbracht werden. Es entsteht dann oft eine Art Teufelskreis: Man glaubt, kaum etwas leisten zu können, daraus entsteht mangelnde Motivation, daraus wiederum resultiert Tatenlosigkeit und damit fehlt es an Übung. Die sich daraus tatsächlich ergebende schlechte oder fehlende Leistung fördert den Glauben, noch schlechter zu sein, wodurch wieder die ohnehin schon geringe Motivation sinkt usw.

Es gilt also, solche Teufelskreise zu durchbrechen, und das nicht nur für ältere, sondern auch für jüngere unmotivierte Menschen. Wenn sie etwas Selbstvertrauen und Motivation zeigen, wird ihr Ansporn zu üben und damit ihr positives Ergebnis größer sein. Sie können damit sozusagen auch einen Engelskreis herstellen.

Keine Angst vor dem IQ-Test – er ist trainierbar!

Da gerade heutzutage viel Wert auf die Messbarkeit und entsprechende Maßzahlen für alles Erdenkliche in unserer Gesellschaft gelegt wird, ist es kein Wunder, dass Tests in jeglicher Form Hochkonjunktur haben. Natürlich ist es mit Maßzahlen einfacher, das Leben als solches, eine Situation oder sich selbst beschreiben zu können. Mit ein paar guten Zahlen kann man bei einem Fremden, dem man sich vorstellen will, sicherlich einen knappen und positiven Eindruck hinterlassen. Wer man wirklich ist, ist damit allerdings noch nicht gesagt. Mit dieser testorientierten Tendenz verändert sich aber nicht nur das gesellschaftliche

Leben generell, sondern auch im Speziellen der berufliche Bereich. So sind heute bei Bewerbungseinladungen nicht nur Schulzeugnisse und ein Gespräch, sondern vor allen Dingen auch die Ergebnisse von Intelligenz- und Persönlichkeitstests, hier als Einstellungstests bezeichnet, gefragt. Dies zeigt sich besonders deutlich in der gleichermaßen wachsenden Zahl der dafür auf den Markt kommendenden „Testknacker-Bücher" für Einstellungstests. Ob diese Tests und ihre Ergebnisse allerdings tatsächlich viel über den Bewerber aussagen, sei dahingestellt. Wenn Sie einen solchen Test auf sich zukommen sehen, sollten Sie den Kopf nicht in den Sand stecken: Auch Intelligenztests lassen sich trainieren! Üben Sie solche Tests in Ruhe zu Hause, resignieren Sie nicht gleich bei einer zuerst nicht zu verstehenden Aufgabe, sondern üben Sie einfach weiter. Beim Üben dürfen Sie sich am Anfang auch etwas mehr Zeit lassen. Durch das Training sind Ihnen somit schon der Aufbau eines Intelligenztests und die Art der Fragestellung vertraut, was sich wiederum positiv auf das Testergebnis auswirken wird.

Wie messe ich meinen IQ selber?

IQ-Tests sollten, wie in diesem Buch, von Psychologen zusammengestellt und entwickelt worden sein. Schon entwickelte und wissenschaftlich anerkannte IQ-Tests sind generell geschützt und damit nur Psychologen zugänglich. Wenn Sie einen solchen Test durchführen lassen wollen, so können Sie sich z. B. an den Schulpsychologischen Dienst, an das Arbeitsamt oder an die Praxis eines Psychologen wenden. Die hier aufgelisteten Intelligenztests sind

die heute anerkanntesten und bekanntesten:
– HAWIE: Hamburg-Wechsler-Intelligenztest für Erwachsene
– (HAWIK: Hamburg-Wechsler-Intelligenztest für Kinder)
– IST: Intelligenz-Struktur-Test
– AIT: Analytischer Intelligenztest
– LPS: Leistungsprüfsystem
– Stanford-Intelligenz-Test
– Progressive Matrices
– Figure Reasoning Test

Sie können allerdings auch zu Hause für sich Intelligenztests durchführen, wobei diese extra für eine breite Öffentlichkeit von Psychologen konzipiert worden sein sollten.

Wie bereitet man sich auf einen Intelligenztest vor?

Wenn Sie den folgenden Intelligenztest durcharbeiten, so wird sein Ergebnis nicht nur von Ihrer Leistungsfähigkeit abhängen. Einfluss auf das Testergebnis haben auch externe Faktoren wie: Merkfähigkeit, Kreativität, Tagesform und Lernklima. So ist es sehr wichtig, dass Sie sich zu Hause ganz allein und in Ruhe, also ohne Hintergrundmusik oder andere Ablenkung an die Testbearbeitung heranmachen. Auch ihr Telefon, ihr Handy und Ähnliches sollten Sie abstellen, um unkontrollierte Störungen auszuschalten. Sie sollten sich ganz in Ruhe und vor allen Dingen konzentriert auf den Intelligenztest einstellen können, um mit einer hohen Aufmerksamkeit ihr optimales Ergebnis zu erreichen. Wichtig ist auch, dass Sie sich genügend Zeit geben. Geraten Sie unter Zeitdruck, weil Sie vielleicht noch irgendwo hin müssen, so schleichen sich leicht Flüchtigkeitsfehler ein.

Worauf ist bei IQ-Tests besonders zu achten?

In einer Testsituation ist es fast noch wichtiger, die eigentliche Fragestellung der Aufgabe schnell zu erfassen, als die tatsächliche Fähigkeit, die Aufgabe zu lösen, was lediglich Training erfordert! Hinter einer Mathematikaufgabe verbirgt sich beispielsweise eine Frage der Logik, eine Sprach- oder Logik-Aufgabe testet vor allem die Allgemeinbildung.

Hier ein Beispiel zur Verdeutlichung:

Welche Zahl gehört nicht dazu?
a) 1848   b) 1968   c) 1492   d) 1776

Auf den ersten Blick scheint es sich um eine Mathematikaufgabe zu handeln. Was könnte gefragt sein? Eine Regelmäßigkeit? Ein gemeinsamer Teiler? Nichts davon! Die wahre Aufgabe besteht hier darin, zu erkennen, dass es sich um Jahreszahlen handelt! Nach dieser logischen Erkenntnis gilt es noch, historisches Wissen zu aktivieren: Drei der Jahreszahlen stehen für berühmte Revolutionsjahre (1776 USA, 1848 Deutschland, 1968 Tschechoslowakei) die dritte (1492) steht für die Entdeckung Amerikas durch Kolumbus und passt daher nicht dazu!
Keine Sorge, nicht alle Aufgaben in Intelligenztests sind so kompliziert und (geradezu) hinterhältig. Aber auch solche Dinge kommen durchaus vor ...
Zumeist bereitet der Aufbau der Tests den Lösenden durch langsame Steigerung der Schwierigkeit darauf vor, was eigentlich von ihm erwartet wird. Daher sind neben der eigentlichen Kompetenz zur Lösung auch noch Qualitäten wie Aufmerksamkeit und Lernfähigkeit gefragt. Steht man den Fragen ruhig und gelassen gegenüber, gelingt es oft recht leicht, dem Erfinder des Tests „auf die Schliche" zu kommen, also ein System darin zu entdecken. Wer einmal verstanden hat, wie eine Aufgabe mit einem sich drehenden Würfel zu lösen ist, der wird sich bei der nächsten, ähnlichen Aufgabe bereits um einiges leichter tun, auch wenn etwa die Drehrichtung des Würfels eine andere ist und damit die Aufgabe etwas variiert.
Vermeiden Sie am besten Panik und Aufregung, analysieren Sie die gestellte Aufgabe mit kühlem Kopf, denken Sie nicht negativ: „Du meine Güte! Das schaff' ich nie!", machen Sie sich zügig an die Lösung. Da viele der Tests auch Zeitvorgaben beinhalten, hilft es, Aufgaben, die im Moment unlösbar erscheinen, zu überspringen und an einer anderen Stelle weiterzumachen. Zum einen erhöht diese Vorgehensweise die Anzahl der gelösten Aufgaben, und zum anderen stärkt sie das Vertrauen in die eigenen Fähigkeiten und führt so auch zum souveränen Umgang mit den zuerst für zu schwer gehaltenen Fragen. Oft halten die Testmacher Fallen für jene bereit, die bereits glauben, alles durchblickt zu haben. So könnte auf die obige Aufgabe durchaus etwas später eine ähnliche folgen, die eine ganz andere Lösung fordert:

Welche Zahl gehört nicht dazu?
a) 1111   b) 1557   c) 1960   d) 1735

Hier mag die eine oder andere Zahl tatsächlich auch eine historische Bedeutung haben – die richtige Antwort lautet aber C. Es ist die einzige gerade unter lauter ungeraden Zahlen!

Auch Wachsamkeit ist also eine Form von Intelligenz, die so nebenbei in vielen Tests den Ausschlag geben kann.

Einführungstest

In diesem Test geht es weniger darum, einen Intelligenzquotienten zu erhalten, als vielmehr Ihre Übung im Umgang mit Tests dieser Art zu ermitteln. Denn das eine hat unmittelbar mit dem anderen zu tun. Je besser Sie in der Lage sind zu erkennen, wie solche Testaufgaben gestellt werden, desto besser Ihr Ergebnis! Natürlich hat es auch etwas mit Intelligenz zu tun, wie gut man solche Aufgaben lösen kann. Aber Intelligenz lässt sich – genau wie das richtige Lösen von Intelligenztestfragen – trainieren. Und dazu soll unter anderem ja dieses Buch dienen: Ihre Übung zu erhöhen und Ihre Intelligenz zu steigern!

Für die Beantwortung der folgenden Fragen ist kein besonderes Zeitlimit vorgesehen. Allerdings ein Richtwert: Für Ein-Stern-Fragen sollten Sie etwa 30 Sekunden benötigen, für Zwei-Stern-Fragen maximal 1 Minute, für Drei-Stern-Fragen etwa 1,5–2 Minuten. Das heißt, dieser Test sollte in etwa 25 Minuten durchgearbeitet werden. Das reicht – denn auf manche Lösung werden Sie vermutlich auch nicht nach längerem Grübeln kommen, das ist ganz normal. Sehen Sie sich dann die Bewertung an, machen Sie die Übungen in diesem Buch – lesen Sie sich dabei jeweils die Erklärungen zu den Lösungen gut durch! – und machen Sie dann den Abschlusstest. Sie werden sehen, dass Sie danach um einiges besser abschließen als jetzt!

Hilfsmittel wie Papier und Bleistift sind übrigens erlaubt, denn es geht ja zum Beispiel nicht um Kopfrechnen, sondern vor allem darum, Zusammenhänge zu erkennen! Viel Spaß!

Das Gehirn ist ein Körperorgan, das im Augenblick der Geburt zu arbeiten beginnt und damit erst aufhört, wenn man aufsteht, um eine Rede zu halten.
Klaus Michels

Übung 1 *

? A

A B C

Welches Symbol gehört an die Stelle des Fragezeichens?

Übung 2 *

A B A C A D A E A ? F

Welches Symbol gehört an die Stelle des Fragezeichens?

Übung 3 *

7 9 11 13 15 17 ? 19

Welche Zahl ist die nächste in der Reihe?

Wussten Sie schon, dass 10 % des weltweiten jährlichen Salzabbaus für die Enteisung von Straßen in den USA gebraucht werden?

Der eigentliche Akt und Dienst unserer Intelligenz ist die Überwindung der Trägheit. Sie bleibt jedes Mal als geplatzte Fiktion hinter uns und wird dann unvorstellbar.
Heimito von Doderer

In der Wohlstandsge-
sellschaft ist Über-
leben Intelligenz-
sache.
Elisabeth Schöffl-Pöll

Ein Reporter ist ein
Schreiber, der den
Weg zur Wahrheit
errät und ihn mit
einem Wolkenbruch
von Worten verschüt-
tet.
Ambrose Bierce

Übung 4 *

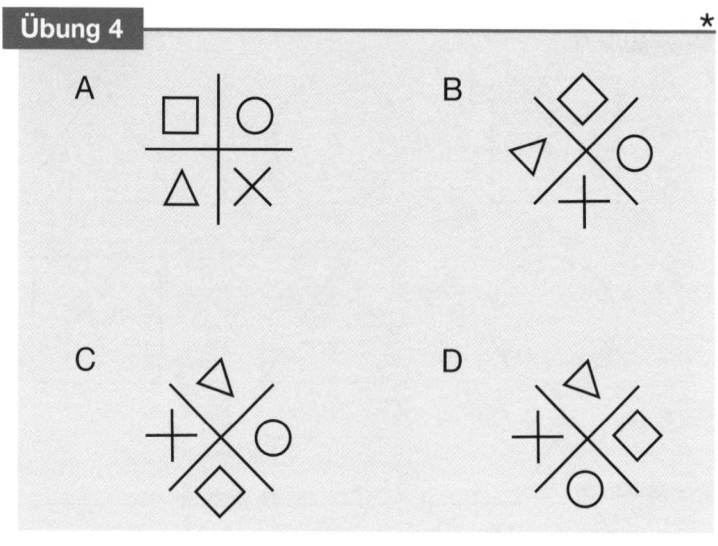

Welche Symbolgruppe passt nicht dazu?

Übung 5 *

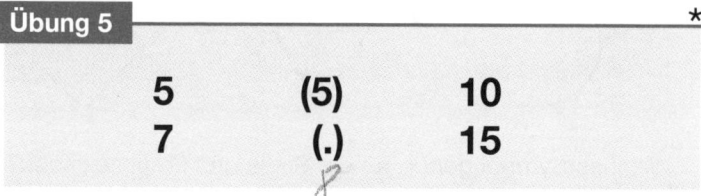

Welche Zahl gehört in die Klammer?

Übung 6 *

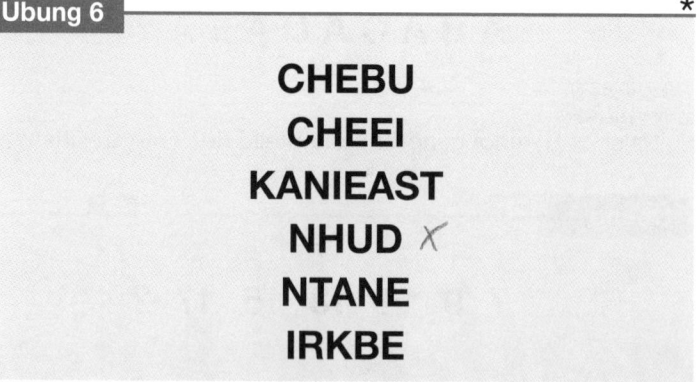

Wortmix: Welches gemixte Wort ist kein Baum?

Übung 7 *

Alles,
was Flügel hat ...
A: ... springt.
B: ... stinkt.
C: ... fliegt.
D: ... wird auch gerupft.

Ergänzen Sie diesen Ausspruch.

Übung 8 **

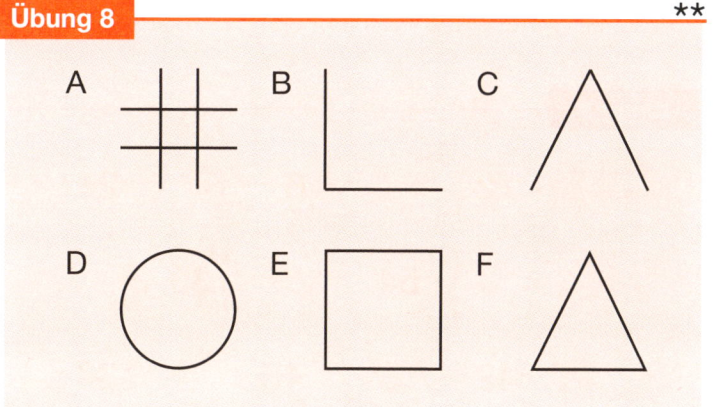

A   B   C

D   E   F

Welches Symbol gehört nicht dazu?

Übung 9 **

FINGER   ARM   OHR

HERZ   ZEHEN   NASE

Welches Wort passt nicht zu den anderen?

Übung 10 ★★

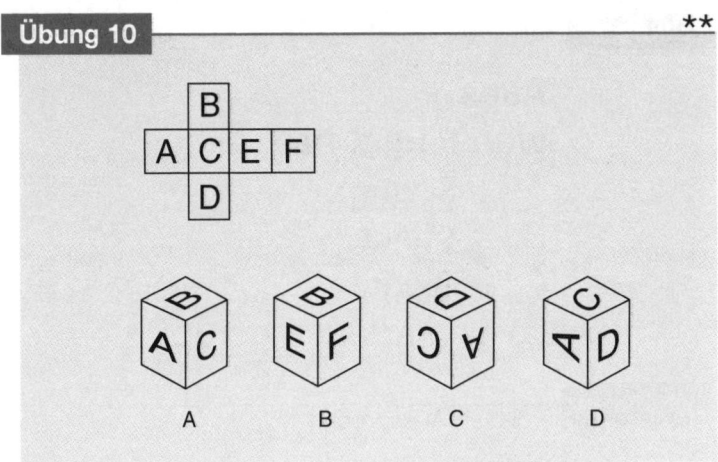

A   B   C   D

Welcher Würfel entspricht *nicht* dem Netzplan? B

Übung 11 ★★

6+6; 12+6; 18+6; 24+6

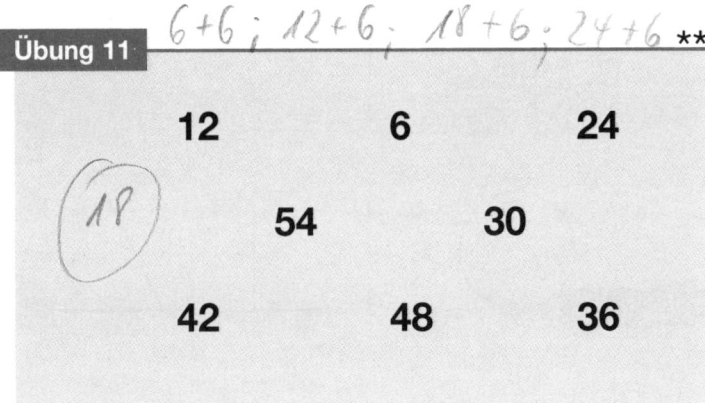

12	6	24
(18)	54	30
42	48	36

Welche Zahl gehört dazu? 18

Übung 12 ★★

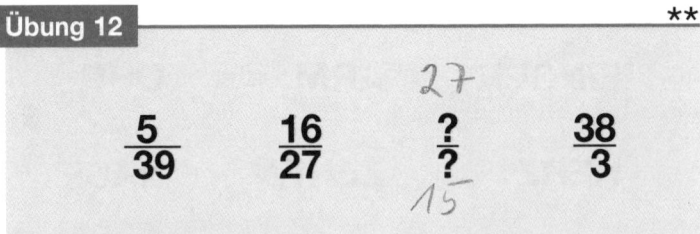

$$\frac{5}{39} \qquad \frac{16}{27} \qquad \frac{27}{?} \; \frac{?}{15} \qquad \frac{38}{3}$$

Welche Zahlen fehlen?

Übung 13 ★★

GER

HUN- (...) -MANE
= nicht tierisches Lebewesen

Welche drei Buchstaben müssen eingesetzt werden, damit sich kombiniert mit den vorderen und hinteren je ein sinnvolles Wort ergibt?

Übung 14 ★★

NNHUNEOST *Sonnenhut*

A: Kopfbedeckung
B: Mathematik
C: Instrument

Zu welcher Kategorie gehört das folgende gemixte Wort?

Übung 15 ★★★

A   B   C   D

Welches Symbol setzt die Reihe logisch fort?

Die Dummen sind das Futter für die Intelligenzbestien: Diese würden sich sonst gegenseitig zerreißen.
Ernst R. Hauschka

Dumme Gedanken
hat jeder, aber der
Weise verschweigt
sie.

Wilhelm Busch

Übung 16 ★★★

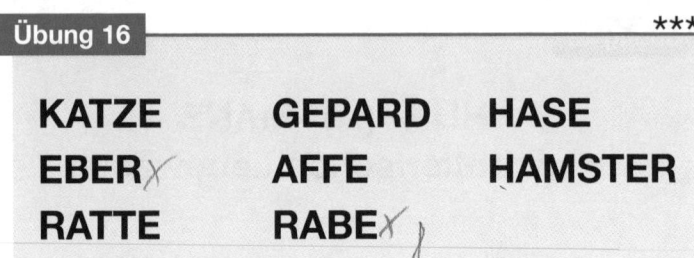

KATZE	GEPARD	HASE
EBER	AFFE	HAMSTER
RATTE	RABE	

Welches Tier passt nicht dazu?

Übung 17 ★★★

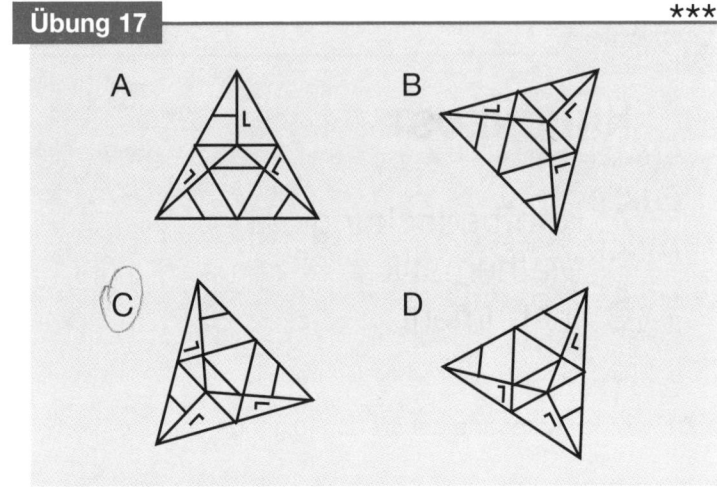

Welches Dreieck gehört nicht dazu?

Es ist manchmal gar
nicht so einfach, für
eine Lösung das
richtige Problem zu
finden.

Jean de Cruigh

Übung 18 ★★★

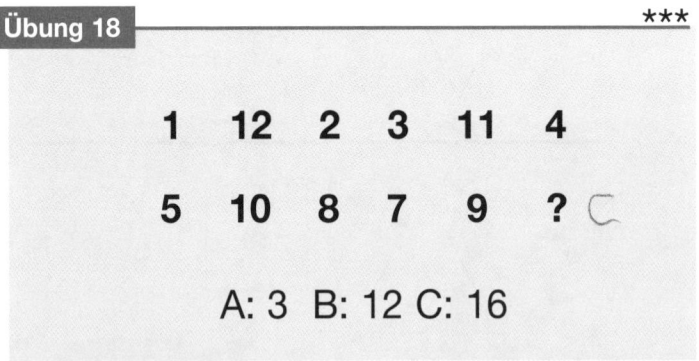

1 12 2 3 11 4

5 10 8 7 9 ?

A: 3 B: 12 C: 16

Welche Zahl folgt?

★★★

CE- (...) -T

Welche drei Buchstaben fehlen in der Klammer, um mit den Buchstaben davor und danach je ein sinnvolles Wort zu ergeben?

★★★

EEOTTPRM *Trompete*
OAUPSEN *Posaune*
OHRN *Horn*
✗ AOOEKKDNR *Akkordeon*
ELACKSUDD *Dudelsack*
PORNHAL *Alphorn*
AUTB *Tuba*

Welches Wort, welche Wortgruppe gehört nicht dazu?

Wussten Sie schon, dass Archimedes das Gesetz der Dichte während der Lösung eines Kriminalfalles entdeckte? Er sollte herausfinden, ob die Krone des Königs, wie vom Goldschmied versprochen, aus reinem Gold sei. Während Archimedes überlegte, wie er die Wahrheit herausfinden könnte, ohne die Krone zu zerstören, kam er auf den Gedanken, dass Gold mehr Wasser verdrängt als Silber gleichen Gewichts. So erkannte er einerseits das Prinzip der Dichte und löste andererseits auch den „Kriminalfall".

Lösung 1
A; in jeder Zeile stehen je ein Dreieck, ein Quadrat und ein Kreis.

Lösung 2
F; die Reihe wechselt je zwischen dem Buchstaben A und der Aufzählung des Alphabets bei B beginnend.

Lösung 3
19; die Reihe nimmt um je 2 zu.

Lösung 4
C; der Kreis und das Quadrat sind vertauscht.

Lösung 5
8; die linke Zahl wird mit der Zahl in der Klammer addiert, um die rechte Zahl zu bekommen.

Lösung 6
Buche, Eiche, Kastanie, Hund, Tanne, Birke – ein Hund benützt zwar Bäume, aber er ist kein Baum!

Lösung 7
C

Lösung 8
D; diese Figur hat als einzige kein Eck.

Lösung 9
Herz; der einzige Körperteil, der **im** Körper liegt.

Lösung 10
B

Lösung 11
18; im Zahlenmix befinden sich sämtliche Vielfache von 6 bis 54, außer 18.

Lösung 12
27/15; die Zahlen der oberen Reihe werden mit 11 addiert, die unteren um 12 subtrahiert.

Lösung 13
GER = Hunger, Germane

Lösung 14
A; „Sonnenhut"

Lösung 15
B; das Schema ist: Spitze nach oben, Spitze nach unten, Spitze nach oben etc.

Lösung 16
Eber; alle anderen Tiere enthalten die Vokale E und A!

Lösung 17
C; an einer Stelle ist, im Gegensatz zu den anderen drei, der Strich und das L-Symbol vertauscht.

Lösung 18
C; es handelt sich um drei sich abwechselnde Reihen, die erste nimmt um 2 zu, die zweite um 1 ab und bei der dritten wird je um 2 multipliziert.

Lösung 19
RES – Ceres (römische Göttin, Asteroid), Rest

Lösung 20
Alles sind Musikinstrumente, aber das Akkordeon ist als Einziges kein Blasinstrument! Reihe: Trompete, Posaune, Horn, Akkordeon, Dudelsack, Alphorn, Tuba

Auswertung

Für jede gelöste Aufgabe gibt es so viele Punkte, wie die Aufgabe Sterne hat. Also, für Schwierigkeitsgrad 1 einen Punkt, für Schwierigkeitsgrad 3 drei Punkte. Addieren Sie nun die Punkteanzahl aller von Ihnen richtig gelösten Aufgaben. Lesen Sie dann die Bewertung der entsprechenden Kategorie. Jede Bewertung enthält auch eine Schätzung, was das Ergebnis umgelegt auf professionelle IQ-Tests ergeben könnte. Da diese Tests aber viel genauer und auch umfangreicher sind, kann das Ergebnis nur als Richtwert (etwa zum Vergleich mit Ihrer Leistung beim Abschlusstest) gesehen werden.

0–4 Punkte

Sie haben offensichtlich sehr wenig Übung im Umgang mit IQ-Tests und ähnlichen Rätseln. Üben Sie mit diesem Buch sehr sorgfältig und lesen Sie vor allem die Erklärungen zu den Lösungen besonders genau durch, bis Sie sie ganz verstehen! Dann wird Ihr Ergebnis beim Abschlusstest sicher viel besser ausfallen! Umgelegt ergäbe dieses Ergebnis einen IQ von unter 80.

5–13 Punkte

Sie haben vermutlich eher wenig Übung im Umgang mit IQ-Tests und ähnlichen Rätseln. Auch Sie sollten mit diesem Buch sehr sorgfältig üben und die Erklärungen zu den Lösungen sehr gründlich durchlesen! Dann wird Ihr Ergebnis beim Abschlusstest sicher besser ausfallen! Umgelegt ergäbe dieses Ergebnis einen IQ zwischen 80 und 90.

14–25 Punkte

Ein gutes Durchschnittsergebnis! Hier ist vermutlich der Großteil der Bevölkerung angesiedelt. Aber wenn Sie mit diesem Buch gründlich üben und sich mit den Fragestellungen noch mehr vertraut machen, lässt sich Ihr Ergebnis beim Abschlusstest vermutlich noch steigern! Umgelegt ergäbe dieses Ergebnis einen IQ zwischen 90 und 110.

26–34 Punkte

Ein überdurchschnittliches Ergebnis! Vermutlich haben Sie schon einige Übung mit IQ-Tests und ähnlichen Rätseln – oder sind von Natur aus sehr intelligent! In jedem Fall ist dieses Buch auch für Sie ein Gewinn, da Sie hier Ihre Fertigkeiten ausführlich üben und noch verbessern können. Vielleicht lässt sich dann Ihr Ergebnis beim Abschlusstest sogar noch steigern? Umgelegt ergäbe dieses Ergebnis einen IQ zwischen 110 und 120.

35–39 Punkte

Ein Traumergebnis! Entweder Sie sind ein Genie, haben viel Routine beim Lösen solcher Aufgaben – oder Sie haben geschummelt! Scherz beiseite, auch Ihnen können die Übungen in diesem Buch (vor allem auch im Bereich Merkfähigkeit und Wahrnehmungsgeschwindigkeit sowie praktische Intelligenz) etwas bringen. Und sei es nur, dass Sie Ihre Fähigkeiten in Schwung halten. Umgelegt ergäbe dieses Ergebnis einen IQ von über 120.

Logisches Denken

Im Grunde geht es bei jeder möglichen Denkaufgabe, die einem Menschen gestellt wird – egal, ob ein Nagel einzuschlagen oder ein Rätsel zu lösen ist –, in irgendeiner Weise um logisches Denken. Wer versucht, einen Nagel mit dem Holzstil des Hammers einzuschlagen, handelt unlogisch ... Bei allen Intelligenztests benötigt man zur Problemlösung zuerst einmal eine gehörige Portion Logik – meistens, um herauszufinden, was bei der Aufgabe eigentlich wirklich gefragt ist! Im engeren Sinne versteht man unter Logik-Aufgaben aber solche, bei denen aufgrund von präsentierten Fakten (logische) Schlüsse gezogen werden müssen. Ein klassisches Beispiel sind Aufgaben, bei denen aus einer Vielzahl ähnlicher Begriffe oder Formen diejenigen herauszufinden sind, die nicht dazu passen. Die Erweiterung dieser Art von Aufgaben besteht dann darin, logisch aufgebaute Reihen zu ergänzen. Da in vielen Fällen eine bestimmte, eher mathematisch orientierte Logik verlangt wird, kreative und ästhetische Lösungen („Dieses Gesicht gehört nicht dazu, denn es ist viel hässlicher als die anderen") aber als falsch gelten, soll dieses Kapitel Ihnen helfen, mit der Art und dem Aufbau solcher Testfragen vertraut zu werden. Hier noch ein paar Erläuterungen zu den einzelnen Aufgabenbereichen.

Hier geht es fast immer darum, Ähnlichkeiten in der Form oder der Struktur der vorgegebenen Figuren zu erkennen oder auf verschiedene Art zu deuten. Lassen Sie sich also nicht von dem Gesamtbild der Aufgabe ablenken, sondern konzentrieren Sie sich auf Details! Gesichter etwa sind aus Teilen aufgebaut, vermischte Figuren und Gruppen aus einzelnen (geometrischen) Symbolen. Vergleichen Sie diese Teile. Wie viele sind es jeweils? Wie verhalten sie sich zueinander (Größe, Form...)? Lesen Sie auch die Auflösungen genau durch, und vergleichen Sie Ihre Ergebnisse damit. Sie sollen auch verstehen, wieso eine Lösung die richtige ist!

Denkspiele

Die wichtigste Regel bei Textaufgaben lautet: Die Lösung liegt immer in den präsentierten Elementen! Erfinden Sie nichts dazu, verwenden Sie nur, was wirklich da ist, und ziehen Sie daraus logische Schlüsse. Bei Wortgruppen geht es immer um eine Übereinstimmung; diese kann inhaltlich sein, in einer bestimmten Qualität liegen oder aber auch darin, aus wie viel Buchstaben die Wörter bestehen! Versuchen Sie daher immer mehrere Lösungsansätze, und verbeißen Sie sich nicht in eine bestimmte Richtung, auch wenn sie noch so sinnvoll erscheint. Bei den Buchstabenreihen empfiehlt es sich, das Alphabet im Geist durchzugehen oder – noch besser – irgendwo zu notieren.

Übungen: Visuelle Logik

Tipps und Hinweise

Bei solchen Übungen geht es zumeist darum, in einer Reihe von Figuren oder geometrischen Figuren, die auf den ersten Blick sehr unterschiedlich wirken können, einen gemeinsamen Zusammenhang zu erkennen und daraus weitere Schlüsse zu ziehen. In manchen Fällen geht es auch ums genaue Hinsehen oder um die Fähigkeit, in einer Form mehrere zu erkennen (Dreiecks- und Vierecksaufgaben).
Die Testaufgaben werden in aufsteigender Reihenfolge schwieriger (* = leicht, ** = mittel, *** = schwer).

Übung 1   *

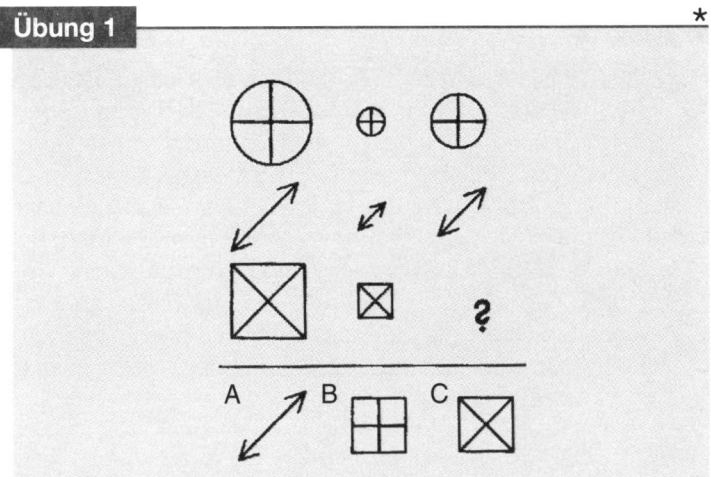

Welche Figur setzt die dritte Reihe fort?

Übung 2   *

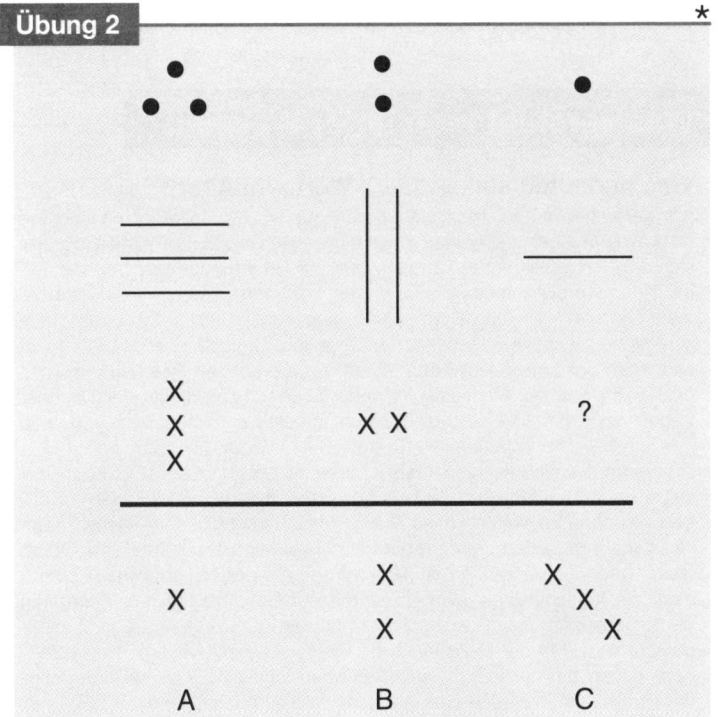

Welche Figur setzt die dritte Reihe fort?

Genie ist die Intelligenz der Begeisterung.
Christian Friedrich Hebbel

Wohl dem, der gelernt hat, zu ertragen, was er nicht ändern kann, und preiszugeben mit Würde, was er nicht retten kann.
Friedrich Schiller

Übung 3   *

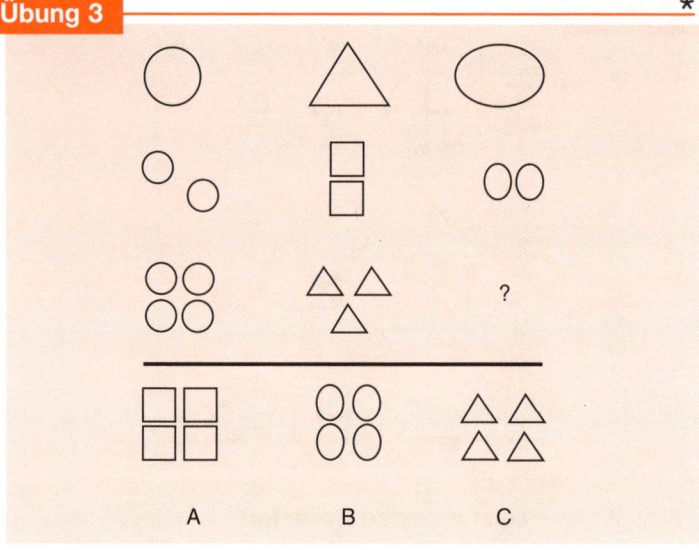

Welche Figur setzt die dritte Reihe fort?

Was versteht man unter Weisheit?

Was bedeuten sinkende IQ-Werte im Alter?

Als weise bezeichnet man niemanden nur wegen einzelner Fähigkeiten oder weil er über ein großes Allgemeinwissen verfügt. Weisheit bezieht sich auf den intelligenten Umgang mit den Erfahrungen des Lebens. Mit der Reife werden Menschen zu immer größeren Experten im zwischenmenschlichen Bereich. Durch ihren angesammelten Erfahrungsschatz sind ältere Menschen besser in der Lage, ihre Umwelt zu erfassen und zu verstehen. Ihr Urteilsvermögen steigt und sie können ihre Mitmenschen besser einschätzen. Weise Menschen wissen mit grundlegenden Lebensfragen und mit Alltagsproblematiken intelligent umzugehen und sind deshalb beliebte Anlaufstellen für gute Ratschläge.

In herkömmlichen Intelligenztests ist aber ein Leistungsabfall im Laufe der Jahre nach Berufsaustritt festzustellen. Diese Ergebnisse liegen hauptsächlich darin begründet, dass ältere Menschen von unserer Gesellschaft kaum mehr gefordert werden, der Leistungsanspruch sinkt enorm. Durch diese Unterforderung nehmen die IQ-Werte mit der Zeit ab. Hinzu kommt, dass die Intelligenz im Alter meist mit auf Schulwissen ausgerichteten Tests gemessen wird, was dem Konstrukt der Altersintelligenz nicht gerecht wird. Mit der Reife sinkt die Reaktionsgeschwindigkeit, die Zeitbegrenzung bei der Lösung der Aufgaben ist deshalb ein weiteres Hindernis, um die wahre Ausprägung der Intelligenz zu messen. Weisheit lässt sich nur mit umfassenderen Tests prüfen.

Übung 4 ★

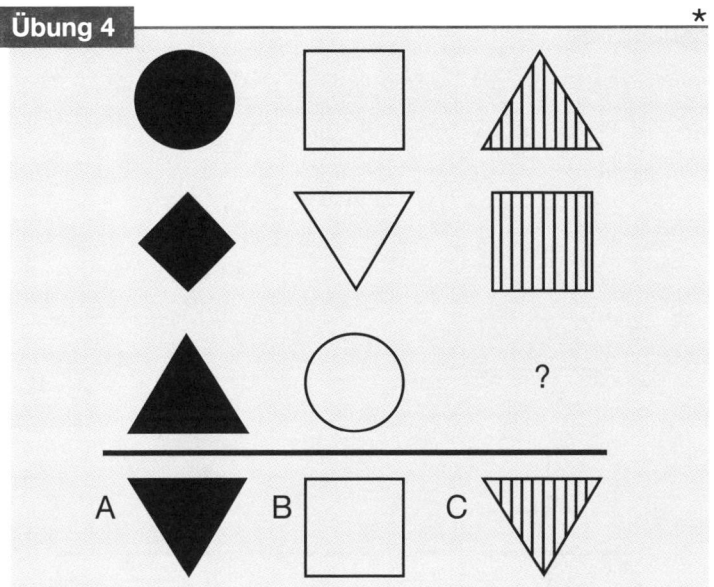

Welche Figur setzt die dritte Reihe fort?

Übung 5 ★

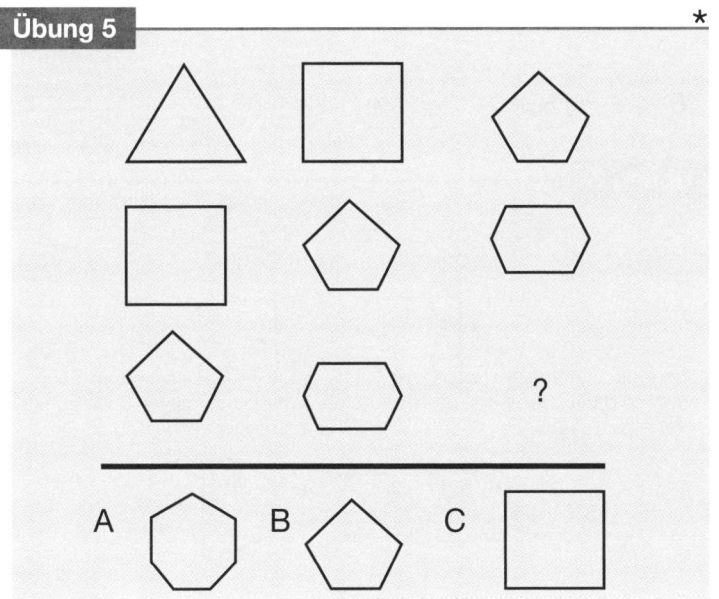

Welche Figur setzt die dritte Reihe fort?

Einer der Gründe der Filmkrise liegt darin, dass die Intelligenz der Kinobesucher schneller gewachsen ist als die der Filmproduzenten.
Sam Spiegel

Unter Weisen sind die Intelligenten die Dummen.
Werner Mitsch

Wussten Sie schon, dass bei der Wyoming State Schachmeisterschaft im Jahre 1979 beide Spieler gleichzeitig aufgaben? Der eine aufgrund seiner hoffnungslosen Lage, der andere aus Gewissensgründen: Als sein Gegner nicht am Brett war, zog er, sah aber im Zug einen Fehler, nahm ihn entgegen den Regeln zurück und führte einen anderen Zug aus.

Übung 6 *

Welche Figur setzt die dritte Reihe fort?

Übung 7 *

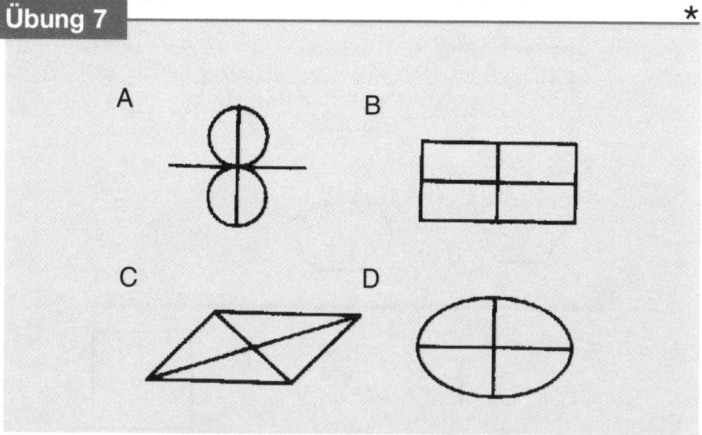

Welche der folgenden Figuren gehört nicht zu den anderen?

Übung 8 *

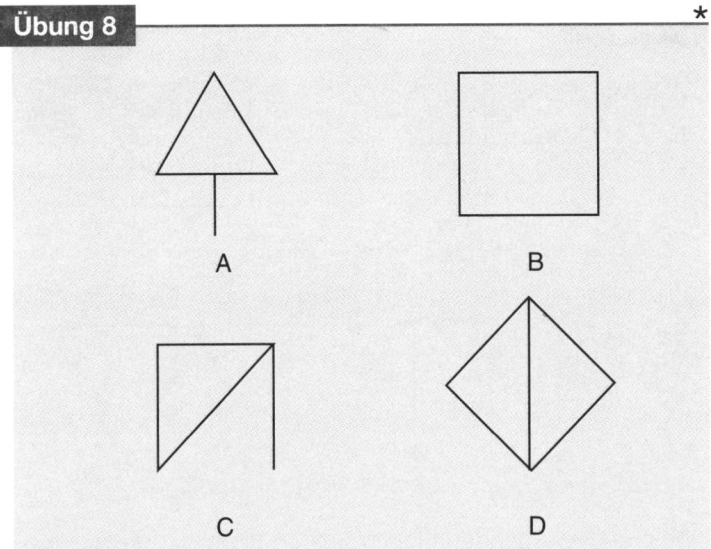

Welche der folgenden Figuren gehört nicht zu den anderen?

Übung 9 *

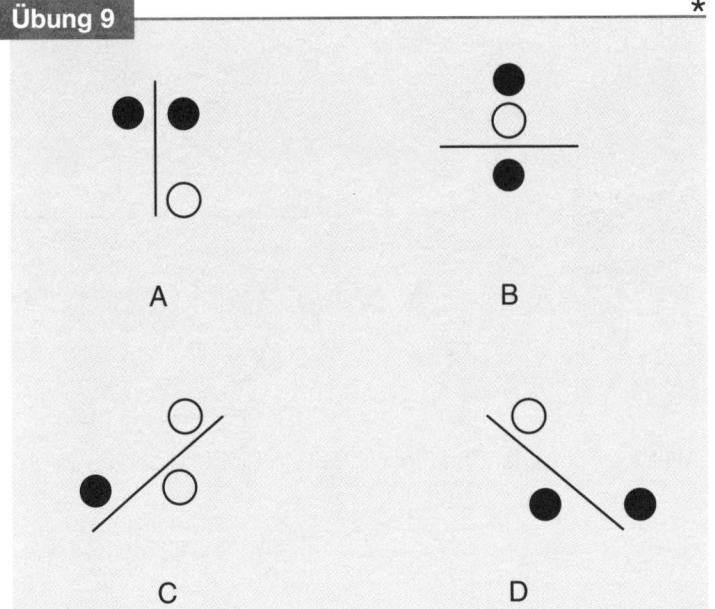

Welche der folgenden Figuren gehört nicht zu den anderen?

Politiker sollten einen Intelligenztest absolvieren. Ich rechne damit, dass einige der heutigen Abgeordneten einen derartigen Test nicht schaffen würden.
Cordula Frieser

Geistreich sein heißt, sich leicht verständlich zu machen, ohne deutlich zu werden.
Jean Anouilh

Übung 10 *

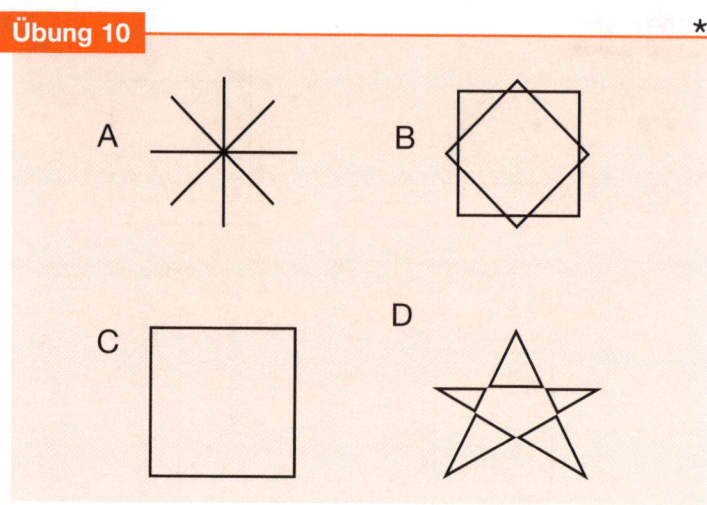

Welche der folgenden Figuren gehört nicht zu den anderen?

Übung 11 *

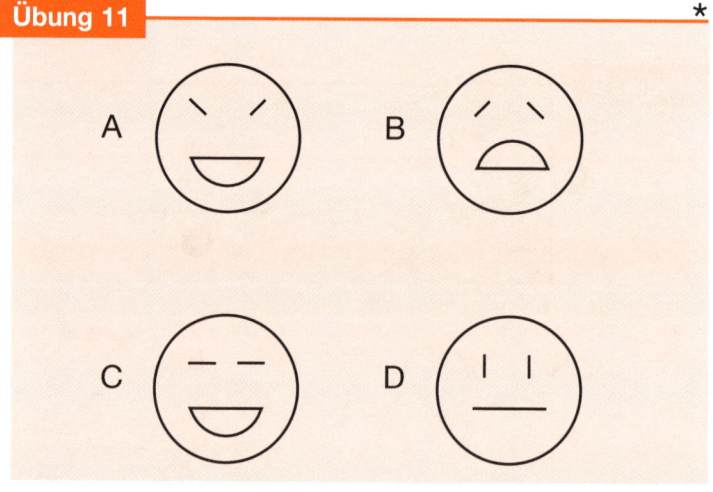

Welche der folgenden Figuren gehört nicht zu den anderen?

Übung 12 ⭐

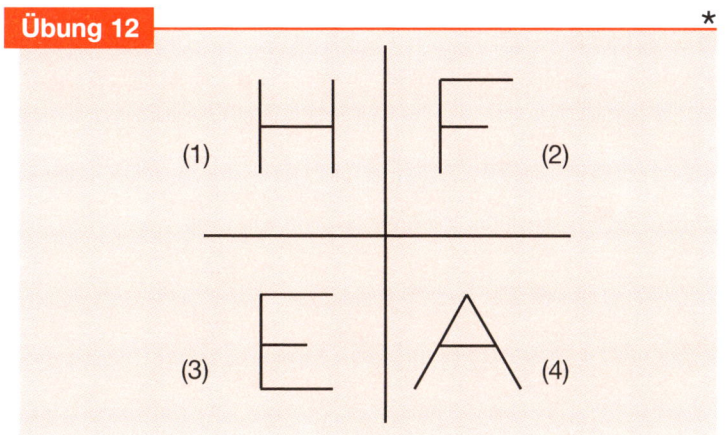

(1) (2) (3) (4)

Welche der folgenden Figuren gehört nicht zu den anderen?

Übung 13 ⭐

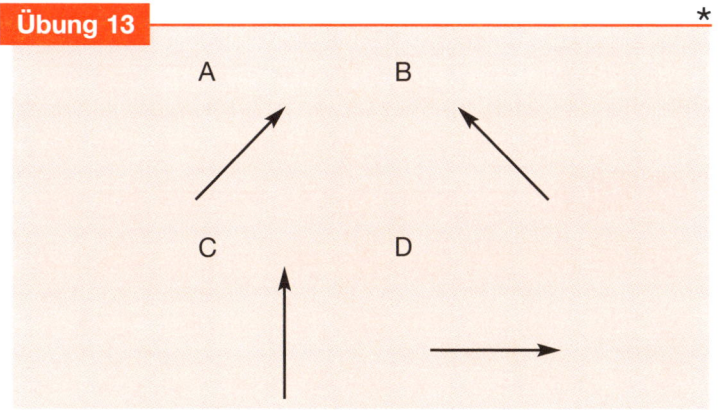

A   B   C   D

Welche der folgenden Figuren gehört nicht zu den anderen?

Intelligenz ist nun messbar. Dummheit immer noch maßlos.
Nikolaus Cybinski

Demagogen wissen es seit langem: Je geringer der Intelligenzquotient, umso größer die Plakate.
Fritz Rinnhofer

Übung 14 ✱

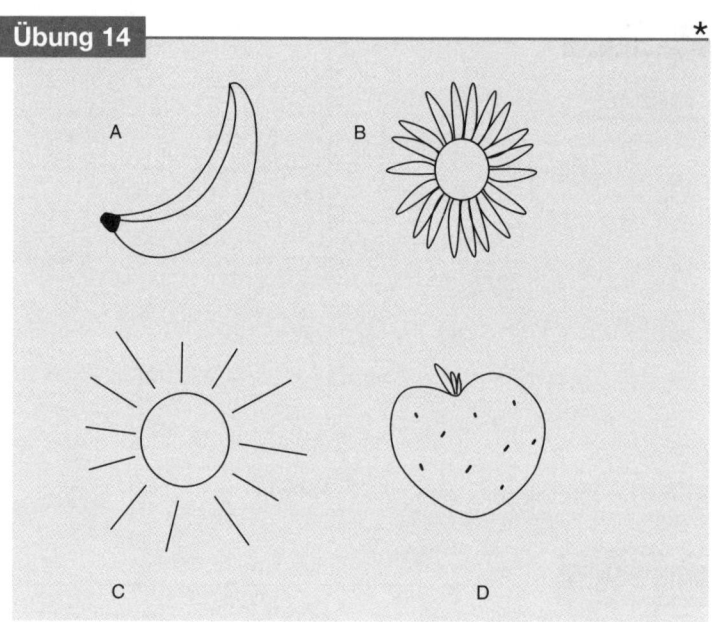

Welche der folgenden Figuren gehört nicht zu den anderen?

Übung 15 ✱

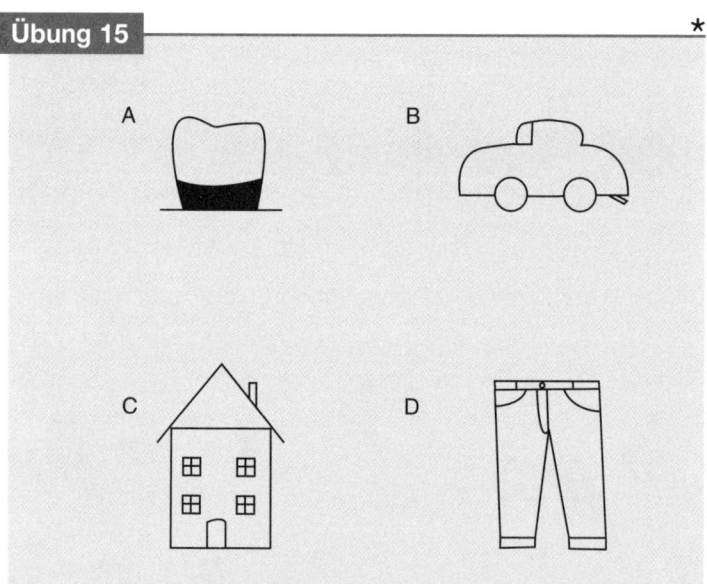

Welche der folgenden Figuren gehört nicht zu den anderen?

Übung 16 ✱

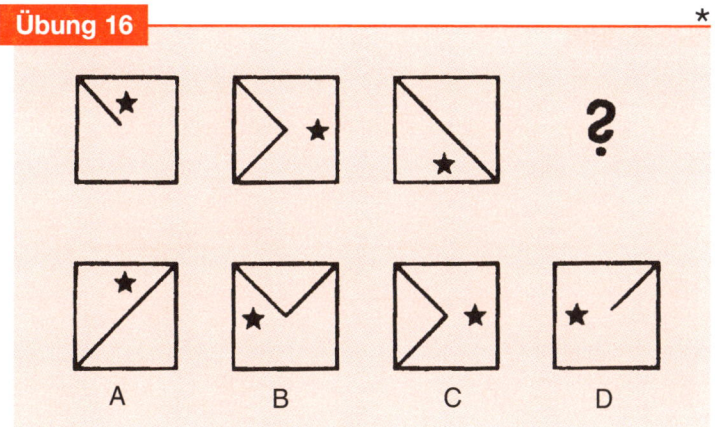

Welche Figur folgt als nächste?

Übung 17 ✱

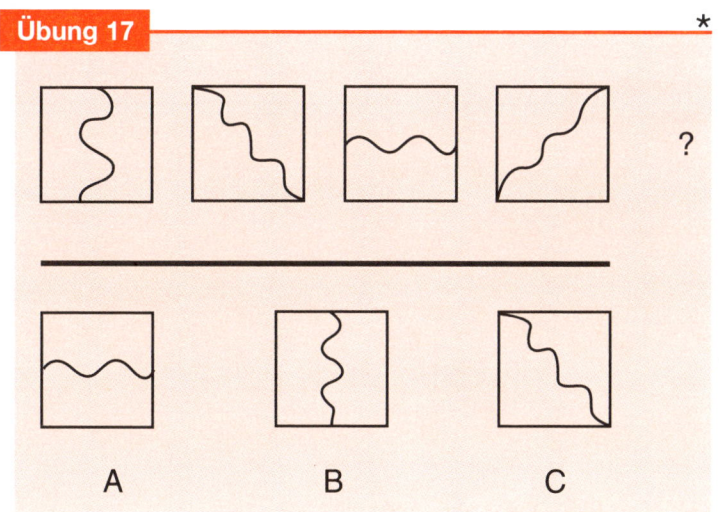

Welche Figur folgt als nächste?

Natürlicher Verstand kann fast jeden Grad von Bildung ersetzen, aber keine Bildung den natürlichen Verstand.
Arthur Schopenhauer

Übung 18   ★

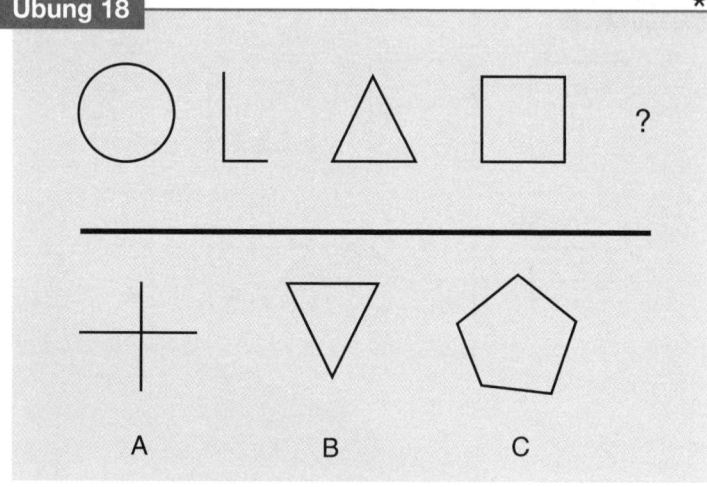

Welche Figur folgt als nächste?

Übung 19   ★

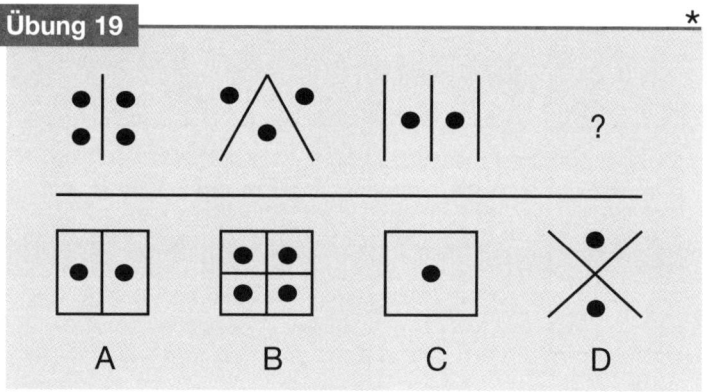

Welche Figur folgt als nächste?

Übung 20 ✱

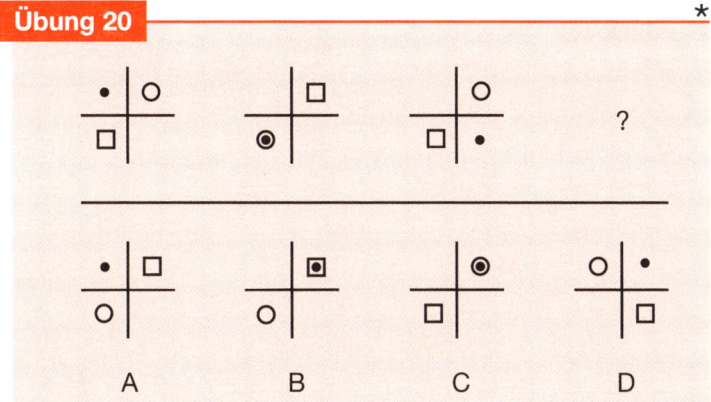

Welche Figur folgt als nächste?

Übung 21 ✱

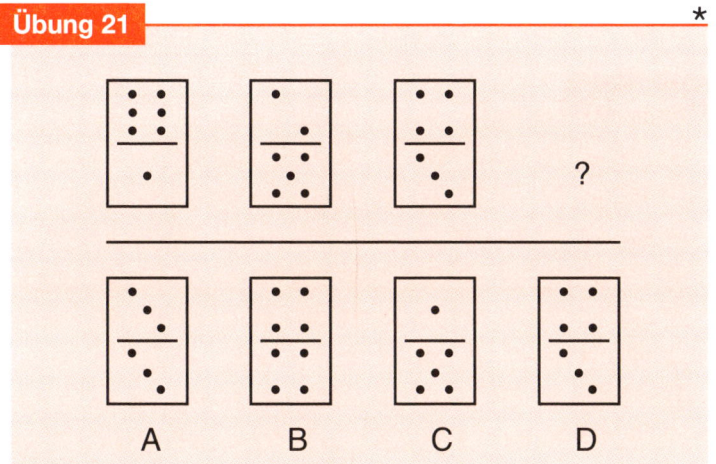

Welche Figur folgt als nächste?

Die Zukunft gehört jenen Intelligenten, die intelligent genug sind, von den Dummen zu lernen. Sie allein besitzen die Fähigkeit, je nach Aufgabe und Lebenslage, mal gekonnt intelligent zu sein, mal gekonnt dumm.

Siegfried Streufert

Intelligenz kann heute erstmals Kapital ersetzen. Bisher hat immer der mit viel Geld gewonnen, auch wenn er der Dümmste war. Das hat sich geändert. Heute kommen Leute wie Bill Gates und machen mit einer Garagen-Firma Milliarden.

Lothar Späth

Übung 22 *

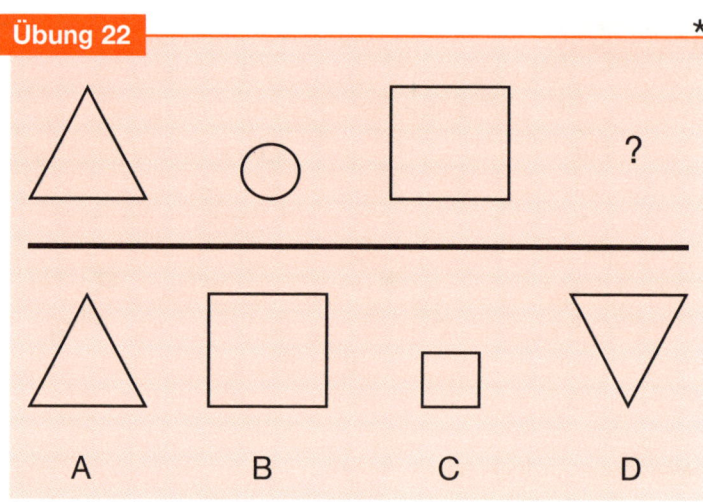

Welche Figur folgt als nächste?

Übung 23 *

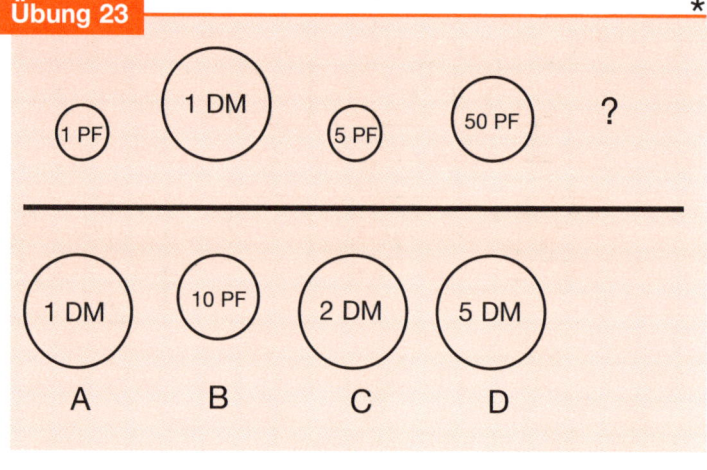

Welche Figur folgt als nächste?

Übung 24 ⋆

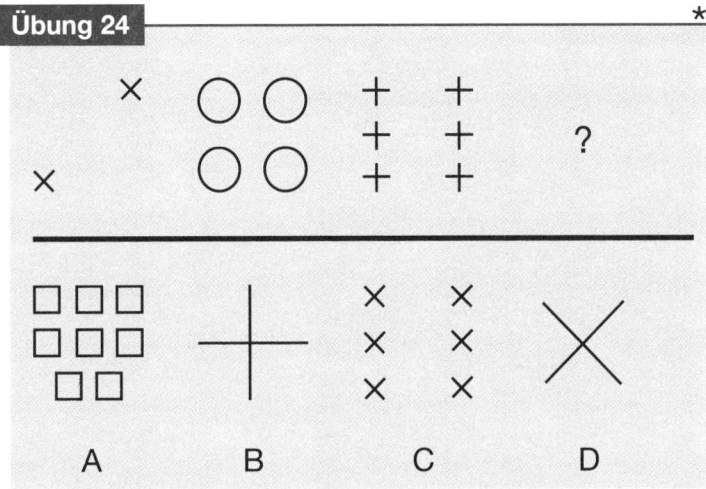

Welche Figur folgt als nächste?

Übung 25 ⋆

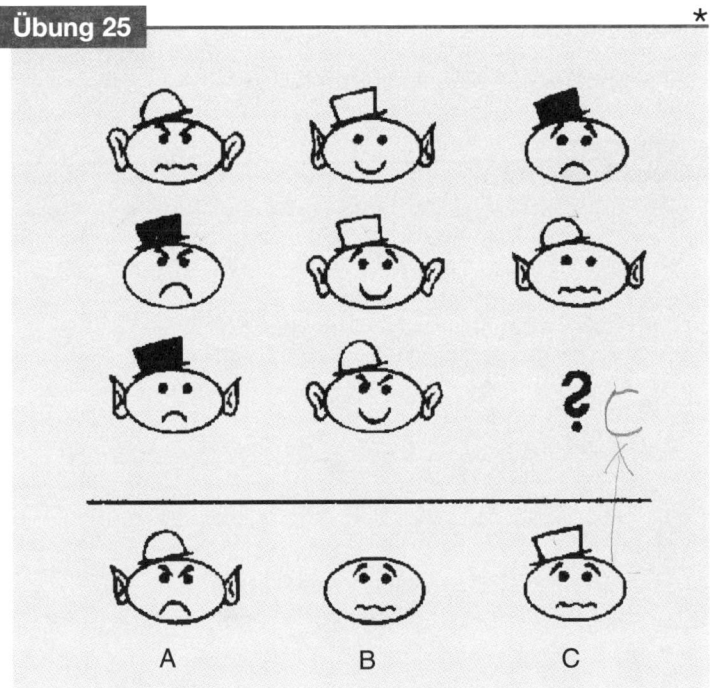

Welches Gesicht gehört in die dritte Reihe?

Wussten Sie schon, dass Charles Darwin während der ersten Forschungsjahre ein ziemlich schweres Leben durchmachte? Darwin reiste als junger Student auf dem Schiff „Beagle" über die Weltmeere. Insgesamt war er fünf Jahre lang unterwegs. Er litt fast während der ganzen Zeit unter schwerer Seekrankheit, das Essen war ungenießbar und die einzigen schönen Momente waren für ihn die kurzen Landausflüge, bei denen er Entdeckungen machen konnte.

Universitäten sind weniger eine Auslese von Intelligenz als von Eitelkeit.
Gerhard Zwerenz

Übung 26 ★

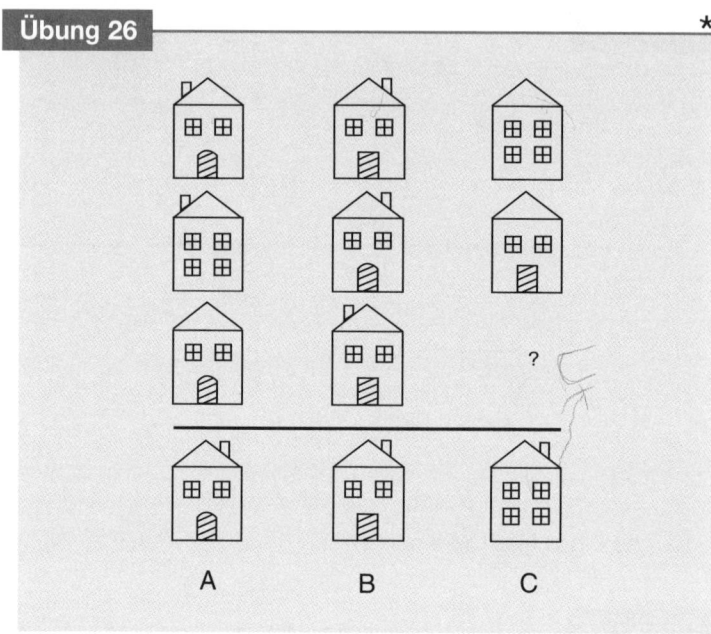

Welches Haus gehört in die dritte Reihe?

Ein Feigling ist ein Mensch, bei dem der Selbsterhaltungstrieb normal funktioniert.
Ambrose Bierce

Übung 27 ★

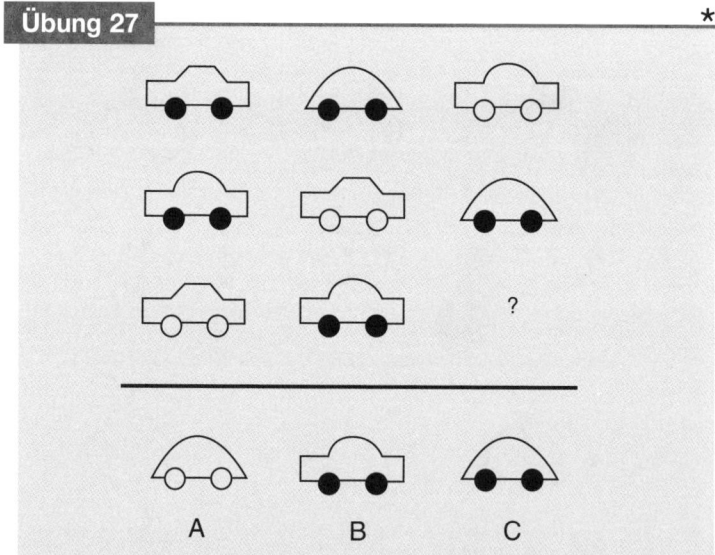

Welches Auto gehört in die dritte Reihe?

Übung 28 ✱

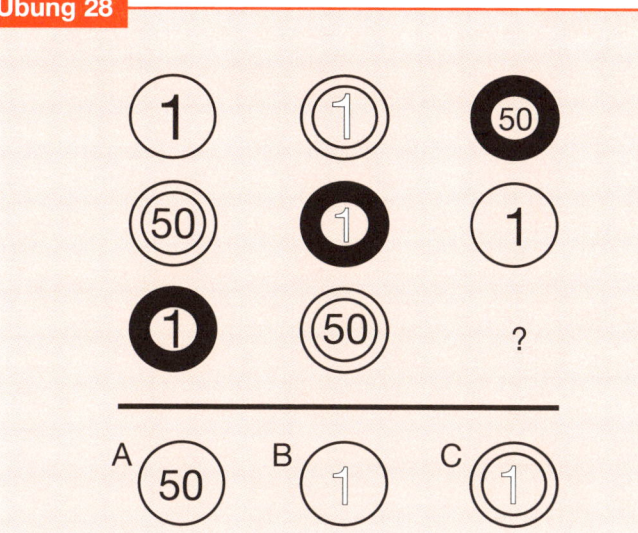

Welche Münze gehört in die dritte Reihe?

Die alte Faustregel gilt immer noch: Pro Spitaltag nehmen Intelligenz und Vermögen um 1% ab und das Gewicht um 1% zu.

Gerhard Kocher

Sind Tiere intelligent?

Forscher beschäftigen sich seit langem mit der Frage, ob und wie intelligent bestimmte Tierarten sind. Unumstritten ist mittlerweile die Tatsache, dass Menschen nicht die einzigen Lebewesen auf der Erde mit der Fähigkeit zu denken sind. Am deutlichsten wird dies am Beispiel der Affen. Viele Affenarten besitzen eine ausgeprägte Lernfähigkeit. Schimpansen verwenden Werkzeuge, um leichter an Futter heranzukommen. Zum Beispiel benutzen sie Steine, um Nüsse zu knacken. Andere haben in Experimenten bewiesen, dass sie in der Lage sind, sich mehrere Schritte einer Handlung vorher zu überlegen und sie dann auszuführen. In einem Versuch kam ein Affe nur an sein Futter, wenn er mehrere Kisten hintereinander in der richtigen Reihenfolge öffnen konnte. Er überlegte kurz und führte dann alle Schritte direkt hintereinander durch.
Einige Primaten haben sogar ein Ich-Bewusstsein, sie sind in der Lage, sich selbst im Spiegel zu erkennen. Auch in ihrem sozialen Umgang handeln sie erfinderisch und können teilweise voraussehen, wie einer ihrer Artgenossen reagieren wird. Das zeigt sich zum Beispiel in der Art, wie männliche Affen in der Paarungszeit auf die Weibchen zugehen und ihre Mitstreiter durch geschickte Täuschungsmanöver austricksen. Außerdem ist nachgewiesen, dass Orang-Utans ein Sprachvermögen und eine Sprachfähigkeit besitzen. Sie sind in der Lage, sich Symbolsprachen wie z. B. die Taubstummensprache anzueignen und sich so mit Menschen zu verständigen.

Übung 29 ⭐

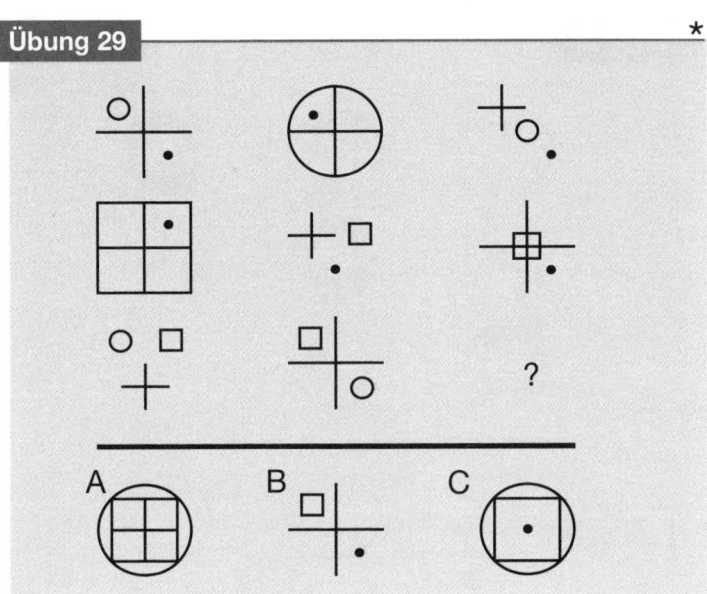

Welche Symbolgruppe gehört in die dritte Reihe?

Übung 30 ⭐

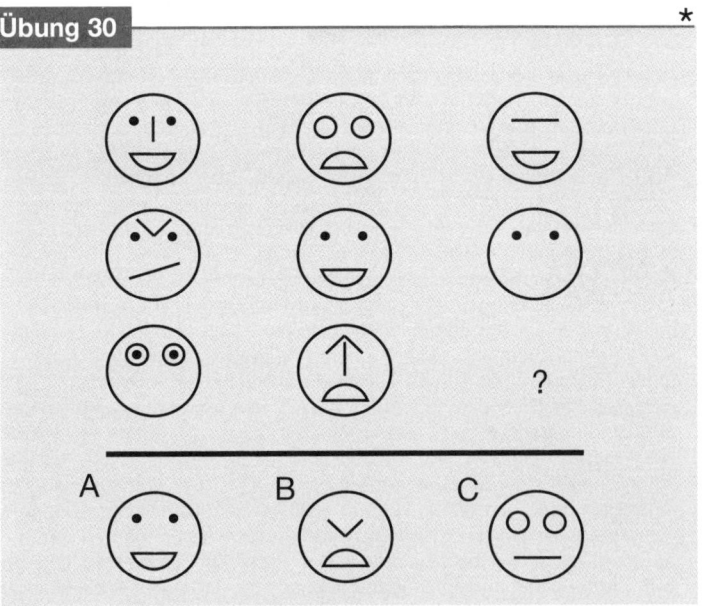

Welches Gesicht gehört in die dritte Reihe?

Übung 31 *

Wie viele Dreiecke kann man hier erkennen? Wie viele Vierecke kann man hier erkennen?

Übung 32 *

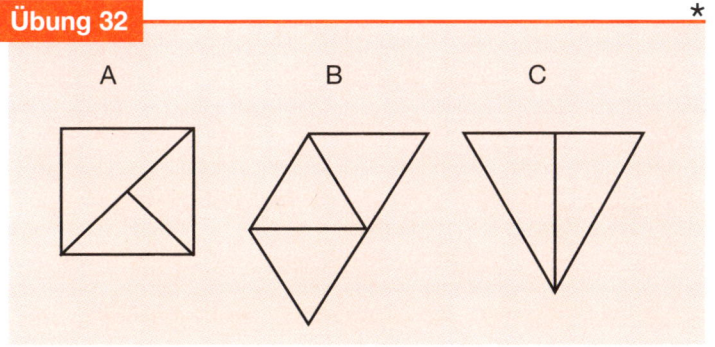

Welche Figur enthält die meisten Dreiecke?

Übung 33 *

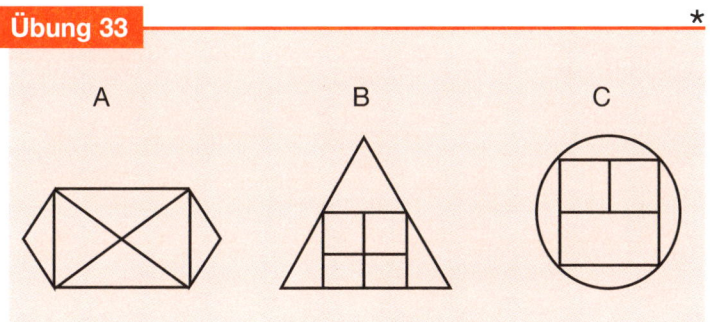

Wie viele regelmäßige Vierecke kann man hier jeweils erkennen?

Wenn ich die Zeitungen lese, dann gewinne ich den Eindruck, dass wir einen sehr geringen Intelligenzquotienten haben, dass wir Grenzdebile sind.

Oskar Grünwald

Je mächtiger die Werkzeuge sind, welche die Gestaltungskraft der Generationen in unsere Hand gegeben hat, desto größere und reinere sittliche Kräfte sind nötig, um von diesen einen heilsamen Gebrauch zu machen. Nicht an Intelligenz fehlt es für die Überwindung des Übels, sondern es fehlt an der selbstlosen, verantwortungsvollen Hingabe der Menschen im Dienste der Gemeinschaft.

Albert Einstein

Übung 34 *

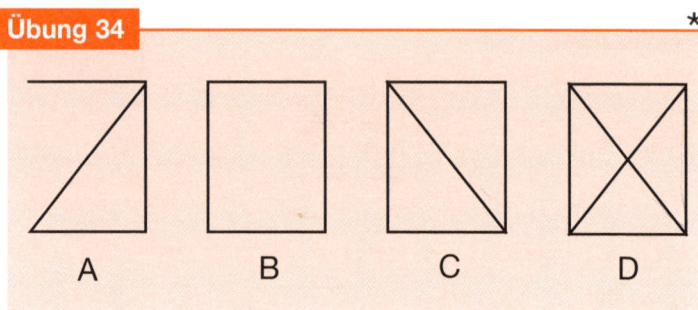

Welche Figur kann man nicht mit einem Strich ziehen?

Übung 35 *

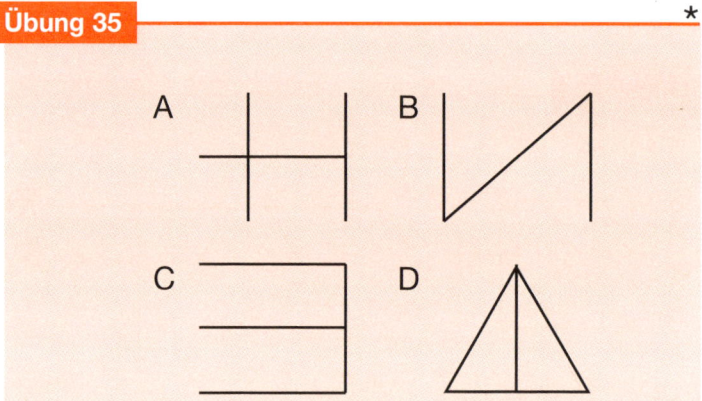

Welche Figur benötigt die meisten Zeichenstriche, d. h. wo muss man am öftesten absetzten, um diese Figur zeichnen zu können?

Übung 36 *

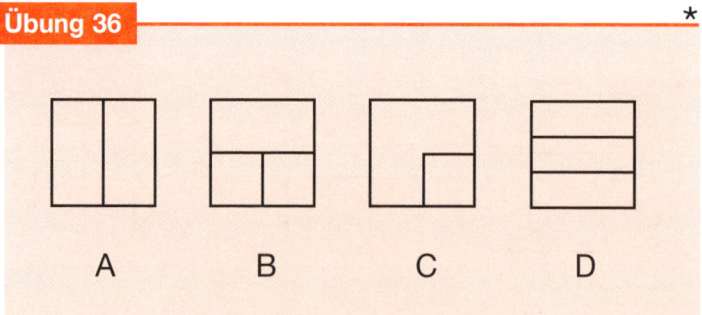

Welche Figur enthält die meisten Quadrate?

Übung 37 *

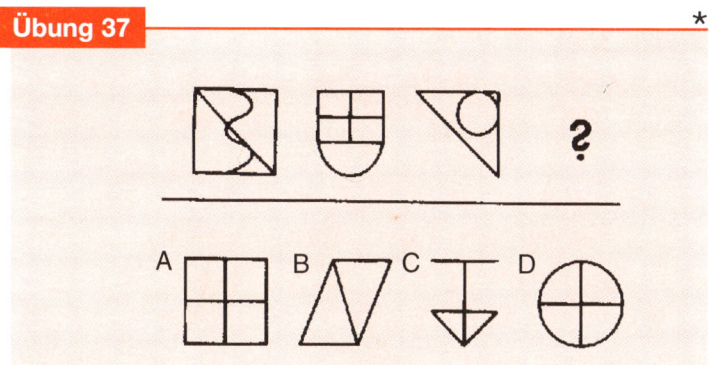

Welche Figur passt zu den oberen?

Übung 38 **

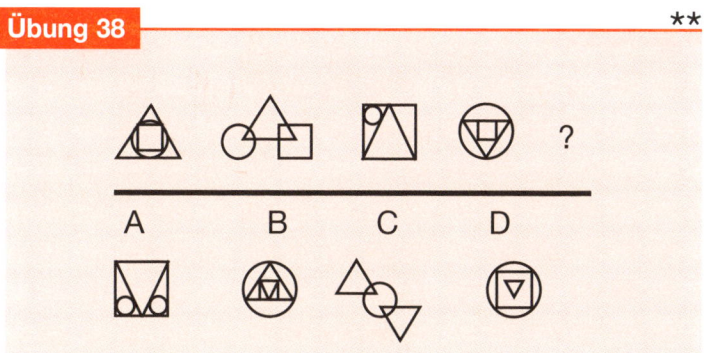

Welche Figur passt zu den oberen?

Übung 39 **

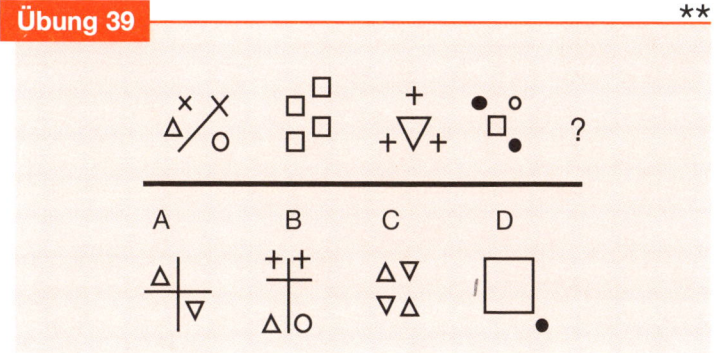

Welche Symbolgruppe passt zu den oberen?

Wohl führt letzten Endes die Intelligenz die Welt voran, aber wahrlich nur langsam und zögerlich. Die Schöpfer der Ideen sind längst wieder zu Staub geworden, wenn ihr Gedanke schließlich trium-phiert.

Gustave Le Bon

Wussten Sie schon, dass das Filterpapier von Melitta Bentz, einer 35-jährigen Dresdner Hausfrau, erfunden wurde? Sie kam 1908 auf die Idee, den Kaffeesatz mithilfe eines Papierfilters aus den Tassen zu verbannen. Dazu durchlöcherte sie den Boden eines Messingtopfes zu einem siebartigen Gefäß und legte darauf ein Löschblatt aus dem Schulheft ihres ältesten Sohnes. Damit hatte sie es geschafft, einen Filter zu erfinden, der einen satzfreien Kaffee lieferte.

Übung 40 ★★

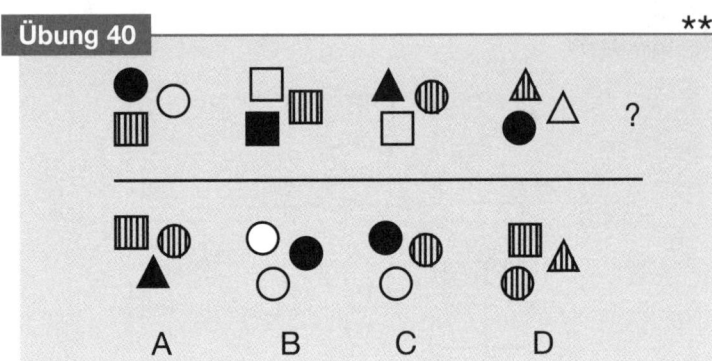

Welche Symbolgruppe passt zu den oberen?

Übung 41 ★★

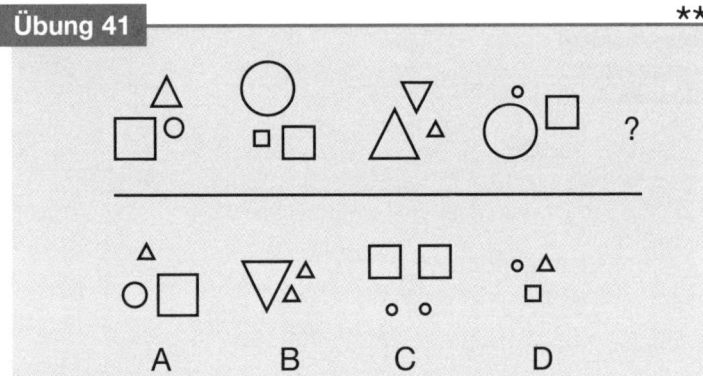

Welche Symbolgruppe passt zu den oberen?

Übung 42 ★★

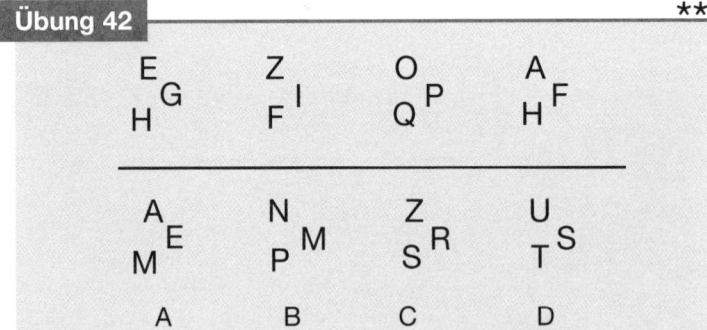

Welche Buchstabengruppe passt zu den oberen?

Übung 43 ★★

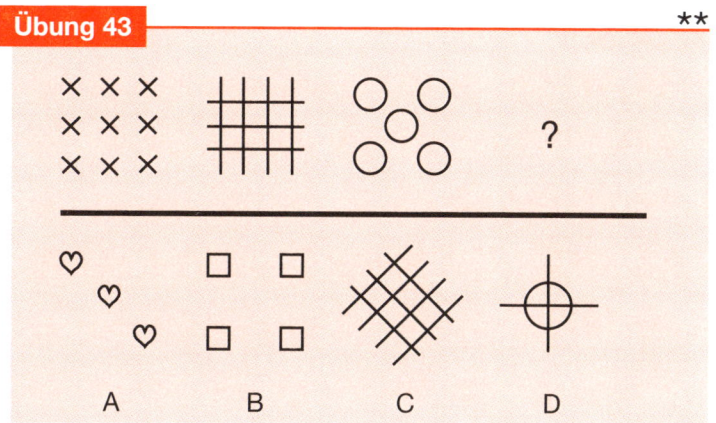

Welche Symbolgruppe setzt die Reihe fort?

Übung 44 ★★

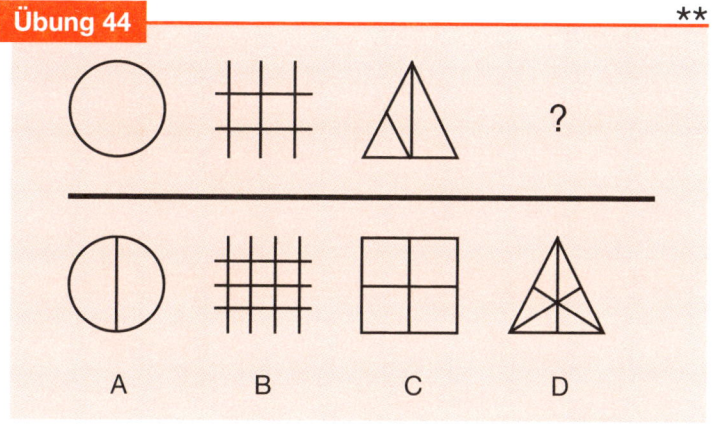

Welches Element setzt die Reihe fort?

Menschen, die nicht neugierig sind, sterben jeden Tag ein kleines Bisschen mehr.
Klausjürgen Wussow

Jede fragmentarische Lösung ist keine.
Lech Walesa

> Die Summe von Zufriedenheit mit der Medizin und Intelligenz ist konstant.
> *Gerhard Kocher*

> Früher war ich der Meinung, dass die Intelligenz ein wesentliches Merkmal der Politik ist. Heute weiß ich, dass sie nicht schaden kann.
> *Carlo Schmid*

Übung 45 ★★

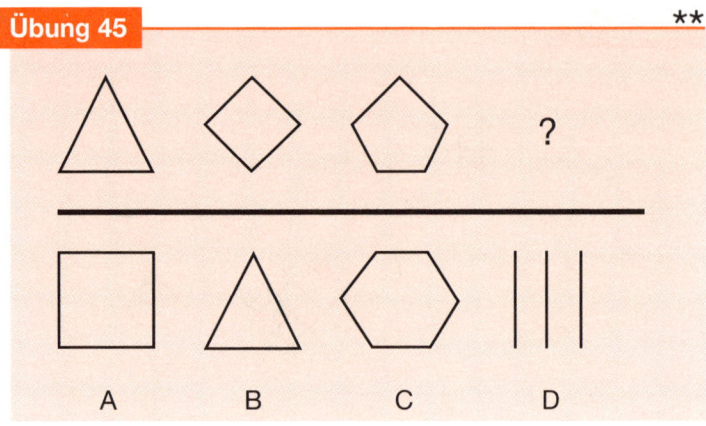

Welches Element setzt die Reihe fort?

Übung 46 ★★

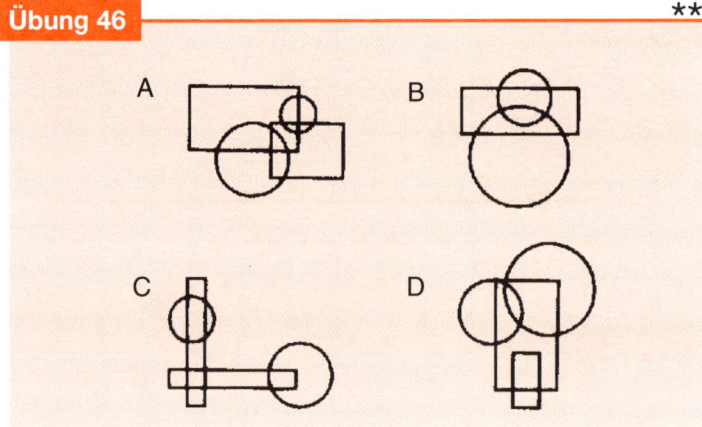

Welche Figur passt nicht zu den anderen?

Übung 47 ★★

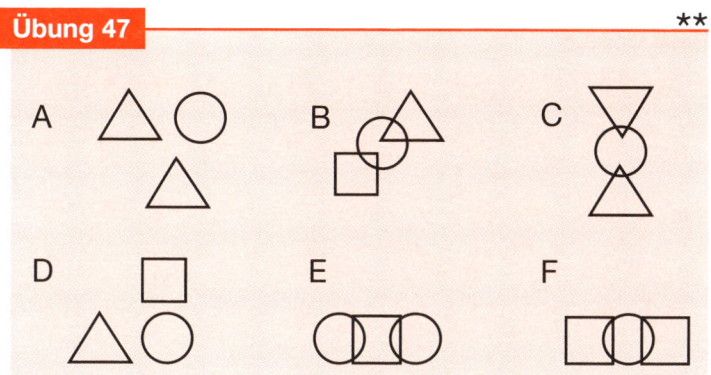

Welche Gruppe passt nicht zu den anderen?

Übung 48 ★★

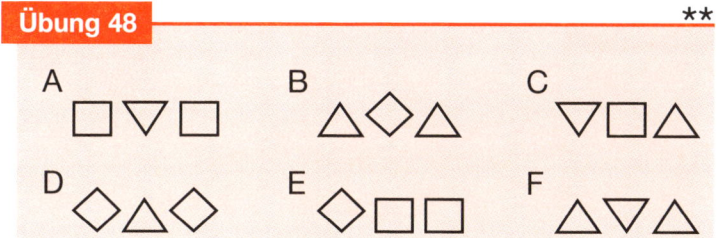

Welche Gruppe passt nicht zu den anderen?

Übung 49 ★★

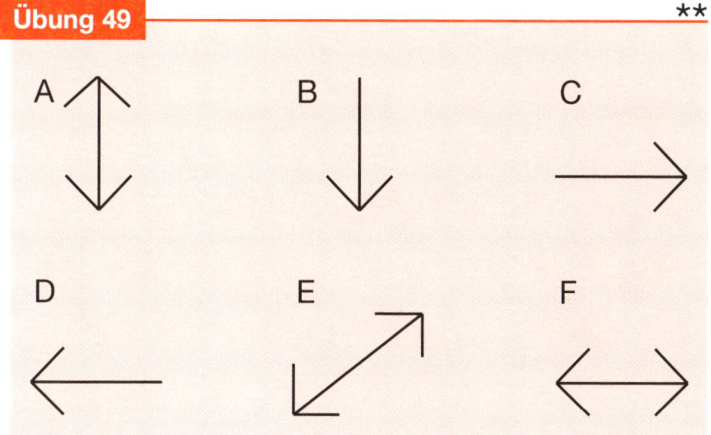

Welcher Pfeil passt nicht zu den anderen?

Wussten Sie schon, dass das Gehirn ununterbrochen lernt, ohne dass es dem Menschen bewusst ist? Eine Studie in den USA ergab, dass man selbst kleine Details, die man bewusst nicht wahrnimmt, im Unterbewusstsein speichert und später schneller wieder erkennt.

Eine Frau, die sich für intelligent hält, verlangt die Gleichberechtigung mit dem Mann. Eine Frau, die intelligent ist, tut das nicht.

Colette

Übung 50 ★★

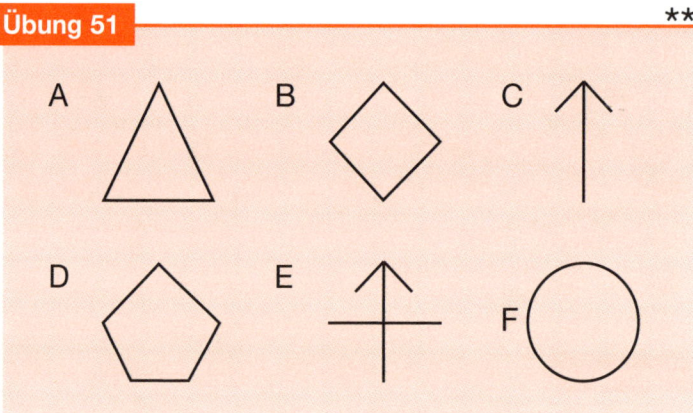

Welche Gruppe oder Figur passt nicht zu den anderen?

Übung 51 ★★

Welches Symbol passt nicht zu den anderen?

Optimisten haben gar keine Ahnung von den freudigen Überraschungen, die Pessimisten erleben.

Peter Bamm

Übung 52 ★★

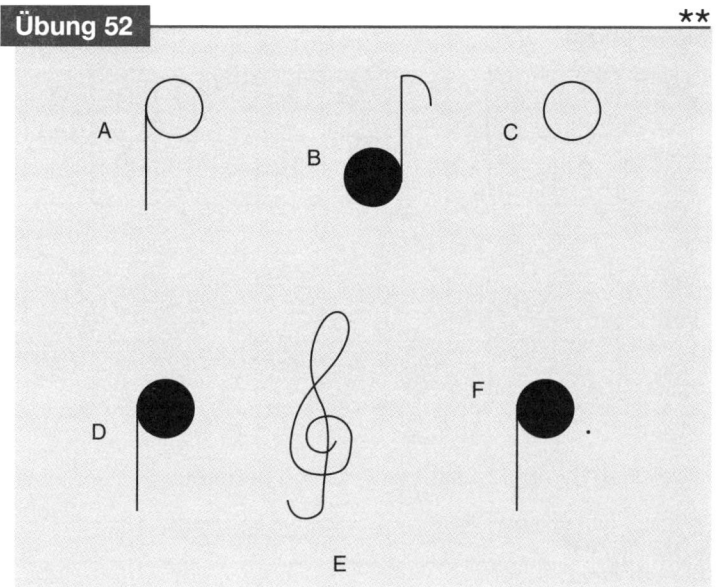

Welches Symbol passt nicht zu den anderen?

Übung 53 ★★

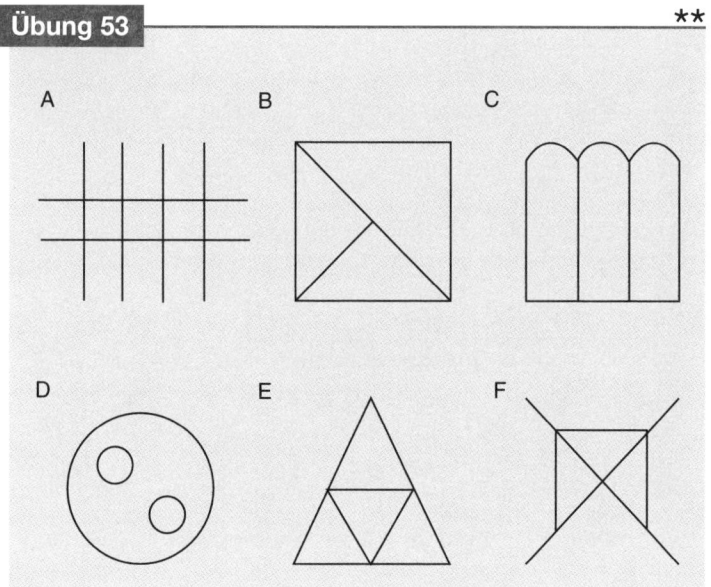

Welches Symbol passt nicht zu den anderen?

Dummheit ist keine Folge mangelnder angeborener Intelligenz, sondern mangelnder Freiheit. Vernunft entwickelt sich nur in der Freiheit.
Erich Fromm

Übung 54 ★★

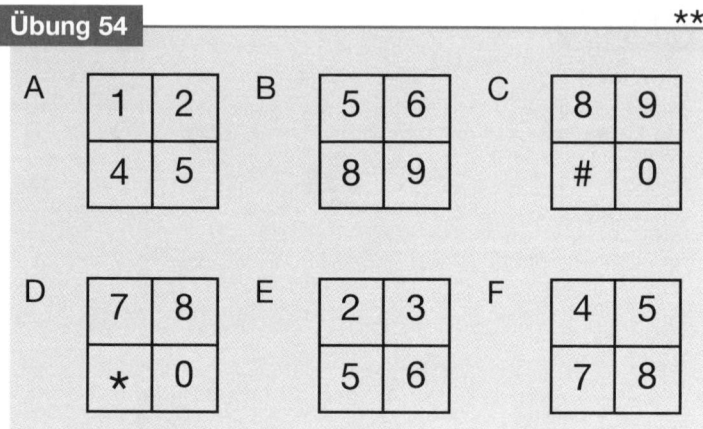

Welches Symbol passt nicht zu den anderen?

Übung 55 ★★

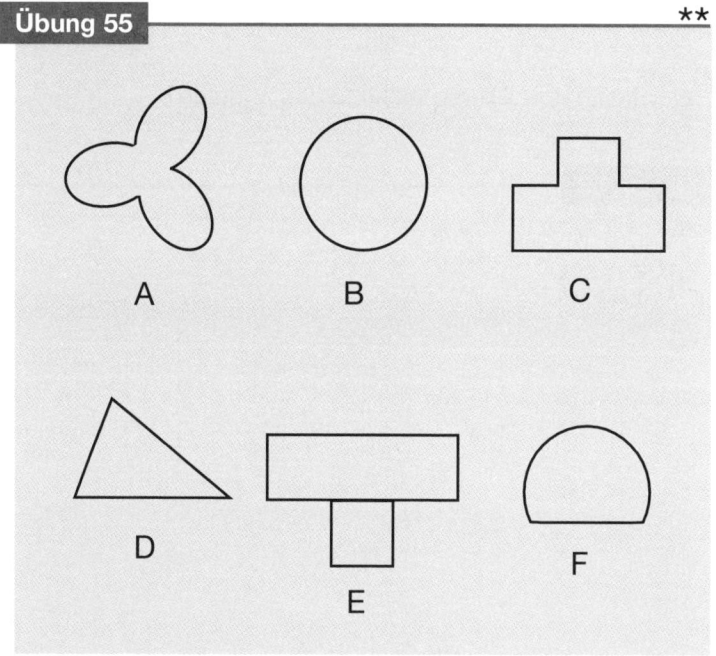

Welche Figur passt nicht zu den anderen?

Soziale Intelligenz

Kennen Sie das Klischee vom „zerstreuten Professor", einem hochintelligenten Mann, der aber nicht einmal in der Lage ist, ein Ei zu kochen oder eine Frage verständlich zu formulieren? Dieser Professor ist ein Paradebeispiel für jemanden, der nur über geringe Soziale Intelligenz verfügt. Und solche Leute gibt es wirklich: Hochschulprofessoren, die dabei versagen, eine Stellenanzeige zu verfassen, wenn sie eine Sekretärin suchen, Chefredakteure wichtiger Zeitungen, die erfolglos in bestem Hochdeutsch und mit komplizierten Schachtelsätzen ihrer ausländischen Putzfrau zu erklären versuchen, was sie von ihr wollen. Dem Ersten mangelt es an Erfahrung, wie man sich in einer bestimmten Situation (Stellenangebote), mit der sie bislang kaum etwas zu tun gehabt haben, verhält. Der zweite Typ erkennt trotz seiner sprachlichen Brillanz nicht, wieso diese Frau ihn einfach nicht versteht! Aber natürlich gibt es auch Professoren und Chefredakteure mit Sozialer Intelligenz. Das Beispiel zeigt nur, dass Intellektualität und hoher IQ nicht unbedingt bedeuten, dass sich jemand in allen Situationen klug und richtig verhält. Freilich lassen sich derlei Fähigkeiten nicht aus Büchern erlernen, man kann sie aber üben und trainieren. Hierbei hilft Ihnen Selbsterkenntnis durch Selbstbeobachtung: Wie reagiert meine Umwelt auf mich? Bin ich beliebt? Mache ich mich verständlich? Schaut man einmal über den Tellerrand und erkennt seine Mängel, kann man auf Selbsterfahrungsseminare, Gesprächs- und Kommunikationstrainings oder Gruppen aller Art zurückgreifen. Genieren Sie sich nicht, Rat bei einer Gruppe oder einem Therapeuten zu suchen, sollten Sie bei sozialen Kontakten nicht so locker sein, wie Sie es sich wünschen. Viele Firmen und Manager geben große Summen für solche Schulungen aus. Und der offensichtliche Erfolg gibt dem System recht.

Das Zubehör eines Sängers? Ein großer Brustkorb, ein großer Mund, neunzig Prozent Gedächtnis, zehn Prozent Intelligenz, sehr viel schwere Arbeit und ein gewisses Etwas im Herzen.

Enrico Caruso

Übung 56 ★★

Welche Figur passt nicht zu den anderen?

Es gibt noch zu viele Menschen, die sich zu wenig Gedanken machen.
Ernst Jünger

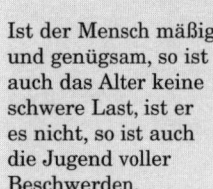

Ist der Mensch mäßig und genügsam, so ist auch das Alter keine schwere Last, ist er es nicht, so ist auch die Jugend voller Beschwerden.
Platon

Übung 57 ★★

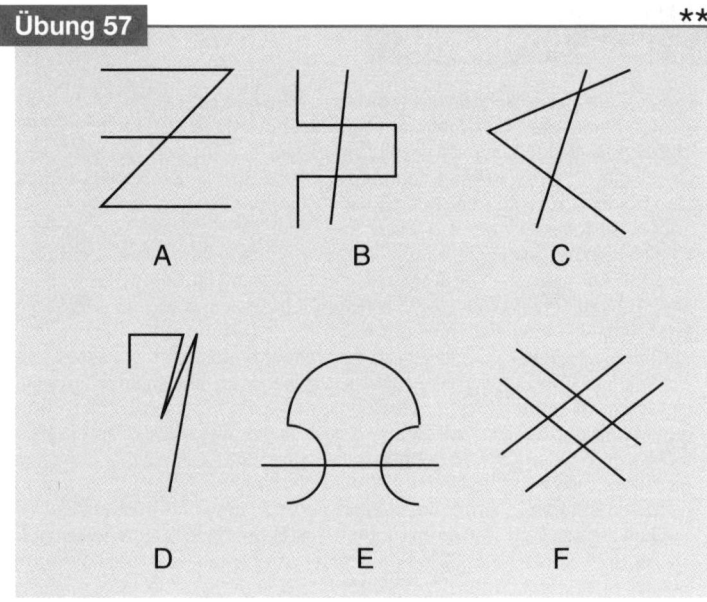

Welche Figur passt nicht zu den anderen?

Übung 58 ★★

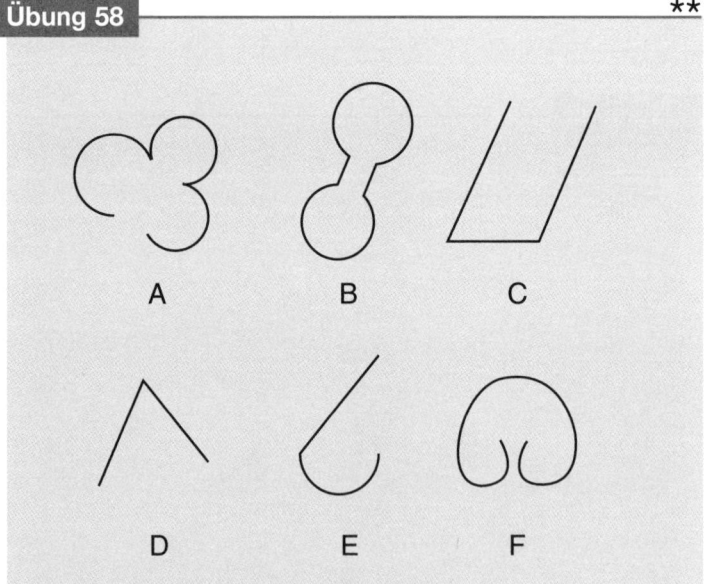

Welche Figur passt nicht zu den anderen?

Übung 59 ✦✦

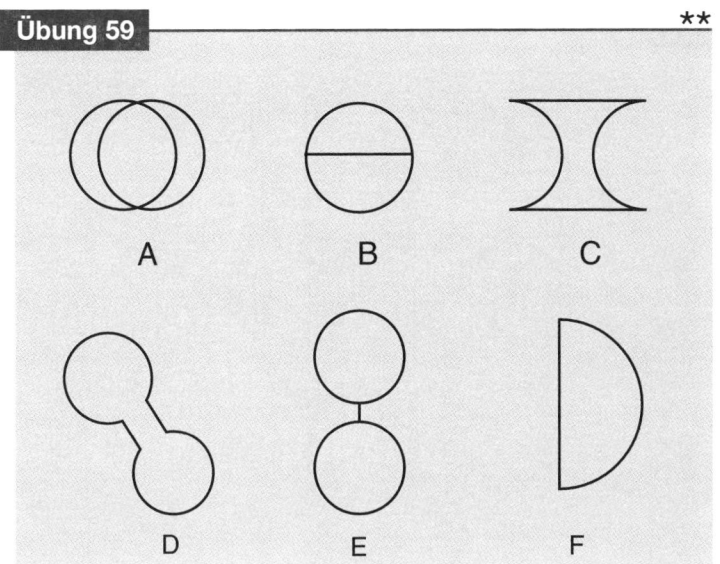

A   B   C

D   E   F

Welche Figur passt nicht zu den anderen?

Übung 60 ✦✦

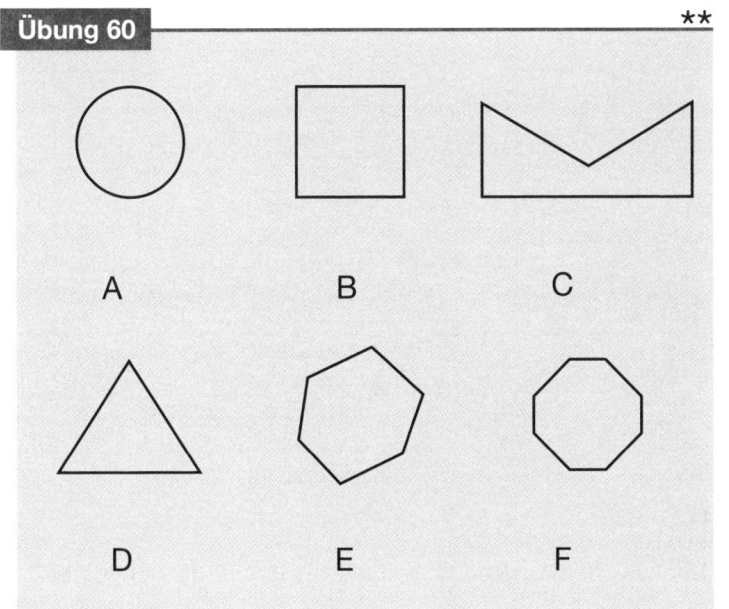

A   B   C

D   E   F

Welche Figur passt nicht zu den anderen?

Nicht für die Schule,
für das Leben lernen
wir.
Seneca

Das Grundgesetz ist
der Beichtspiegel der
Nation.
Heinrich Böll

Wussten Sie schon, dass das seltene Element Radium in einer ärmlichen Baracke entdeckt wurde? Marie Curie arbeitete gemeinsam mit ihrem Ehemann Pierre an Experimenten zur Elektrizität. Dies geschah in ihrem so genannten „Laboratorium", das jedoch nichts weiter war als eine kleine Holzhütte mit gesprungenen Scheiben und löchrigem Dach. Im Zuge dieser Experimente entdeckte sie das Radium.

Übung 61 ★★

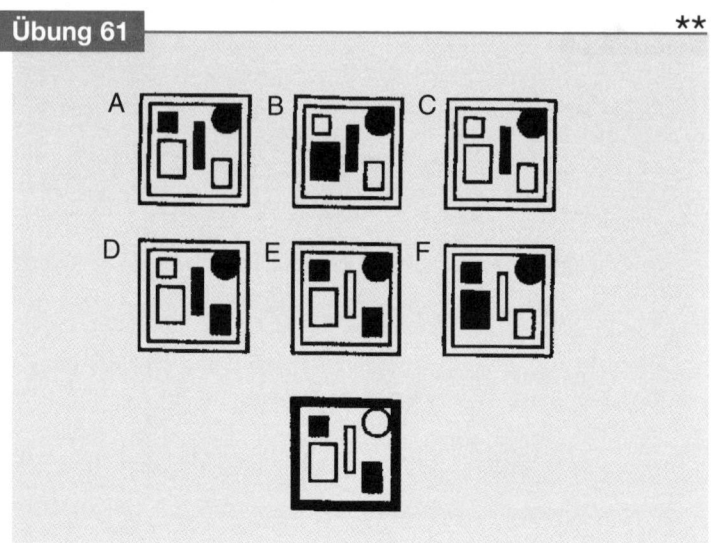

Welches der oberen Negative passt zu dem unteren Positiv?

Übung 62 ★★

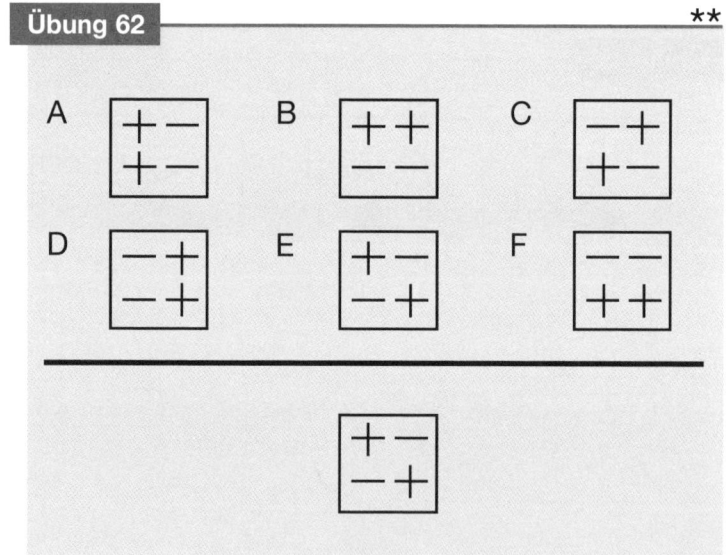

Von welchem oberen Objekt ist das untere das Gegenteil?

Übung 63 ⭑⭑

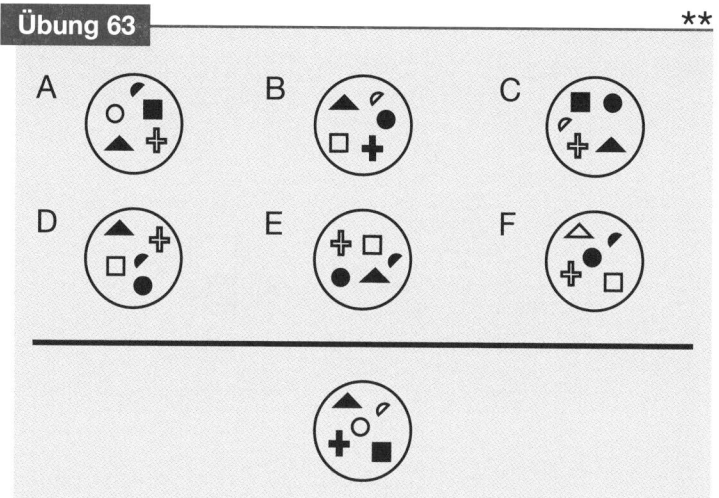

Welches der oberen Negative passt zu dem unteren Positiv?

Übung 64 ⭑⭑

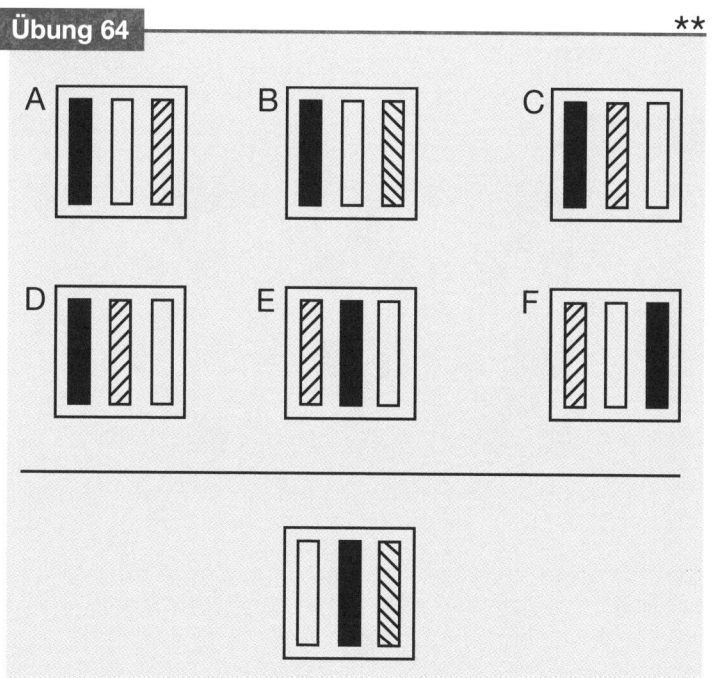

Von welchem oberen Objekt ist das untere das Gegenteil?

Die Traurigkeit ist
das Los der tiefen
Seelen und der
starken Intelligenzen.
Alexandre Vinet

Übung 65 ⋆⋆

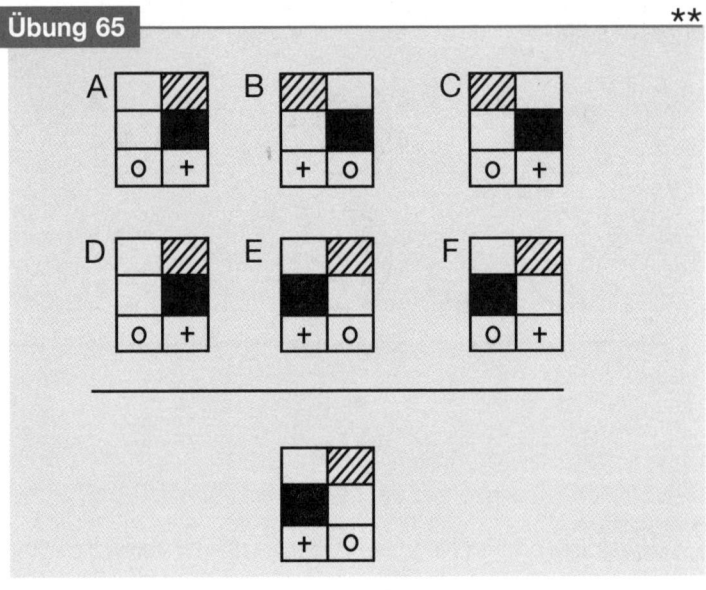

Von welchem oberen Objekt ist das untere das spiegelver-kehrte Gegenteil?

Rüstung: die Klei-
dung eines Mannes,
dessen Schneider ein
Schmied ist.
Ambrose Bierce

Übung 66 ⋆⋆

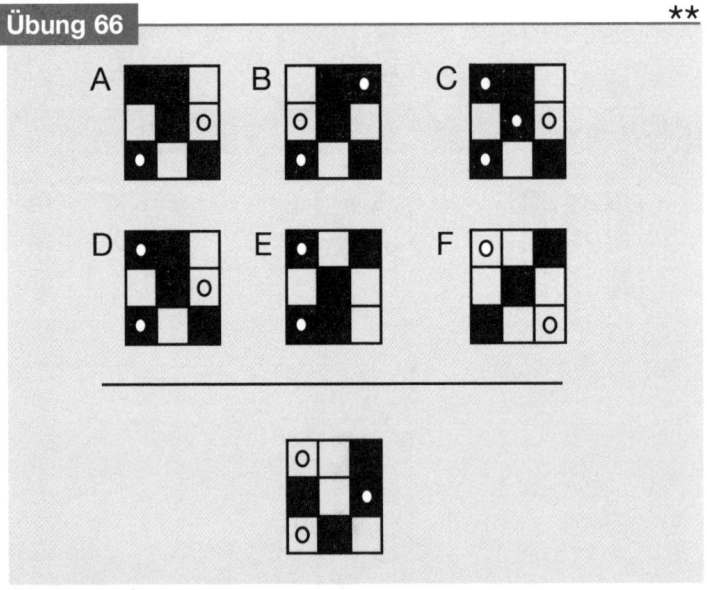

Von welchem oberen Objekt ist das untere das Negativ?

Übung 67 ★★

Wie viele Dreiecke mit gleicher Kantenlänge sind in diesem Hexagramm zu finden?

Übung 68 ★★

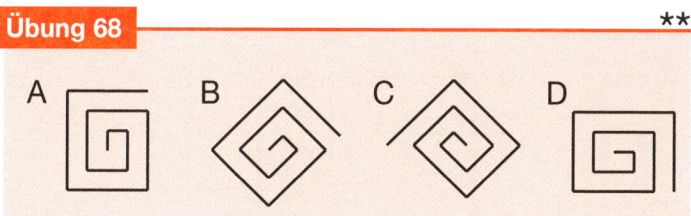

A   B   C   D

Welches Objekt passt nicht zu den anderen?

Übung 69 ★★

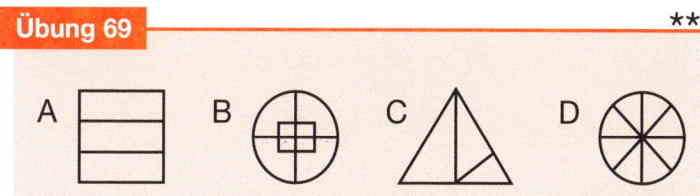

A   B   C   D

Welche Figur enthält die meisten Drei- und Vierecke?

Übung 70 ★★

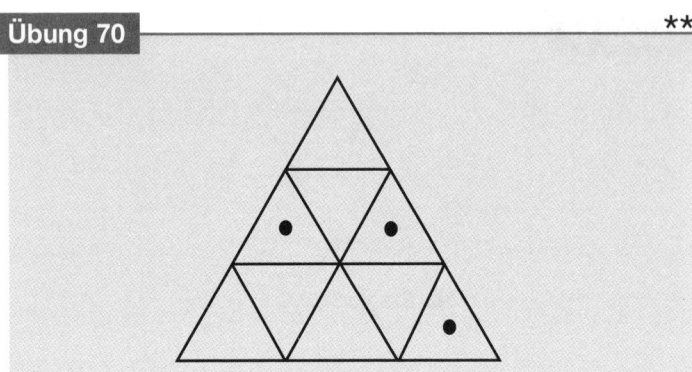

Wie viele gleichseitige Dreiecke, die *mindestens* 1 Punkt enthalten, sind hier zu sehen?

Übung 71 ★★

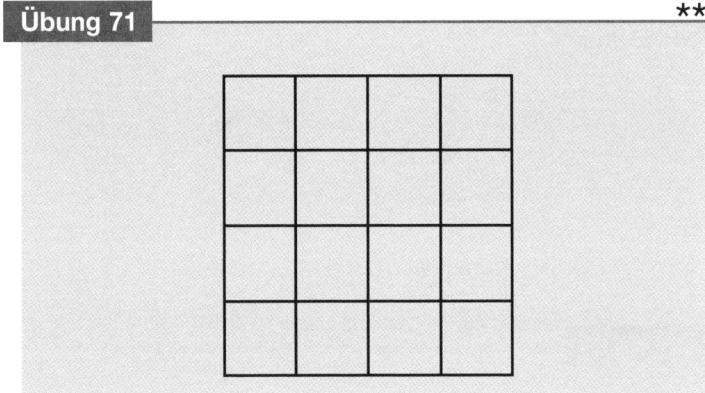

Wie viele Quadrate enthält diese Figur?

Übung 72 ★★

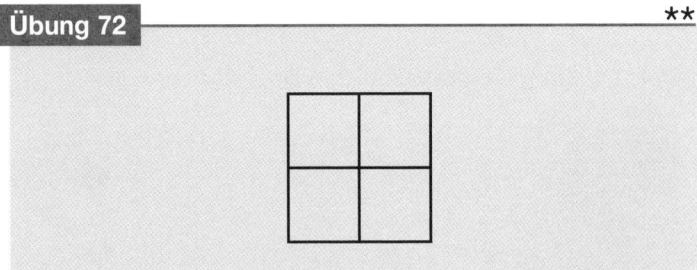

Wie viele Ecken hat diese Figur?

Übung 73 ★★

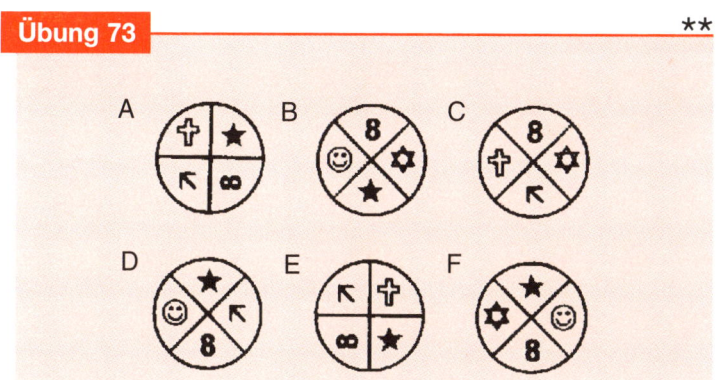

Welche zwei Figuren bilden kein Paar?

Übung 74 ★★

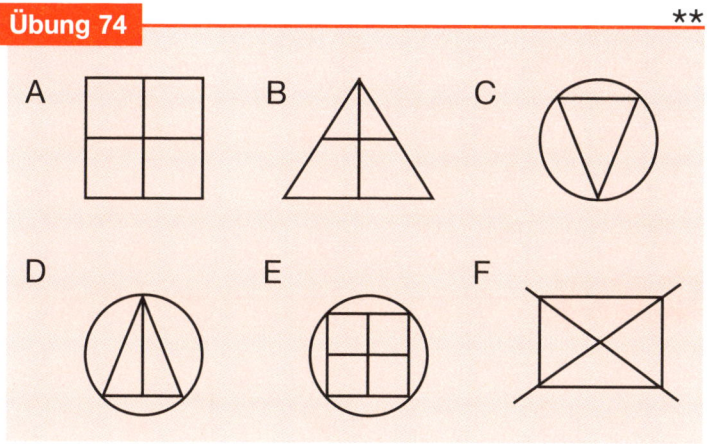

Welche zwei Figuren bilden kein Paar?

Instinkt ersetzt die
Intelligenz.
Gustave Flaubert

Albernheit ist eine
intellektuelle Erhol-
ung von der Umwelt.
Peter Bamm

Wussten Sie schon, dass das Zebra weiß und nicht schwarz gestreift ist?

Meines Erachtens ist die Frage noch offen, ob gute Absichten und Dummheit oder schlechte Absichten und Intelligenz mehr Unheil in die Welt gebracht haben.
Dietrich Dörner

Übung 75 ★★

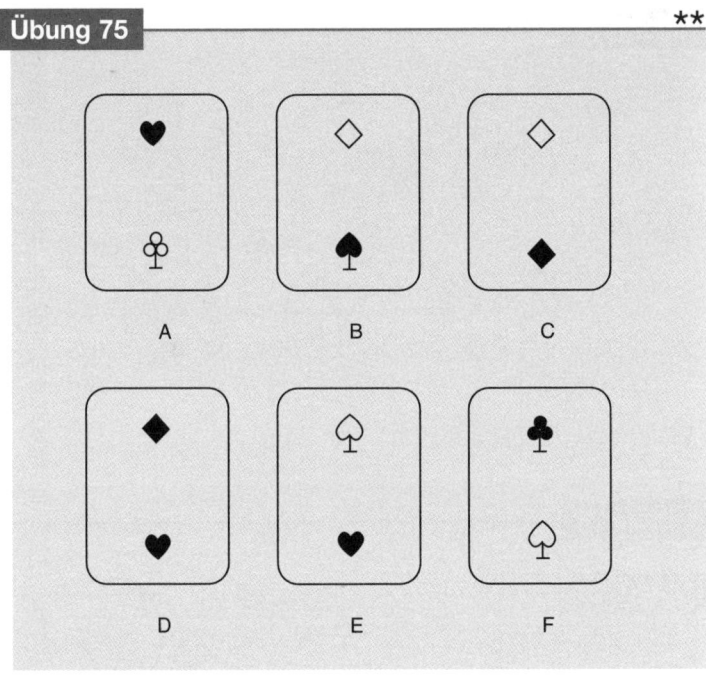

Welche zwei Figuren passen nicht zu den vier anderen?

Übung 76 ★★

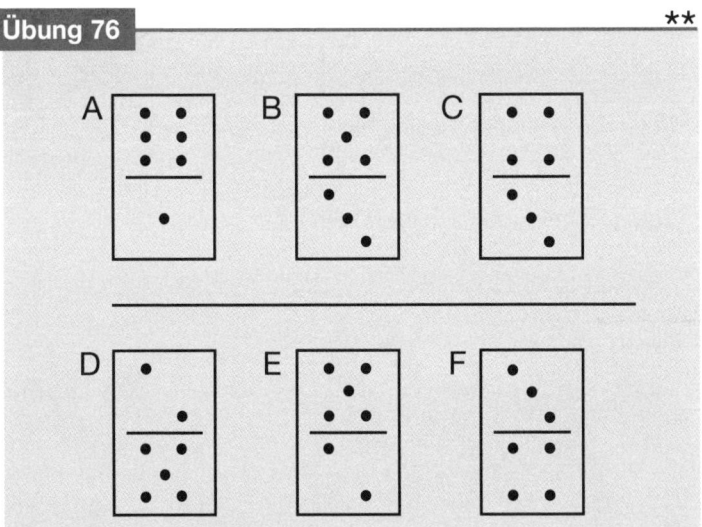

Welche Figur passt nicht zu den anderen?

Übung 77 ★★

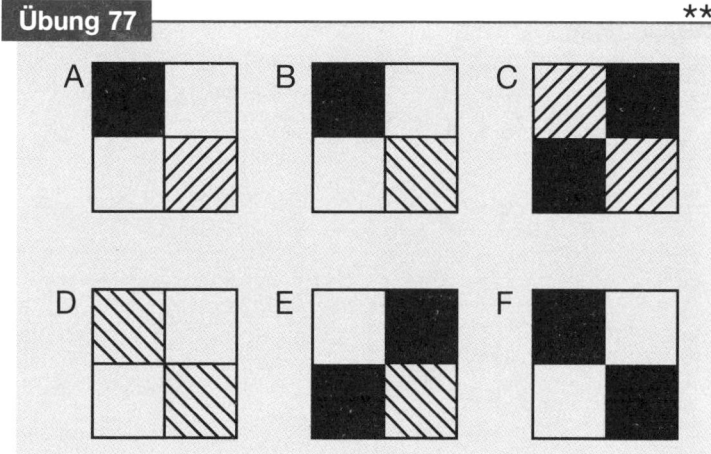

Welche zwei Figuren bilden kein Paar?

Übung 78 ★★

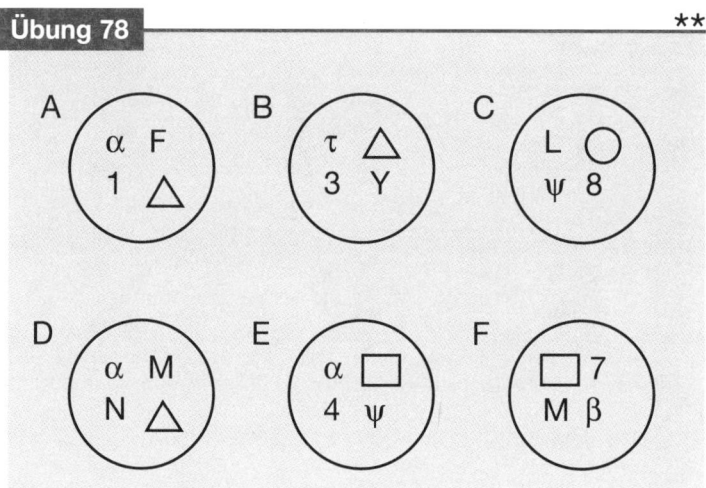

Welche zwei Figuren passen nicht zu den vier anderen?

Warum benutzen die Frauen ihr Gehirn nicht? Sie benutzen es nicht, weil sie, um am Leben zu bleiben, keine geistigen Fähigkeiten brauchen. Theoretisch wäre es möglich, dass eine schöne Frau weniger Intelligenz besitzt als beispielsweise ein Schimpanse und dass sie sich dennoch im menschlichen Milieu behauptet.

Esther Vilar

Ich pfeife auf die Intelligenz: Ich wäre durchaus zufrieden, wenn ich viel Instinkt hätte.

Jules Renard

Übung 79 ★★★

Welche Figur passt nicht zu den anderen?

Übung 80 ★★★

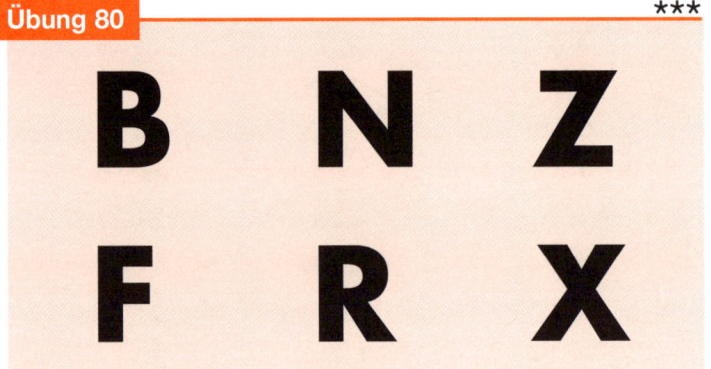

Welcher Buchstabe passt nicht zu den anderen?

Intelligente Fehler zu machen ist eine große Kunst.

Federico Fellini

Übung 81 ★★★

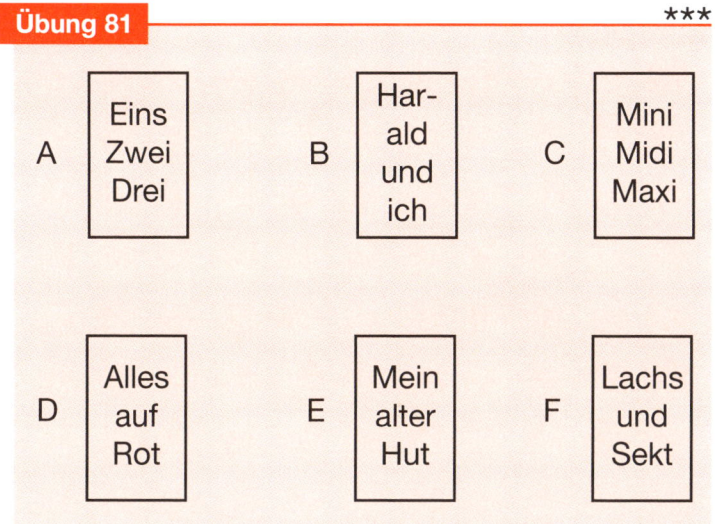

A Eins Zwei Drei	B Har- ald und ich	C Mini Midi Maxi
D Alles auf Rot	E Mein alter Hut	F Lachs und Sekt

Welcher Buchtitel passt nicht zu den anderen?

Übung 82 ★★★

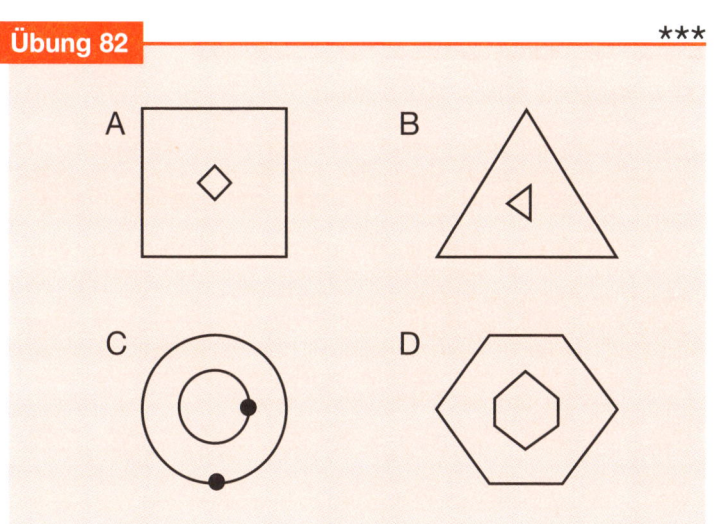

Welche Figur passt nicht zu den anderen?

Die Fähigkeit eines Tieres Schaden zu stiften, ist proportional zu seiner Intelligenz. Der Mensch hält auch hier die Spitze.

Konrad Lorenz

Übung 83 ★★★

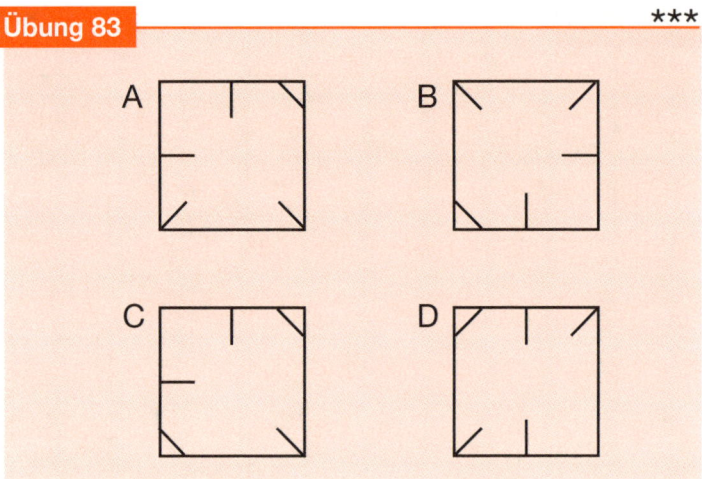

Welches Quadrat passt nicht zu den anderen?

Schulleistung und Intelligenz

Sind intelligente Schüler gute Schüler?

Intelligenz bei Schülern wird meist mit Tests gemessen, die hauptsächlich auf Schulwissen zugeschnitten sind. Aus diesem Grund erfasst laut Forschungsergebnissen die Schulleistung auch recht gut das Ausmaß der Intelligenz.

Doch diese Fakten beruhen auf einer zu einseitigen Sichtweise. Die durch Schulnoten beurteilbaren Intelligenzleistungen stellen nur einen geringen Bereich der intellektuellen Fähigkeiten dar.

Unser Schulsystem ist durch Einheitlichkeit geprägt, jedes Kind soll dieselben Aufgaben in gleicher Zeit und Reihenfolge lösen. Kinder mit einem anderen Rhythmus haben Probleme, bleiben möglicherweise auf der Strecke. So gerät ein Schüler schnell in einen Teufelskreis. Bleibt er eine Zeit lang zurück, wird es schwer, wieder zu den anderen aufzuschließen. Dann bekommt er meist schnell durch seine Mitschüler zu spüren oder möglicherweise selbst bald das Gefühl, dümmer als die anderen zu sein. Das steht der Verbesserung enorm im Weg. Dabei ist die Schulleistung für den beruflichen Erfolg zum Beispiel kein aussagekräftiges Omen. Ein Schüler mit schlechten Aufsatznoten kann trotzdem ein guter Journalist werden. Im späteren Berufsleben zählt das Können, mit anderen Menschen in Zusammenarbeit Aufgaben zu bewältigen, was in der Schule leider kaum auf dem Lehrplan steht.

Schulleistungen drücken diese und andere Fähigkeiten nicht aus und sind demnach nur ein bedingt geeignetes Maß zur Messung der Intelligenz.

Übung 84 ★★★

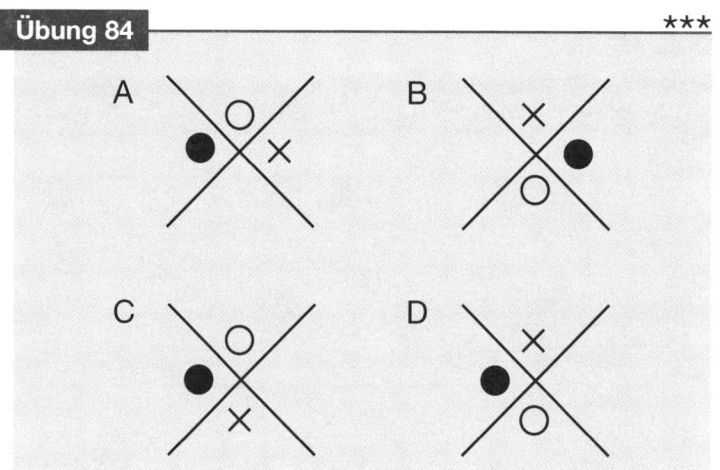

Welche Symbolgruppe passt nicht zu den anderen?

Übung 85 ★★★

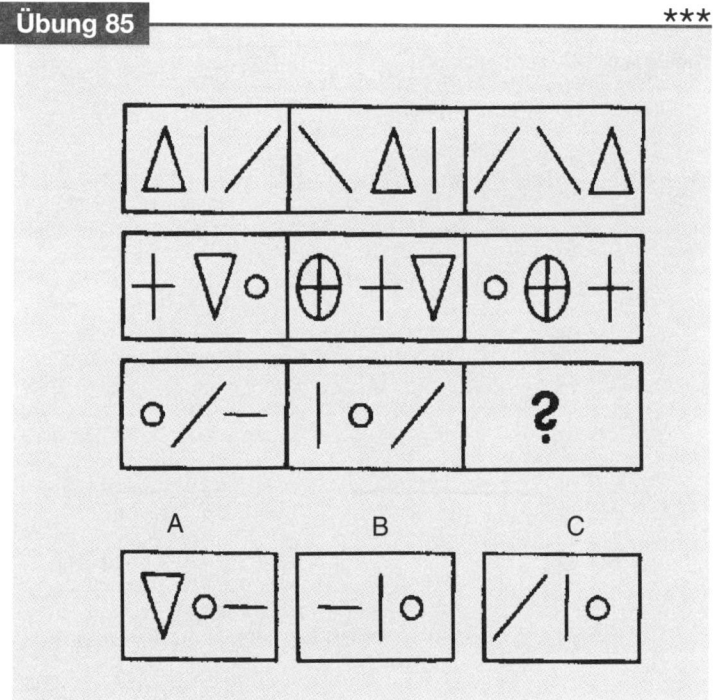

Welche Figurenkombination fehlt?

Der Weitblick mancher Leute besteht darin, die nächsten Probleme zu übersehen.

Wolfgang Eschker

Übung 86 ★★★

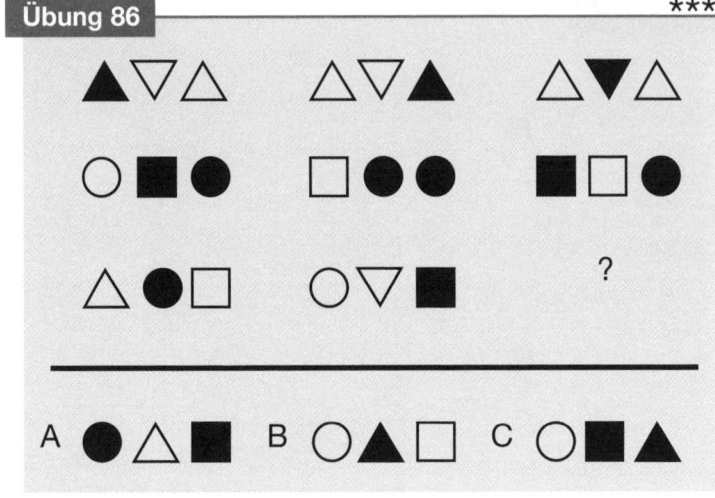

Welche Figurenkombination fehlt in der dritten Zeile?

Eine Million Steuerzahler verhalten sich vernünftiger als eine öffentliche Hand.

Hermann Josef Abs

Übung 87 ★★★

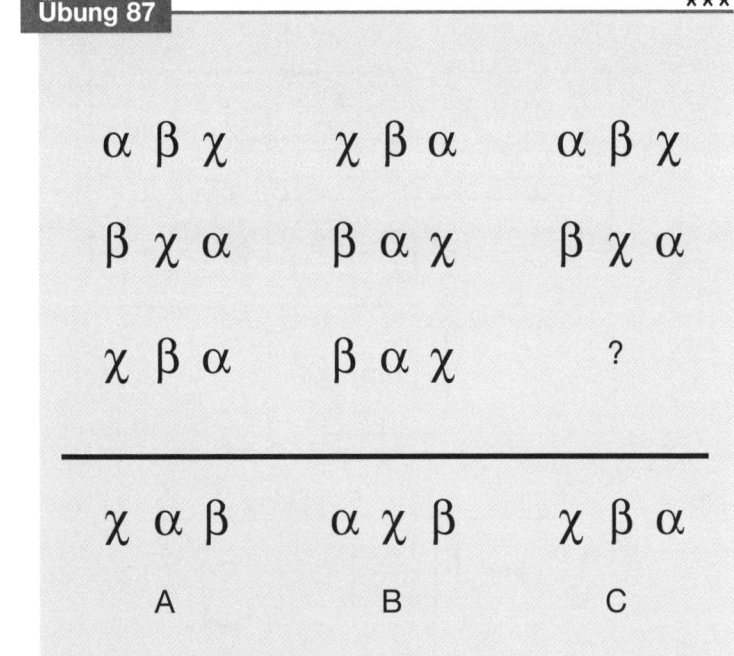

Welche Figurenkombination fehlt in der dritten Zeile?

Übung 88 ★★★

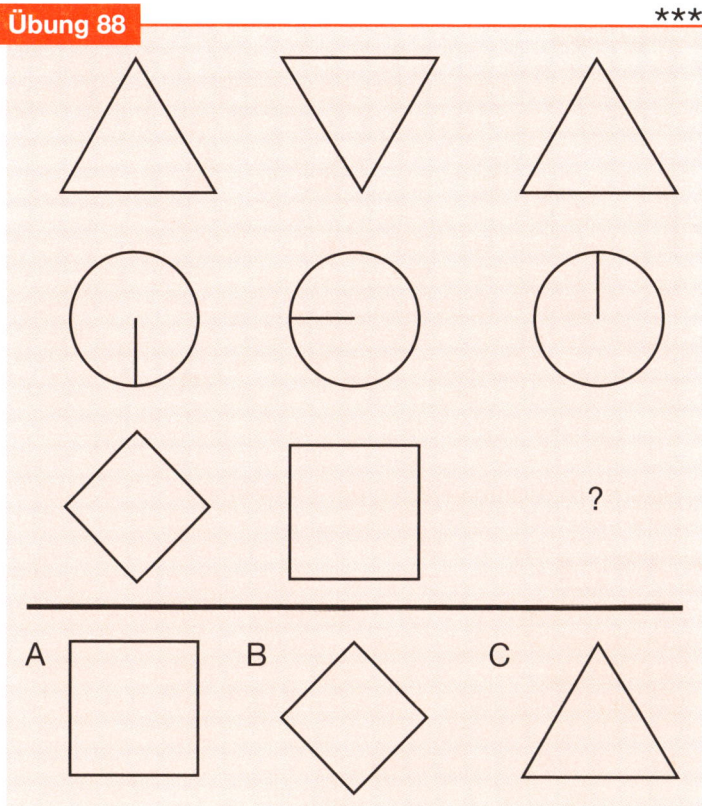

Welche Figur fehlt in der dritten Zeile?

Man mag sich Intelligenz mitunter aus dem Grunde wünschen, um endlich das größte Wunder erschauen zu können: Wie dumm nämlich die Dummköpfe wirklich sind.

Heimito von Doderer

Ich besitze die Kompetenz der Intelligenz.

Werner Vogt

Übung 89 ***

A I U

E O A

I U ?

―――――――

A E B O C A

Welcher Buchstabe fehlt in der dritten Zeile?

Ein Intellektueller ist einer, der mehr Wörter benutzt, als er eigentlich braucht, um mehr zu sagen, als er weiß.

Inschrift an einer Wand in der Universität Cambridge

Übung 90 ***

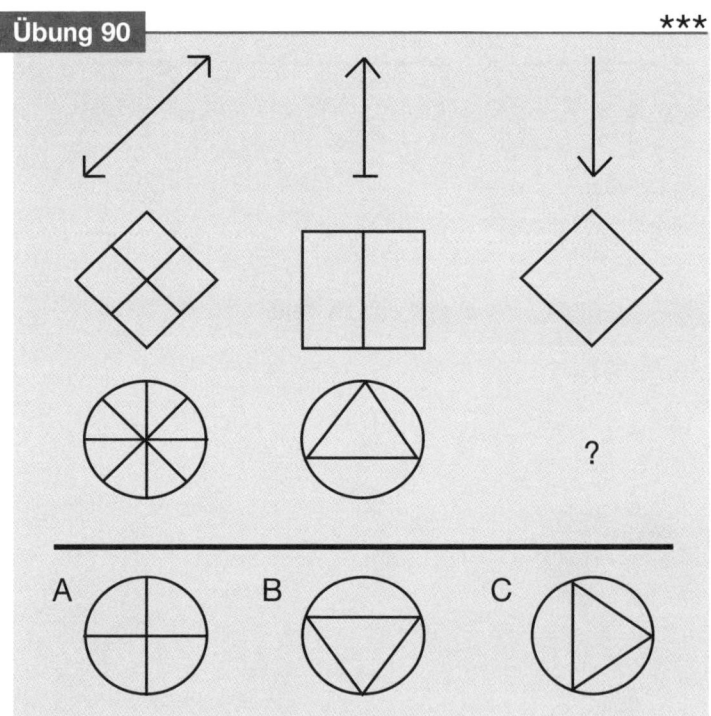

Welche Figur fehlt in der dritten Zeile?

Übung 91 ★★★

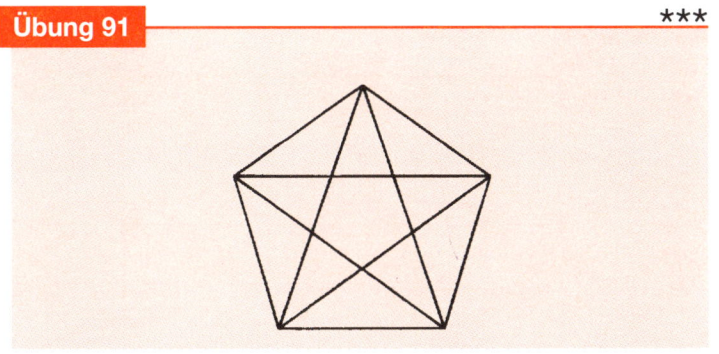

In diesem Pentagramm befinden sich eine Reihe von Dreiecken. Wie viele Dreiecke sind es?

Übung 92 ★★★

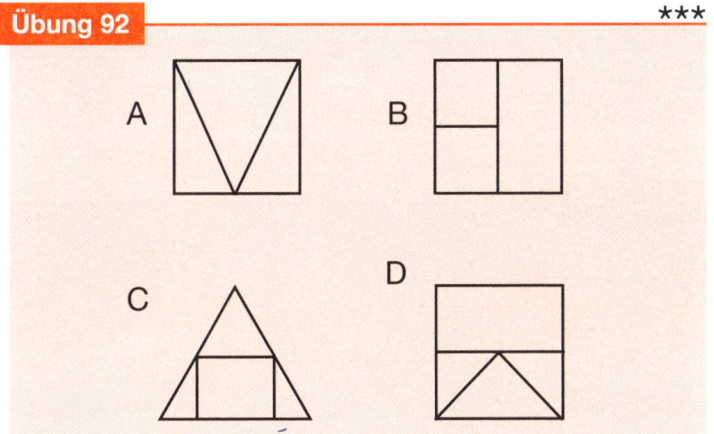

In welcher Figur befinden sich die meisten Dreiecke und regelmäßigen Vierecke (4 Ecken mit 90°-Winkel)?

Übung 93 ★★★

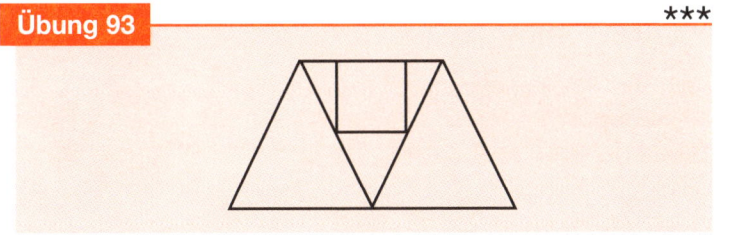

Wie viele Vierecke enthält diese Figur?

Wussten Sie schon, dass den Elefanten ihre großen Köpfe in puncto Intelligenz überhaupt nichts nützen? Zwar haben Elefanten mit durchschnittlich 5,5 Kilogramm das schwerste Gehirn aller Landtiere, was aber nicht für die geistigen Fähigkeiten maßgebend ist. Wichtiger ist hier das Verhältnis von Gehirngewicht zu Körpergewicht. Dieses ist beim Elefanten vergleichsweise gering: in etwa ein Zehntel des Verhältnisses beim Menschen.

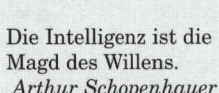

Die Intelligenz ist die
Magd des Willens.
Arthur Schopenhauer

Wie alt man gewor-
den ist, sieht man an
den Gesichtern derer,
die man jung gekannt
hat.
Heinrich Böll

Übung 94 ★★★

Wie viele Vierecke enthält diese Figur?

Übung 95 ★★★

Wie viele gleichseitige Dreiecke enthält
diese Figur?

Übung 96 ★★★

Wie viele Quadrate mit mindestens einer schwarzen Fläche enthält diese Figur?

Übung 97 ★★★

A   B

C   D

Welche Figur passt nicht zu den anderen?

Solange wir nicht wissen, wie menschliche Intelligenz zustande kommt, können wir keine künstliche Intelligenz schaffen.

Reinhard Furrer

Wussten Sie schon, dass der Daumennagel am langsamsten wächst?

Der Gebildete treibt die Genauigkeit nicht weiter, als es der Natur der Sache entspricht.
Aristoteles

Übung 98 ★★★

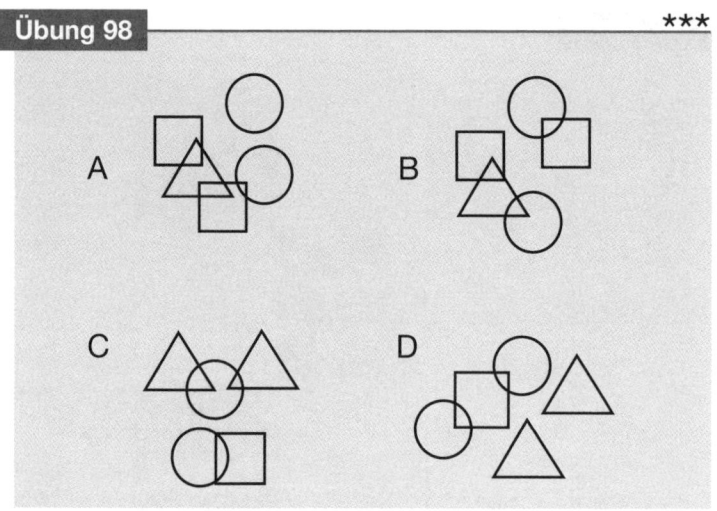

Welche Symbolgruppe passt nicht zu den anderen?

Übung 99 ★★★

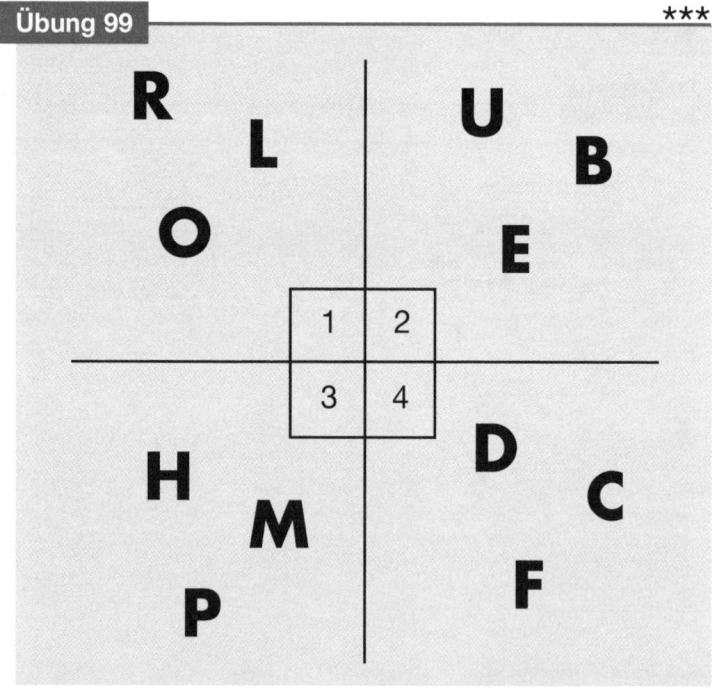

Welche Buchstabengruppe passt nicht zu den anderen?

Übung 100 ★★★

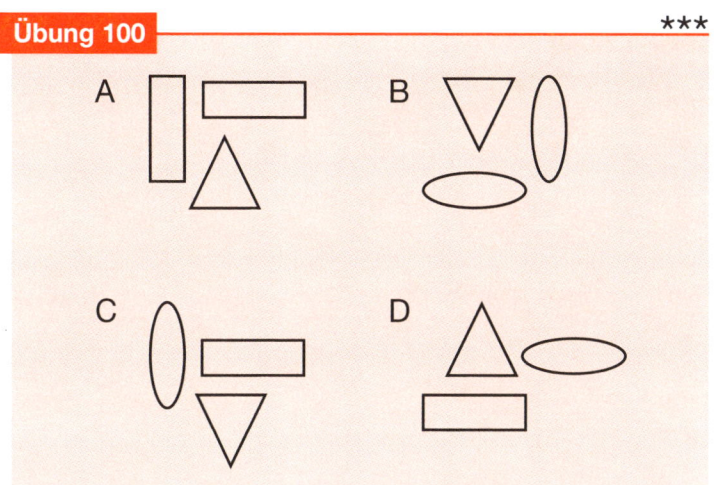

Welche Symbolgruppe passt nicht zu den anderen?

Übung 101 ★★★

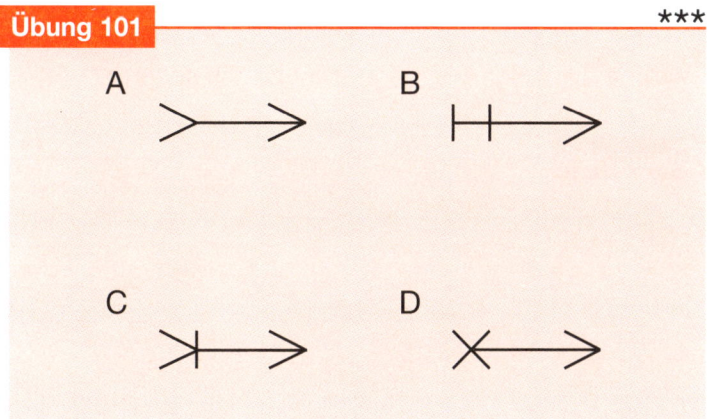

Welcher Pfeil passt nicht zu den anderen?

Intelligenz, behaupten die Intelligenten, ist die Fähigkeit, sich der Situation anzupassen. Wenn du ein Buch verkehrt in die Hand genommen hast, lerne, es verkehrt zu lesen.
Wieslaw Brudzinski

Schon beim Ausfüllen der Steuererklärung bekam ich große Zweifel an meiner Intelligenz. Als ich dann aber die Krankenkassen-Reglemente las...
Gerhard Kocher

Übung 102 ★★★

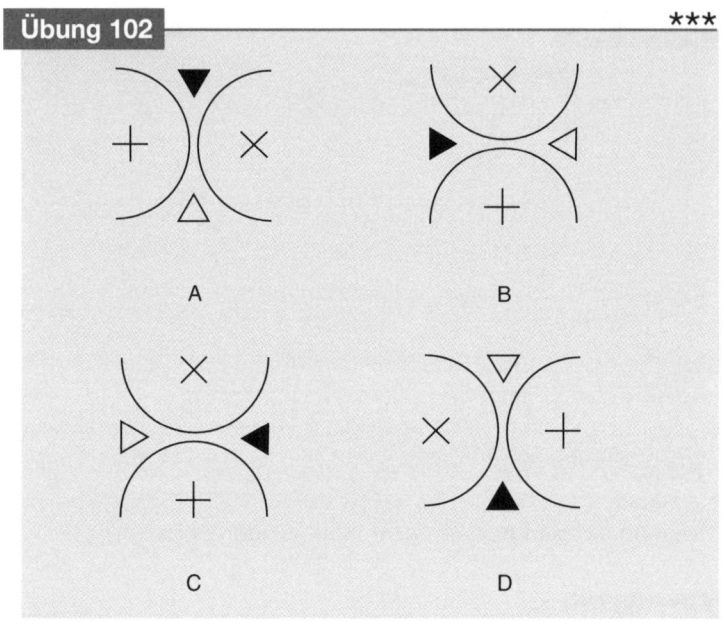

Welche Symbolgruppe passt nicht zu den anderen?

Übung 103 ★★★

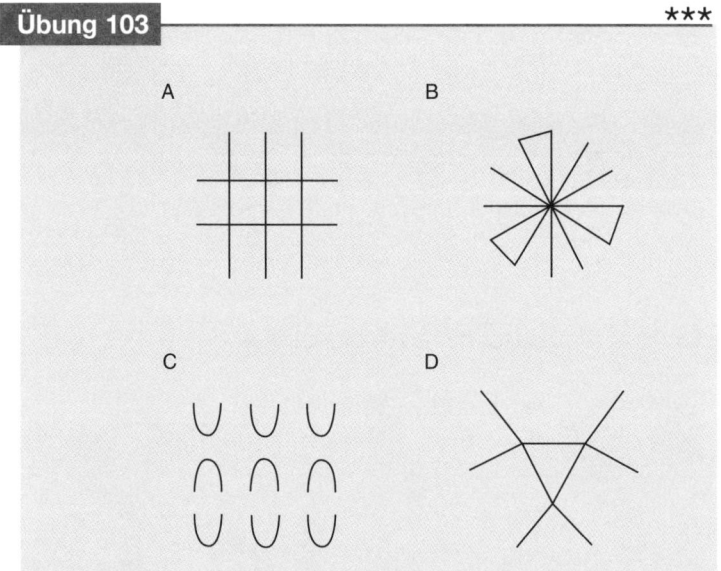

Welche Figur oder Gruppe passt nicht zu den anderen?

Übung 104 ———————————————————— ***

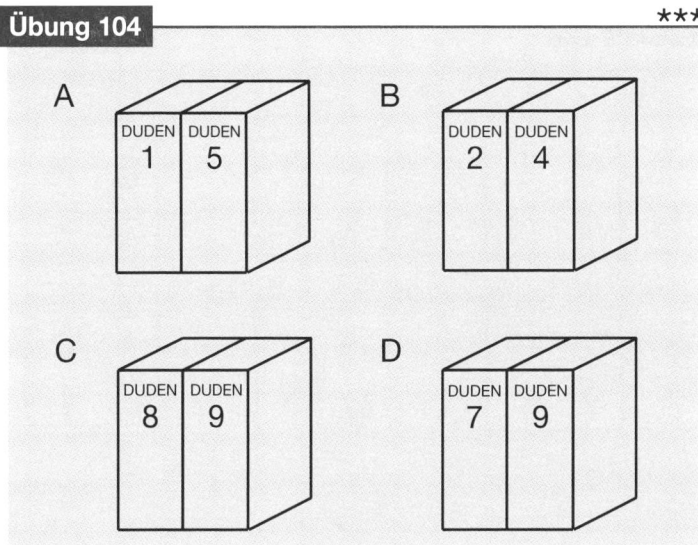

Welche zwei Bücher passen nicht zu den anderen?

Übung 105 ———————————————————— ***

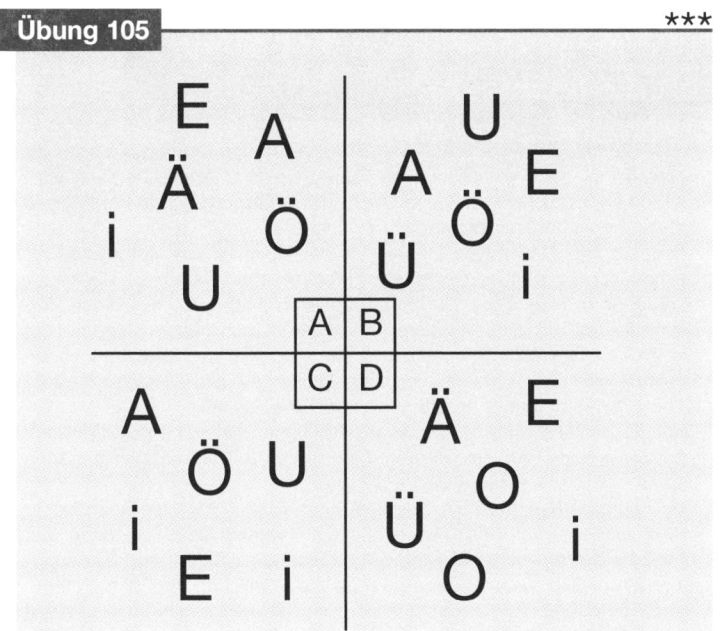

Welche Buchstabengruppe passt nicht zu den anderen?

Wussten Sie schon, dass der Diplodokus als das „dümmste" Tier der Urgeschichte gilt? Der gigantische Dinosaurier ernährte sich lediglich von Pflanzen und wog mehrere Tonnen. Dafür wog sein Gehirn gerade einmal 200 Gramm, was in etwa einem Siebtel des menschlichen Gehirns entspricht.

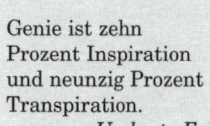

Übung 106 ——————————————— ✱✱✱

Genie ist zehn
Prozent Inspiration
und neunzig Prozent
Transpiration.
Umberto Eco

Welche Zeichenkombination gehört nicht zu den anderen?

Warum ist die einfachste Lösung oft die leichteste?

In der Geschichte unserer Kultur und Technik finden wir immer wieder die Entwicklung, dass komplizierte Verfahren durch einfachere ersetzt werden, da sie wirtschaftlicher sind und somit einträglicher. Kann man diese Art des Fortschritts als intelligent bezeichnen?

Intelligenz drückt sich hauptsächlich in der Fähigkeit aus, komplexe Probleme lösen zu können. Dabei kommt es nicht nur darauf an, dass man überhaupt zu einer Lösung gelangt, sondern auch, wie man diese Probleme angeht. Es geht im Wesentlichen darum, schwierige Aufgaben auf die einfachste Weise zu bearbeiten. Die Fähigkeit des vereinfachenden Denkens wird zwar in den Intelligenztests nicht auf direktem Weg berücksichtigt, wirkt sich aber trotzdem auf das Ergebnis aus.

Denn je umständlicher der Denkvorgang, desto mehr Zeit benötigt man, um das jeweilige Problem zu lösen. Man schafft zeitlich weniger Aufgaben und erhält ein schlechteres Testergebnis.

Intelligente Problemlösung heißt, die Aufgabe schon vor ihrer Bewältigung in ihre wesentlichen und unwesentlichen Bestandteile zu zerlegen und zwischen den einzelnen Merkmalen Vergleiche zu ziehen und Beziehungen herzustellen. Dann sucht man Parallelen zwischen dem betrachteten Gegenstand und Vergleichsobjekten. So löst man einen Intelligenztest einfacher und schneller. Man verkürzt die Denkschritte, die zu einer Entscheidung führen und kommt mit weniger Zeitaufwand zum Ergebnis.

Übung 107 ***

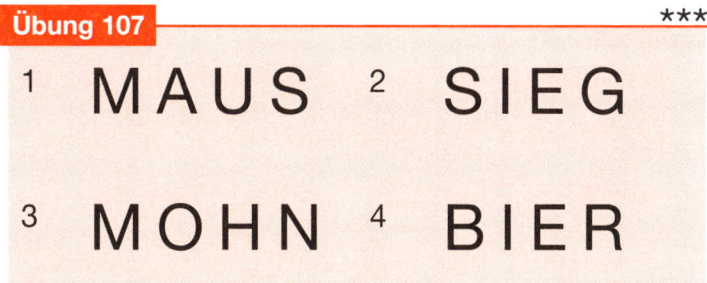

Welches Wort gehört nicht zu den anderen?

Übung 108 ***

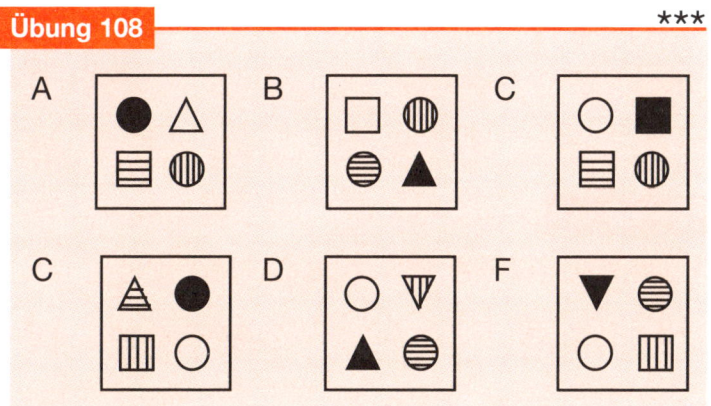

Welche Symbolgruppe gehört nicht zu den anderen?

Übung 109 ***

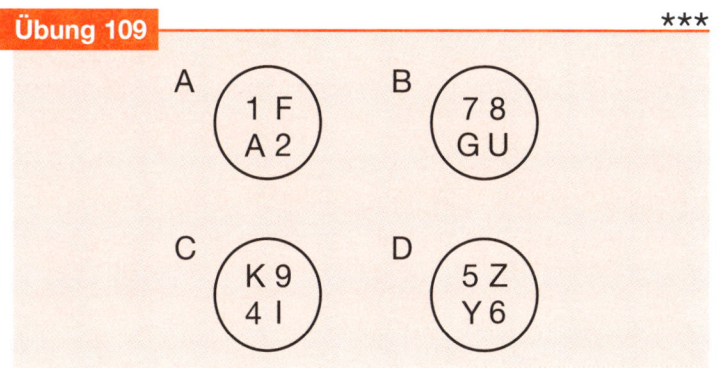

Welche Symbolgruppe gehört nicht zu den anderen?

Intelligenz kann zur
modernen Folter-
methode werden.
Elisabeth Schöffl-Pöll

Regeln setzen ein, wo
die Intelligenz
aufhört.
E.J. Cossman

Übung 110 ***

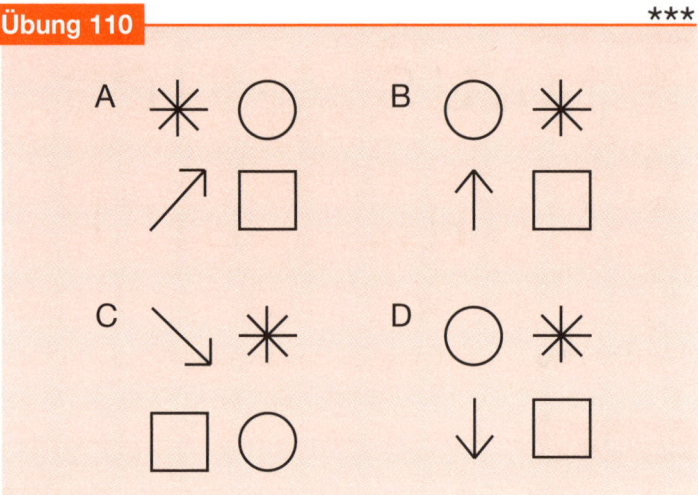

Welche Symbolgruppe gehört nicht zu den anderen?

Übung 111 ***

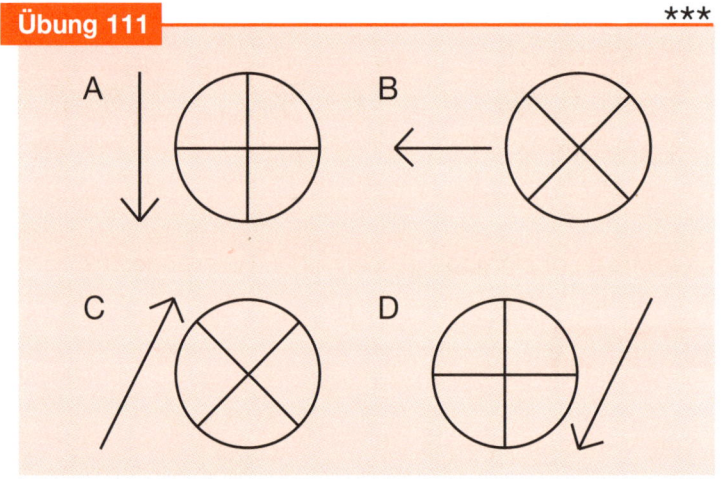

Welche Symbolgruppe gehört nicht zu den anderen?

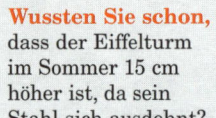

Übungen: Denkspiele

Die folgenden Aufgaben haben zum Teil mit Wörtern oder erzählten Geschichten zu tun, gehören aber trotzdem nicht in den Bereich des „sprachgebundenen Denkens", in dem die sprachliche Kompetenz gefordert ist. Vielmehr geht es um logische Schlüsse. Eine Reihe von Wörtern kann zum Beispiel einen inhaltlichen Zusammenhang haben, oder die Beziehung zwischen ihnen besteht im gleichen Anfangsbuchstaben, in der Anzahl ihrer Buchstaben etc. Bei Buchstabenreihen ist meistens ein mathematischer Zusammenhang, der von der Stellung der Buchstaben im Alphabet ausgeht, zu entdecken. Bei den Streichholzknobeleien wiederum ist das kreative Potential unseres Gehirns gefragt.
(✶ = leicht, ✶✶ = mittel, ✶✶✶ = schwer)

Tipps und Hinweise

Übung 112   ✶

Wenn alle Bauern verheiratet sind und einige Verheiratete Rentner sind, welcher der folgenden Sätze ist dann wahr?

a) **Alle Bauern sind Rentner**
b) **Einige Rentner sind Bauern**
c) **Alle Verheirateten sind Bauern**
d) **Einige Verheiratete sind Bauern**

Beantworten Sie die Frage!

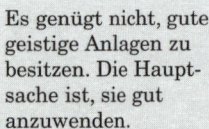

Es genügt nicht, gute
geistige Anlagen zu
besitzen. Die Haupt-
sache ist, sie gut
anzuwenden.
René Descartes

Im Zirkus. Der Clown tritt auf und fällt hin, alle Zuschauer fangen an zu lachen. Nachdem er aufgestanden ist, stolpert er über einen Eimer, wieder lachen alle Zuschauer. Schließlich läuft der Clown gegen einen Pfosten, alle Anwesenden lachen, bis auf Erich. Wieso?

Lesen Sie die Geschichte (auch mehrmals) und beantworten Sie anschließend die Frage!

Hans, Max und Susi gehen spazieren. Plötzlich läuft Susi los, springt in einen Ententeich, schwimmt den Enten nach, hüpft an Land, schüttelt sich und läuft dann so lange herum, bis sie wieder trocken ist. Hans und Max finden das jedoch gar nicht sonderbar. Wieso?

Lesen Sie die Geschichte (auch mehrmals) und beantworten Sie anschließend die Frage!

Rudolf sitzt in einem Restaurant und isst zu Abend. Bei der Suppe sieht er aus dem Fenster und sieht eine große Kirche. Bei der Hauptspeise sieht er aus demselben Fenster und sieht einen dunklen Wald. Bei der Nachspeise blickt er wieder durch dasselbe Fenster und sieht ein großes Kraftwerk. Wie ist das möglich?

Lesen Sie die Geschichte (auch mehrmals) und beantworten Sie anschließend die Frage!

Übung 116 *

Manuel Müller sitzt vorne im Auto. Zuerst fährt der Wagen sehr langsam, doch dann fährt er auf die Autobahn und beschleunigt. Nach mehreren Überholmanövern biegt das Auto zu einer Tankstelle ab. Manuel Müller ist aber erst 3 Jahre alt. Wie geht das?

Lesen Sie die Geschichte (auch mehrmals) und beantworten Sie anschließend die Frage!

Übung 117 *

A B A C A D A E A ?

Welcher Buchstabe setzt die Reihe logisch fort?

Übung 118 *

Z A Y A X A W A ?

Welcher Buchstabe setzt die Reihe logisch fort?

Übung 119 *

A E A G A I A K A ?

Welcher Buchstabe setzt die Reihe logisch fort?

Übung 120 *

Z G X F Z E X D Z ?

Welcher Buchstabe setzt die Reihe logisch fort?

Wussten Sie schon, dass der Erfinder des Telefons den bezeichnenden Namen „Klingel" hatte? Der Schotte Alexander Graham Bell erfand den Fernsprecher in den Vereinigten Staaten des späten 19. Jahrhunderts.

Übung 121 ———————————————————————— *

YFEYFEYF?

Welcher Buchstabe setzt die Reihe logisch fort?

Übung 122 ———————————————————————— *

Das Charakteristikum der Intelligenz ist Ungewissheit. Vorwärts tasten ist ihr Werkzeug.
Henry de Montherlant

Stellen Sie zwei Hölzer so um, dass der Schmutz nicht mehr in, sondern außerhalb der Schaufel liegt.

Übung 123 ———————————————————————— *

Die Maus ist ein Tier, dessen Pfad mit in Ohnmacht fallenden Frauen übersät ist.
Ambrose Bierce

a) Behauptung: Alle Häuser sind Frösche. Alle Frösche sind Hunde.
Schlussfolgerung: Deshalb sind alle Häuser Hunde.
Stimmt oder stimmt nicht?

b) Alle Elefanten können fliegen. Alle Riesen sind Elefanten. Also können Riesen fliegen.
Stimmt oder stimmt nicht?

c) Einige Tomaten sind Autos. Einige Autos spielen Klavier. Also spielen einige Tomaten Klavier.
Stimmt oder stimmt nicht?

d) Niemand, der unter 2 m groß ist, kann Bundeskanzler werden. Alle Menschen sind 1.50 m groß. Deshalb kann niemand Bundeskanzler werden.
Stimmt oder stimmt nicht?

Jetzt geht es darum, dass Sie unabhängig von der Realität aus den vorgegebenen Annahmen die richtige Schlussfolgerung ziehen. Welche der Schlussfolgerungen sind richtig?

Übung 124 _____ *

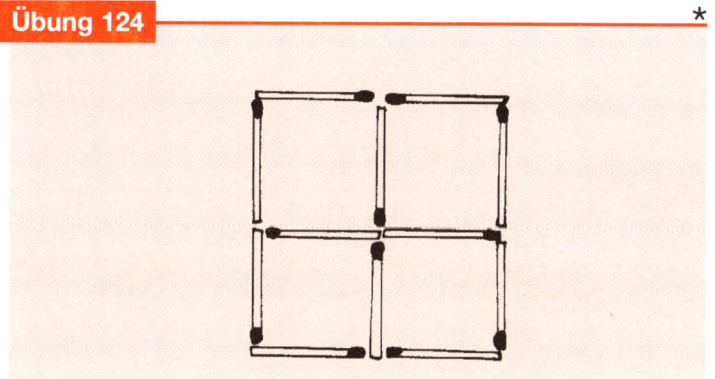

Stellen Sie vier Hölzer so um, dass zwei Quadrate entstehen, die sich nicht berühren dürfen.

Übung 125 _____ *

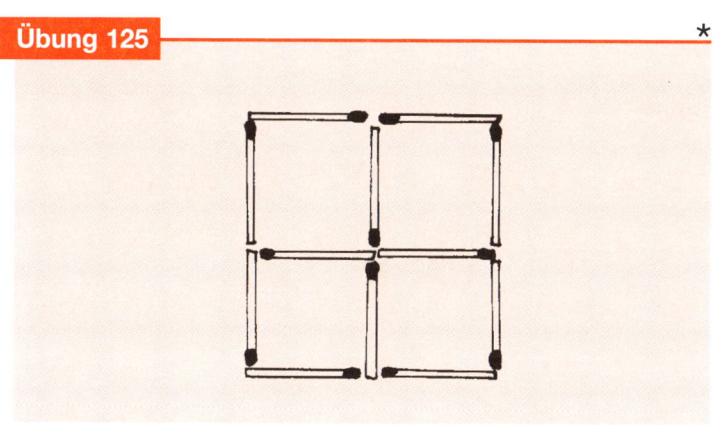

Legen Sie vier Hölzer so um, dass drei Quadrate entstehen.

Die Religion ist nichts als der Schatten, den das Universum auf die menschliche Intelligenz wirft.
Victor Marie Hugo

Übung 126 *

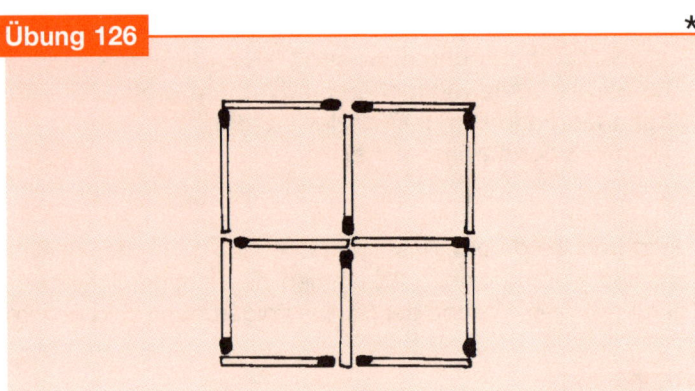

Entfernen Sie zwei Streichhölzer, sodass zwei Quadrate bleiben.

Übung 127 *

SCHWEIN   SCHAF   KUH

IGEL   ZIEGE

Welches Tier passt nicht zu den anderen? Warum?

Übung 128 *

LÖWE   KATZE   PFERD

HAHN TIGER

Welches Tier passt nicht zu den anderen? Warum?

Übung 129 *

VOLVO AUDI BMW

MERCEDES VW

Welches Auto passt nicht zu den anderen? Warum?

Übung 130 *

ESCHE EICHE TANNE

ROSE FICHTE

Welche Pflanze passt nicht zu den anderen? Warum?

Übung 131 *

HAI FLUNDER KREBS

ROBBE SEEIGEL

Welches Wassertier passt nicht zu den anderen? Warum?

Übung 132 *

FORELLE PHÖNIX FINK

SPHINX FLUNDER FALKE

Welches Tier passt nicht zu den anderen? Warum?

Wussten Sie schon, dass der erste Nobelpreis für Medizin an einen Deutschen ging? Emil Adolf von Behring bekam 1901 als Erster den Preis verliehen. Er hatte Forschungen betrieben, die erheblich zur Bekämpfung der Diphtherie beitrugen.

Die Laster sind den Tugenden beige-
mischt wie die Gifte den Heilmitteln.
Unsere Intelligenz verbindet und mäßigt
sie und bedient sich ihrer mit Nutzen
gegen die Übel des Daseins.

François de la Rochefoucauld

Übung 133 ✱

ZUG

Nennen Sie mindestens drei Bedeutungen des Wortes

Übung 134 ✱

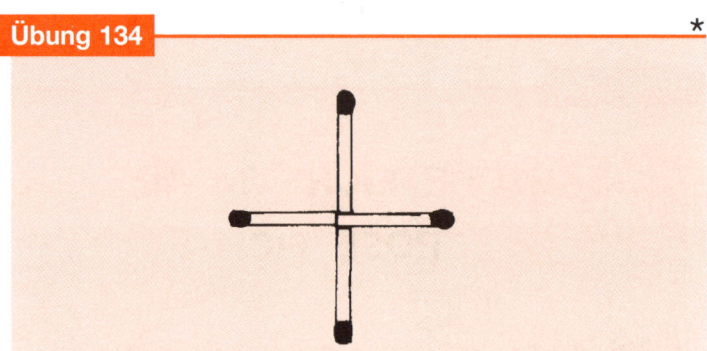

Versetzen Sie ein Streichholz, sodass ein Quadrat entsteht.

Übung 135 ✱

Drei Freunde, Axel, Bruno und Christian, fahren Motorrad. Jeder fährt auf dem Motorrad des einen Freundes und hat den Helm des anderen auf. Der Mann, der Christians Helm trägt, fährt mit Brunos Motorrad.
Wer fährt mit Axels Motorrad?

Beantworten Sie die Frage!

Übung 136   *

Legen Sie zwei Streichhölzer dazu, um daraus acht zu machen.

Übung 137   *

Herbert ist Taxifahrer. Da er meist in der Nacht unterwegs ist, besitzt er zwei warme Oberbekleidungen: einen roten Stoffmantel und eine dicke, blaue Daunenjacke. Eines Tages bemerkt Herbert, dass sein roter Mantel über und über mit kleinen Federn bedeckt ist. Da er den Mantel und die Jacke immer in zwei verschiedenen Schränken aufbewahrt, ist Herbert ratlos. Was ist geschehen?

Lesen Sie die Geschichte und beantworten Sie anschließend die Frage!

Übung 138   *

Sonja fährt mit der S-Bahn von der Stadtmitte zum Stadtrand. Nach einer kurzen Pause fährt sie mit der Bahn dieselbe Strecke wieder zurück. Dann wieder raus, dann wieder zurück, den ganzen Tag. Sonja ist aber weder verrückt noch arbeitslos, und es wird ihr auch nicht langweilig dabei. Wieso tut sie das dann?

Lesen Sie die Geschichte und beantworten Sie anschließend die Frage!

Das kleinste Kraut genügt, um die menschliche Intelligenz zu verwirren; und das ist so gewiss, dass es den vereinten Anstrengungen aller Menschen nicht gelingt, auch nur ein Hälmchen hervorzubringen, wenn der Keim dazu nicht im Erdboden liegt.

Voltaire

Übung 139 *

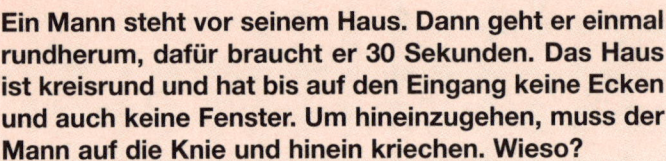

Ein Mann steht vor seinem Haus. Dann geht er einmal rundherum, dafür braucht er 30 Sekunden. Das Haus ist kreisrund und hat bis auf den Eingang keine Ecken und auch keine Fenster. Um hineinzugehen, muss der Mann auf die Knie und hinein kriechen. Wieso?

Lesen Sie die Geschichte und beantworten Sie anschließend die Frage!

Übung 140 *

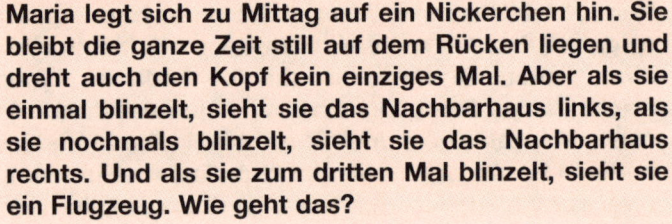

Maria legt sich zu Mittag auf ein Nickerchen hin. Sie bleibt die ganze Zeit still auf dem Rücken liegen und dreht auch den Kopf kein einziges Mal. Aber als sie einmal blinzelt, sieht sie das Nachbarhaus links, als sie nochmals blinzelt, sieht sie das Nachbarhaus rechts. Und als sie zum dritten Mal blinzelt, sieht sie ein Flugzeug. Wie geht das?

Lesen Sie die Geschichte und beantworten Sie anschließend die Frage!

Übung 141 *

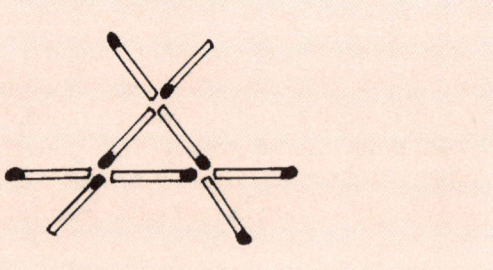

Legen Sie vier Hölzer so um, dass ein Muster aus fünf Dreiecken entsteht.

Übung 142 ★

Sie haben einen Swimmingpool, umrahmt von Birken, gebaut. Aber er ist für Ihre Familie zu klein geworden. Wie können Sie die doppelte Fläche erreichen, sodass der Pool wieder quadratisch ist und die Birken nicht gefällt werden müssen?

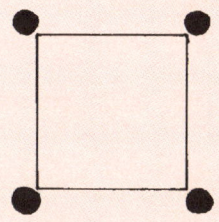

Beantworten Sie die Frage!

IQ und Kreativität

Sind intelligente Personen kreativer?
In der Psychologie unterscheidet man zwischen zwei Formen des Denkens. Zum einen die Fähigkeit, anhand seines Wissens und den gegebenen Informationen zur korrekten Lösung eines Problems zu gelangen. Diese Form kommt in Intelligenztests hauptsächlich zur Anwendung. Als Zweites gibt es das schöpferische Denken, die Kreativität. Hier ist das Vermögen gemeint, auf neuen Wegen zu passenden Ergebnissen zu finden. In den meisten Intelligenztests wird dieser Bereich nicht berücksichtigt, die Aufgaben sind auf festgelegte, einzelne Lösungen ausgelegt. Um die schöpferischen Fähigkeiten einer Person zu überprüfen, wurden spezielle Kreativitätstests entwickelt. Fragen werden offen formuliert, es gibt nicht die eine richtige Lösung. Zum Beispiel geht es in entsprechenden Fragen darum, auf bestimmte Begriffe Assoziationen hervorzubringen. Hier kommt es darauf an, möglichst originelle Antworten zu geben. In anderen wird die Flexibilität des Denkens getestet, z. B. mit einer Frage nach den Verwendungsmöglichkeiten eines Gegenstands. Weitere Fragen zielen auf die Sensibilität im Aufspüren von Problemen, eine wichtige Kompetenz für viele kreative Berufe.
Bis heute wurden kaum Zusammenhänge zwischen Intelligenzquotient und Kreativität festgestellt, nicht zuletzt weil der IQ-Test auf die Kreativität kaum eingeht. Besonders intelligente Menschen müssen also nicht unbedingt auch schöpferisch hohe Begabungen aufweisen.

Macht hat keinen Anspruch auf Intelligenz.
Hans Böck

Was man nicht aufgibt, hat man nie verloren.
Friedrich Schiller

Weisheit ist unabhängig vom Intelligenzquotienten.
Fritz Rinnhofer

Übung 143 *

HUHN HAHN HASE

KATZE HUND

Welches Tier passt nicht dazu? Warum?

Übung 144 *

LACHS HAI FORELLE

HERING AAL TINTENFISCH

Welches Wassertier passt nicht dazu? Warum?

Übung 145 *

MANN FRAU KIND

SOHN ONKEL PAPA

Welche Person passt nicht dazu? Warum?

Übung 146 *

HEFT BUCH BLEISTIFT

ZEICHENBLATT KUVERT PAKET

Welcher Gegenstand passt nicht dazu? Warum?

Übung 147   *

GOLD   SILBER   BRONZE
BERNSTEIN   PLATIN

Welches Wort passt nicht dazu?

Übung 148   *

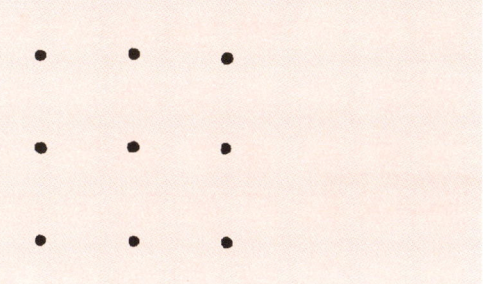

Verbinden Sie mit vier geraden Linien, ohne abzusetzen, alle neun Punkte.

Übung 149   *

Drei Damen treffen sich auf einer Party. Sie heißen Annemarie, Berta und Christa. Eine besitzt eine Boutique, die andere ist Rentnerin, die dritte ist Sekretärin. Die Rentnerin ist älter als Christa. Annemarie und die Sekretärin stammen aus Augsburg, die Dritte im Bunde aus München. Die Frau, die die Boutique besitzt, ist jünger als die Sekretärin. Christa und die Sekretärin fahren im Sommer nach Mallorca.

Wie heißt die Sekretärin?
Wer ist die Jüngste der drei?

Beantworten Sie die zwei Fragen!

?

Der Mensch ist eine
in der Knechtschaft
seiner Organe
lebende Intelligenz.
*Aldous Leonard
Huxley*

?

?

Übung 150 *

DZEYFXGW??

Welche zwei Buchstaben folgen als nächste?

Übung 151 *

BADCFEHG??

Welche zwei Buchstaben folgen als nächste?

Übung 152 *

OPNQMRLS??

Welche zwei Buchstaben folgen als nächste?

Übung 153 *

ABECIDOF??

Welche zwei Buchstaben folgen als nächste?

Übung 154 *

XGWFVEUD??

Welche zwei Buchstaben folgen als nächste?

Übung 155 *

Zwei Söhne und zwei Väter gehen etwas trinken. Sie bestellen drei Gläser Whiskey. Wie ist es möglich, dass jeder von ihnen ein Glas Whiskey trinkt?

Beantworten Sie die Frage!

Übung 156 *

Auf einem Tisch liegen zwei Eisenstangen von gleichem Aussehen. Eine von ihnen ist magnetisch, die andere nicht. Wie können Sie feststellen, welche magnetisch ist, ohne die Eisenstangen vom Tisch zu heben und ohne Hilfsmittel?

Beantworten Sie die Frage!

Übung 157 *

Name	Größe	Stadt	Postleitzahl
Albert	1,85	Augsburg	86150
Baum	1,72	Karlsruhe	76229
Mayer	1,69	Hamm	59075
Krieger	1,74	Bonn	53175
Müller	1,68	Essen	45359

Nach welchen Regeln sind diese Personen geordnet?

Übung 158 *

Sie haben sieben Gäste eingeladen und einen runden Kuchen besorgt. Wie können Sie ihn mit drei Messerschnitten so teilen, dass acht gleich große Teile entstehen?

Beantworten Sie die Frage.

Ein Schriftsteller ist jemand, dessen Intelligenz nicht groß genug ist, um mit dem Schreiben aufhören zu können.
Günter Grass

> Dumme Fragen stellen kann jeder. Aber auf ernst gemeinte Fragen dumme Antworten geben, dazu gehört schon ein gewisses Können.
>
> *Volksmund*

Übung 159 *

**CHARLIE CHAPLIN WOODY ALLEN
AUDREY HEPBURN
GROUCHO MARX
ERROL FLYNN CARY GRANT**

Welcher Name gehört nicht dazu?

Übung 160 *

**BORIS BECKER BUBI SCHOLZ
RALF SCHUMACHER
OTTO WAALKES STEFFI GRAF
FRANZ BECKENBAUER**

Welcher Name gehört nicht dazu?

Übung 161 *

**OLI P. BLÜMCHEN
TOM JONES ROY BLACK
NENA UDO LINDENBERG**

Welcher Name gehört nicht dazu?

Übung 162 *

LASSIE	**BOOMER**
BENJI	**FLIPPER**
BESSY	**STROLCHI**

Welcher Name gehört nicht dazu?

Übung 163 *

MICKY MAUS	**SUPERMAN**
ASTERIX	**BATMAN**
SNOOPY	**GARFIELD**

Welcher Name gehört nicht dazu?

Übung 164 *

Drei Kollegen, Dieter, Markus, Walter, haben jeder ein eigenes Auto. Einer hat einen Porsche, einer einen VW und einer einen Honda. Dieter parkt sein Auto auf einem Parkplatz. Markus besitzt keinen Porsche. Der Honda steht immer auf der Straße. Der VW parkt nicht in der Garage. Wer parkt welches Auto wo?

Lesen Sie die Geschichte und beantworten Sie die Frage!

Übung 165 **

a) **Einige Bauern sind Politiker**
b) **Die Unsterblichen ignorieren die Politik**
c) **Kein Wissenschaftler ist Bauer**
d) **Alle Sterblichen sind Wissenschaftler**

Lesen Sie die vier Aussagen. Wenn man sie nach den Gesetzen der Logik miteinander verbindet, stellt man fest, dass einer der Sätze mit den anderen drei unvereinbar ist. Welcher der vier Sätze ist es?

Übung 166 **

In einer Wohnung wurde eingebrochen. Schränke wurden zerwühlt, Schubladen herausgerissen, das in dem Zimmer vorhandene Aquarium, das Fenster und der Computer zerstört. Darüber hinaus wurden Franz und Fritz tot am Boden liegend aufgefunden. Nach Aussage des Arztes wurde keine äußere Gewalt angewandt – Fritz und Franz waren erstickt. Wie ist das möglich?

Lesen Sie die Geschichte und beantworten Sie die Frage!

Übung 167 **

Peter und Paul sind am selben Tag, in derselben Minute geboren worden. Später im Leben brachen sie sich in derselben Sekunde den Arm, einige Zeit später in derselben Sekunde ein Bein. Sie hatten exakt zur selben Zeit einen Herzanfall, genau gleichzeitig eine Herzoperation und starben später am gleichen Tag in derselben Minute. Wie ist das völlig logisch und einfach erklärbar?

Lesen Sie die Geschichte (auch mehrmals) und beantworten Sie anschließend die Frage!

Künstliche Intelligenz ist allemal besser als natürliche Dummheit.
Hans Matthöfer

Übung 168 ★★

Ein altes griechisches Rätsel, das die Sphinx einst Ödipus stellte, geht folgendermaßen: Was geht am Morgen auf vier Beinen, zu Mittag auf zweien und am Abend auf dreien?

Lesen Sie das Rätsel (auch mehrmals) und beantworten Sie anschließend die Frage!

Übung 169 ★★

Hugo und Lisi reden täglich miteinander. Sie erzählen sich Witze, sie lachen gemeinsam, sie hänseln sich und trösten sich, wenn sie traurig sind. Sie kennen voneinander die intimsten Geheimnisse. Dennoch hat keiner von den beiden jemals die Stimme des anderen gehört – auch nicht per Telefon. Wie kann das sein?

Lesen Sie die Geschichte (auch mehrmals) und beantworten Sie anschließend die Frage!

Übung 170 ★★

Verbinden Sie die sechzehn Punkte in sechs geraden Zügen, und zwar ohne abzusetzen und ohne einen Punkt mehrmals zu berühren.

Die „Intelligenz" erscheint als eine besondere Form der Unvernunft.
Friedrich Wilhelm Nietzsche

Übung 171 ★★

Verbinden Sie die sechzehn Punkte zu den gleichen Bedingungen, aber zusätzlich so, dass die letzte Linie wieder am Ausgangspunkt ankommt.

Übung 172 ★★

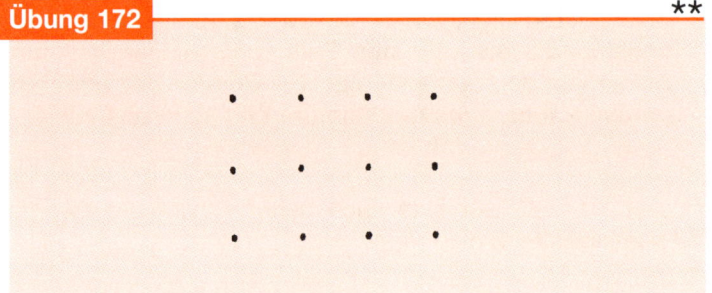

Verbinden Sie die zwölf Punkte mit fünf geraden Zügen, ohne abzusetzen, ohne einen Punkt zweimal zu berühren und so, dass die letzte Linie wieder am Ausgangspunkt ankommt?

Übung 173 ★★

SODOM   MANGAN   PARIS

SESSEL   TARTAR

Welches Wort passt nicht zu den anderen?

Übung 174 ★★

OZON SAUERSTOFF NEON WASSERSTOFF GOLD KOHLENSTOFF

Welches Wort passt nicht zu den anderen?

Übung 175 ★★

MANN BETON AMSTERDAM STEIN SILIKON SOHN LONDON BERLIN

Welches Wort passt nicht zu den anderen?

Übung 176 ★★

MARS SONNE JUPITER ERDE SATURN PLUTO MOND VENUS

Welche zwei Wörter passen nicht zu den anderen?

Übung 177 ★★

IRIS

Nennen Sie mindestens drei Bedeutungen des Wortes!

Wussten Sie schon, dass der wichtigste geistige Unterschied zwischen Mensch und Gorilla nur an zwei kleinen Teilen des Gehirns auszu-machen ist? Zwar ist das gesamte Gehirn des Menschen größer als das des Gorillas, viel maßgeblicher ist jedoch, dass die je-weiligen Hirnzentren für die Fähigkeit des Lernens und des Sehens beim Men-schen deutlich größer sind.

Maskierte höhere
Intelligenz entkleidet
sich immer selbst.
Fritz Rinnhofer

Mag auch das Böse
sich noch so sehr
vervielfachen,
niemals vermag es
das Gute ganz
aufzuzehren.
Thomas von Aquin

Übung 178 **

MAUS BUS DISKETTE FAHRRAD

KABEL SICHERUNG MODEM

Welches Wort passt nicht zu den anderen?

Übung 179 **

SPEICHE STEIGBÜGEL ELLE

HAMMER AMBOSS

SCHRAUBSTOCK

Welches Wort passt nicht zu den anderen?

Übung 180 **

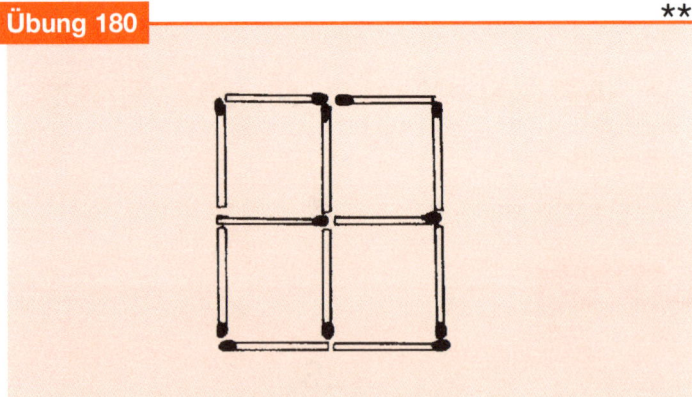

Legen Sie genau drei Streichhölzer so um, dass drei
Quadrate von der gleichen Größe entstehen.

Übung 181 ★★

C E H L Q ?

Welcher Buchstabe folgt?

Übung 182 ★★

A C B D C ?

Welcher Buchstabe folgt?

Die größte Gefahr im
Straßenverkehr sind
Autos, die schneller
fahren, als ihr Fahrer
denken kann.
Robert Lembke

Übung 183 ★★

H I G J F ?

Welcher Buchstabe folgt?

Übung 184 ★★

Q R T U W ?

Welcher Buchstabe folgt?

Übung 185   **★★**

Die Hölzchen bilden fünf Quadrate. Legen Sie drei Hölzchen so um, dass vier Quadrate gebildet werden.

Was ist künstliche Intelligenz?

Intelligent handeln heißt bei anstehenden Entscheidungen die Situation vorausschauend bewerten und aus den sich ergebenden Konsequenzen zu lernen.

Doch nicht nur der Mensch, auch eine Maschine kann mit diesen Merkmalen ausgestattet werden und demnach intelligent handeln. Am deutlichsten wird dies am Beispiel eines Schachspielprogramms am Computer. Gutes Schach zu spielen bedeutet, die Konsequenzen eines denkbaren Spielzugs zu berücksichtigen, d.h. möglichst viele der eventuell darauf folgenden Züge in der Zukunft zu überdenken. Dazu sind auch Computer in der Lage. Ein lernfähiges Programm ist auch keine Seltenheit mehr, der Computer nimmt nach seinen Entscheidungen Bewertungen vor und lernt praktisch aus Erfahrung. Die Forschung im Bereich der künstlichen Intelligenz befasst sich also mit informationsverarbeitenden Systemen, die intelligente Leistungen erbringen sollen. Ziel ist, Systeme zu erschaffen, die in ihrem Problemlöseverhalten den menschlichen Methoden möglichst nahe kommen.

Dabei stoßen die Entwickler auf einige Hindernisse. Computer sind z. B. bis heute nicht in der Lage, das menschliche Sprachvermögen nachzuahmen. Erfassen von Wortbedeutung, Sinnverstehen und Wortkombination ist für den Rechner ein zu komplexes Problem, wie man an einigen auf dem Markt befindlichen Übersetzungsprogrammen leicht erkennen kann. Bis heute sind Computer zwar in der Lage, intelligente Handlungen auszuführen, aber noch weit davon entfernt, Menschen vollständig nachzuahmen.

Übung 186 ★★

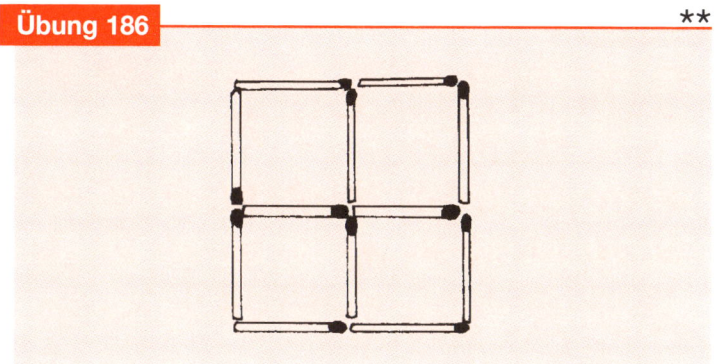

Sie sehen vier kleine Quadrate. Legen Sie vier Hölzchen so um, dass zehn Quadrate entstehen.

Übung 187 ★★

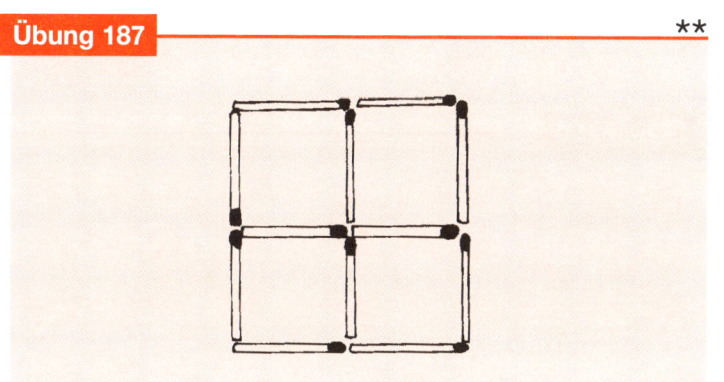

Sie sehen fünf Quadrate. Legen Sie vier Hölzchen so dazu, dass genau zehn Quadrate entstehen.

Übung 188 ★★

GRETA GARBO   ORSON WELLES
MICHAEL DOUGLAS   MERYL STREEP
SANDRA BULLOCK   TOM HANKS

Welcher Name passt nicht zu den anderen?

Je weiser man wird, desto weniger Dinge verstehen sich einem von selbst.
Ludwig Fulda

Übung 189 **

KÖNIGIN ELISABETH II. von ENGLAND
FRANCOIS MITTERRAND
JOHANNES RAU
KÖNIGIN MARGARETHE II. von DÄNEMARK
GERHARD SCHRÖDER
CARLO CIAMPI

Welcher Name passt nicht zu den anderen?

Übung 190 **

JUPITER	**HERA**
ATHENE	**APOLL**
HERMES	**APHRODITE**

Welcher Name passt nicht zu den anderen?

Übung 191 **

MOZART	**BEETHOVEN**
SCHUBERT	**SCHÖNBERG**
BRUCKNER	**HAYDN**

Welcher Name passt nicht zu den anderen?

Übung 192 ★★

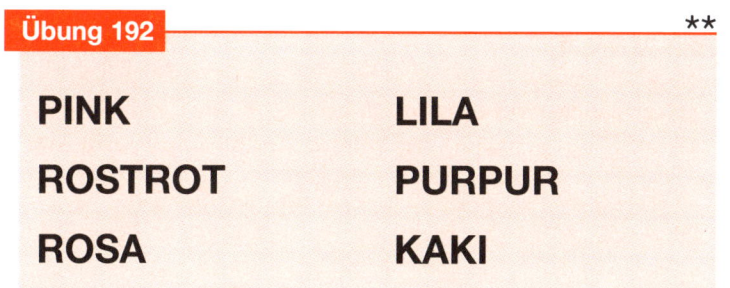

PINK   LILA

ROSTROT   PURPUR

ROSA   KAKI

Welche Farbe oder welcher Farbton passt nicht zu den anderen?

Übung 193 ★★

OCKER   BLAU

MALVE   VIOLETT

GELB   LILA

Welche Farbe oder welcher Farbton passt nicht zu den anderen?

Übung 194 ★★

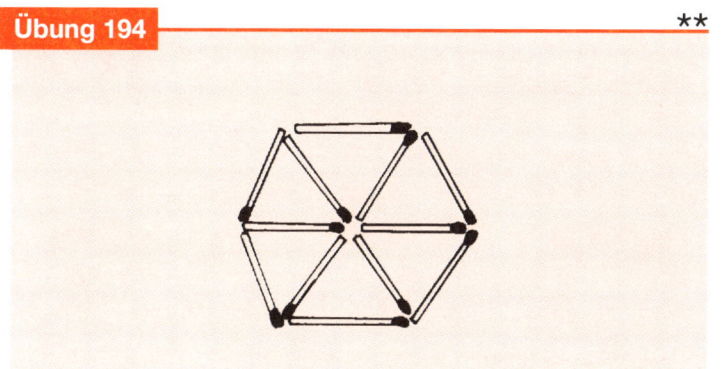

Sie sehen hier sechs gleichseitige Dreiecke. Legen Sie vier der Hölzchen so um, dass genau drei gleichseitige Dreiecke übrig bleiben.

Übung 195 **

Herr Müller, ein exzentrischer Millionär, lässt sich ein Haus bauen. Es ist mittelgroß, quadratisch, mit vier Fenstern an jeder Seite. Das Besondere aber ist – alle Fenster schauen nach Süden! Wie ist das möglich?

Lesen Sie die Geschichte und beantworten Sie anschließend die Frage!

Übung 196 **

Marcus hat einen Bauernhof, auf dem fleißig gearbeitet wird. Aber Marcus arbeitet nicht selber, auch nicht seine Frau oder jemand anderer aus seiner Familie. Er hat auch keine Angestellten, keine Gehilfen, keine Roboter oder andere automatische Maschinen, keine Freunde, Bekannten, die gratis für ihn arbeiten. Er hat den Hof auch nicht verpachtet oder vermietet, jemandem geborgt oder geschenkt. Auch Magie oder andere übersinnliche Mächte sind nicht im Spiel. Dennoch wird Getreide gesät, Gemüse angebaut, gegossen, gejätet und geerntet. Wie kann das sein?

Lesen Sie die Geschichte und beantworten Sie anschließend die Frage!

Übung 197 ✲✲

Jim und Joe sind zwei kräftige junge Männer Mitte 30. Sie sind etwa 180 cm groß, haben starke Muskeln und sind rundum gesund. Sie arbeiten den ganzen Tag, heben dabei auch schwere Lasten, scherzen und lachen, haben nie Schwächeanfälle und sind mit ihrem Leben ganz zufrieden. Dennoch bringen beide kaum mehr als 13 kg auf die Waage! Wie ist das möglich?

Lesen Sie die Geschichte (auch mehrmals) und beantworten Sie anschließend die Frage!

Übung 198 ✲✲

Bob und Jacob sind zwei Schulkinder im Alter von 13 Jahren. Sie gehen beide gerne in die Schule, lernen fleißig, sind sportlich, gehen sonntags mit ihren Eltern in die Kirche und sind auch privat miteinander befreundet. Nur im Schulbus sitzen sie nie nebeneinander. Jacob sitzt immer vorne und Bob immer ganz hinten, obwohl beide keinerlei Beschwerden wie etwa eine Reisekrankheit haben. Wieso?

Lesen Sie die Geschichte (auch mehrmals) und beantworten Sie anschließend die Frage!

Es gibt eine Selbstge-
fälligkeit des Glau-
bens, unverzeihlicher
und gefährlicher als
die der Intelligenz.
Dag Hammarskjöld

Übung 199 ✲✲

Legen Sie fünf der Hölzchen so um, dass drei gleich große Quadrate entstehen.

Übung 200   ★★

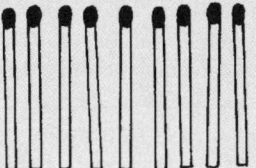

Wie kann man neun Hölzchen so zusammenstellen, dass sie drei gleich große Quadrate und zwei gleichschenklige Dreiecke ergeben?

Übung 201   ★★★

Stellen Sie sich vor, entlang eines Weges vor Ihnen stehen fünf Hütten, aus verschiedenem Material gebaut. Die Bewohner der Hütten sind von verschiedener Konfession, haben verschiedene Pflanzen vor ihrem Haus stehen, haben verschiedene Essgewohnheiten und hören verschiedene Arten von Musik. Lesen Sie sich die folgenden Aussagen durch:

a) Der Christ wohnt in einer Holzhütte
b) Der Mohammedaner hat eine Palme
c) In der Lehmhütte hört man Klassik
d) Die Lehmhütte steht aus Ihrer Sicht direkt neben der Ziegelhütte
e) Der Mann, der Gemüse isst, hat einen Rosenbusch
f) Der Obstesser hat eine Steinhütte
g) Der Besitzer des mittleren Hauses hört Jazzmusik
h) Der Buddhist wohnt in der ersten Hütte links
i) Der Mann, der Fleisch isst, wohnt in der Hütte neben dem Mann, der eine Sonnenblume hat
k) Der Obstesser wohnt neben dem Mann, der Veilchen hat
l) Der Mann, der Reis isst, hört Rockmusik
m) Der Hindu isst Getreide

n) **Der Buddhist wohnt neben der Strohhütte**
o) **Einer der Männer hört Tanzmusik**
p) **Einer hat einen Fliederbaum**
q) **Der Jude hört Volksmusik**

Ordnen Sie jetzt aufgrund dieser Aussage jeder der fünf Hütten die Bewohner, ihre Pflanzen, Musik- und Essgewohnheiten zu.
Holzhütte
Strohhütte
Steinhütte
Ziegelhütte
Lehmhütte

Zählen Sie, aus Ihrer Sicht gesehen, die Hütten von links nach rechts auf.

Wussten Sie schon, dass die ersten Parkuhren der Welt 1935 in Oklahoma aufgestellt wurden?

Lesen Sie die Beschreibung der Aufgabe und beantworten Sie die Fragen.

Übung 202   ***

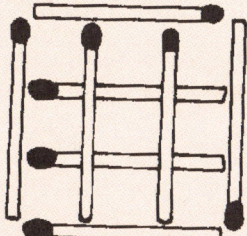

Die acht Streichhölzer bilden insgesamt vierzehn Quadrate. Nehmen Sie zwei Hölzchen weg, sodass nur drei Quadrate übrig bleiben.

Alle Menschen sind klug – die einen vorher, die anderen nachher.
Voltaire

Ein großer Staat regiert sich nicht nach Parteiansichten.
Otto Fürst von Bismarck

Übung 203 ★★★

Wie viele Rechtecke sehen Sie insgesamt?

Übung 204 ★★★

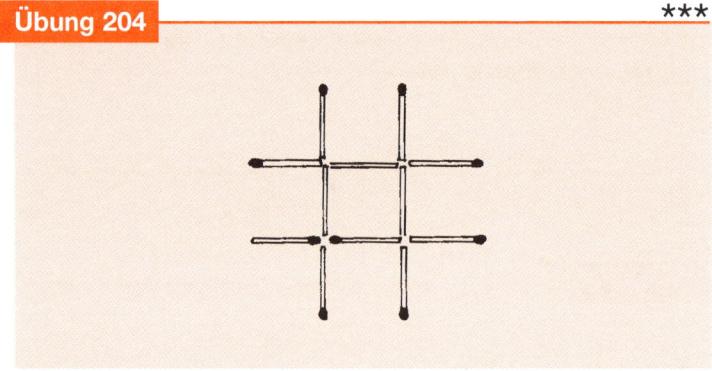

Wenn Sie vier Hölzchen richtig umlegen, entsteht ein Kreuz?

Übung 205 ★★★

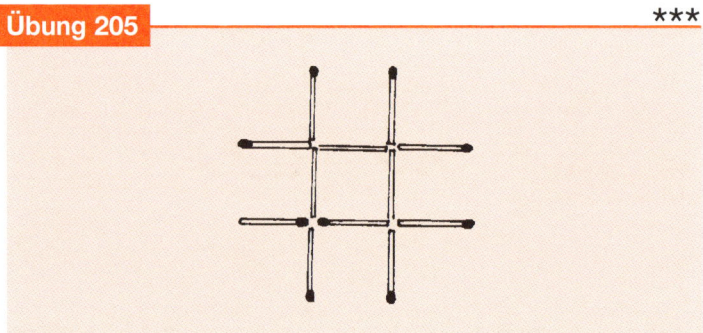

Legen Sie drei Hölzchen so um, dass drei gleich große Quadrate entstehen.

Übung 206 ★★★

ML ON KJ QP IH ??

Welche Buchstabenkombination muss folgen?

Übung 207 ★★★

ZU XO VI TE ??

Welche Buchstabenkombination muss folgen?

Übung 208 ★★★

BY DX FW HV ??

Welche Buchstabenkombination muss folgen?

Übung 209 ★★★

RF MG II FL ??

Welche Buchstabenkombination muss folgen?

Übung 210 ★★★

A D I P ?

Welcher Buchstabe folgt?

Es ist merkwürdig, dass durch die patriotische Leidenschaft die Intelligenz den Kopf verliert, aber niemals den Eigennutz.

Romain Rolland

Übung 211 ★★★

Sechs Soldaten befinden sich auf einem Sondereinsatz. Jeder der Soldaten, bis auf den Rangniedrigsten, befiehlt einem anderen, nämlich seinem direkten Untergebenen. Und jedem Soldaten, bis auf den Ranghöchsten, wird von einem anderen befohlen.
Finden Sie aufgrund der folgenden Aussagen heraus, welche Rangfolge die Soldaten haben.

a) Soldat Meier befiehlt dem Soldaten Müller, aber nicht umgekehrt
b) Die beiden Soldaten Müller befehlen sich nicht gegenseitig
c) Dem Soldaten Huber wird nicht von den Soldaten Müller befohlen
d) Soldat Lorant befiehlt und ihm wird befohlen, aber nicht von Soldat Huber und nicht von den Soldaten Müller
e) Soldat Reimers hält sich an die Befehlsstruktur

Lesen Sie die Geschichte und beantworten Sie die Frage!

Übung 212 ★★★

WAGGON

NOTBREMSE

WEICHE

ACHSE

LOK

Welches Wort passt nicht dazu?

Übung 213 ***

WIEN
REIMS
TIBET
BERLIN
MADRID
SCHWEIZ
PEKING
KIEL

Welches Wort passt nicht dazu?

Übung 214 ***

HERZ
AFTER
LEBER
SPEISERÖHRE
MILZ
BECKENKNOCHEN
PROSTATA
DICKDARM

Welches Wort passt nicht dazu?

Wussten Sie schon, dass die ersten Telegrafenleitungen stets neben Eisenbahnlinien verliefen? Aus wirtschaftlicher Sicht war es im 19. Jahrhundert einfacher, immer an der Eisenbahnlinie entlang zu verlegen, da diese Gebiete schon erschlossen waren.

?

Übung 215 ———————————————————————— ***

MATTERHORN
OLYMP
GROSSGLOCKNER
FUJIYAMA
OLYMPUS MONS
WATZMANN
PARAMOUNT
KILIMANDSCHARO

Welches Wort passt nicht dazu?

Übung 216 ———————————————————————— ***

MAIS
KÄNGURU
TABAK
KOALA
REIS
SCHNABELTIER
KARTOFFEL
IGUANA

Welche zwei Worte passen nicht dazu?

Übung 217 ★★★

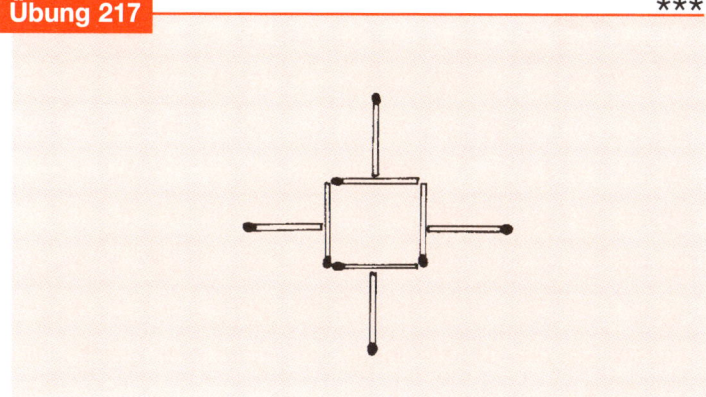

Legen Sie vier Hölzchen so um, dass zwei Quadrate verschiedener Größe und vier deckungsgleiche Dreiecke entstehen.

Künstliche Intelligenz

Bedrohung für die menschliche Arbeitskraft?

Zur Zeit der Jahrhundertwende wurden viele Arbeiter durch Maschinen ersetzt, die große Revolution der Mechanik kostete viele die Existenzgrundlage. Anfangs stellte die daraus resultierende hohe Arbeitslosigkeit ein großes Problem für die Bevölkerung dar, doch nach und nach passte sich die Gesellschaft an die neue Situation an und strukturierte die Arbeitswelt neu. Heute geschieht eine vergleichbare Entwicklung, durch den Einsatz von Computern werden zusätzlich noch viele menschliche Arbeitskräfte eingespart. Immer mehr Aufgaben können mithilfe der Technologie in immer kürzerer Zeit bewältigt werden und dafür werden weniger Menschen benötigt. Vollautomatisierte Industriebetriebe sind heute keine Seltenheit mehr, Roboter sind für die Fertigung von Produkten zuständig. Computertechnologie ist durch ihre künstliche Intelligenz in der Lage, in einigen Bereichen Produktion und Überwachung vollständig zu übernehmen. Sogar in der Entwicklungsbranche sind die Rechner für die Hauptarbeit zuständig.
Die Wirtschaft muss sich den veränderten Umständen anpassen und für die Menschen neue Arbeitsbereiche schaffen. In den USA ist diese Entwicklung schon weiter fortgeschritten, die Gesellschaft hat ihren Schwerpunkt auf Dienstleistung verlegt und so einer fortschreitenden Arbeitslosigkeit Einhalt geboten. In diesem Bereich werden menschliche Fähigkeiten benötigt, hier besteht die Gefahr der Vollautomatisierung nicht.

Übung 218 ★★★

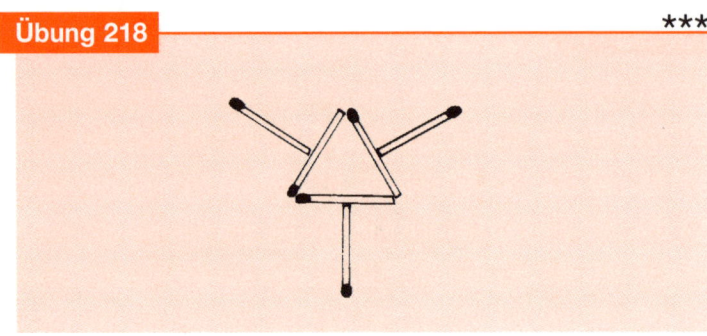

Legen Sie drei Hölzchen so um, dass vier gleichseitige Dreiecke entstehen.

Übung 219 ★★★

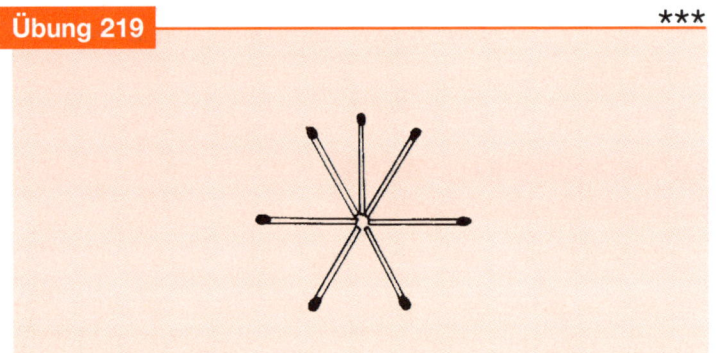

Legen Sie drei Hölzchen so um, dass drei gleich große Dreiecke entstehen.

Übung 220 ★★★

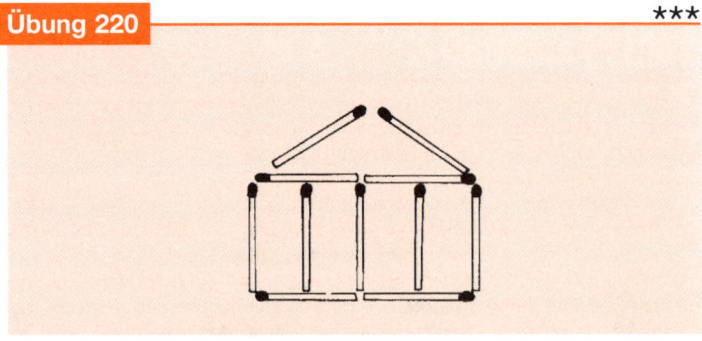

Wenn Sie zwei Hölzchen umlegen, entstehen elf Quadrate.

Übung 221 ★★★

In einem leeren Zimmer wird ein Mann an der Lampe aufgehängt, mit den Fußspitzen ca. einen Meter über dem Boden baumelnd, tot aufgefunden. Der fensterlose Raum war von innen verschlossen – das Schloss hat nur nach innen ein Schlüsselloch. Im gesamten Raum, weder an noch in dem Mann wurde ein Schlüssel gefunden. Ebenso fehlte jeder Hinweis auf eine Leiter, Kiste oder Ähnliches, mit der der Mann die Schlinge an der Lampe hätte befestigen können. Auch war das Seil für einen „Lassowurf" zu kurz. Einzig unter den Füßen des Toten und unterhalb des Türschlosses fand sich je eine Wasserlache.
War es Mord oder Selbstmord? Wie wurde er ausgeführt?

Lesen Sie die Geschichte und beantworten Sie die Fragen!

Übung 222 ★★★

Vier Freunde machten Urlaub in Griechenland. Sie waren in etwa gleich alt, kamen aus demselben Land, hatten die gleiche Hautfarbe, verdienten in etwa das Gleiche, übten ähnliche Berufe aus, trugen alle meist Jeans mit T-Shirt und Turnschuhen, standen derselben politischen Partei nahe und hatten dasselbe Religionsbekenntnis. Eines Tages beschlossen sie, eine Fahrt mit dem Schiff zu einer Halbinsel zu machen, auf der ein berühmtes Kloster lag. Als das Schiff anlegte, verweigerte der Mann im Hafen einem der vier Freunde den Zutritt zur Insel. Wieso nur dem einen der Freunde?

Lesen Sie die Geschichte und beantworten Sie anschließend die Frage!

Qualität ist kein Zufall. Es gehören Intelligenz und Wille dazu, um ein Ding besser zu machen.
John Ruskin

Orden sind mir wurscht, aber haben will ich sie.
Johannes Brahms

Es gibt Maler, die die Sonne in einen gelben Fleck verwandeln. Es gibt aber andere, die dank ihrer Kunst und Intelligenz einen gelben Fleck in die Sonne verwandeln.

Pablo Picasso

Übung 223 ★★★

Auf der Erde gibt es viele hohe Gebirge. Das höchste davon ist der Himalaja, mit dem Mount Everest als dem höchsten Berg der Welt mit über 8.848 Metern. Gäbe es ein Tal direkt neben diesem Berg, das bis auf Meereshöhe hinabreichen würde, hätte man von der Talsohle bis zur Spitze des Berges also fast 9 Höhenkilometer (exakt senkrecht) zu überwinden! Aber gibt es auf der Erde noch einen Ort, wo man vom Grunde eines Tales aus sogar noch mehr Höhenkilometer (exakt senkrecht!) überwinden müsste, um ganz nach oben zu kommen? Und wenn, wo?

Lesen Sie den Bericht und beantworten Sie anschließend die Frage!

Übung 224 ★★★

In allen Ländern der Welt gibt es eine Geburtenstatistik sowie eine Statistik der Todesfälle. Aus der Bilanz, wie viele Menschen pro Jahr sterben und geboren werden, errechnet man den Geburtenindex. Kommt es zu mehr Geburten als Todesfällen, spricht man von Geburtenüberschuss. Besonders in den armen Ländern der Dritten Welt gibt es einen großen Geburtenüberschuss. In manchen Ländern, wie besonders in den westlichen Industriestaaten, geht die Zahl der Geburten seit Jahren stark zurück. Daher ist die Geburtenbilanz negativ. Nur in einem einzigen Staat der Welt bleibt die Zahl der Geburten seit Jahren exakt gleich! Wie ist das möglich? Wie heißt der Staat?

Lesen Sie den Bericht und beantworten Sie anschließend die Fragen!

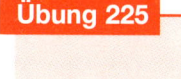

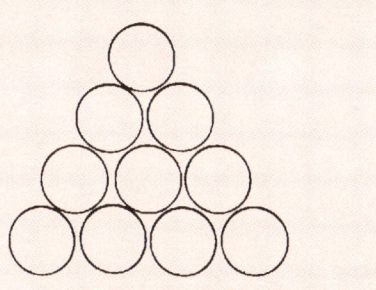

Verschieben Sie drei Münzen so, dass das Dreieck auf der Spitze steht.

Übung 226 ★★★

Ein Farmer hat zur Geburt eines jeden seiner drei Söhne eine Birke auf sein quadratisches Grundstück gepflanzt.
Wie kann er sein Land so vierteln, dass jeder Sohn und er ein Stück Land von der gleichen Form mit einer Birke darauf bekommt?

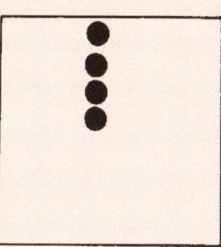

Beantworten Sie die Frage!

Eine intelligente Frau ist eine Frau, bei der man so dumm sein kann, wie man will.

Paul Valery

 **Übung 227** ***

Ordnen Sie vier Kugeln so an, dass sie zueinander den gleichen Abstand haben.

Übung 228 ***

Tasso, Cindy und Conny sind Hunde oder Menschen. Einige können Hunde, einige können Menschen sein. Tasso und Cindy gehören zur selben Art. Tasso und Conny gehören nicht zur selben Art. Wenn Conny Mensch ist, ist Cindy auch ein Mensch. Wer ist was?

Lesen Sie die Geschichte und beantworten Sie die Frage!

Übung 229 ***

Ein Chemiker hat nach neuen Giften geforscht und hat sich dabei vergiftet. Sein Assistent hat Folgendes über die drei Substanzen, mit denen der Chemiker experimentierte, herausgefunden: Entweder C ist ungiftig oder B ist giftig. Wenn B giftig ist, ist C ungiftig. A und C kann man nicht zusammenmischen. A kann man nicht isoliert verwenden. Wenn B giftig ist, ist auch A giftig. Welche Substanz ist oder welche Substanzen sind giftig?

Lesen Sie die Geschichte und beantworten Sie die Frage!

Übung 230 ★★★

Sie haben sechs gleich große Quader. Ordnen Sie die sechs Blöcke so an, dass jeder genau zwei andere Blöcke berührt. Die Berührungen müssen an den Flächen, nicht nur an den Kanten erfolgen.

Übung 231 ★★★

Ordnen Sie die sechs Blöcke übereinander so an, dass jeder jeden berührt.

Übung 232 ★★★

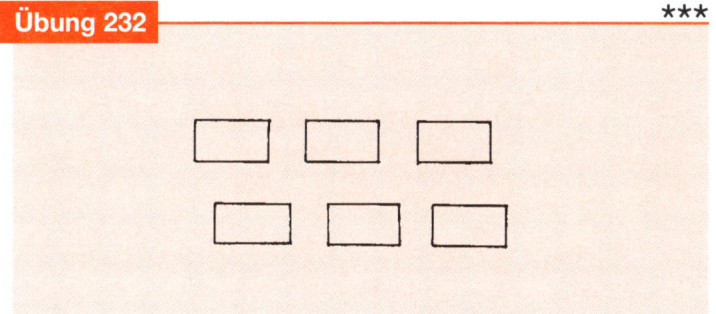

Ordnen Sie die sechs Blöcke so an, dass jeder genau vier andere berührt (nur Berührungen von Flächen, nicht von Kanten zählen).

Gewöhnliche Menschen denken nur daran, wie sie ihre Zeit verbringen. Ein intelligenter Mensch versucht, sie auszunutzen.
Arthur Schopenhauer

Bei einem neugeborenen Kind kann man die Intelligenz des Vaters schwer beurteilen.
Siegfried Sellitsch

Übung 233

***

MEYER DUDEN LANGENSCHEIDT BROCKHAUS

Grimm Bocuse Knigge

Welches der unteren Wörter passt zu den oberen?

Übung 234

***

BARREN AU PUNZE NATIONALBANK

Katzengold Stein der Weisen Buntstift

Welches der unteren Wörter passt zu den oberen?

Was Richterstuhl und Polizei für den Bürger, muss die öffentliche Meinung für Regenten und ihre Minister werden.
Karl Julius Weber

Übung 235

***

METTWURST AAL SONNENBLUMENBROT ERDBEERE

Edamer Teewurst Marmelade

Welches der unteren Wörter passt zu den oberen?

Übung 236 ★★★

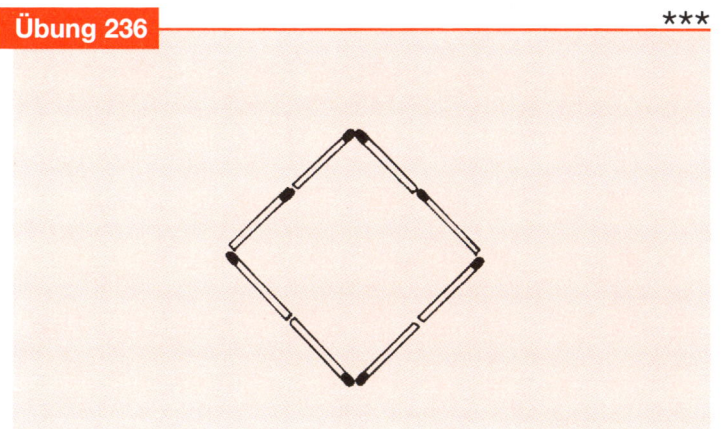

Legen Sie vier Hölzchen so um, dass zwei Quadrate entstehen.

Übung 237 ★★★

K	J	I
?	G	H
E	D	C

Welcher Buchstabe fehlt?

Übung 238 ★★★

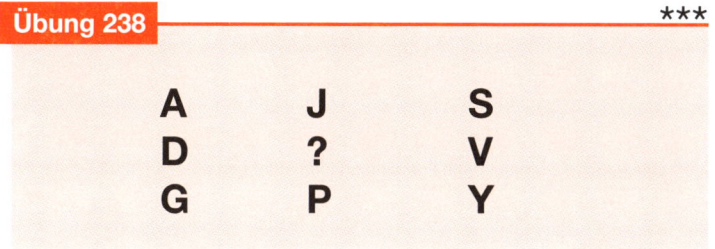

A	J	S
D	?	V
G	P	Y

Welcher Buchstabe fehlt?

Übung 239 ★★★

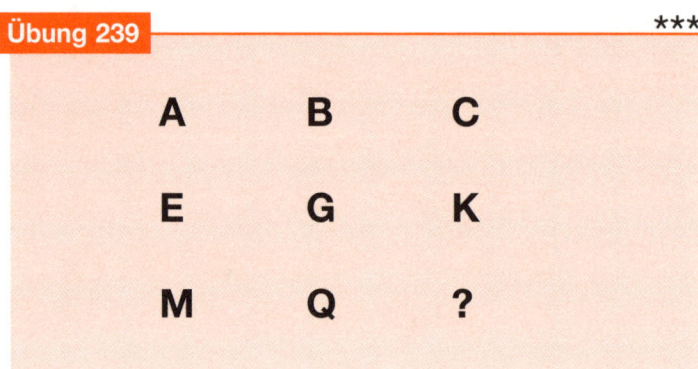

Welcher Buchstabe fehlt?

Übung 240 ★★★

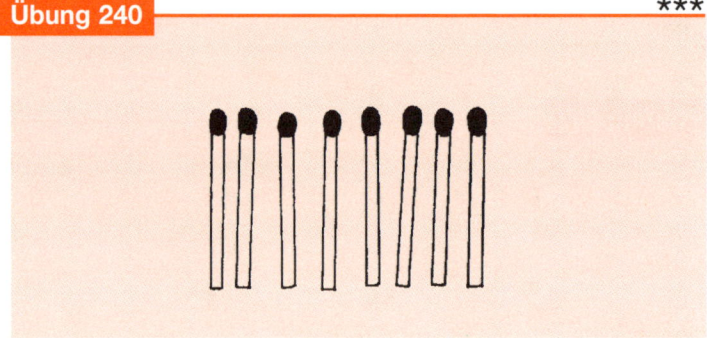

Legen Sie die acht Streichhölzer so, dass zwei Quadrate und acht Dreiecke entstehen.

Lösungen:
Visuelle Logik

Lösung 1
C; die Objekte variieren in der Größe (groß – klein – mittel).

Lösung 2
A; das Schema lautet: 3 – 2 – 1.

Lösung 3
B; das Schema lautet: rund – eckig – rund.

Lösung 4
C; das Schema lautet: schwarz – weiß – grau.

Lösung 5
A; das Schema lautet: je ein Eck mehr (A hat 7 Ecken).

Lösung 6
A; das Schema lautet: je ein Strich weniger.

Lösung 7
A oder C; A ist keine geschlossene Figur, und C hat keinen rechten Winkel. Beide Antworten sind richtig!

Lösung 8
D; diese Figur besteht als Einzige nicht aus 4 Strichen.

Lösung 9
C; alle anderen Figuren bestehen aus 2 Punkten, einem Strich und einem Kreis. C besteht aus zwei Kreisen und einem Punkt.

Lösung 10
C; diese Figur ist nicht sternförmig (Alternativantwort A; hat als Einzige keine geschlossene Fläche – würde auch gelten!).

Lösung 11
D; das einzige Gesicht, das nicht aus zwei Strichen und einem Halbkreis besteht.

Lösung 12
3; alle anderen Buchstaben bestehen aus 3 Strichen – E aus vier.

Lösung 13
D; dieser Pfeil zeigt als einziger nicht nach oben.

Lösung 14
D; die Erdbeere ist als einzige nicht gelb!

Lösung 15
B; das Auto oder der Wagen beginnt als einziges nicht mit H.

Lösung 16
B; der Strich von links oben zur Mitte bleibt immer bestehen, die zweite Halbdiagonale wandert gegen den Uhrzeigersinn von Ecke zu Ecke. Der Stern läuft im Uhrzeigersinn die Seitenwände entlang.

Lösung 17
B; das Schema ist die Rotation der Wellenlinie gegen den Uhrzeigersinn.

Lösung 18
C; das Schema ist eine zunehmende Strichzahl: der Kreis besteht aus einem Strich, die nächsten Figuren aus 2, 3 und 4 Strichen.

Lösung 19
C; Schema: ein Punkt weniger und ein Strich mehr.

Lösung 20
B; Schema: der Punkt wandert gegen den Uhrzeigersinn, das Quadrat und der Kreis tauschen Platz.

Lösung 21
D; Schema: der größere Wert nimmt um 1 ab, der kleinere um 1 zu, außerdem wird der Stein immer um 180° gedreht (oben und unten tauschen Platz).

Lösung 22
C; Schema: groß – klein.

Lösung 23
B; Schema: es wechselt „Kupfer" mit „Silber".

Lösung 24
A; Schema: immer zwei Elemente dazu.

Lösung 25
C; in jeder Reihe ist jedes Merkmal je einmal vertreten: runder, weißer, schwarzer Hut; böser, normaler, eingeschüchterter Blick; normale, keine, „Spock"-Ohren; fröhlicher, trauriger, welliger Mund.

Lösung 26
C; in jeder Zeile gibt es jeweils ein Haus ohne Schornstein, eines mit einem links, eines mit einem rechts, dann je ein Haus mit eckiger Tür, mit runder Tür und mit Fensterfront. C enthält beide Elemente, die in der dritten Reihe noch fehlen.

Lösung 27
C; in jeder Reihe kommt jeder Autotyp (rund, eckig, rund und eckig) je einmal vor, dazu insgesamt 4 schwarze Reifen.

Lösung 28
B; jede Münzreihe hat je einmal eine schwarze 1, eine weiße 1 und einmal 50 sowie einen schwarzen Rand, einen weißen Rand und einen Rand aus nur einem Strich.

Lösung 29
A; jede Zeile besteht je aus denselben drei Elementen in verschiedenen Kombinationen (Punkt/Kreis/Kreuz; Quadrat/Punkt/Kreuz; Kreis/Quadrat/Kreuz).

Lösung 30
B; die Elemente, aus denen die Gesichter bestehen, nehmen je um 1 ab (5 – 4 – 3).

Lösung 31
5 Dreiecke – 4 kleine und ein großes;
9 Vierecke – 4 kleine; ein großes, das aus den 4 kleinen besteht; 4 mittlere, die je aus 2 kleinen Vierecken bestehen.

Lösung 32
A enthält 4 Dreiecke (zwei große und 2 kleine), B und C jeweils 3.

Lösung 33
B enthält 9 Vierecke: ein großes bestehend aus 4 kleinen, die man noch in vier weitere Vierecke aus je zwei der 4 unterteilen kann. C enthält analog 5, A nur eines (sowie weitere unregelmäßige Vierecke).

Lösung 34
D.

Lösung 35
A; A=3, C=2, B/D=1.

Lösung 36
B; D enthält zwar 6 *Vierecke*, aber nur ein Quadrat, A hat 3 Vierecke, aber nur ein Quadrat, C hat nur 2 Quadrate, B hat drei.

Lösung 37
D; sie hat als einzige ebenfalls eine runde Linie.

Lösung 38
D; jede der oberen Figuren besteht aus 1 Kreis, 1 Viereck und 1 Dreieck.

Lösung 39
C; jede der oberen Gruppen besteht aus je 4 Elementen.

Lösung 40
C; Schema: 1 schwarz, 1 grau, 1 weiß.

Lösung 41
A; Schema: eine kleine, eine mittlere, eine große Figur.

Lösung 42
D; Schema: je 1 Vokal, je 2 Konsonanten.

Lösung 43
A; Schema: minus 2 (9 Xe, 7 Striche, 5 Kreise, 3 Herzen).

Lösung 44
C; Schema: geschlossene Flächen plus 1 (1, 2, 3, 4).

Lösung 45
C; Schema: Ecken plus 1 (3, 4, 5, 6).

Lösung 46
B; A, C und D bestehen aus je 2 Rechtecken und Kreisen, B hat nur ein Rechteck.

Lösung 47
E; das Schema der Figuren ist: je zwei eckige und ein rundes Element.

Lösung 48
D; bei allen anderen Gruppen steht jeweils ein Objekt auf der Spitze und zwei auf der Kante.

Lösung 49:
E; dieser steht als Einziger schräg (45°) bzw. zeigt in keine der vier Himmelsrichtungen.

Lösung 50
E; hier kommt als Einziges kein X vor.

Lösung 51
F; diese Figur weist als Einzige nicht nach oben, hat keine Spitze nach oben.

Lösung 52
E; das ist ein Notenschlüssel – als Einziges kein Symbol für eine Note selber.

Lösung 53
E; hat als Einziges vier geschlossene Flächen.

Lösung 54
C; diese Kombination kann man als Einzige nicht so auf der Tastatur eines (Tasten-)Telefons finden!

Lösung 55
E; alle anderen Figuren bestehen aus einer Fläche.

Lösung 56
F; diese Figur hat keine gerade Linie.

Lösung 57
D; bei dieser Figur schneiden sich keine Linien.

Lösung 58
B; nur diese Figur ist geschlossen.

Lösung 59
A; die zwei Flächen (Kreise) überlagern sich.

Lösung 60
A; A hat keinen Winkel.

Lösung 61
B.

Lösung 62
C; jeweils das Minus- und das Plus-Zeichen tauschen Platz.

Lösung 63
F.

Lösung 64
A; Schema: Aus weiß wird schwarz, aus links-gestreift wird rechts-gestreift.

Lösung 65
C.

Lösung 66
D; schwarze Fläche wird weiße Fläche (auch hinter dem weißen Punkt).

Lösung 67
38; davon haben 24 eine Kantenlänge von 1, zwölf haben die Kantenlänge 2 und zwei eine Kantenlänge von 3.

Lösung 68
C; diese eckige Spirale erweitert sich als einzige gegen den Uhrzeigersinn.

Lösung 69
B enthält 9 Vierecke (siehe Lösung zu L 5 – B); A enthält 6 Vierecke: ein großes, drei kleine und zwei aus jeweils 2 anderen; C enthält 5 Dreiecke: ein großes drei kleine und eines bestehend aus zwei kleinen; D enthält weder Drei- noch Vierecke!

Lösung 70
7; 3 kleine, 3 mittelgroße (= 4 kleine), 1 großes (= 8 kleine).

Lösung 71
26; 16 kleine, 9 verschiedene mittlere (= 4 kleine) und 1 großes.

Lösung 72
16.

Lösung 73
C/D; A/E und B/F sind gleich, nur die Symbole sind „weitergewandert".

Lösung 74
C/E; A und F bestehen aus 6 Strichen, B und D aus 5 Strichen, C aber aus 4 und E aus 7.

Lösung 75
C/D; das Schema ist jeweils: 2 verschiedene Symbole, eines schwarz, eines weiß.

Lösung 76
B; die Summe der Punkte ist 8 und nicht 7 wie bei allen anderen.

Lösung 77
B/F; A/E und C/D sind jeweils negative Paare (aus weiß wird schwarz, aus links-gestreift wird rechts-gestreift).

Lösung 78
D/E; das Schema ist jeweils: eine geometrische Figur, 1 Buchstabe, 1 Zahl, 1 griechischer Buchstabe.

Lösung 79
B; diese Figur hat als einzige keinen rechten Winkel.

Lösung 80
X; alle anderen bestehen aus drei Strichen.

Lösung 81
D; dieser Titel besteht nur aus 11 Buchstaben, alle anderen aus 12.

Lösung 82
A; bei allen anderen ist die innere kleinere Version der Figur um 90° gedreht, bei A nur um 45°.

Lösung 83
C; Schema: 2 Striche aus der Ecke ragend, 2 Striche aus der Linie ragend, 1 Eckstrich quer.

Lösung 84
A; Schema: der Punkt ist links oder rechts (auf der horizontalen Achse), Kreis und X sind oben oder unten (auf der vertikalen Achse).

Lösung 85
B; die Elemente der Figuren wandern jeweils um eine Stelle nach rechts.

Lösung 86:
B; das Schema pro Zeile ist: 2 weiß und 1 schwarz oder 2 schwarz und 1 weiß.

Lösung 87
C; die Kombination auf Platz 1 und 3 sind in jeder Zeile identisch.

Lösung 88
B; Schema: 1. Zeile: Drehung um 180°, 2. Zeile: Drehung um 90°, 3. Zeile: Drehung um 45°.

Lösung 89
A; in der Reihe der Vokale wird je einer übersprungen: A E I O U A E I O U (etc.).

Lösung 90
A; Schema: immer ein Strich weniger.

Lösung 91
35; die Figur hat insgesamt 11 Felder; um Dreiecke zu erhalten, kann man 1, 2, 3 oder 5 Felder optisch zusammenfassen: 10 Dreiecke bestehen aus 1 Feld, 10 aus 2, 10 aus 3 und 5 aus 5.

Lösung 92
D enthält 3 regelmäßige Vierecke und 3 Dreiecke, also 6; B und C jeweils 5, A nur 4.

Lösung 93
7; davon allerdings nur ein regelmäßiges.

Lösung 94
36; 9 kleine, 12 verschiedene bestehend aus 2 Elementen, 6 verschiedene bestehend aus 3 Elementen, 4 verschiedene bestehend aus 4 Elementen, 4 verschiedene bestehend aus 6 Elementen und 1 großes bestehend aus 9 Elementen.

Lösung 95
28; 18 kleine, 8 verschiedene bestehend aus 4 Elementen, 2 verschiedene bestehend aus 9 Elementen.

Lösung 96
9; 4 kleine, 4 verschiedene bestehend aus 4 kleinen, 1 großes bestehend aus 9 kleinen.

Lösung 97
A; bei allen anderen Figuren haben die 3 Elemente irgendwo eine gemeinsame Fläche.

Lösung 98
D; diese Gruppe hat als Einzige nur 2 statt drei Überschneidungen.

Lösung 99
3; diese Gruppe folgt als Einzige nicht dem Schema: 1 Buchstabe, der nur rund ist, 1 Buchstabe, der nur eckig ist, und 1 Buchstabe, der aus runden und eckigen Elementen besteht.

Lösung 100
D; diese Gruppe folgt als Einzige nicht dem Schema: 1 längliches Hochformat, 1 längliches Querformat, 1 Dreieck.

Lösung 101
C; dieser besteht als einziger aus 6 Strichen, alle anderen aus 5.

Lösung 102
C; A, B und D sind identisch, C ist spiegelverkehrt.

Lösung 103
D; das verbindende Schema ist 9 offene Flächen, D hat nur 6.

Lösung 104
C; das Schema ist: Addition der Buchnummern ergibt eine gerade Zahl, C ergibt 17.

Lösung 105
C; Schema ist: insgesamt 5 Punkte, C hat nur 4.

Lösung 106
D; sie enthält als einzige keinen Buchstaben.

Lösung 107
3; dieses Wort hat als Einziges nicht 2 Vokale in der Mitte.

Lösung 108
C; nur in dieser Gruppe stehen sich die zwei Kreise (bzw. eckigen Objekte) nicht diagonal gegenüber.

Lösung 109
D; Schema ist: 1 gerade Zahl, 1 ungerade Zahl, 1 Konsonant, 1 Vokal.

Lösung 110
D; Schema: der Pfeil weist immer auf den Kreis!

Lösung 111
D; Schema: der Pfeil befindet sich immer links vom Kreis!

Lösungen: Denkspiele

Lösung 112
d).

Lösung 113
Erich ist der Clown.

Lösung 114
Susi ist ein Hund.

Lösung 115
Rudolf speist in einem Zug- bzw. Drehrestaurant.

Lösung 116
Manuel sitzt in einem Kindersitz auf dem Beifahrerplatz.

Lösung 117
F; die Reihe wechselt je zwischen dem Buchstaben A und der Aufzählung des Alphabets.

Lösung 118
V; die Reihe wechselt je zwischen dem Buchstaben A und der Aufzählung des Alphabets von hinten begonnen.

Lösung 119
M; die Reihe wechselt je zwischen dem Buchstaben A und der Aufzählung des Alphabets, bei E beginnend und je einen Buchstaben überspringend.

Lösung 120
C; die Reihe wechselt einerseits zwischen dem Buchstabenpaar Z und X sowie der Aufzählung des Alphabets rückwärts, bei G beginnend.

Lösung 121
E; es ist eine Dreierreihe, in der die Buchstaben Y, F und E immer wiederholt werden.

Lösung 122

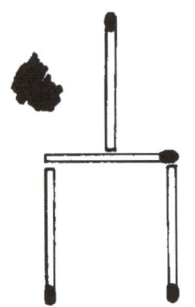

Lösung 123

a) stimmt,
b) stimmt,
c) stimmt nicht,
d) stimmt.

Lösung 124

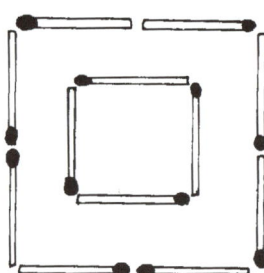

Lösung 125

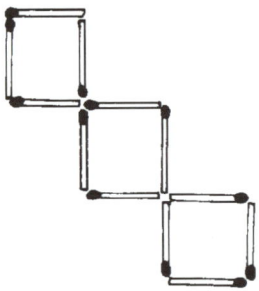

Lösung 126

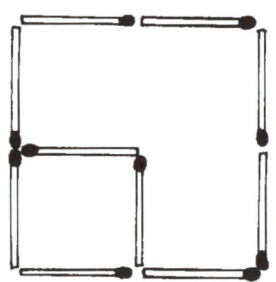

Lösung 127
Igel; der Igel ist kein Nutztier.

Lösung 128
Hahn; der Hahn ist kein Säugetier.

Lösung 129
Volvo; Volvo ist als einziges kein deutsches Auto.

Lösung 130
Rose; die Rose ist kein Baum.

Lösung 131
Die Robbe ist das einzige Säugetier.

Lösung 132
Die Sphinx beginnt als einzige nicht mit einem F-Laut (ph wird ebenfalls wie f gesprochen).

Lösung 133
Zug bedeutet unter anderem: Lokomotive, Bahn; Kanton in der Schweiz; Zug mit einer Figur bei einem Spiel („Schachzug"); Luftzug; mehrere Fahrzeuge hintereinander (Lastzug); Kraft, die auf etwas ziehend wirkt; Reise von Tieren („Vogelzug") ...

Lösung 134

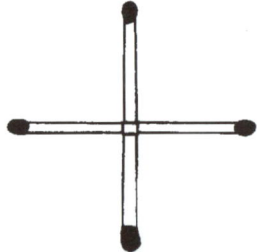

Lösung 135

Aus der Aussage geht klar hervor, dass es Axel ist, der mit Brunos Motorrad fährt und Christians Helm trägt. Daraus folgt, dass Bruno nur Axels Helm tragen kann, denn er trägt weder seinen eigenen, noch den von Christian (den trägt ja Axel). Deshalb muss er zwangsläufig Christians Motorrad fahren; demnach fährt Christian Axels Motorrad.

Lösung 136

Lösung 137

Viele Daunenjacken verlieren immer wieder kleine Mengen an Federn, etwa durch die Nähte. In Herberts Fall blieben die Daunen im Taxi auf seinem Sitz haften und anschließend an seinem Mantel.

Lösung 138

Sonja ist die Zugführerin (Fahrerin).

Lösung 139

Der Mann ist ein Eskimo und sein Haus ist ein Iglu!

Lösung 140

Maria döst in einer Hängematte im Garten!

Lösung 141

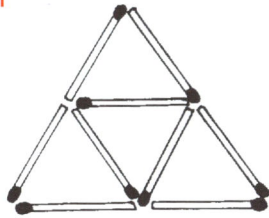

Lösung 142

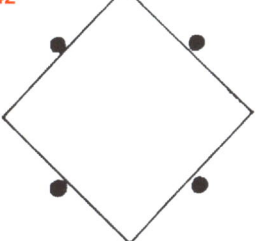

Lösung 143

Katze; das Wort Katze beginnt als einziges nicht mit H und hat mehr als vier Buchstaben (beide Erklärungen richtig).

Lösung 144

Tintenfisch; der Tintenfisch ist als Einziger kein Fisch, sondern ein so genannter Kopffüßler.

Lösung 145

Onkel; es ist das einzige Wort mit fünf statt vier Buchstaben!

Lösung 146

Bleistift; alle anderen sind aus Papier oder Pappe (Karton).

Lösung 147

Bernstein; alle anderen sind Metalle.

Lösung 148

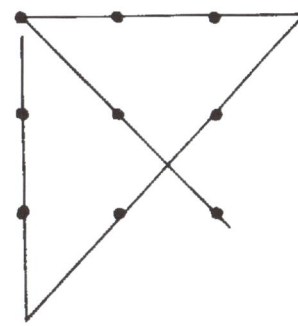

Lösung 149

Die Sekretärin heißt Berta, die Jüngste im Bunde ist Christa, die Besitzerin der Boutique.

Lösung 150

H und V; die Buchstaben werden abwechselnd von D an dem Alphabet nach und von Z an gegen das Alphabet gereiht.

Lösung 151

J und I; die Buchstaben werden abwechselnd von B sowie von A an dem Alphabet nach gereiht und überspringen dabei jeweils einen Buchstaben.

Lösung 152

K und T; die Buchstaben werden abwechselnd von O sowie von P an dem Alphabet nach gereiht, von O an gegen, von P an in Richtung des Alphabets.

Lösung 153
U und G; die Buchstaben werden abwechselnd von A sowie von B an dem Alphabet nach gereiht, wobei von A an die Vokale und von B an die Konsonanten aufgereiht werden.

Lösung 154
T und C; die Buchstaben werden abwechselnd von X sowie von G an gegen die Alphabetrichtung gereiht.

Lösung 155
Großvater, Vater, Sohn.

Lösung 156
Verschieben Sie die Stangen auf dem Tisch so, dass sie ein T bilden. Wenn der Querbalken des T's magnetisch ist, gibt es keine Anziehung. Ist der Längsbalken magnetisch, zieht er dagegen den anderen Balken an.

Lösung 157
Die Personen sind nach Postleitzahlen geordnet.

Lösung 158

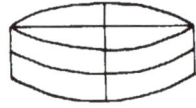

Lösung 159
Audrey Hepburn; die einzige Schauspielerin unter männlichen Schauspielern.

Lösung 160
Otto ist als Einziger kein Sportler.

Lösung 161
Tom Jones ist als Einziger kein Deutscher.

Lösung 162
Flipper; Flipper ist ein Delphin aus einer TV-Serie, alle anderen sind TV-, Film- oder Comic-Hunde.

Lösung 163
Asterix; er ist die einzige dieser Comicfiguren, die nicht aus den USA stammt, sondern aus Frankreich.

Lösung 164
Dieter parkt seinen VW auf einem Parkplatz.

Markus parkt seinen Honda auf der Straße. Walter parkt seinen Porsche in der Garage.

Lösung 165
a).

Lösung 166
Franz und Fritz waren Fische aus dem Aquarium (Fische, die man aus dem Wasser nimmt, ersticken tatsächlich).

Lösung 167
Peter und Paul waren siamesische (aneinander gewachsene) Zwillinge mit nur einem gemeinsamen Herzen.

Lösung 168
Der Mensch; als Kind (am Morgen seines Lebens) geht er auf allen Vieren, zu Mittag, als Erwachsener auf zwei, und am Abend, als alter Mensch, auf drei Beinen – nämlich mit einem Stock!

Lösung 169
Es gibt mehrere Möglichkeiten: Entweder sind Hugo und Lisi beide taub (dann können sie die Stimme des anderen nicht hören) oder stumm (dann hat keiner von beiden eine Stimme) oder taubstumm. In jedem dieser Fälle verständigen sie sich durch Zeichensprache oder Lippenablesen. Eine weitere, modernere Möglichkeit wäre, dass sie weder taub noch stumm sind, sich beide aber nur über Internet („Chat") miteinander unterhalten.

Lösung 170

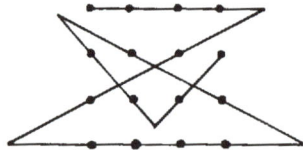

Lösung 171

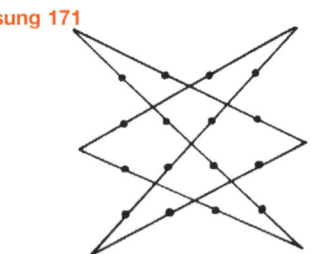

Lösung 172

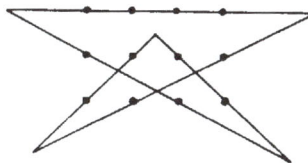

Lösung 173
Paris ist das einzige Wort mit zwei unterschiedlichen Vokalen.

Lösung 174
Ozon; alle anderen sind chemische Grundelemente.

Lösung 175
Amsterdam; alle anderen Wörter enden auf –n.

Lösung 176
Sonne und Mond; alle anderen sind Planeten, die Sonne ist ein Stern (Fixstern, Sonne), der Mond ist ein Planetenbegleiter (Trabant, Mond).

Lösung 177
Iris ist unter anderem: eine Blume (Schwertlilie); ein Teil des Auges („Regenbogenhaut"); eine griechische Göttin; ein Teil von manchen Fotoapparaten (Irisblende); meteorologische Bezeichnung für den Regenbogen.

Lösung 178
Fahrrad; alle anderen sind Bestandteile oder Zubehör von Computern.

Lösung179
Schraubstock; alle anderen sind Bestandteile des menschlichen Körpers.

Lösung 180

Lösung 181
W; der Abstand zwischen den Buchstaben erhöht sich jeweils um eine Stelle (C d E f g H i j k L m n o p Q r s t u v W).

Lösung 182
E; das Muster ist, bei A beginnend: abwechselnd zwei vor und eins zurück (A plus 2 ist C minus 1 ist B plus 2 ist D ...).

Lösung 183
K; von H weg wird im Alphabet je um eine Stelle weitergegangen, abwechselnd vor und zurück (F ← G ← H → I → J → K).

Lösung 184
X; das Muster ist, bei Q beginnend: abwechselnd eins vor und zwei vor (Q plus 1 ist R Plus 2 ist T plus 1 ist U ...).

Lösung 185

Lösung 186

Lösung 187

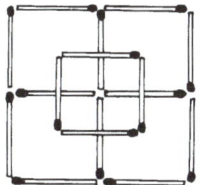

Lösung 188
Greta Garbo; sie ist die einzige genannte Person, die nicht in Amerika geboren wurde.

Lösung 189
Gerhard Schröder; er ist als Einziger kein Staatsoberhaupt sondern Bundeskanzler (Regierungschef).

Lösung 190
Jupiter; er ist als Einziger ein römischer Gott, alle anderen sind griechische Götter (Jupiter heißt in Griechenland Zeus).

Lösung 191
Beethoven; er ist der einzige deutsche Komponist, alle anderen sind Österreicher.

Lösung 192
Kaki; es ist die einzige Farbe, die nicht rötlich ist, sondern gelbbraun, erdfarben.

Lösung 193
Ocker; es ist das einzige Wort ohne L.

Lösung 194

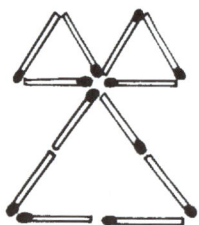

Lösung 195
Das Haus von Herrn Müller steht auf dem Nordpol!

Lösung 196
Marcus ist Gutsbesitzer im alten Rom. Es arbeiten ausschließlich Sklaven für ihn! (Die richtige Antwort ist „Sklaven", egal wo und wann man glaubt, dass Marcus gelebt hat.)

Lösung 197
Jim und Joe sind Astronauten – sie arbeiten auf dem Mond, wo die Anziehungskraft etwa nur ein Sechstel der Erdanziehung beträgt. Ein 80-Kilo-Mann „wiegt" auf dem Mond also nur 13,33 kg.

Lösung 198
Die beiden leben in den 50er-Jahren in den USA,

bis zu dieser Zeit galt dort auch teilweise die Rassentrennung, und da Bob ein Schwarzer ist, muss er im hinteren Teil des Busses sitzen.

Lösung 199

Lösung 200

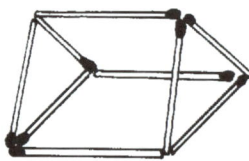

Lösung 201
Holzhütte: Christ, Rosenbusch, Gemüse, Jazz;
Strohhütte: Jude, Veilchen, Fleisch, Volksmusik;
Steinhütte: Buddhist, Sonnenblume, Obst, Tanzmusik;
Ziegelhütte: Mohammedaner, Palme, Reis, Rockmusik;
Lehmhütte: Hindu, Flieder, Getreide, Klassik.

Reihenfolge: Stein, Stroh, Holz, Lehm, Ziegel.

Lösung 202

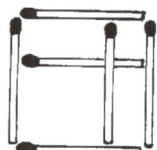

Lösung 203

Neun Rechtecke.

Lösung 204

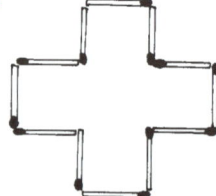

Lösung 205

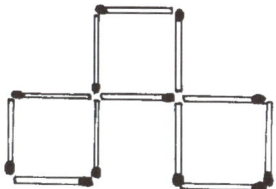

Lösung 206

SR; beginnend von der Mitte des Alphabets (zwischen 13: M und 14: N) werden je zwei Buchstaben zum Anfang hin, je zwei Buchstaben zum Ende hin kombiniert. Dabei werden die aufsteigenden Buchstaben in der Steigerichtung gelistet, die absteigenden tauschen ihren Platz (13/12, 15/14, 11/10, 17/16, 9/8 - SR = 19/18).

Lösung 207

RA; am Ende des Alphabets werden je zwei Buchstaben zum Anfang hin kombiniert. Dabei überspringt der erste Buchstabe je einen Platz, die zweite Buchstabenreihe besteht nur aus Vokalen (Z-y-X-w-V-u-T-s-R/U-O-I-E-A).

Lösung 208

JU; von den beiden Enden des Alphabets (beginnend bei B und Y) werden je zwei Buchstaben zur Mitte hin kombiniert. Dabei springt die Reihe von B an je einen Platz weiter (Y-X-W-V-U/B-c-D-e-F-g-H-i-J).

Lösung 209

DP; von R bzw. F beginnen zwei Reihen. Die Reihe von R aus geht gegen das Alphabet und verringert sich jeweils um einen Schritt, bei 5 beginnend (R minus 5 ist M minus 4 ist I minus 3 ist F minus 2 ist D). Die zweite Reihe geht mit dem Alphabet und erhöht sich jeweils um einen Schritt, bei 1 beginnend (F plus 1 ist G plus 2 ist I plus drei ist L plus vier ist P).

Lösung 210

Y; das Muster sind die Quadratzahlen in aufsteigender Reihenfolge und der ihnen zugeordnete Buchstabe in der Alphabetreihenfolge: 1=A, 4=D, 9=I, 16=P, 25=Y.

Lösung 211

Meier, Müller, Reimers, Lorant, Huber, Müller.

Lösung 212

Weiche; die Weiche ist als einziges kein Bestandteil des Zuges.

Lösung 213

Madrid; alle anderen Städte und Länder haben als Vokale E und I, Madrid hat A und I.

Lösung 214

Prostata; dies ist das einzige Körperteil, das nur bei Männern (bzw. männlichen Säugetieren) vorkommt. Die Prostata, auch Vorsteherdrüse, gehört zu den männlichen Geschlechtsorganen. Unter After versteht man den Darmausgang.

Lösung 215

Olympus Mons; dies ist der einzige der genannten Berge, der nicht auf der Erde liegt – sondern auf dem Mars!

Lösung 216

Reis und Iguana; alle anderen Pflanzen stammen ursprünglich aus Amerika, alle anderen Tiere aus Australien.

Lösung 217

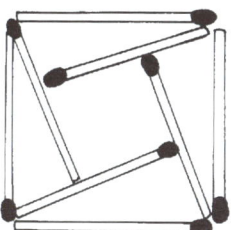

Lösung 218

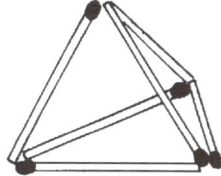

Lösung 219

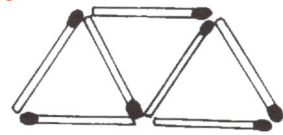

Lösung 220

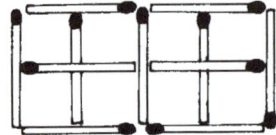

Lösung 221
Es war Selbstmord. Der Mann hatte die Schlinge unter Zuhilfenahme eines Eisblocks befestigt und die Tür mit einem Schlüsselduplikat aus Eis abgeschlossen.

Lösung 222
Es handelte sich um die Mönchsrepublik Athos, zu der Frauen keinen Zutritt haben. Und einer der vier Freunde war eine Frau!

Lösung 223
Ja, es gibt so einen Ort: die Tiefseegräben am Meeresboden! Wenn man am Grunde des Marianengrabens stünde, hätte man senkrecht über 11 Höhenkilometer zu überwinden, um an die Meeresoberfläche zu gelangen.

Lösung 224
Die Rede ist von Vatikanstadt. Dieses Land hat nur etwa 750 Bürger, die meisten davon eingebürgerte Geistliche aus anderen Ländern. Die Geburtenrate ist daher gleich null.

Lösung 225

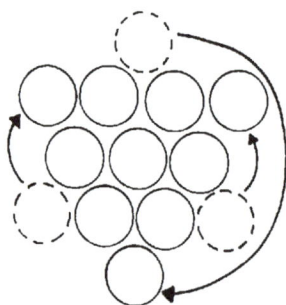

Lösung 226

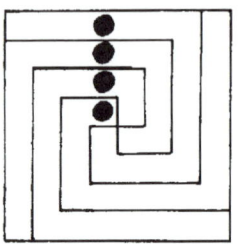

Lösung 227
Sie müssen die vier Kugeln in Form eines Tetraeders dreidimensional anordnen.

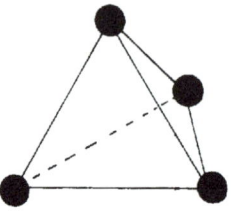

Lösung 228
Tasso und Cindy sind Menschen, Conny ist ein Hund.

Lösung 229
A und B.

Lösung 230

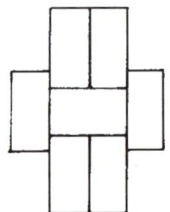

Lösung 231

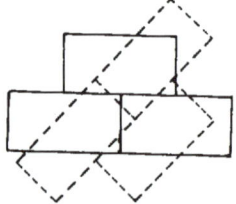

Lösung 232

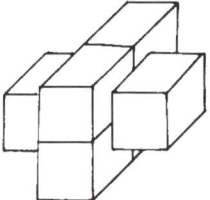

Lösung 233

Grimm; alle oberen sind berühmte deutsche Nach-schlagewerke (Lexika oder Wörterbücher); Grimm, das berühmte und umfassende „Deutsche Wörter-buch", gehörte ebenfalls dazu; Bocuse steht für bekannte Kochbücher („Nouvelle Cuisine") und Knigge für ein bekanntes Buch über Lebens- und Benimmregeln.

Lösung 234

Stein der Weisen; alle oberen Begriffe haben mit (echtem) Gold zu tun: Gold wird in Barren gepresst, hat als Element die Abkürzung Au (lat. Aurum), wird meist mit einer Punze (Garantiestempel) beschla-gen, die Nationalbank eines Landes stützt die Währung mit Goldreserven und der Stein der Weisen soll Blei in Gold verwandeln; Katzengold (Pyrit) ist ein häufiges Mineral, besteht aber nicht aus Gold; es gibt zwar auch goldfarbene Bunt-stifte, aber die enthalten kein echtes Gold.

Lösung 235

Teewurst; dieser Lebensmittelbegriff enthält als einziger ebenfalls einen Doppelbuchstaben!

Lösung 236

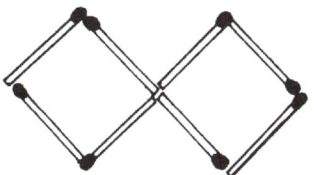

Lösung 237

F; die Buchstaben sind einfach eine alphabetische Reihe ab K rückwärts. Allerdings wechseln sie pro Zeile die Laufrichtung vor und zurück (K-J-I-H-G-F-E-D-C).

Lösung 238

M; das Schema ist das Alphabet ab A mit jeweils zwei übersprungenen Buchstaben – allerdings von oben nach unten gereiht (A-D-G-J-M-P-S-V-Y).

Lösung 239

S; die Reihenfolge der Buchstaben entspricht ihrer Nummerierung im Alphabet und der Reihe der Primzahlen (Zahlen, die nur durch sich selbst und durch 1 teilbar sind): A=1, B=2, C=3, E=5, G=7, K=11, M=13, Q=17, S=19.

Lösung 240

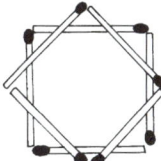

Räumliches Denken

**Allgemeine
Bemerkungen**

Die Aufgaben im Bereich des räumlichen Denkens sind im Grunde ebenfalls Logik-Aufgaben, wobei hier ein anderer Gehirnbereich gefordert wird. Die Fähigkeit, räumlich zu denken, wird teilweise vererbt, teilweise – in recht frühem Kindesalter – erworben. So weiß man, dass Menschen, die vor ihrem 6. Lebensjahr an nur im Flachland gelebt haben, größere Orientierungsschwierigkeiten in bergigen Regionen haben. Gleichermaßen verirren sich in Bergen aufgewachsene Menschen sehr leicht im flachen Land! Doch abgesehen davon benötigen und benutzen wir stets die räumliche Vorstellungskraft auch im täglichen Leben, im Umgang mit ganz alltäglichen Gegenständen. Auch eine Milch- oder Orangensaftpackung ist ein Quader, und wenn wir auf der Packung Frühstücksflocken nach den Zutaten oder dem Verfallsdatum suchen, verwenden wir unser räumliches Denken!

Was die folgenden Aufgaben aber schwieriger macht, ist die Abstraktion dieser Fähigkeit, die Reduzierung auf geometrische Formen, versehen mit willkürlichen Zeichen. Wie so oft bei IQ-Tests geht es also auch diesmal darum, zuerst die Scheu oder Angst vor scheinbar Schwerem, Neuem, Unbekanntem abzubauen, bevor man sich an die Lösung macht.

Ist diese Schwelle einmal überwunden, sollte man wieder mit Logik an die Sache herangehen, um so herauszufinden, wie sich ein Würfel nun zwischen Schritt 1 und 2 „bewegt" hat – und was das für die nächsten Schritte bedeutet.

Hier noch einige Hinweise für die Bearbeitung der einzelnen Bereiche:

**Räumliche
Vorstellung**

Sollte Ihnen die Arbeit mit Würfeln und anderen geometrischen Objekten nicht vertraut sein, nehmen Sie einen normalen Spielwürfel zur Hand und betrachten Sie ihn genau. Drehen Sie ihn entlang verschiedener Achsen. Fügen Sie auch mehrere Würfel auf verschiedene Arten aneinander, um zu sehen, wie viele Flächen und Kanten dann noch zu sehen sind. Auf diese Art machen Sie sich mit räumlichen Formen vertraut. Bei den Legeaufgaben sollten Sie zuerst versuchen, die Lösung im Kopf zu überlegen. Konzentrieren Sie sich auf größere und kleinere Einheiten, auf Formen innerhalb von Formen. Bemühen Sie sich, flexibel in Ihrer Vorstellungskraft zu sein. Sollte es Ihnen dennoch nicht gelingen, verwenden Sie Streichhölzer oder machen Sie Skizzen, bevor Sie die Lösung nachschlagen.

Räumliche Zuordnung

Ein Tipp, der sowohl für die räumliche Vorstellung als auch für die räumliche Zuordnung gilt: Wenn Sie tatsächlich große Schwierigkeiten haben, sich Dinge räumlich vorzustellen – zerlegen Sie den Gegenstand! Auch mit zweidimensionaler Logik lassen sich die Aufgaben oft leicht lösen, etwa wenn ein Buchstabe auf einer Würfelfläche mit seiner Unterseite zu den Buchstaben auf der nächsten Seite weist, so muss das immer so bleiben, egal, wie der Würfel im Raum gedreht wird! Steht also ein A im Netzplan aufrecht neben einem B, kann die Spitze des A auch auf der Würfeloberfläche nie auf das B weisen! Durch dieses Umdenken lassen sich auch Netzplanaufgaben lösen, ohne die Figur dreidimensional „zu sehen". Alternativ oder ergänzend kann man vor oder nach dem Lesen der Lösungen die Aufgabe auch praktisch ausprobieren: Bekleben Sie einen Würfel mit Papier und notieren Sie die Symbole auf seinen Seiten. Durch Drehen und Wenden des Würfels können Sie nun das Verhalten des Objektes im Raum leichter begreifen; zugleich trainieren Sie Ihren „3-D-Muskel", Ihr räumliches Vorstellungsvermögen.

Übungen: Räumliche Vorstellung

Tipps und Hinweise

Bei diesen Übungen geht es im Wesentlichen darum, sich dreidimensionale Figuren und Vorgänge vorzustellen. Ist der jeweilige Gegenstand in seiner Form einmal erfasst, muss man ihn im Geist „drehen" und bewegen, um die jeweilige Aufgabe zu lösen. Dabei geht es weniger um geometrische Kenntnisse als um den Einsatz von Vorstellungskraft. Auch bei den Legeaufgaben kommt es vor allem darauf an, die Figur in ihrer Gesamtheit zu erfassen und daraus die nötigen Schlüsse zu ziehen, statt durch Probieren eine Lösung mehr oder weniger zufällig zu finden.
(* = leicht, ** = mittel, *** = schwer)

Wussten Sie schon, dass die meisten Tiere nicht in der Lage sind, Farben zu erkennen? So könnte das Tuch eines Toreros anstatt rot auch durchaus blau oder grün sein. Der Stier reagiert nämlich keineswegs auf die Farbe, sondern lediglich auf die Bewegung des Tuches. So wie ihm, geht es beinahe allen Tieren, nur wenige Arten können bestimmte Farben erkennen, die für sie wichtig sind und beispielsweise eine bestimmte Beute signalisieren.

Übung 1 ⭐

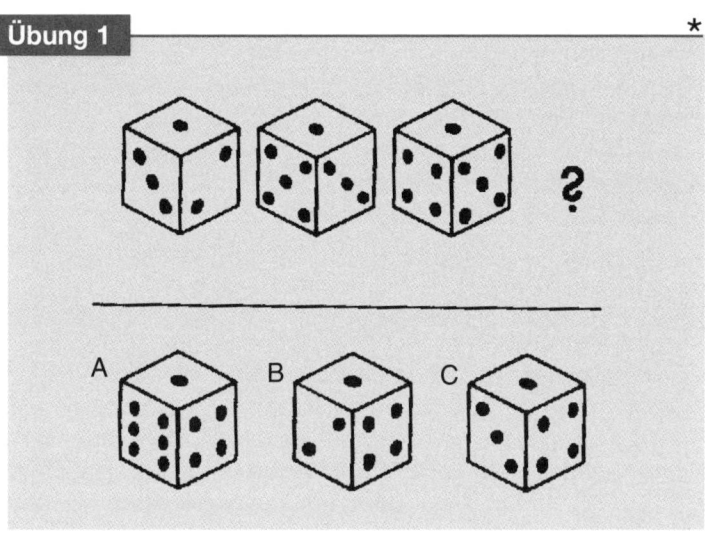

Welcher Würfel folgt? Wie viele Punkte hat ein normaler Spielwürfel insgesamt?

Übung 2 ⭐

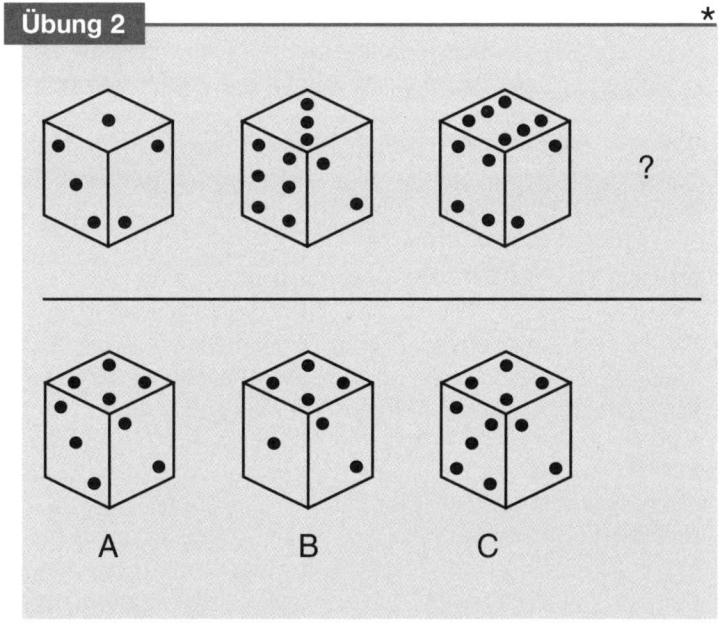

Welcher Würfel folgt?

Übung 3 *

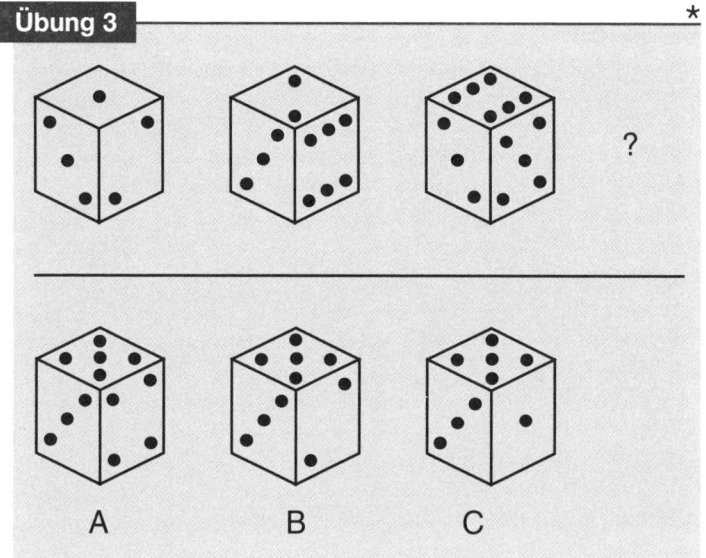

Welcher Würfel folgt?

Übung 4 *

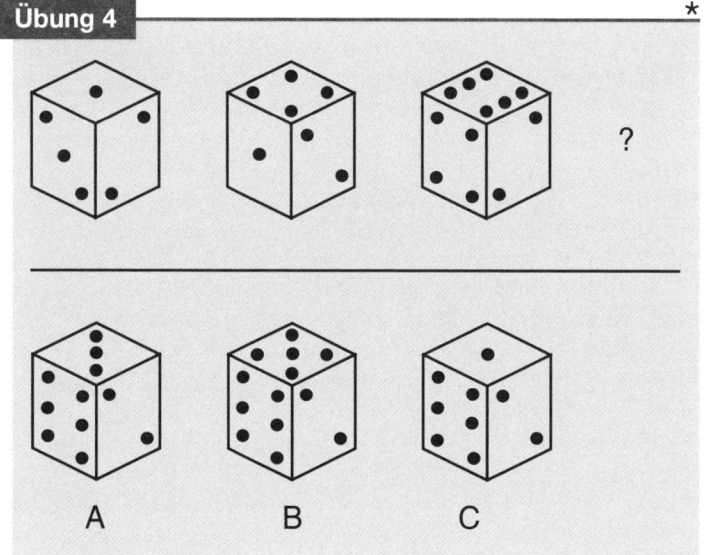

Welcher Würfel folgt?

Bringt eine schöne Intelligenz mit einer verpfuschten Intelligenz zusammen und ihr beschwört ein Unglück herauf: Denn in allem muss Gleichgewicht obwalten.

Honoré de Balzac

Übung 5 *

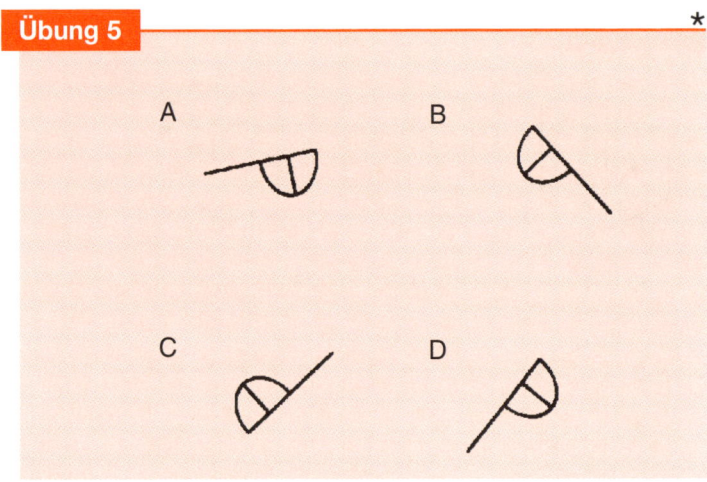

Welche Figur passt nicht in die Reihe?

Übung 6 *

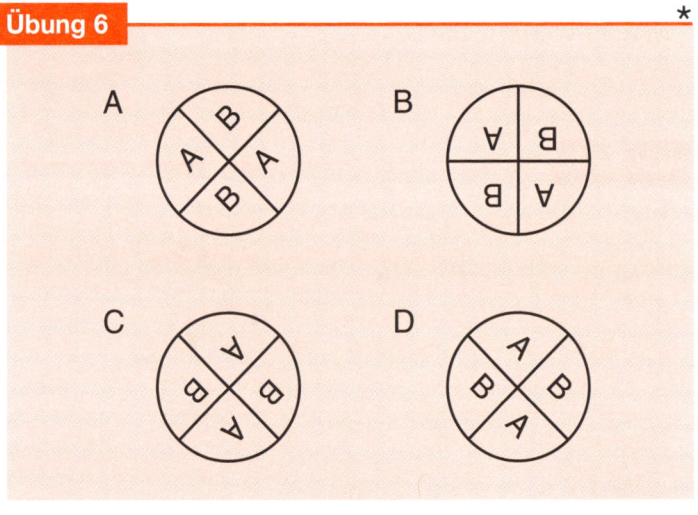

Welche Figur passt nicht dazu?

Wie ist das Gedächtnis aufgebaut?

Bei der Struktur des Gedächtnisses unterscheidet man zwischen dem Kurzzeit- und dem Langzeitgedächtnis.

Das Kurzzeitgedächtnis ist ein Speicher für nur wenige Sekunden, es kann ca. 7 Objekte für einige Sekunden speichern. Um ein Objekt, z. B. ein Wort oder eine Zahl, länger zu behalten, muss man sie im Geiste wiederholen.

Das Kurzzeitgedächtnis speichert allerdings in Bündeln, deshalb kann man mit der Bildung von Zusammenhängen auch mehr als sieben Begriffe oder Zahlen behalten.

Es wurde beobachtet, dass verschiedene Kurzzeitgedächtnisse für verschiedene sensorische Bereiche existieren. Man merkt sich für kurze Zeit visuelle Dinge, Gerüche, sprachliche Informationen und Hörerlebnisse. Die Speicherdauer ist hier deshalb so kurz, da die Inhalte des Kurzzeitgedächtnisses nur als Hirnaktivität gespeichert werden, die des Langzeitgedächtnisses dagegen als Hirnstruktur. Darin liegt das Wesen des Langzeitgedächtnisses begründet. Es ist ein Teil von uns, hat unbegrenzte Speicherdauer und nahezu unbegrenzte Kapazität. Doch es kann in einer gewissen Zeit nur wenig Informationen langfristig aufnehmen, da es für deren Umwandlung einige Zeit benötigt. Wenn wir uns nun bei einer Prüfungsvorbereitung viel Wissen in wenig Zeit einprägen, gehen diese Informationen leider nicht sofort in den Langzeitspeicher ein, sondern werden erst eine Weile in eine Art Zwischenspeicher geschoben. Es wird also nur ein Teil der gesamten Informationsflut in unser Langzeitgedächtnis eingehen.

Wussten Sie schon, dass die Neandertaler keineswegs weniger intelligent waren, als es die Menschen heute sind? Das Gehirn des Menschen hat sich seit der Steinzeit kaum verändert. Wissenschaftler sind sich einig, dass sich ein Kind aus der Urzeit, würde es heute in der zivilisierten Welt aufwachsen, genauso weit entwickeln könnte wie ein Kind, das in unserer Zeit geboren wurde.

Übung 7   *

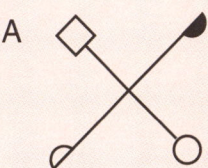
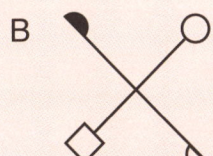
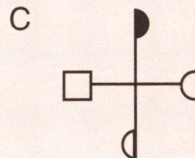
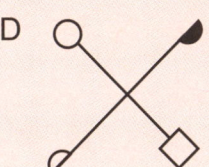

Welche Figur passt nicht dazu?

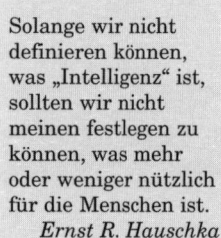

Solange wir nicht
definieren können,
was „Intelligenz" ist,
sollten wir nicht
meinen festlegen zu
können, was mehr
oder weniger nützlich
für die Menschen ist.
Ernst R. Hauschka

Ist der IQ nicht allzu
groß, reicht es zum
Nörgler bloß.
*Erhard Horst
Bellermann*

Übung 8 *

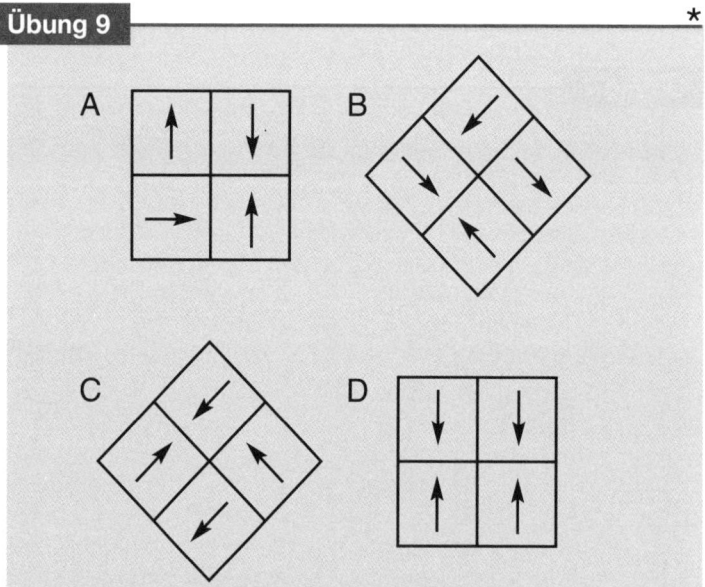

Welche Figur passt nicht dazu?

Übung 9 *

Welche Figur passt nicht dazu?

Übung 10 *

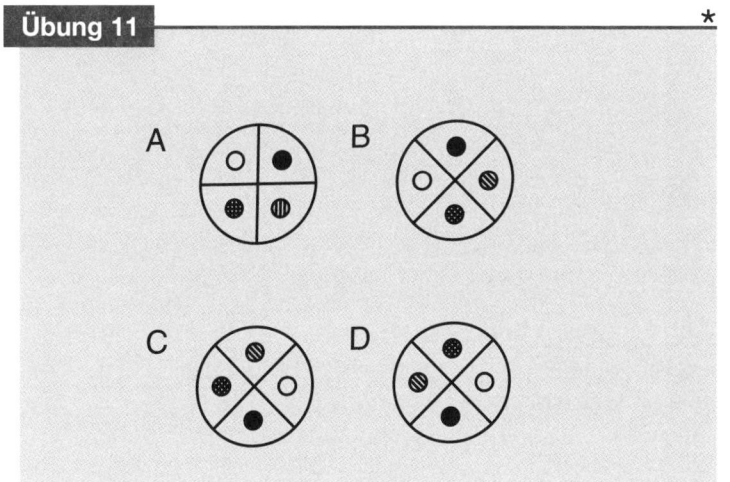

Welche Figur passt nicht dazu?

Übung 11 *

Welche Figur passt nicht dazu?

Übung 12   *

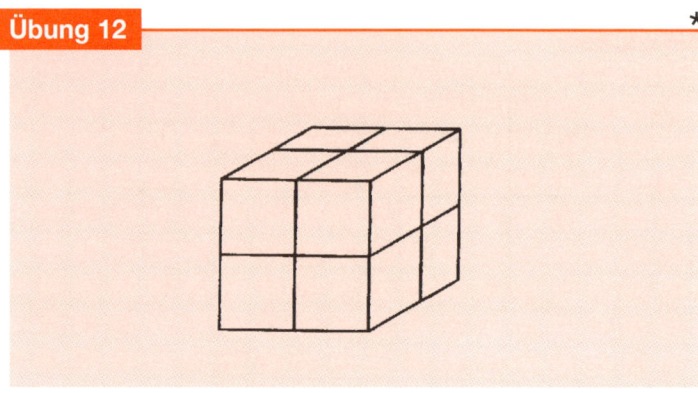

Stellen Sie sich einen großen Würfel vor, der aus acht gleich großen, kleineren Würfeln zusammengesetzt ist (siehe Skizze). Beantworten Sie nun, ohne weiter auf die Skizze zu sehen, die folgende Frage: Wie viele kleine Quadrate liegen nicht an der Außenseite?

Übung 13   *

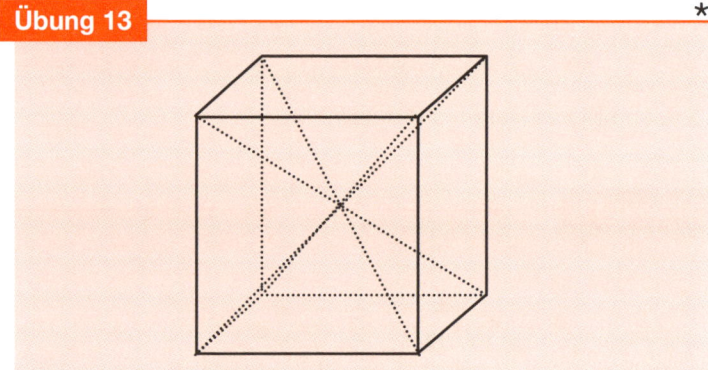

Stellen Sie sich einen großen durchsichtigen Würfel vor, dessen Ecken durch Linien diagonal miteinander verbunden sind (siehe Skizze). Beantworten Sie dann, ohne weiter auf die Skizze zu sehen, die Fragen:
a) Wie viele Pyramiden ergeben die Diagonallinien, d. h. wie viele Pyramiden sind im Würfel?
b) Wie viele Kanten und Eckpunkte hat eine Pyramide?
c) Wie viele Linien, also halbe Diagonallinien, führen vom Zentrum, dem Schnittpunkt der Diagonallinien, insgesamt zu den Eckpunkten des Würfels?

Übung 14 ⸻⸻⸻⸻⸻⸻⸻⸻⸻ *

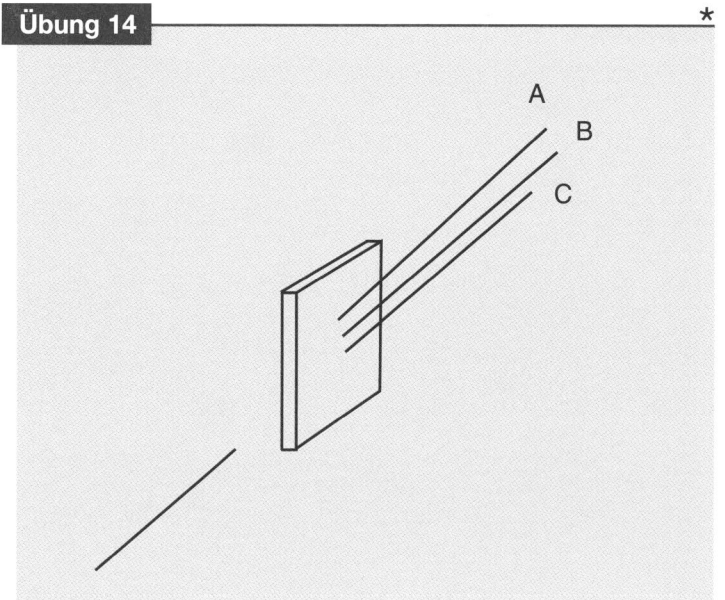

Welche der drei Linien setzt sich in der linken fort?

Ungleiche Intelligenzen und Charaktere bringen die am reichsten ausgestatteten Kinder hervor, die die Anlagen beider erben.
August Johan Strindberg

Übung 15 ⸻⸻⸻⸻⸻⸻⸻⸻⸻ *

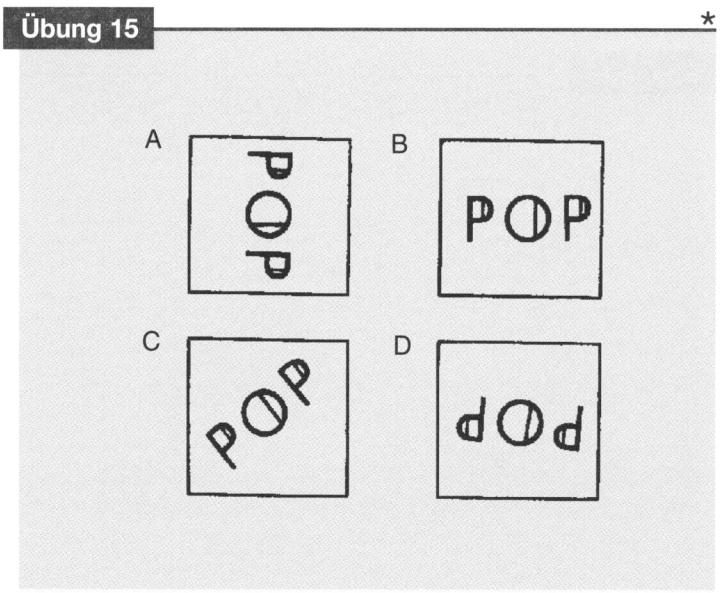

Welche Figur passt nicht in die Reihe?

Das Einzige, was wir uneingeschränkt verbrauchen können, ist die menschliche Intelligenz.
Heinz Riesenhuber

Übung 16 ✱

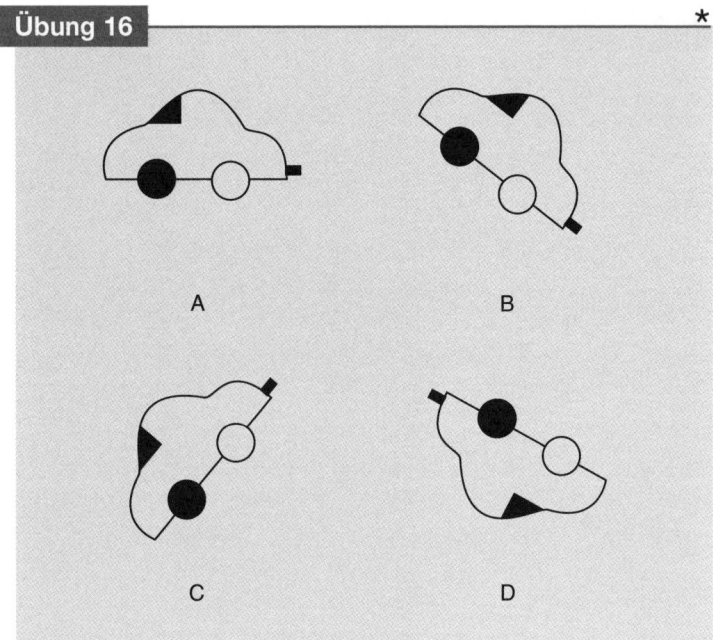

Welches Auto passt nicht dazu?

Übung 17 ✱

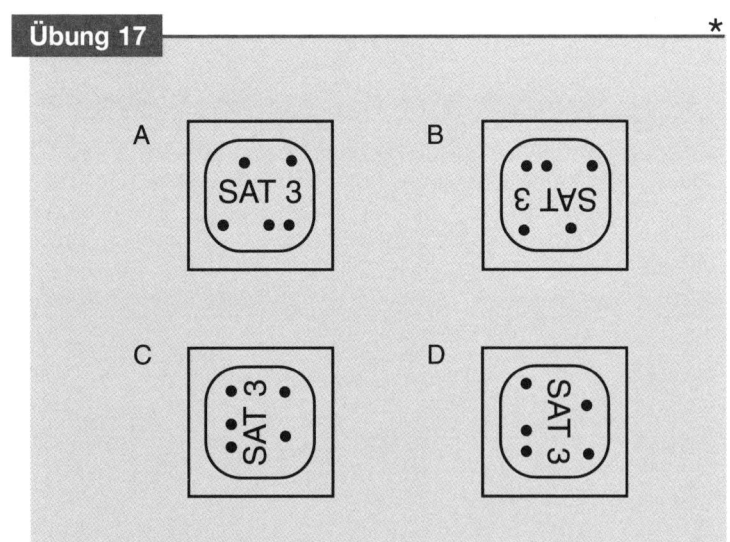

Welcher Fernseher passt nicht dazu?

Übung 18 ✱

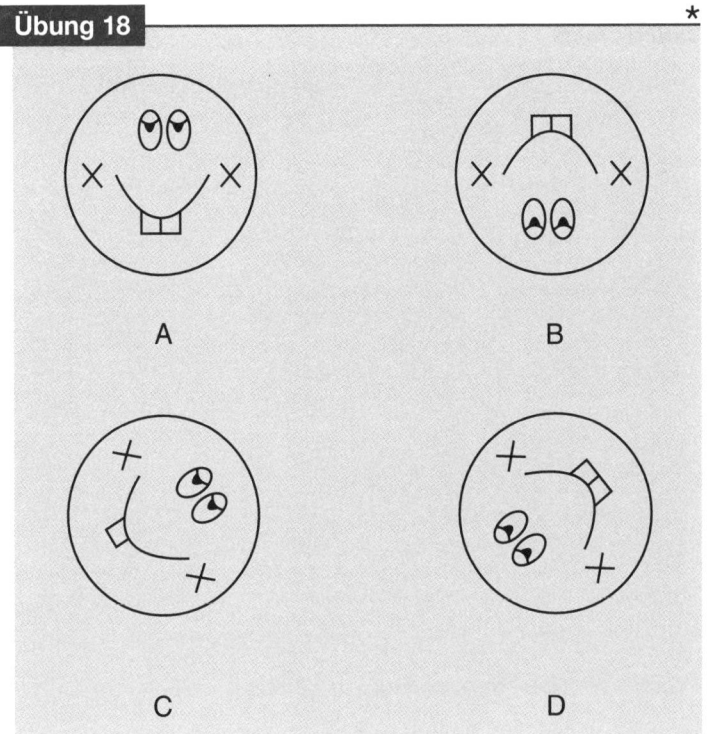

Welches Comic-Gesicht passt nicht dazu?

Übung 19 ✱

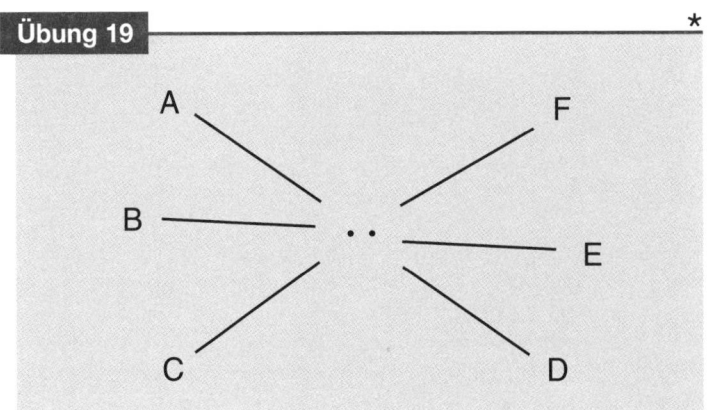

Nur eine der sechs Linien geht durch einen der beiden Punkte. Welche?

Intelligenz ist die Fähigkeit, seine Umgebung zu akzeptieren.
William Harrison Faulkner

Die Intelligenz ist ein Heerführer, der immer zu spät in die Schlacht kommt, und der nach der Schlacht diskutiert.
Léon-Paul Fargue

Übung 20   *

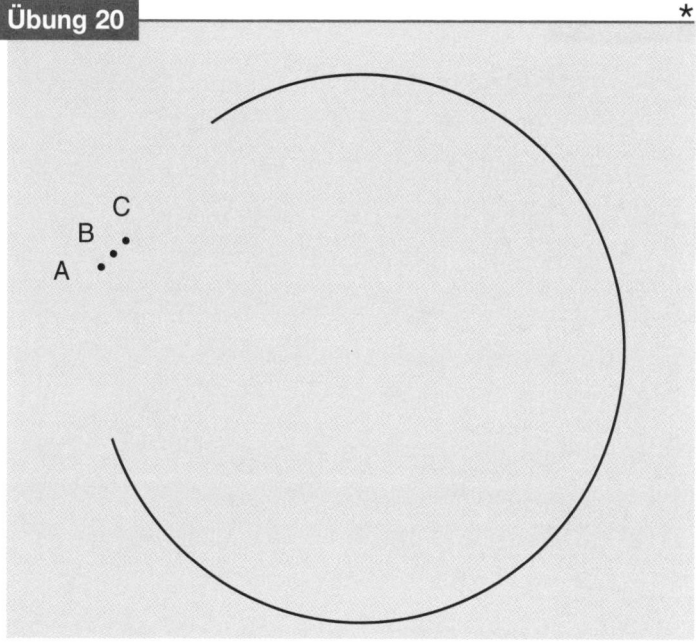

Durch welchen der drei Punkte geht der Kreis?

Übung 21   **

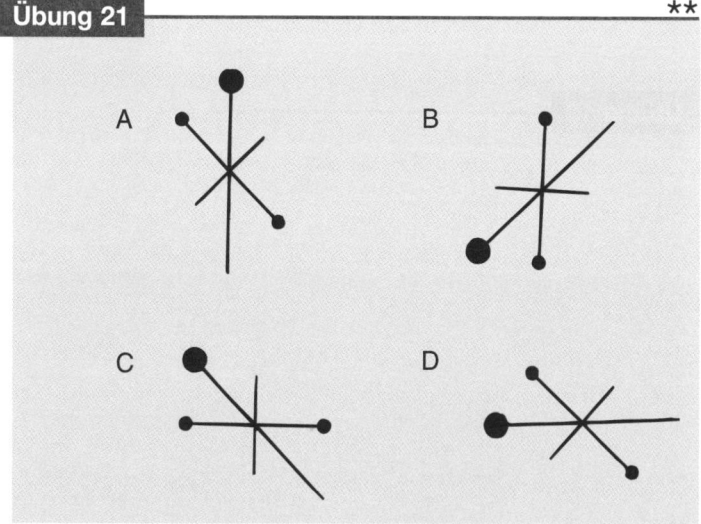

Welche Figur passt nicht zu den anderen?

Übung 22 ———————————————————— **★★**

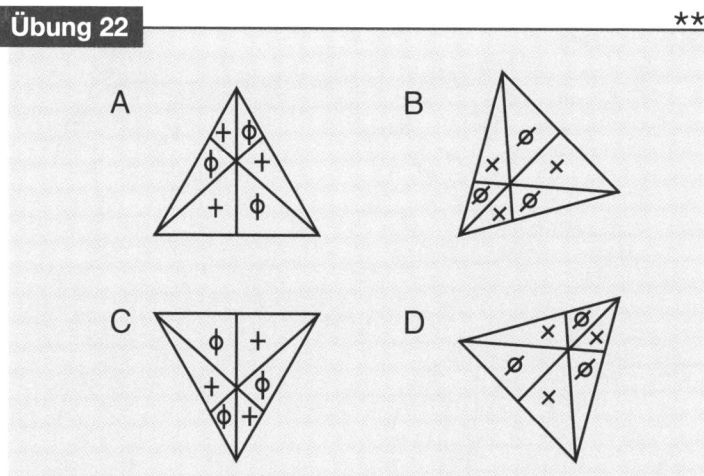

Welche Figur passt nicht zu den anderen?

Übung 23 ———————————————————— **★★**

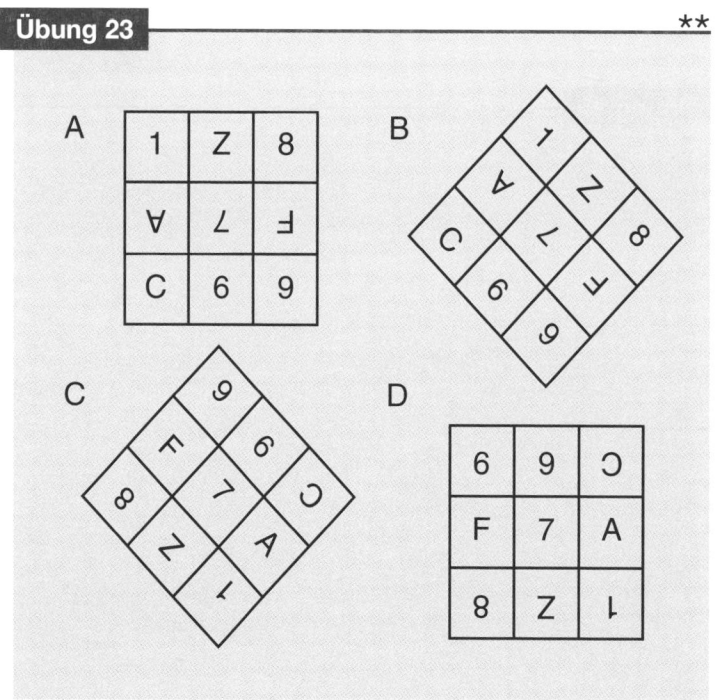

Welche Figur passt nicht zu den anderen?

Große Geister haben stets heftige Gegnerschaft in den Mittelmäßigen gefunden. Diese Letzteren nämlich können es nicht verstehen, wenn ein Mensch sich nicht gedankenlos den ererbten Vorurteilen unterwirft, sondern ehrlich und mutig seine Intelligenz gebraucht und die Pflicht erfüllt, die Ergebnisse seines Denkens in klarer Form auszusprechen.
Albert Einstein

Übung 24 **✶✶**

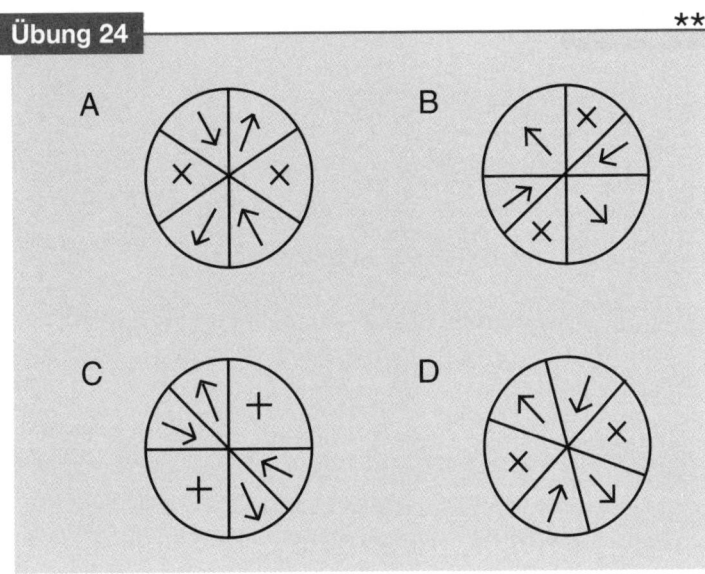

Welche Figur passt nicht zu den anderen?

Übung 25 **✶✶**

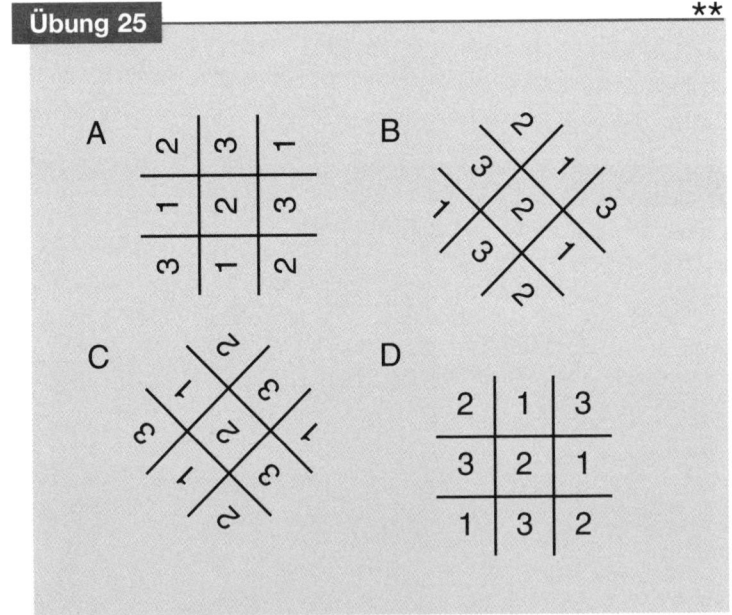

Welche Figur passt nicht zu den anderen?

Ich bin mein ganzes Leben Optimist gewesen und habe an die Vernunft, die Intelligenz des Menschen und sein Gewissen geglaubt.
Sir Julian Sorell Huxley

Übung 26 ⎯⎯⎯⎯⎯⎯⎯⎯⎯⎯⎯⎯⎯⎯⎯⎯⎯⎯ ★★

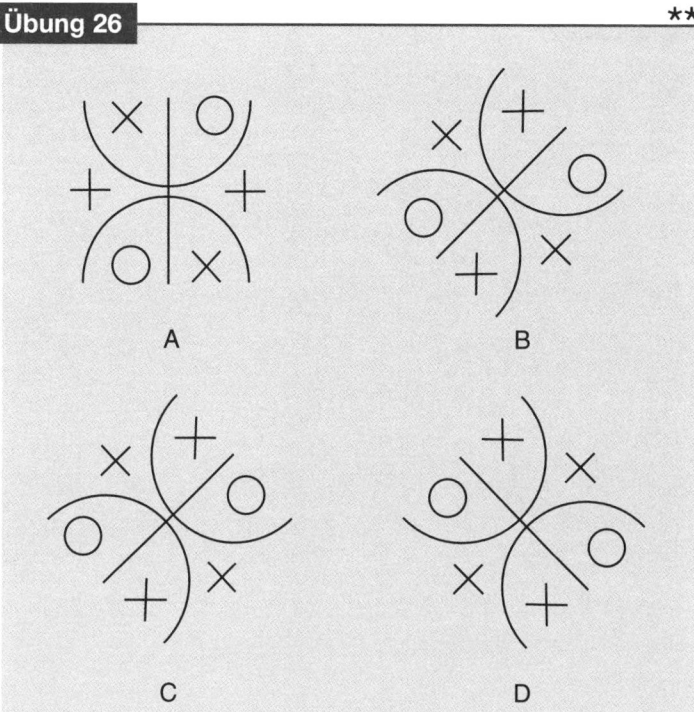

Welche Figur passt nicht zu den anderen?

Wussten Sie schon, dass ein Computer im Prinzip nur zwei verschiedene Zahlen kennt? Computer arbeiten nicht mit einem Zehnziffersystem, sondern mit dem Binär- oder auch Dualsystem. Das bedeutet, dass jede Zahl in eine aus Einsen und Nullen bestehende Formel umgewandelt wird.

Übung 27 ⎯⎯⎯⎯⎯⎯⎯⎯⎯⎯⎯⎯⎯⎯⎯⎯⎯⎯ ★★

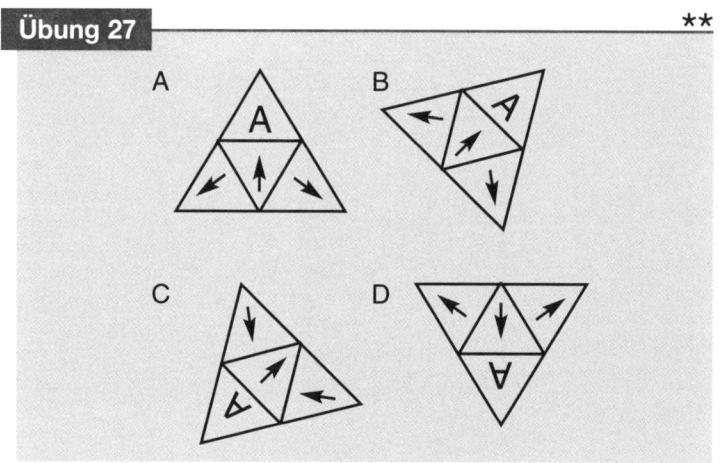

Welche Figur passt nicht zu den anderen?

Nur wer denkt, irrt auch.
Horst Friedrich

Heiligkeit und Genie entziehen sich der Definition.
Heinrich Böll

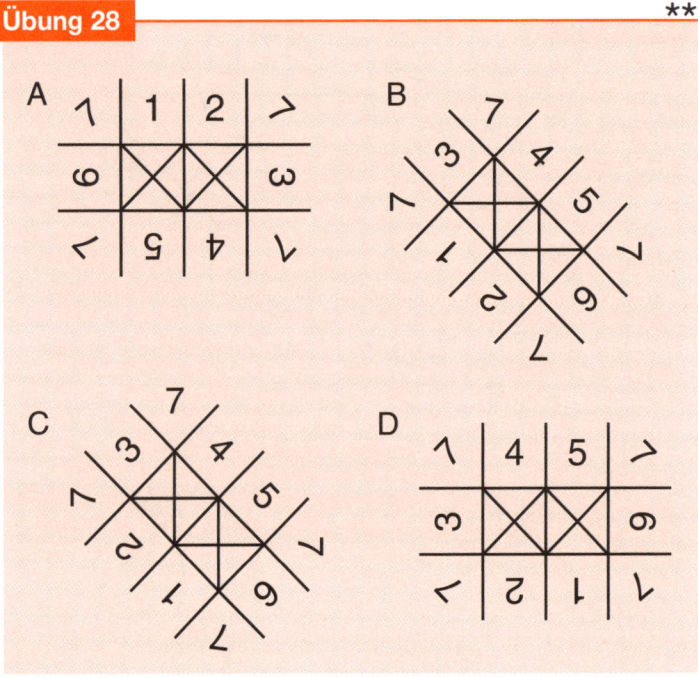

Welche Figur passt nicht zu den anderen?

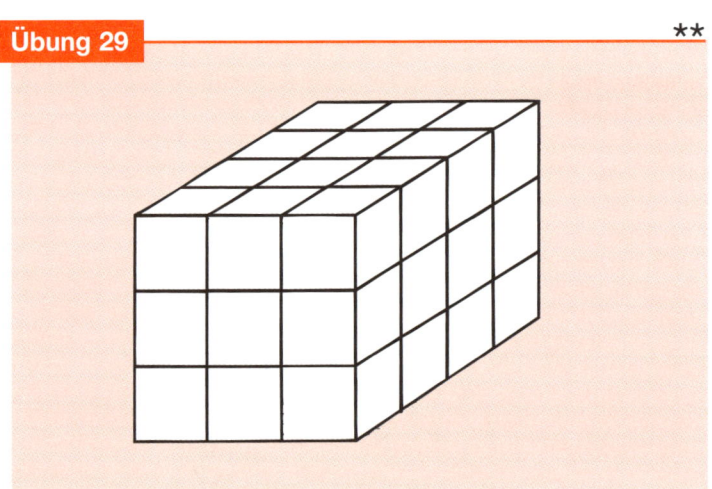

Stellen Sie sich einen Quader vor, der aus 36 gleichartigen kleinen Würfeln zusammengesetzt ist (siehe Skizze). Beantworten Sie nun, ohne weiter auf die Skizze zu sehen, die folgenden Fragen:

a) Aus wie vielen kleinen Quadratflächen besteht der Quader nach außen hin?

b) Kreuzen sich die Diagonalen des Quaders in einem rechten Winkel?

c) Wie viele Würfel haben gar keine Fläche nach außen?

d) Wie viele Ecken haben alle Würfel zusammen?

e) Wie viele (regelmäßige) Würfel bestehend aus 8 kleinen Würfeln lassen sich aus dem Block lösen (kein Umgruppieren der kleinen Würfel möglich!)

f) Wenn man die nur innen gelegenen Würfel herausnimmt, wie viele Ecken hat dann der Hohlraum?

Der Grad der Furchtsamkeit ist der Gradmesser der Intelligenz.
Friedrich Wilhelm Nietzsche

Ist ein schlechtes Gedächtnis Schicksal?

Oder ist das Gedächtnis trainierbar?

Wir vergessen Dinge nicht aus dem Grund, weil unser Gehirn nur begrenzte Mengen speichern kann, im Gegenteil verfügen wir über eine nahezu unbegrenzte Speicherkapazität. Informationen werden vergessen, weil wir sie nicht in die richtige Form verpackt haben.

Kein Mensch wird mit einem guten oder schlechten Gedächtnis geboren. Wie viel Merkfähigkeit man mitbringt, liegt lediglich an der Übung. Wir machen oft den Fehler, uns abstrakte Begriffe einprägen zu wollen. Unser Gedächtnis aber kann sich Bilder viel leichter einprägen als Begriffe. Setzt man abstrakte Begriffe gedanklich in Bilder um, kann das Gehirn sie mühelos verarbeiten. Telefonnummern zum Beispiel merken wir uns besser, wenn wir uns das Wählbild einprägen, die Reihenfolge der zu drückenden Tasten. Das funktioniert umso besser, je ungewöhnlicher unsere Eselsbrücken ausfallen.

Außerdem ist es hilfreich, sich zu einem Thema möglichst viele Beispiele und Veranschaulichungen zu überlegen. Der Einprägevorgang dauert dann vielleicht länger, aber über so gelernte Informationen können wir schneller und leichter verfügen.

In Schule und Beruf werden wir hauptsächlich im logischen Bereich trainiert, Fantasie und Kreativität bleiben auf der Strecke. Da braucht man sich nicht zu wundern, dass unser Gedächtnis im Laufe der Jahre immer schlechter wird. Aber damit muss man sich nicht abfinden. Durch regelmäßiges Training lässt sich unsere Merkfähigkeit steigern.

Wussten Sie schon, dass Filmdiva Sharon Stone angeblich einen IQ von 155 aufweist?

Übung 30 ★★

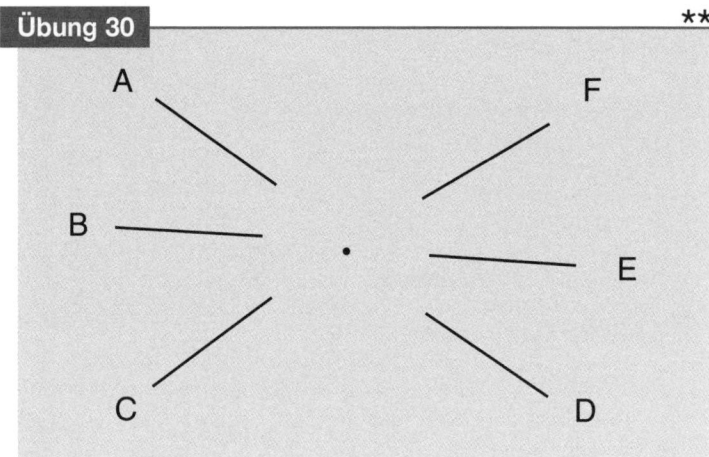

Welche Linie geht durch den Punkt in der Mitte?

Übung 31 ★★

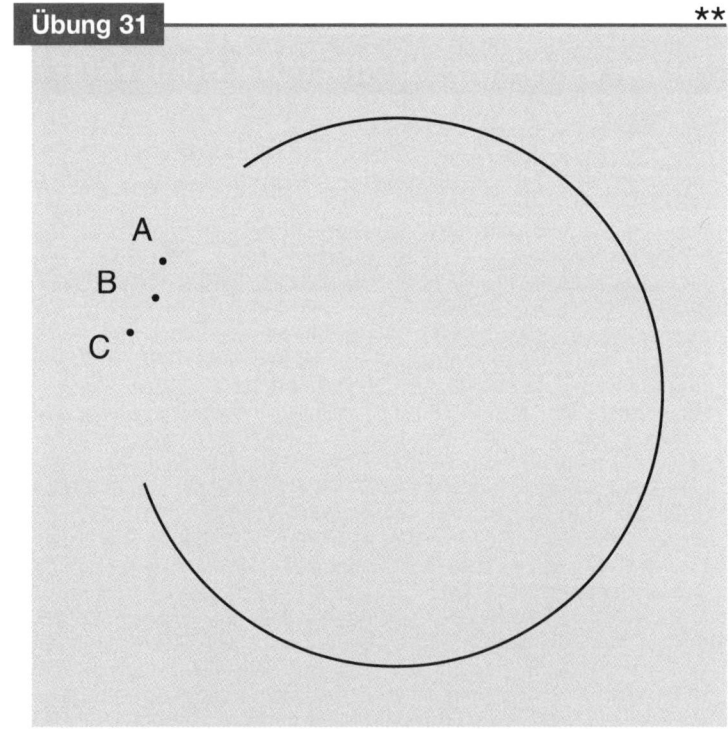

Durch welchen Punkt führt der Kreis?

Übung 32 ★★

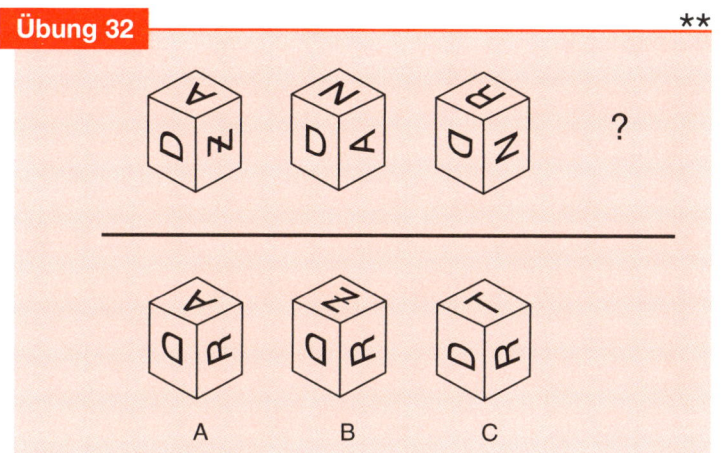

Welcher Würfel setzt die Reihe fort?

Übung 33 ★★

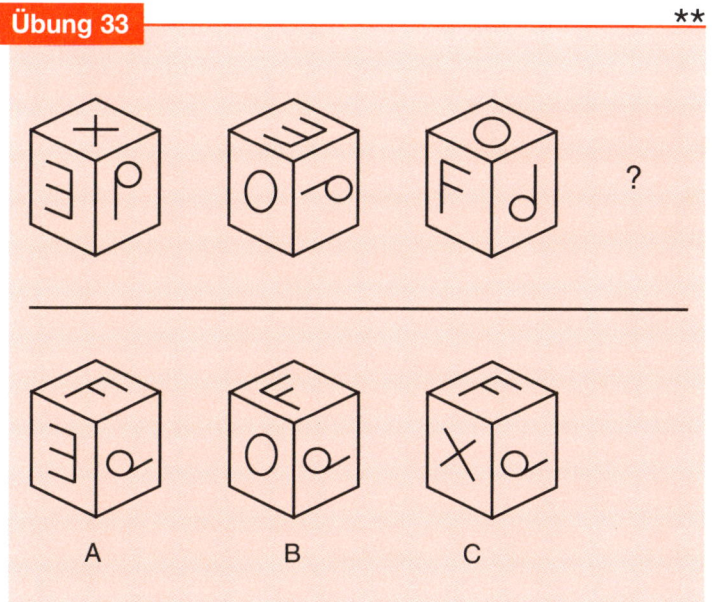

Welcher Würfel setzt die Reihe fort?

Ein Kluger bemerkt
alles, ein Dummer
macht über alles
seine Bemerkungen.
Heinrich Heine

> Gedanken springen
> wie Flöhe vom einen
> zum anderen, aber sie
> beißen nicht jeden.
> *George Bernard Shaw*

> Der Hauptunter-
> schied zwischen
> etwas, was möglicher-
> weise kaputtgehen
> könnte und etwas,
> was unmöglich ka-
> puttgehen kann,
> besteht darin, dass
> sich bei allem, was
> unmöglich kaputtge-
> hen kann, falls es
> doch kaputtgeht, nor-
> malerweise heraus-
> stellt, dass es unmög-
> lich zerlegt oder
> repariert werden
> kann.
> *Douglas Adams*

Übung 34 ★★

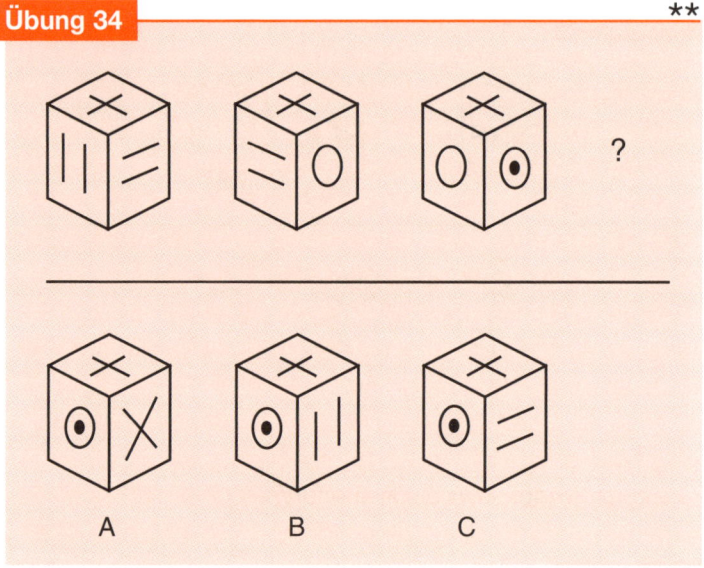

Welcher Würfel setzt die Reihe fort?

Legasthenie

Sind Lernbehinderte unintelligent?

Manche Kinder haben über die ganze Schulzeit hinweg Probleme mit dem Lesen und der richtigen Rechtschreibung. Sie werden trotz vieler Übung und guter Schulbildung einfach nicht besser. Das liegt in vielen Fällen keineswegs daran, dass sie nicht intelligent genug wären, um diese Schwäche zu überwinden. Im Gegenteil sind die meisten dieser Kinder normal bis überdurchschnittlich intelligent. Sie leiden an einer Lese- und Rechtschreibschwäche, der Fachbegriff hierfür lautet Legasthenie oder Dyslexie. In Ihrem Gehirn sind Kurzzeit- und Langzeitspeicher schlecht vernetzt. Dadurch funktioniert die Verarbeitung von Sprachleistungen mit Schwierigkeiten. Was sie gelesen haben, können sie noch lange nicht richtig schreiben.

Dieses Problem kann nicht allein durch viel Übung gelöst werden, Legastheniker müssen auf eine andere Weise lernen als die anderen Kinder. Heute kann in solchen Fällen mit speziellen Therapien geholfen werden. Den Kindern wird ein für sie angemessenes Lernverhalten antrainiert. Zum Beispiel müssen die einzelnen Elemente des Wortschatzes besonders durch visuelle Aufbereitungen optisch verankert werden. Schwierigkeiten haben allerdings Kinder, bei denen dieses Problem besteht, aber nicht richtig diagnostiziert wurde. Zwar ist nicht jedes Kind mit Konzentrationsschwierigkeiten ein Legastheniker, aber bei schwerwiegenden Lese- oder Rechtschreibschwächen sollte diese Möglichkeit auf jeden Fall in Betracht gezogen werden.

Übung 35 ——————————— ★★

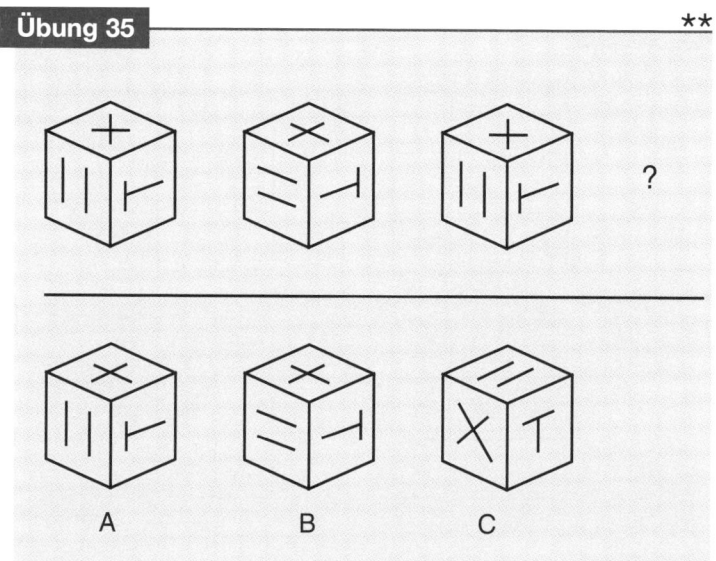

Welcher Würfel setzt die Reihe fort?

Übung 36 ——————————— ★★

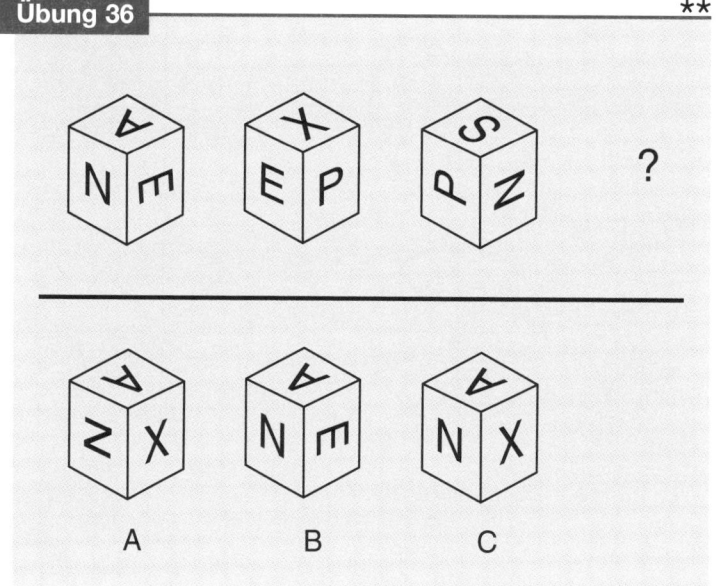

Welcher Würfel setzt die Reihe fort?

Der Mensch ist die geistige Intelligenz der ganzen Schöpfung.
Chinesische Weisheit

Übung 37 ★★★

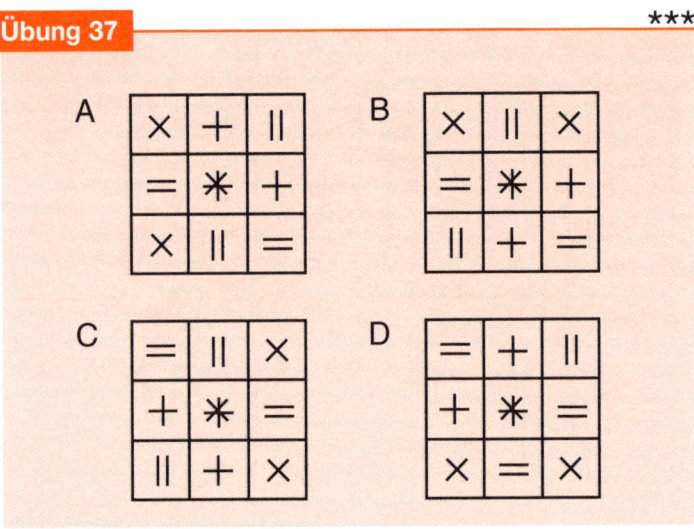

Welche Figur passt nicht dazu?

Übung 38 ★★★

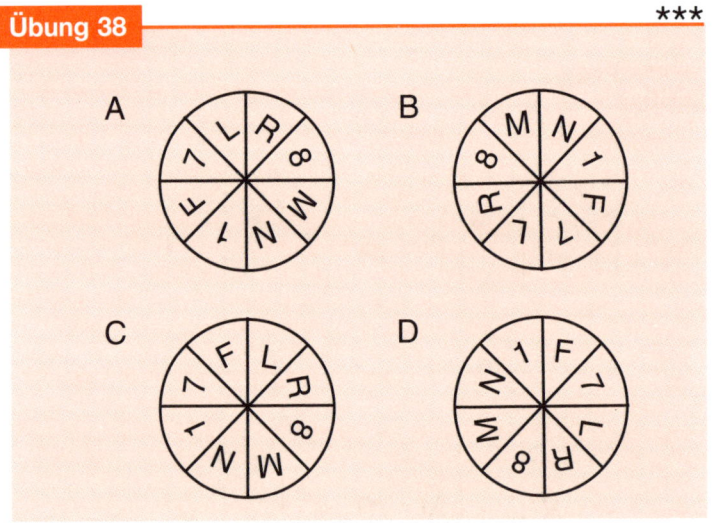

Welche Figur passt nicht dazu?

Übung 39 ★★★

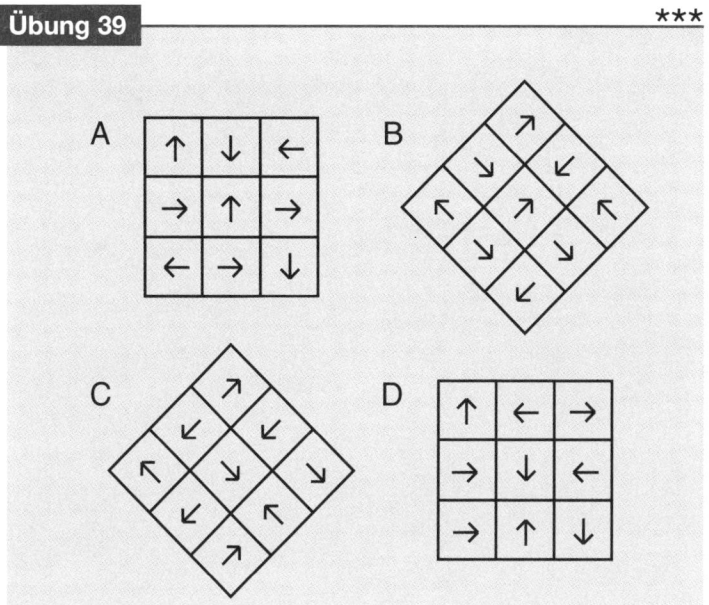

Welche Figur passt nicht dazu?

Übung 40 ★★★

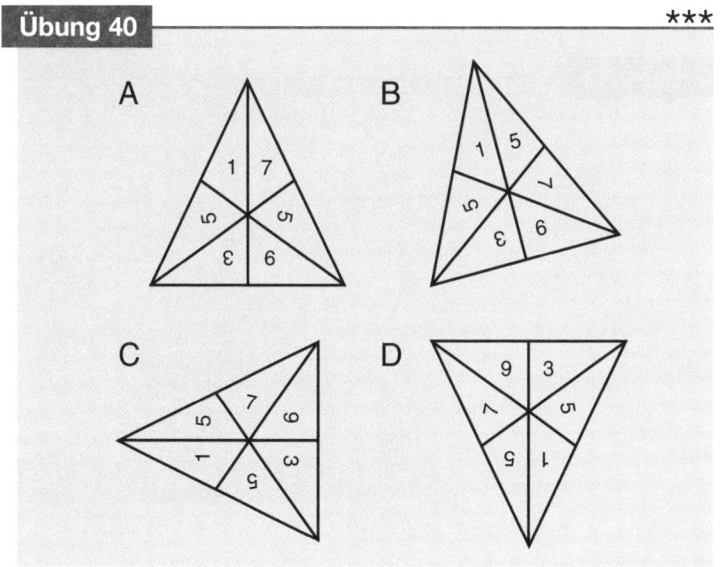

Welche Figur passt nicht dazu?

Die Natur, die Materie kann nicht aus der Intelligenz erklärt und abgeleitet werden. Sie ist vielmehr der Grund der Intelligenz. Der Geist ohne Natur ist ein bloßes Gedankenwesen: das Bewusstsein entwickelt sich nur aus der Natur.
Ludwig Feuerbach

Übung 41 ★★★

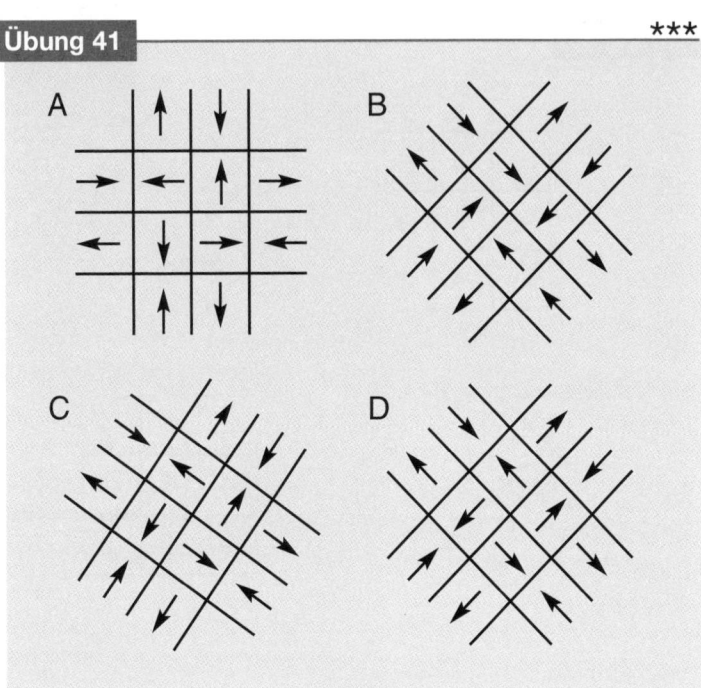

Welche Figur passt nicht dazu?

Übung 42 ★★★

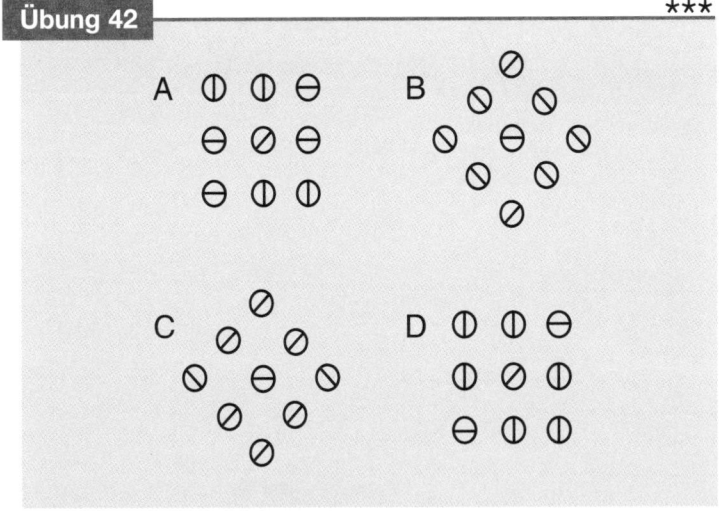

Welche Figur passt nicht dazu?

Übung 43 ★★★

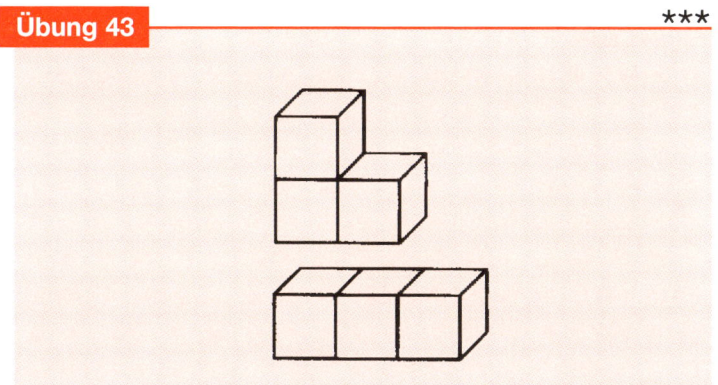

Auf zwei verschiedene Weisen kann man drei Würfel so aneinander fügen, dass jeder mit mindestens einer ganzen Fläche eine Fläche eines anderen berührt (siehe Skizze). Auf wie viele Arten geht das bei vier Würfeln (Skizzen erlaubt)?

Übung 44 ★★★

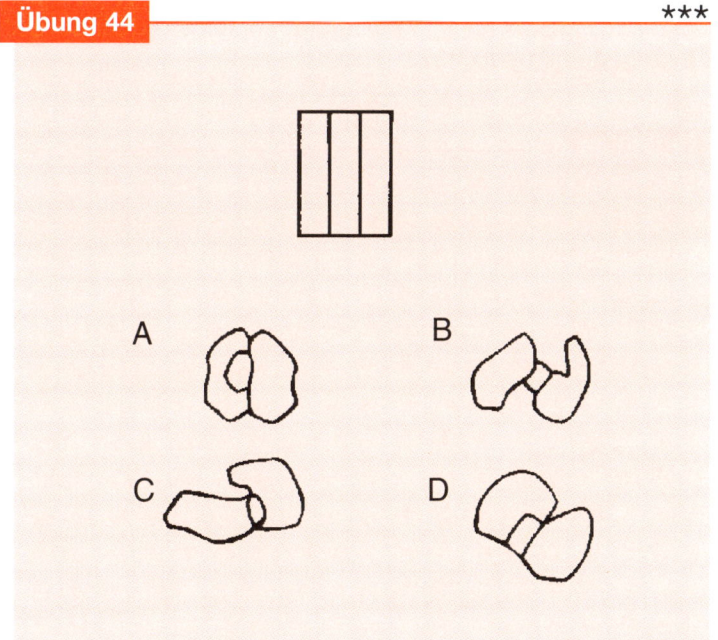

Verformt man die hier gezeigte Drahtfigur, welche der unteren Figuren entsteht dann (Länge der Linien ist unerheblich)?

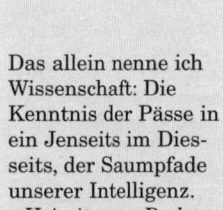

Übung 45 ★★★

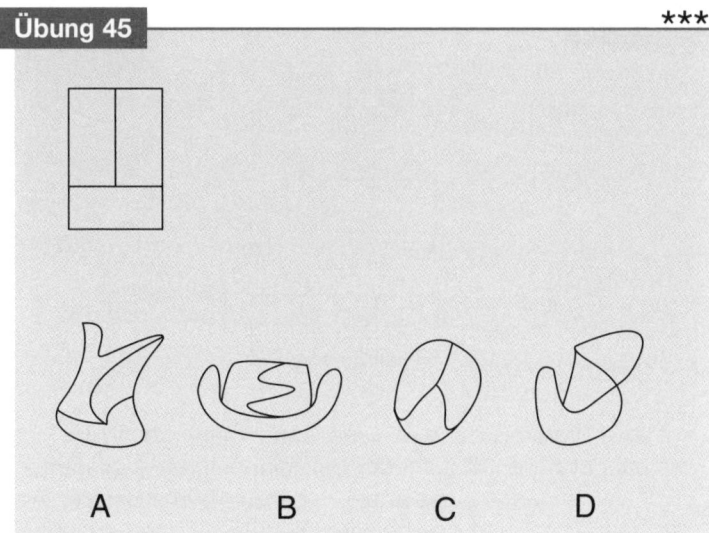

Wenn man die hier gezeigte Drahtfigur verformt, welche der unteren Figuren kann dann *nicht* entstehen? (Länge der Linien ist unerheblich.)

Übung 46 ★★★

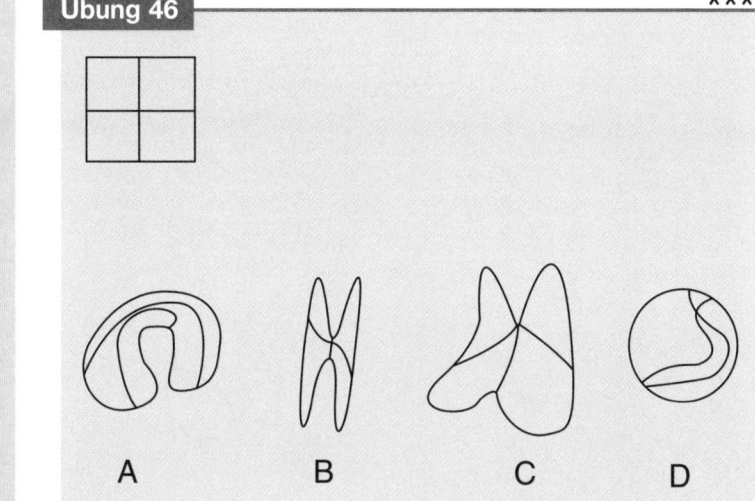

Wenn man die hier gezeigte Drahtfigur verformt, welche der unteren Figuren können dann *nicht* entstehen? (Länge der Linien ist unerheblich.)

Übung 47 ★★★

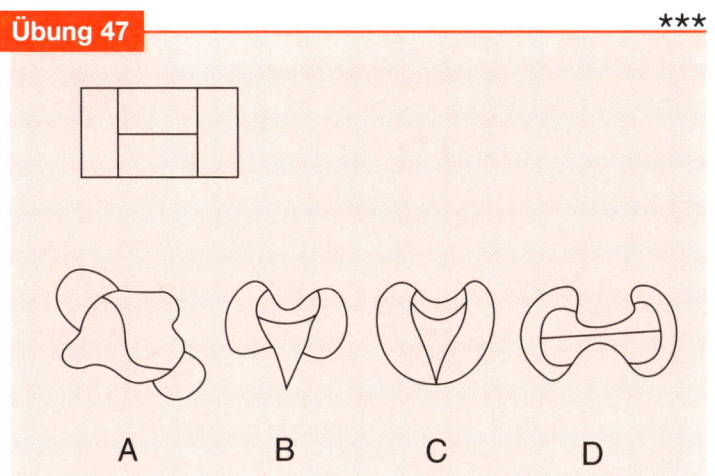

Wenn man die hier gezeigte Drahtfigur verformt, welche der unteren Figuren kann dann **nicht** entstehen? (Länge der Linien ist unerheblich.)

Übung 48 ★★★

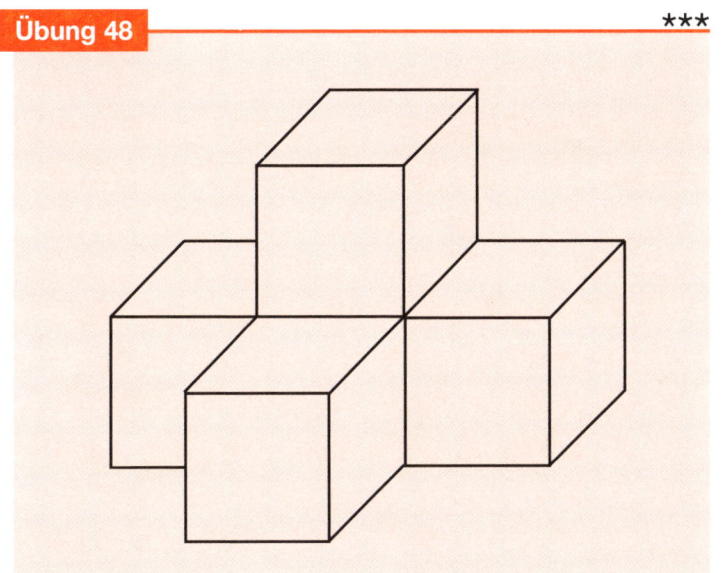

Die abgebildeten Würfel sind an den Außenseiten bemalt, nicht aber an den Flächen, an denen sie sich berühren. Wie viele Quadrate sind insgesamt bemalt?

Ein Mensch, der sich etwas auf seine Intelligenz einbildet, ist wie ein Sträfling, der mit seiner großen Zelle prahlt.
Kurt Tepperwein

Jede Lösung eines
Problems ist ein
neues Problem.
Goethe

Am zuverlässigsten
unterscheiden sich
die einzelnen
Fernsehprogramme
noch immer durch
den Wetterbericht.
Woody Allen

Übung 49 ★★★

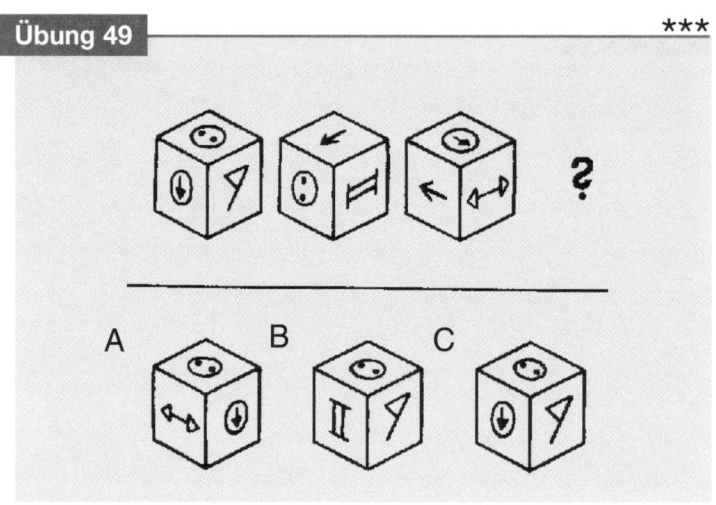

Welcher Würfel setzt die Reihe fort?

Übung 50 ★★★

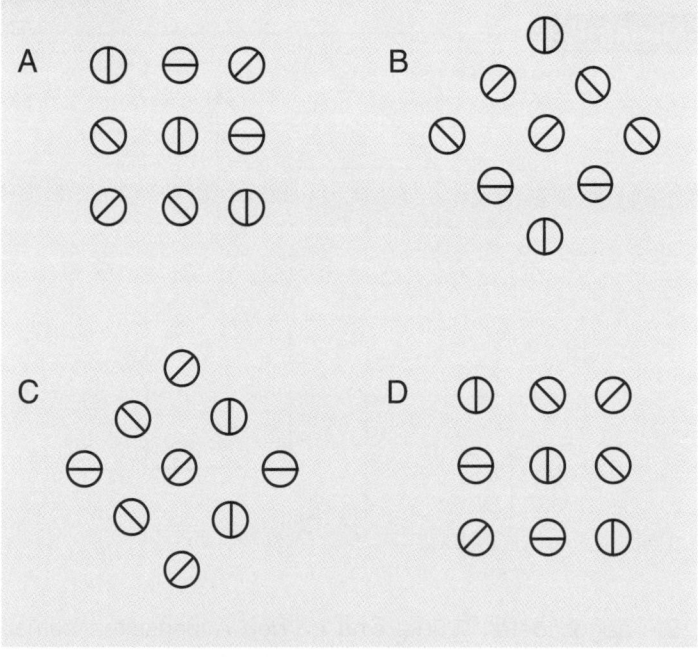

Welche Figur passt nicht dazu?

Übung 51 ★★★

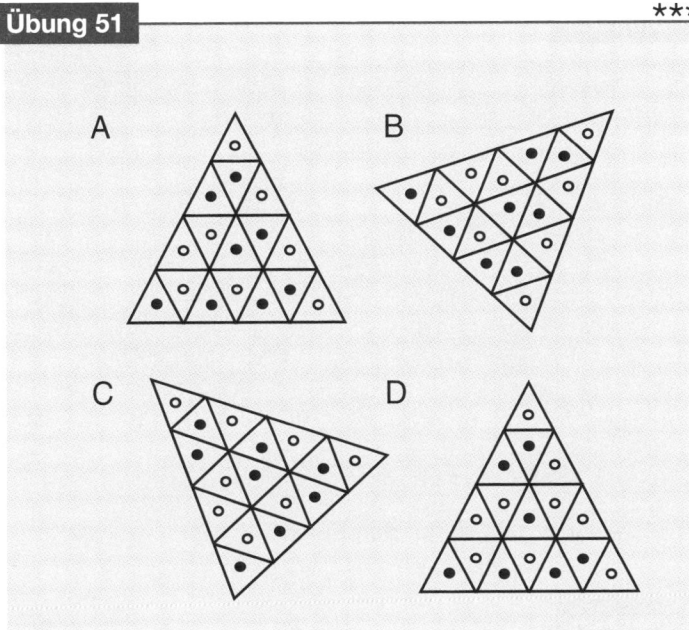

A B

C D

Welche Figur passt nicht dazu?

Übung 52 ★★★

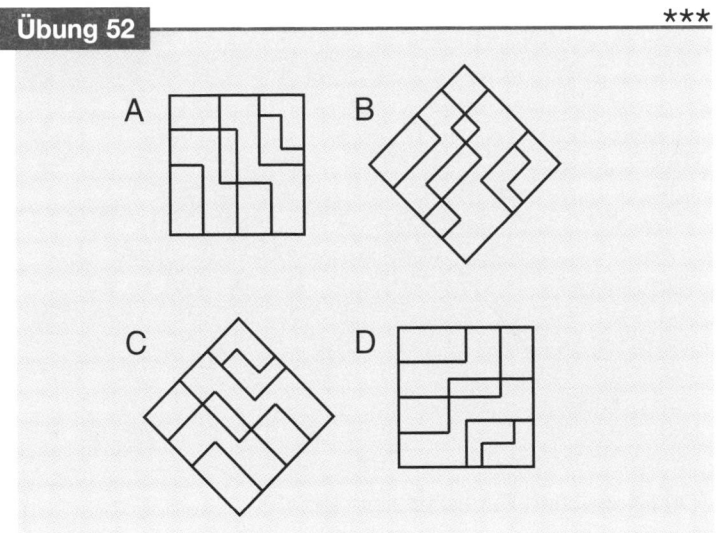

A B

C D

Welche Figur passt nicht dazu?

Esprit ist Intelligenz
im Frack.
Lothar Schmidt

Übung 53 ★★★

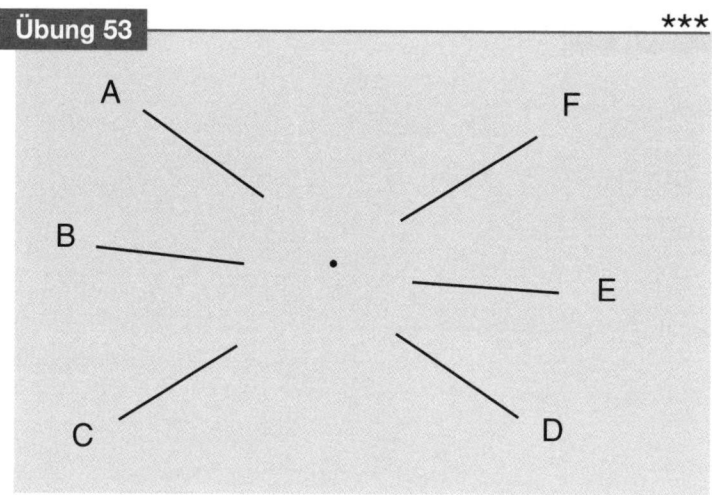

Welche Linie geht durch den Punkt?

Übung 54 ★★★

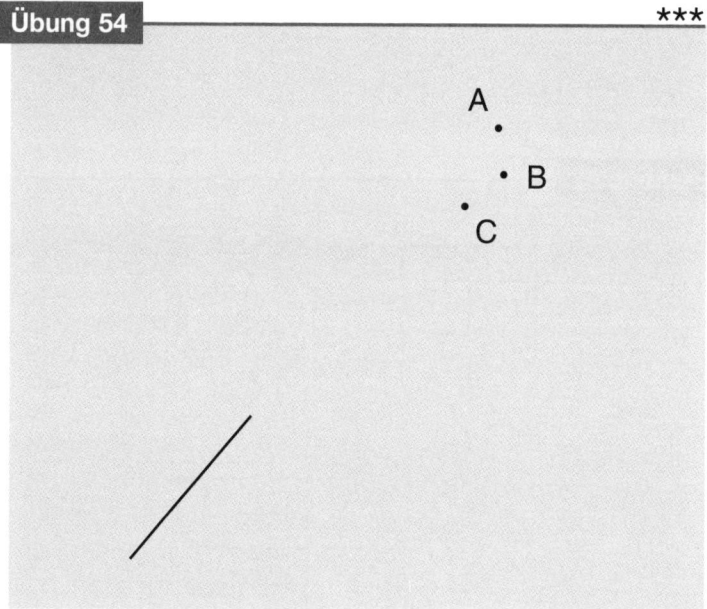

Durch welchen Punkt geht die Linie?

Übung 55 ★★★

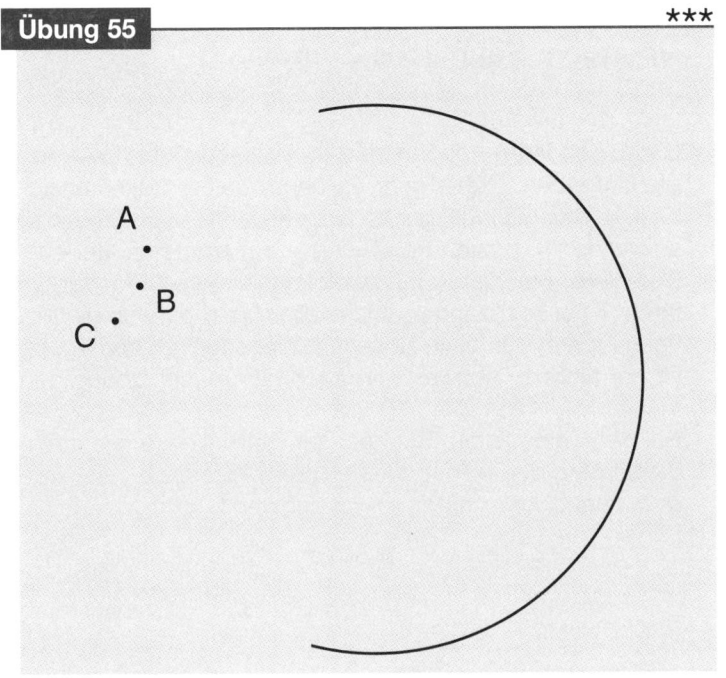

Durch welchen Punkt geht der Kreis?

Übung 56 ★★★

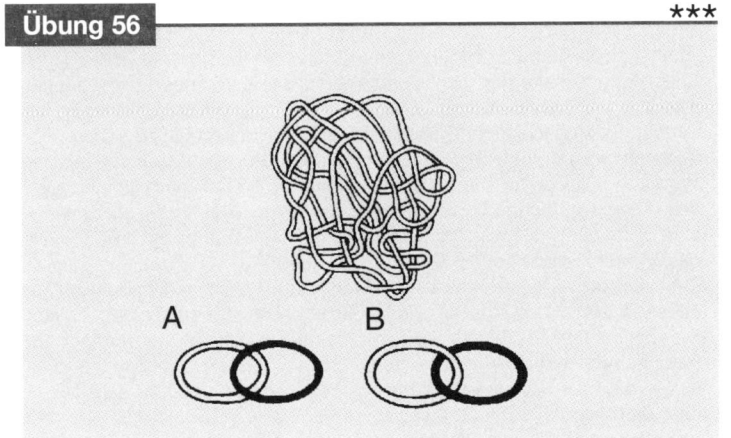

Die oben stehende Figur ist ein Stück Seil. Zieht man es auseinander, besteht es dann aus zwei unabhängigen (Skizze A) oder zwei verflochtenen Ringen (Skizze B)?

Gott gibt die Nüsse, aber er knackt sie nicht auf.
Goethe

Der große Sport fängt da an, wo er längst aufgehört hat, gesund zu sein.
Bertold Brecht

Übungen: Räumliche Zuordnung

Tipps

Die folgenden Aufgaben sind im Wesentlichen alle Netz-planaufgaben. Dabei geht es darum, eine dreidimensionale, geometrische Figur an ihren Kanten „auseinander zu schneiden" beziehungsweise „zusammenzukleben". Bemühen Sie sich, die zweidimensionalen Flächen in Ihrem Kopf sozusagen „aufzustellen" und danach die fertigen Figuren räumlich zu sehen oder sogar zu drehen. Es ist gar nicht so schwer, und auch hier macht Übung den Meister.

Bei den Tipps finden Sie noch einige Hinweise, die Ihnen die Lösung der Aufgaben erleichtern können.

(★ = leicht, ★★ = mittel, ★★★ = schwer)

Studieren und IQ

Brauche ich einen Mindest-IQ, um ein Studium zu schaffen?
Die Zahl der Studenten wächst in den letzten Jahrzehnten immer weiter an. Zu früheren Zeiten war es nur wenigen Privilegierten möglich, die Universität zu besuchen, da viele an den hohen Kosten für eine universitäre Ausbildung scheiterten. Doch heute ist unser Bildungssystem so ausgelegt, dass prinzipiell jeder, ohne Berücksichtigung seines finanziellen Status, die Möglichkeit hat, an eine staatliche Hochschule zu gehen.
Dadurch gibt es eine enorme Nachfrage nach Studienplätzen, die mit bestimmten Auswahlverfahren wie dem Numerus clausus angegangen werden muss. Das bedeutet, wer ohne lange Wartezeiten an einen Studienplatz gelangen will, muss mit seinem Abiturnoten-Durchschnitt über einer bestimmten Grenze liegen.
Der nach der üblichen Messung gewonnene IQ-Wert trifft hauptsächlich Aussagen über das Ausmaß der akademischen Intelligenz und ist laut wissenschaftlichen Studien gut mit der Schulleistung zu vergleichen. Demnach ist eine gute Abiturnote ein Zeichen für einen hohen IQ und es ist ein enormer Vorteil, mit einem hohen IQ ausgestattet zu sein, wenn man studieren will. Ein Student sollte nach diesen Standards einen IQ zwischen ca. 120 und 130 haben, um Aussicht auf erfolgreichen Abschluss eines Studiengangs zu haben. Doch Ausnahmen bestätigen die Regel, Intelligenz ist trainierbar und ein weniger intelligenter Student kann mit dementsprechend mehr Lern- und Arbeitsaufwand sehr wohl einen guten Abschluss erzielen.

Übung 57 ———————————————— *

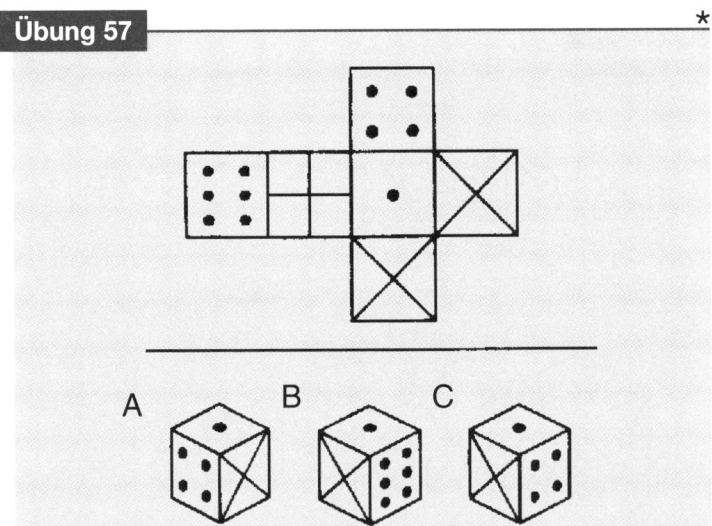

Welcher Würfel entspricht dem Netzplan?

Übung 58 ———————————————— *

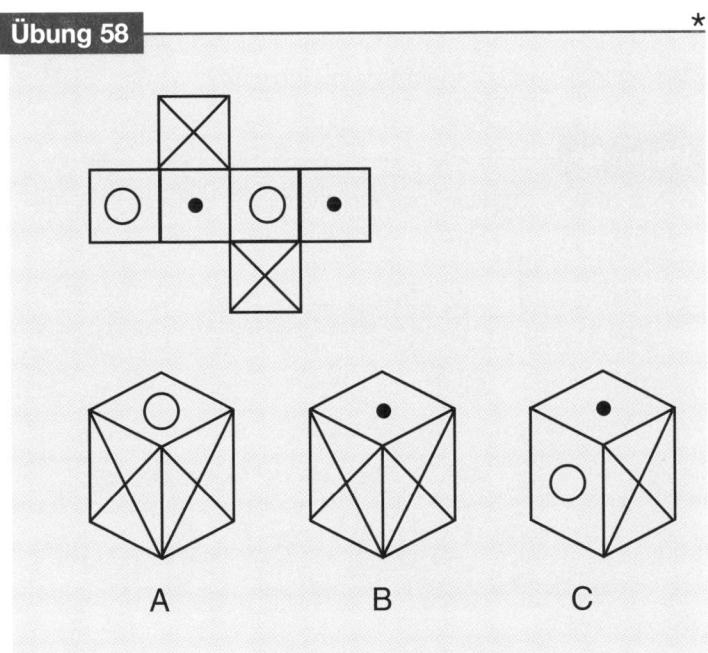

Welcher Würfel entspricht dem Netzplan?

Das ist der größte
Vorwurf an die
Deutschen: Dass sie
trotz ihrer Intelligenz
und trotz ihres Mutes
immer wieder die
Macht anhimmeln.
*Sir Winston Spencer
Churchill*

Übung 59   *

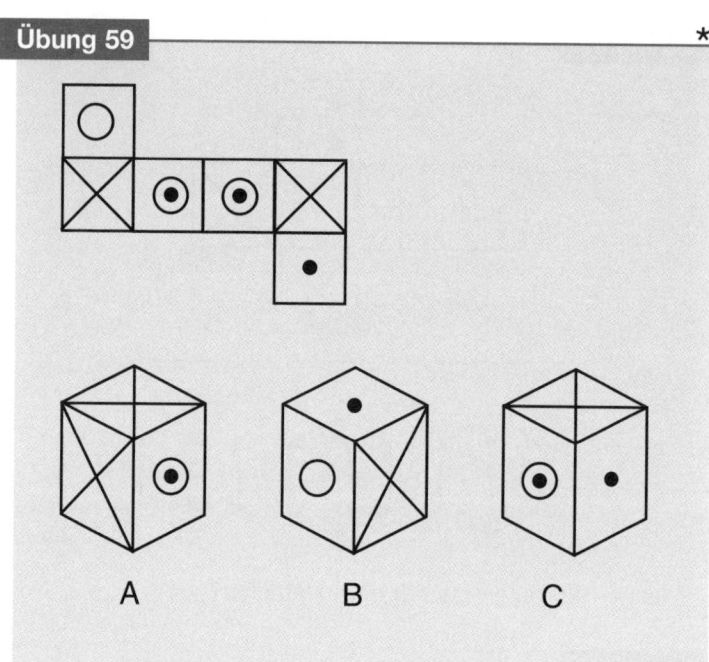

Welcher Würfel entspricht dem Netzplan?

Übung 60   *

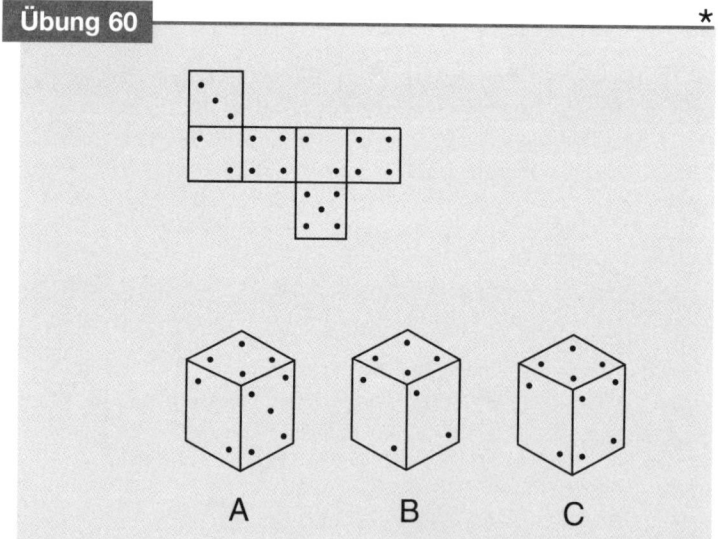

Welcher Würfel entspricht dem Netzplan?

Übung 61 ✳

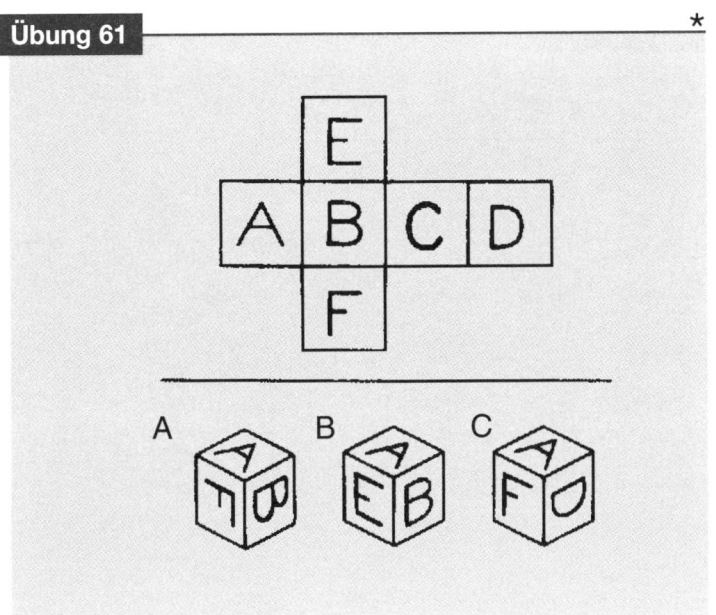

Welcher Würfel entspricht dem Netzplan?

Übung 62 ✳

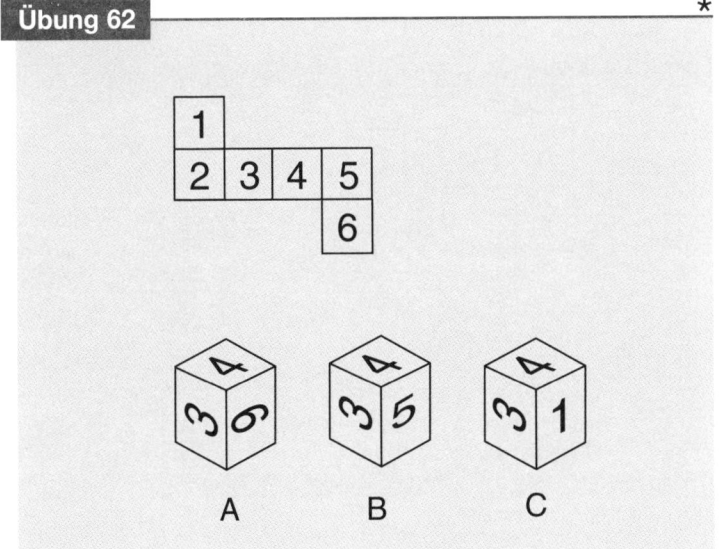

Welcher Würfel entspricht dem Netzplan?

Wussten Sie schon, dass eine ausgewogene Ernährung eine wesentliche Rolle für die Entwicklung, Leistungsfähigkeit und Gesundheit unserer Kinder spielt? Fast Food und Süßigkeiten werden immer beliebter und gehen oft zulasten von Obst und Gemüse. Zusätzlich haben Kinder durch Wachstum und die zunehmenden Belastungen in Schule und Freizeit einen erhöhten Bedarf an bestimmten Vitalstoffen. Die Grundlagen für die Gesundheit und Leistungsfähigkeit im Alter werden in der Kindheit gelegt.

Übung 63 ★

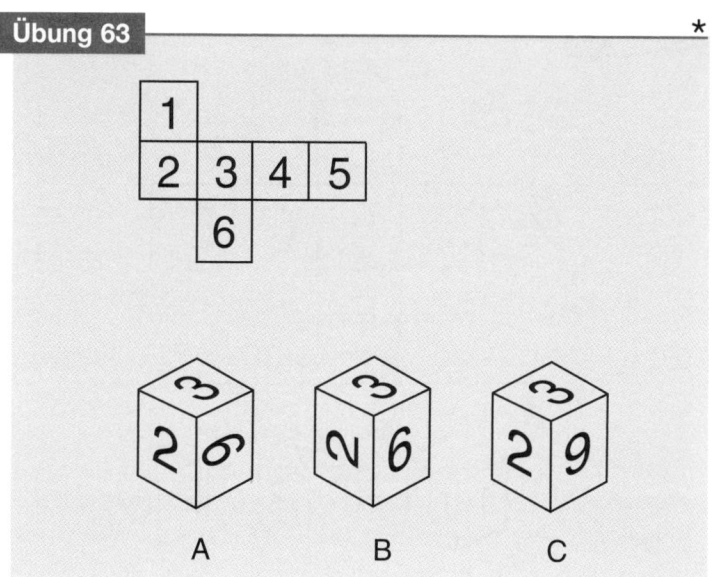

Welcher Würfel entspricht dem Netzplan?

Übung 64 ★

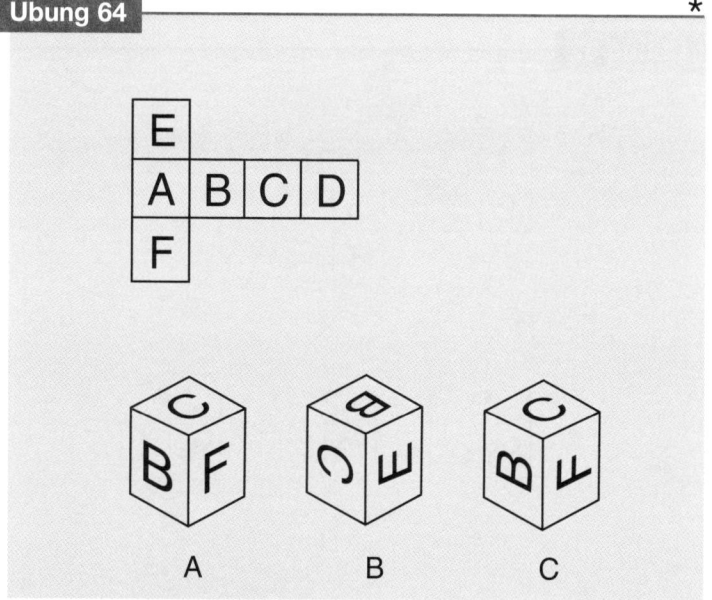

Welcher Würfel entspricht dem Netzplan?

Übung 65 ————————————————————— ★

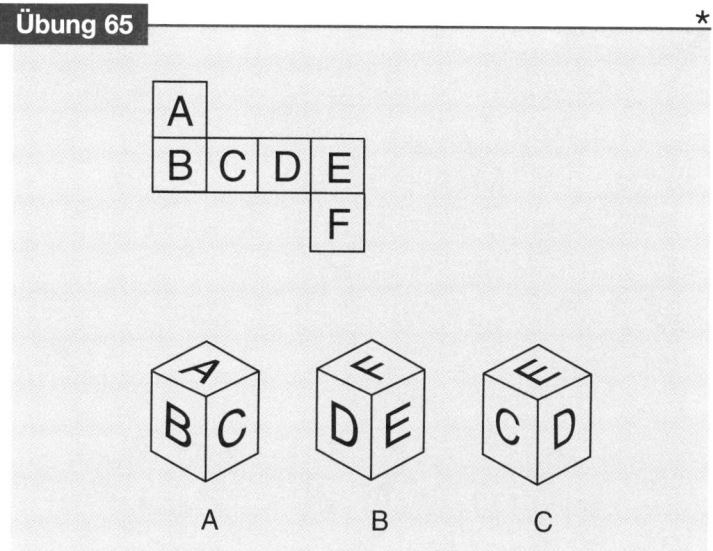

Welcher Würfel entspricht dem Netzplan?

Übung 66 ————————————————————— ★

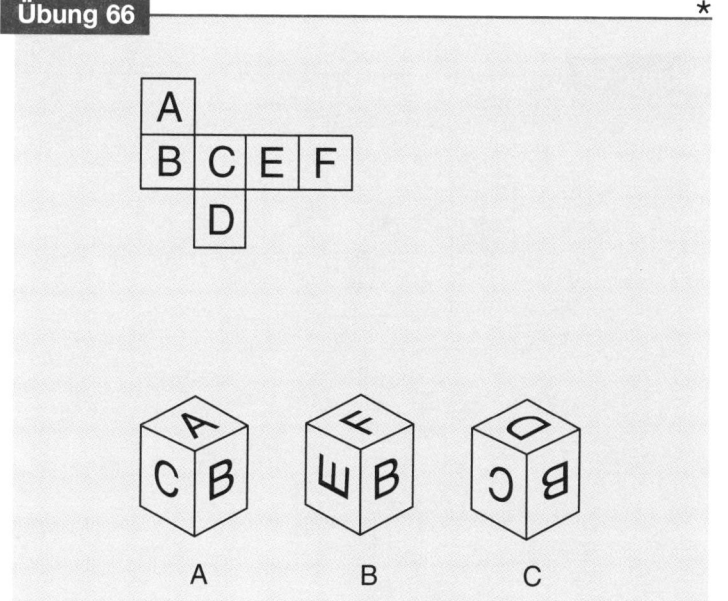

Welcher Würfel entspricht dem Netzplan?

Dort gibt es keine
Monarchie mehr, wo
der König und die
Intelligenz des
Staates nicht mehr
identisch sind.
Novalis

Übung 67 *

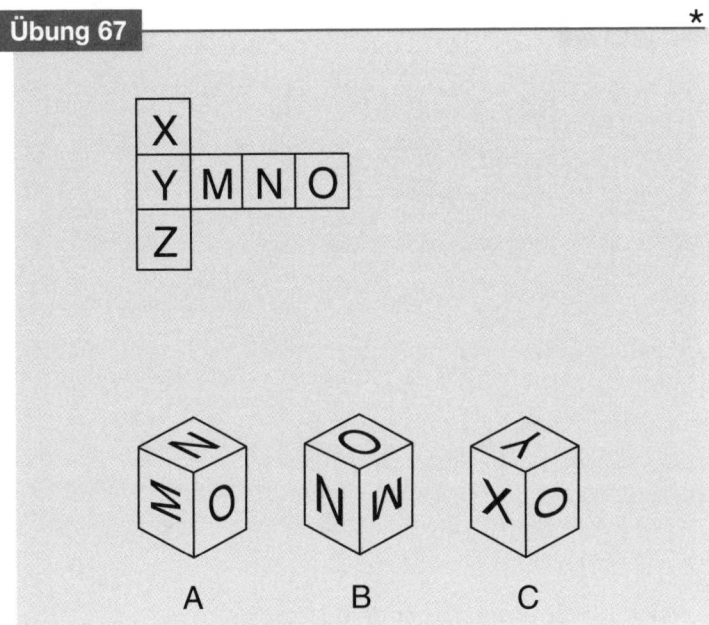

Welcher Würfel entspricht dem Netzplan?

Übung 68 *

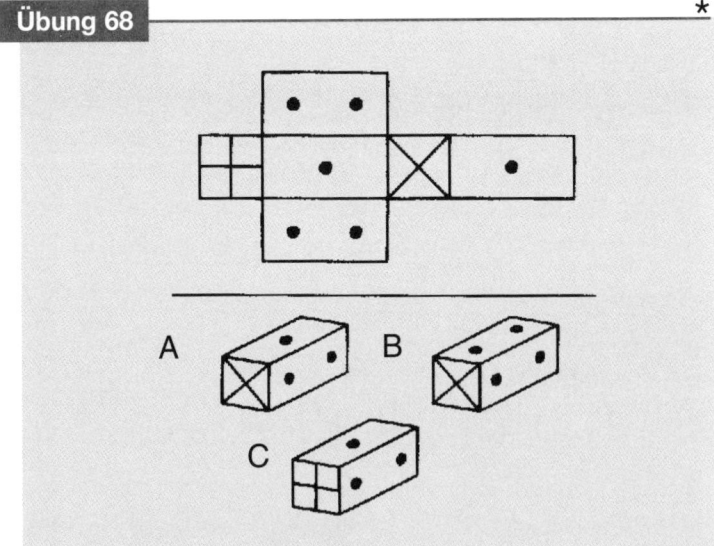

Welcher Quader entspricht nicht dem Netzplan?

Übung 69 ★

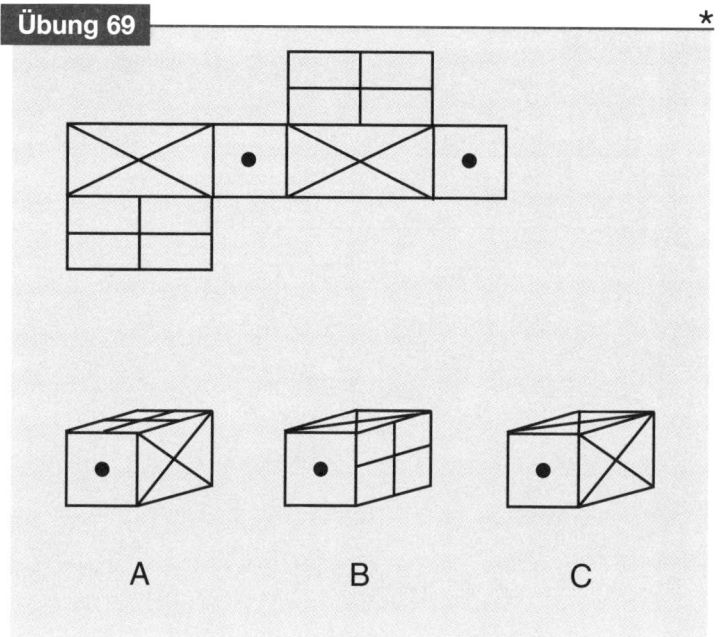

Welcher Quader entspricht nicht dem Netzplan?

Übung 70 ★

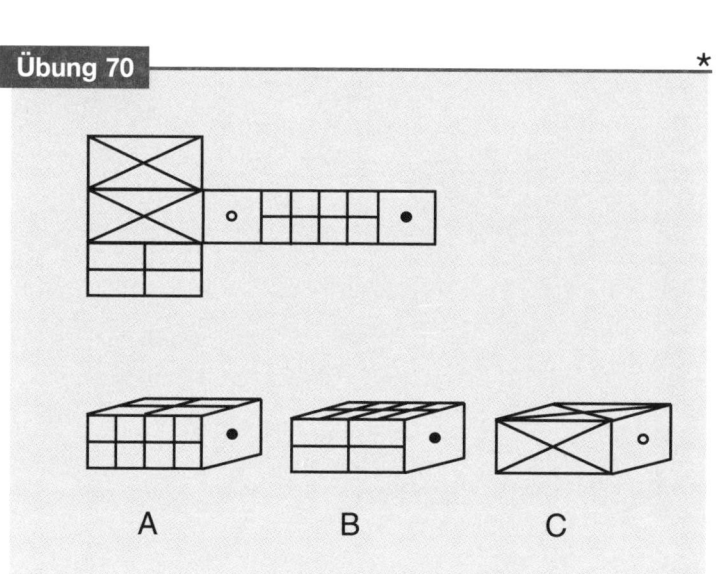

Welcher Quader entspricht nicht dem Netzplan?

Wussten Sie schon, dass eine durch den Schädel getriebene Stange nicht unbedingt zum Tode führen muss? Der berühmteste Fall dieser Art ist der des Bahnarbeiters Phineas Gage, dessen Kopf 1868 bei einer Explosion von einer Eisenstange durchbohrt wurde. Nach wenigen Minuten war er wieder bei Bewusstsein, obwohl er ein Loch im Stirnlappen hatte. Er lebte noch zwölf Jahre, hatte allerdings unter erheblichen Verhaltensstörungen zu leiden.

> Die reine Intelligenz wird oft durch eine selbstgefällige Spottsucht verunreinigt.
> *Ernst R. Hauschka*

Übung 71 ★

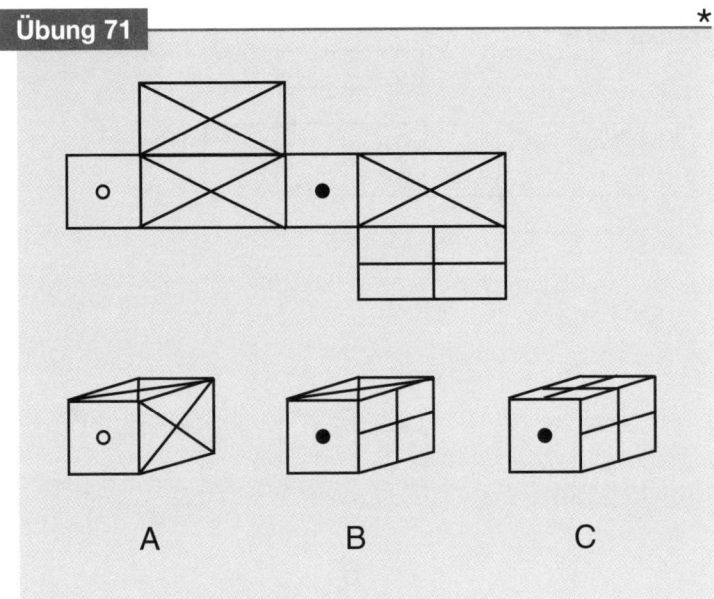

Welcher Quader entspricht nicht dem Netzplan?

Übung 72 ★

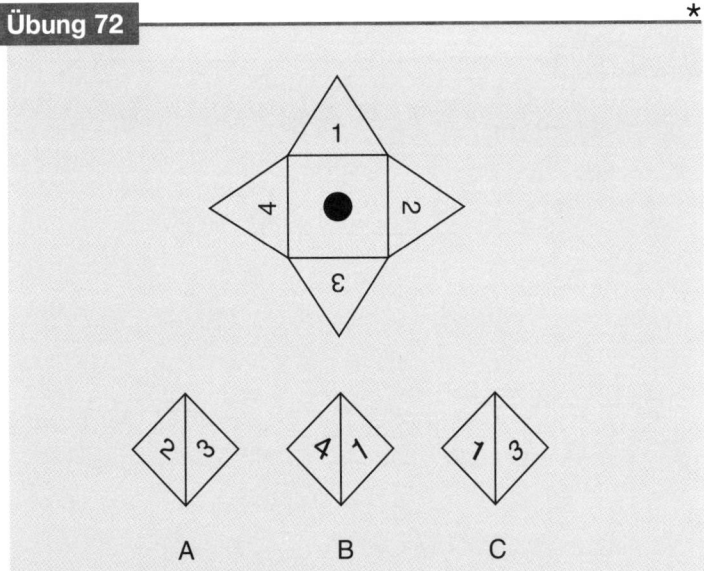

Welche Pyramide entspricht nicht dem Netzplan?

Übung 73 ✱

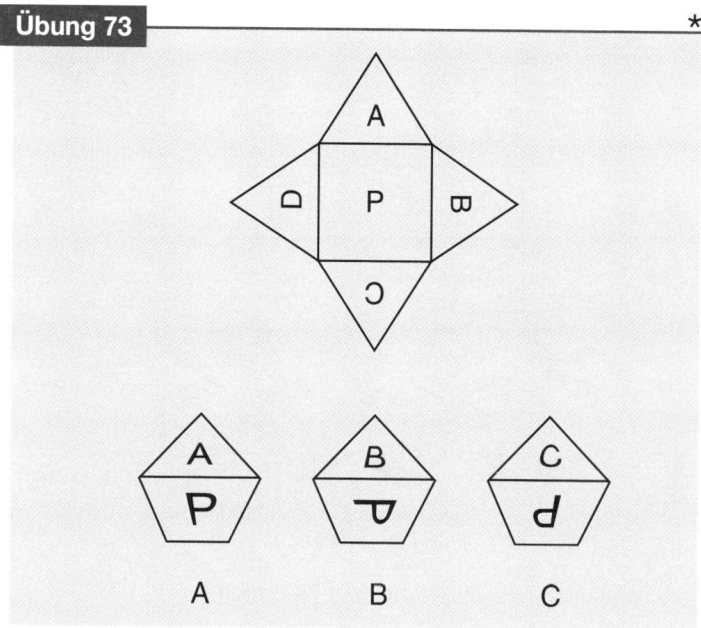

A   B   C

Welche Pyramide entspricht nicht dem Netzplan?

Übung 74 ✱

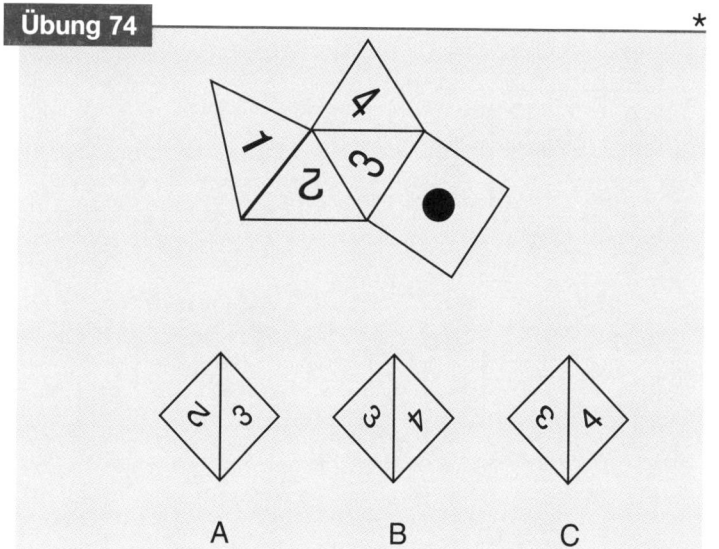

A   B   C

Welche Pyramide entspricht nicht dem Netzplan?

Übung 75 ★★

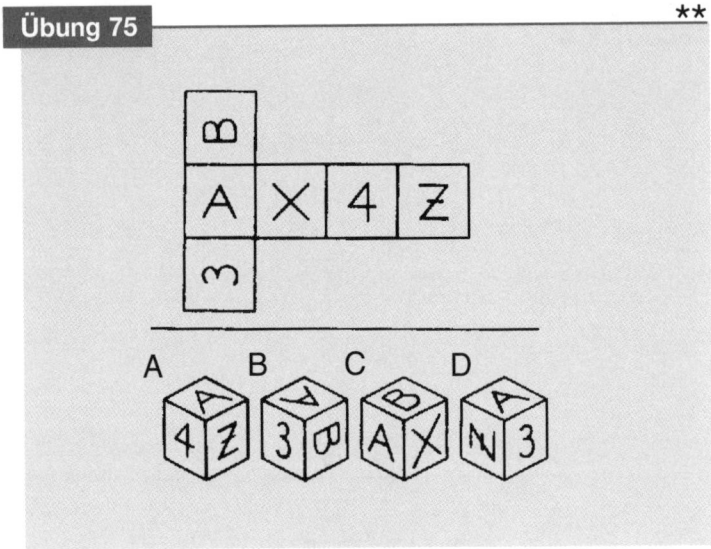

Welcher Würfel entspricht dem Netzplan?

Übung 76 ★★

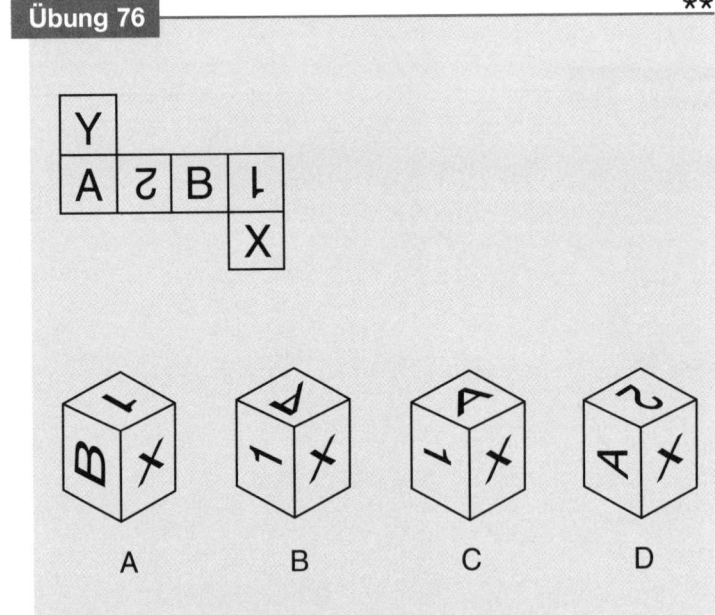

Welcher Würfel entspricht nicht dem Netzplan?

Negative Folgen der Entwicklung des IQ

Der Intelligenztest wurde seit seiner Entwicklung häufig als Mittel benutzt, um eine Auslese zu treffen. Die Schullaufbahn vieler Kinder wurde, vor allem in den USA, von vornherein von ihrem IQ-Wert bestimmt. Mit der Messung der Intelligenz wurden viele Menschen klassifiziert und über oder unter andere gestellt.

Heute ist sich die Wissenschaft einig, dass der bislang geläufige Begriff der Intelligenz zu einseitig ist und keine vollwertigen Aussagen über die Fähigkeiten einer Person treffen kann. Die Tests sind auf logisch und rational handelnde Menschen ausgelegt, sie lassen gefühlsbetonte, intuitiv ablaufende Denkweisen außer Acht. Im Zuge dessen wurden umfassendere Konzepte entwickelt, die auch soziale und emotionale Komponenten miteinbeziehen.

Trotz der neuen Entwicklungen hat sich die Gesellschaft noch nicht auf die neue Sicht der Dinge umgestellt. Schulen lehren und bewerten weiterhin nach Maßstäben, die dem heutigen Wissensstand nicht gerecht werden. Der IQ-Test erfasst das Lernpotenzial einer Person nicht, er sagt lediglich etwas über dessen momentanen Stand aus. Menschen mit niedrigen Testwerten wird vielleicht die Chance auf eine gute Schulbildung verwehrt, ohne deren Entwicklungsmöglichkeiten zu berücksichtigen.

In unserer Kultur wird zu viel Wert auf die Intelligenz gelegt und nicht beachtet, dass sie nur ein Teil des Menschen ist. Der Mensch besteht aus Körper, Seele und Geist. Mit Vernunft allein kann niemand sein Leben bestreiten.

Verona Feldbusch kommt aus einer großen Familie. Da hat sich die Intelligenz auf viele Kinder verteilt.

Mike Krüger

Übung 77 ★★

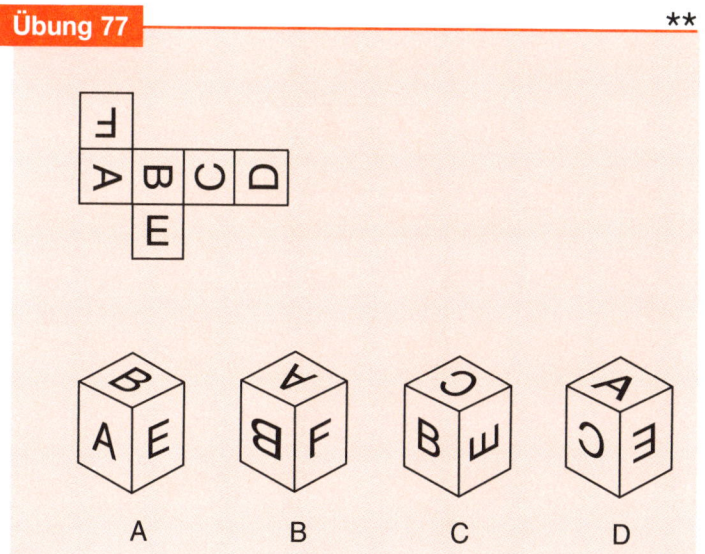

Welcher Würfel entspricht nicht dem Netzplan?

> Jeder, der ein Streit-
> gespräch führt, indem
> er sich auf Autorität
> beruft, benutzt nicht
> seine Intelligenz; er
> benutzt nur sein
> Gedächtnis.
> *Leonardo da Vinci*

Übung 78 **

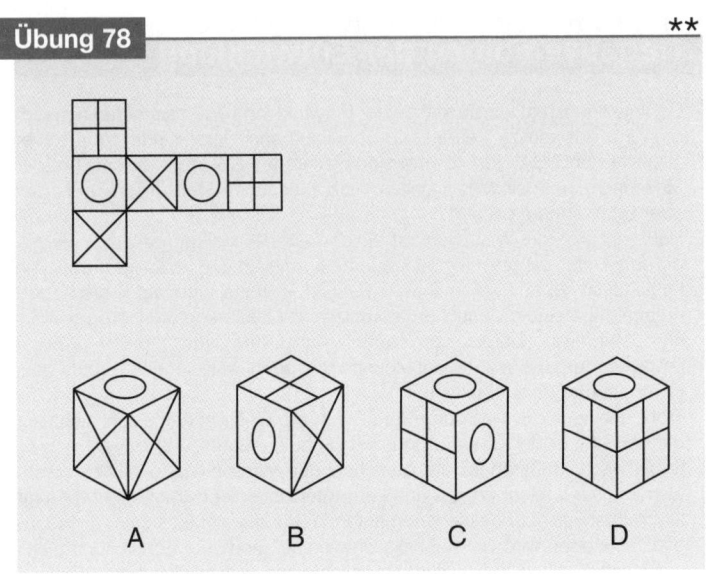

Welcher Würfel entspricht nicht dem Netzplan?

Übung 79 **

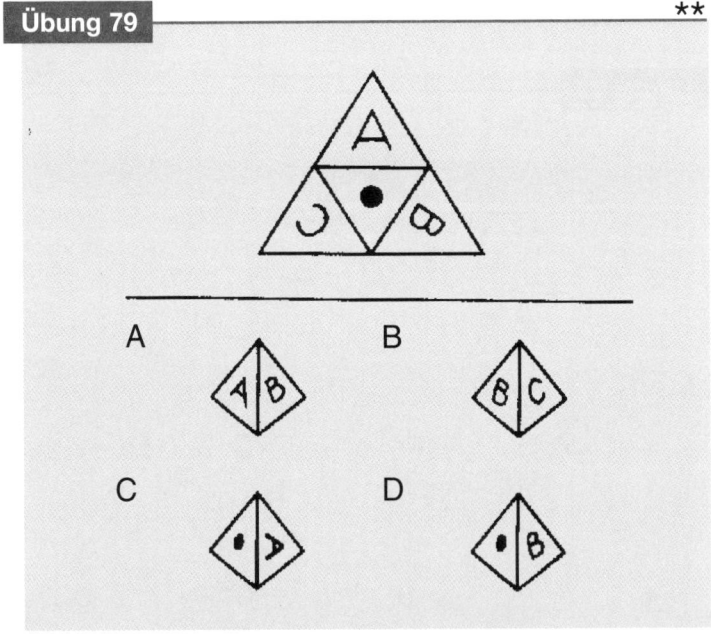

Welcher Tetraeder entspricht nicht dem Netzplan?

Übung 80 ———————————————————————— **

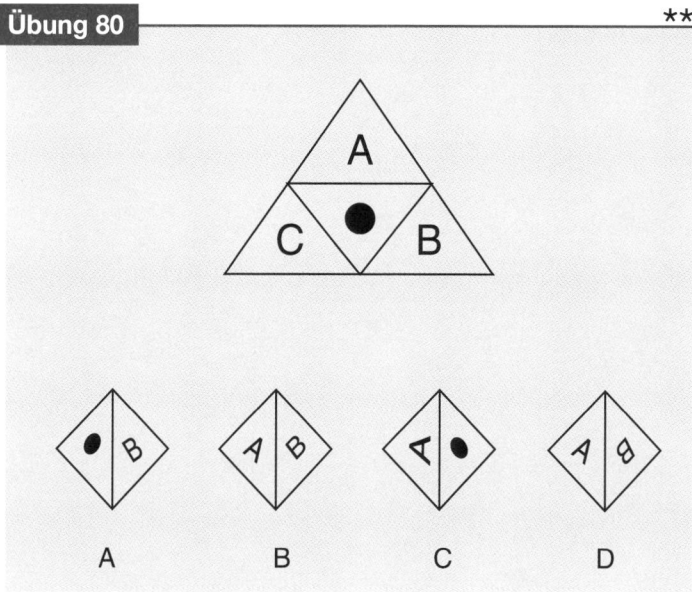

Welcher Tetraeder entspricht nicht dem Netzplan?

Übung 81 ———————————————————————— **

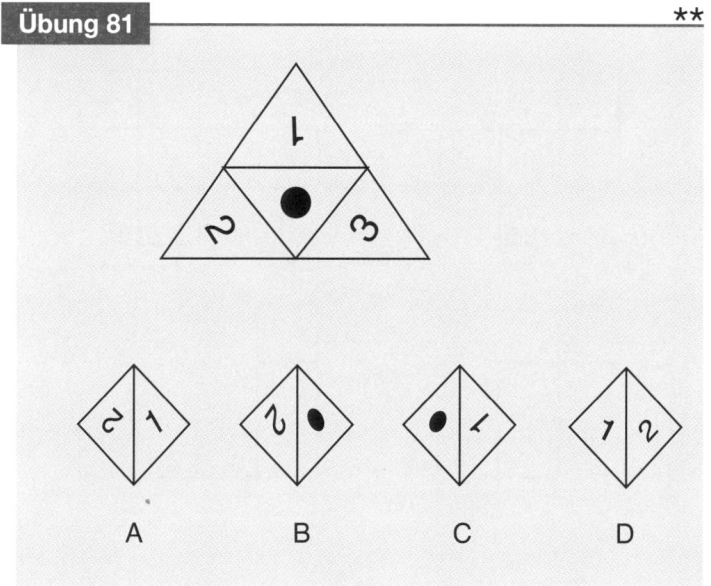

Welcher Tetraeder entspricht nicht dem Netzplan?

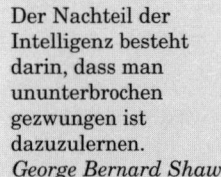

Der Nachteil der
Intelligenz besteht
darin, dass man
ununterbrochen
gezwungen ist
dazuzulernen.
George Bernard Shaw

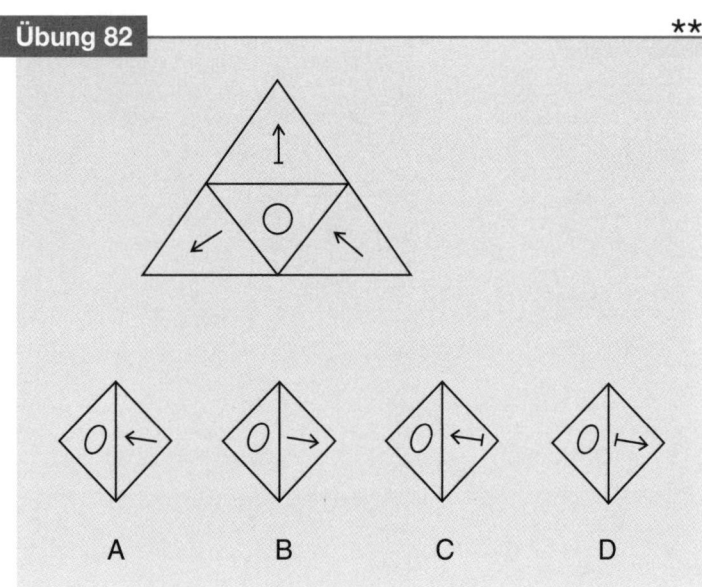

Welcher Tetraeder entspricht nicht dem Netzplan?

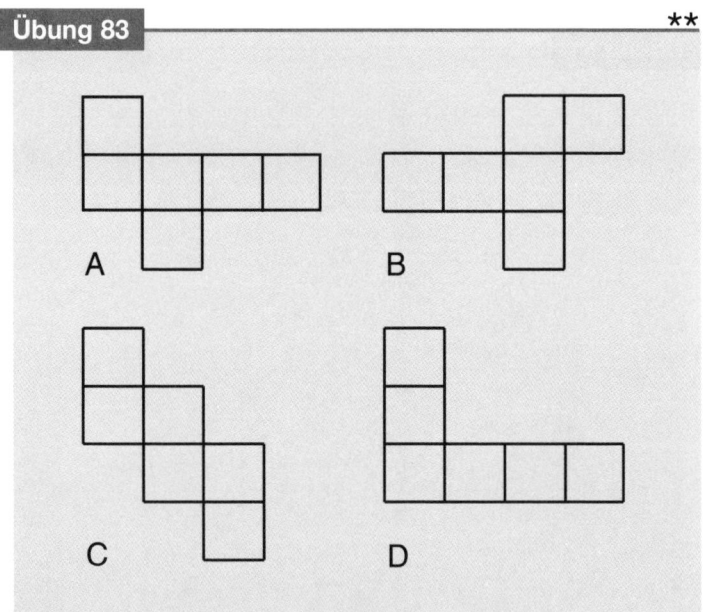

Welcher Netzplan kann kein Würfel werden?

Übung 84 ★★

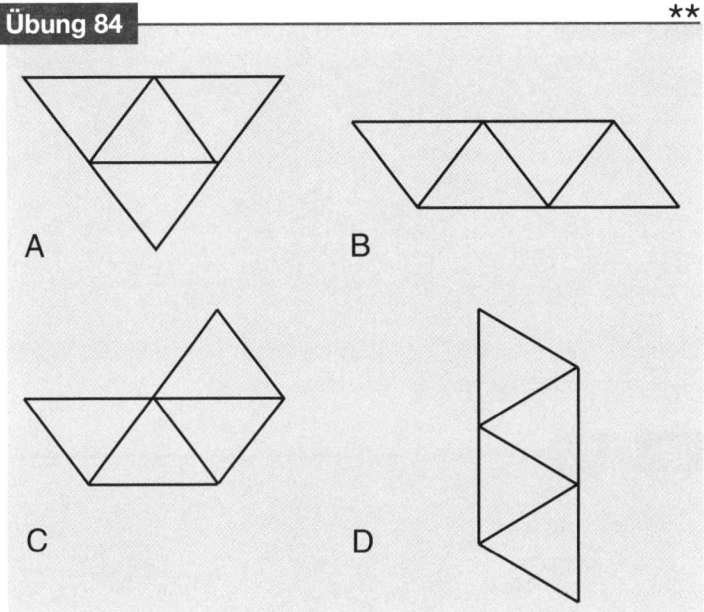

A

B

C

D

Welcher Netzplan kann kein Tetraeder werden?

Übung 85 ★★

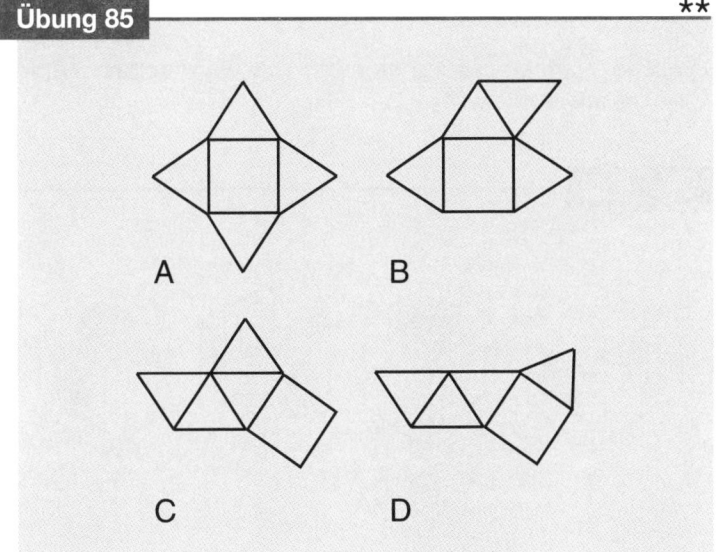

A

B

C

D

Welcher Netzplan kann keine Pyramide werden?

Die meisten Men-
schen beginnen unter
schlechten Vorausset-
zungen, aber es ist
wie bei einem Fuß-
ballspiel: Wenn Sie
den Ball nicht an sich
nehmen, dann schie-
ßen Sie auch kein Tor.
Brian Tracy

Übung 86 ★★

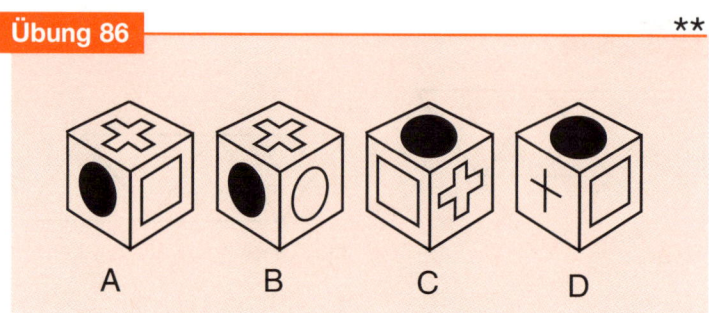

Welche Würfelabbildung stammt nicht vom selben Würfel
wie die anderen drei?

Übung 87 ★★

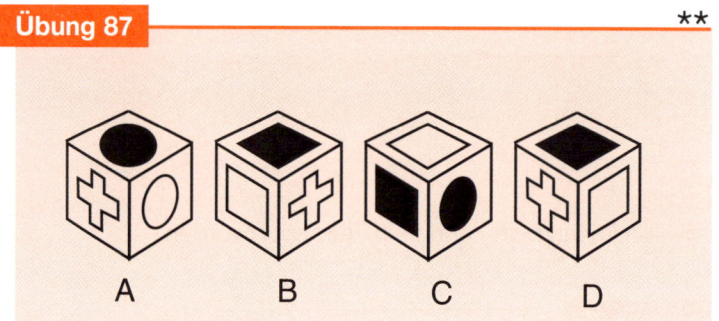

Welche Würfelabbildung stammt nicht vom selben Würfel
wie die anderen drei?

Übung 88 ★★

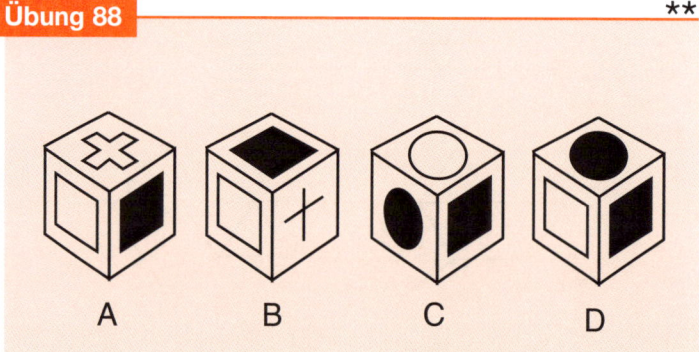

Welche Würfelabbildung stammt nicht vom selben Würfel
wie die anderen drei?

Übung 89 ★★

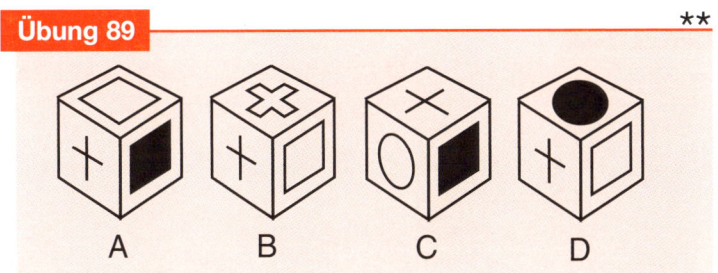

Welche Würfelabbildung stammt nicht vom selben Würfel wie die anderen drei?

Übung 90 ★★

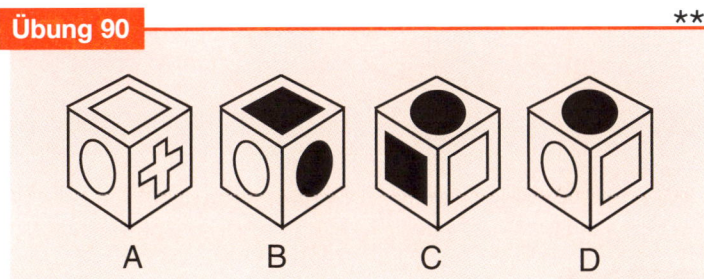

Welche Würfelabbildung stammt nicht vom selben Würfel wie die anderen drei?

Übung 91 ★★

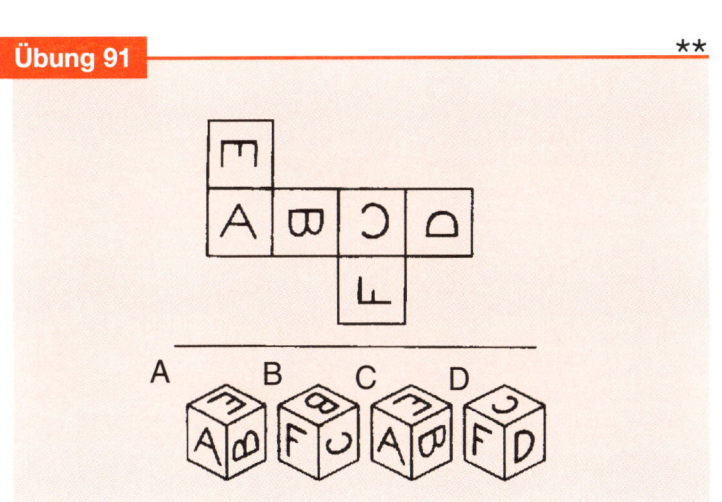

Welche zwei Würfel entsprechen dem Netzplan?

Ob du glaubst, dass du etwas kannst, oder glaubst, dass du es nicht kannst: In beiden Fällen hast du wahrscheinlich Recht.
Henry Ford

Die Männer, die mit ihren Frauen am besten auskommen, sind dieselben, die wissen, wie man ohne sie auskommt.
Charles Baudelaire

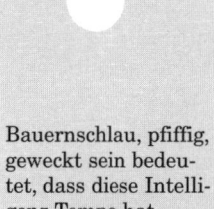

Bauernschlau, pfiffig, geweckt sein bedeutet, dass diese Intelligenz Tempo hat.
Oswald Spengler

Übung 92 ★★

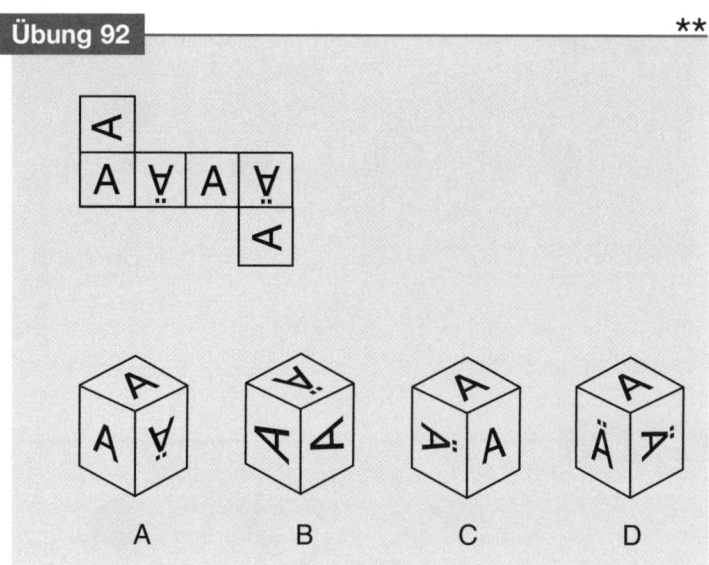

Welcher Würfel entspricht nicht dem Netzplan?

Übung 93 ★★

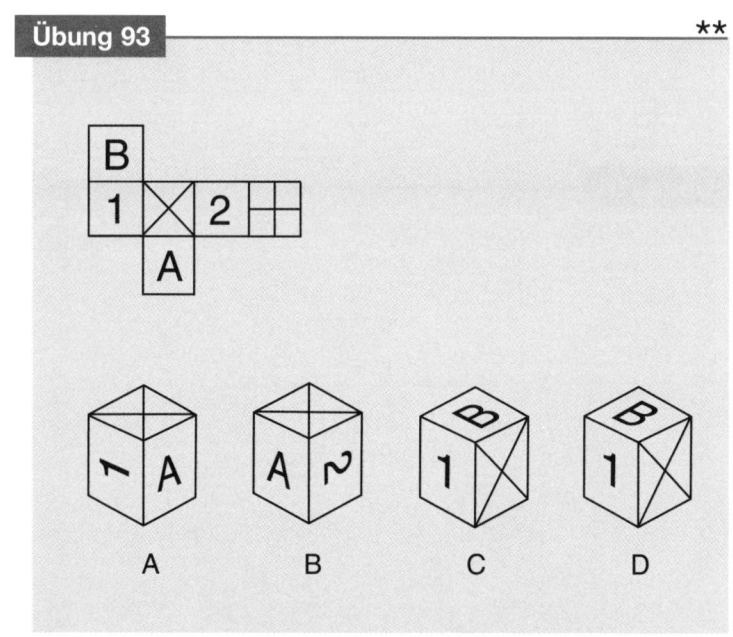

Welcher Würfel entspricht nicht dem Netzplan?

Übung 94 ★★

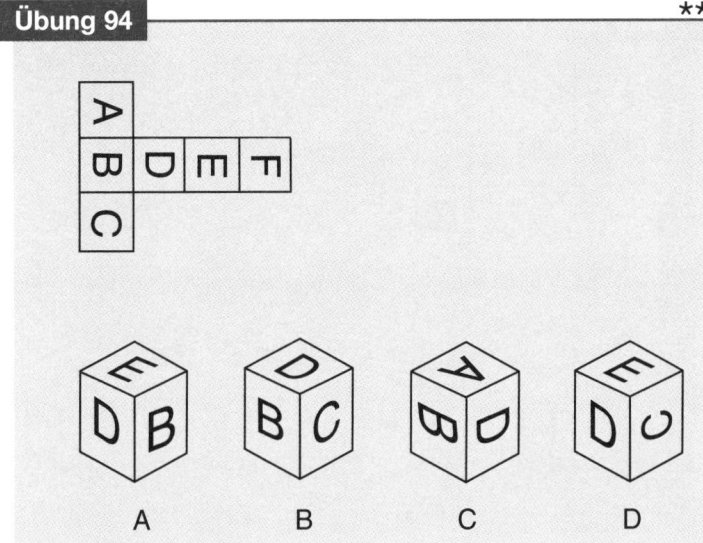

A   B   C   D

Welcher Würfel entspricht nicht dem Netzplan?

Übung 95 ★★★

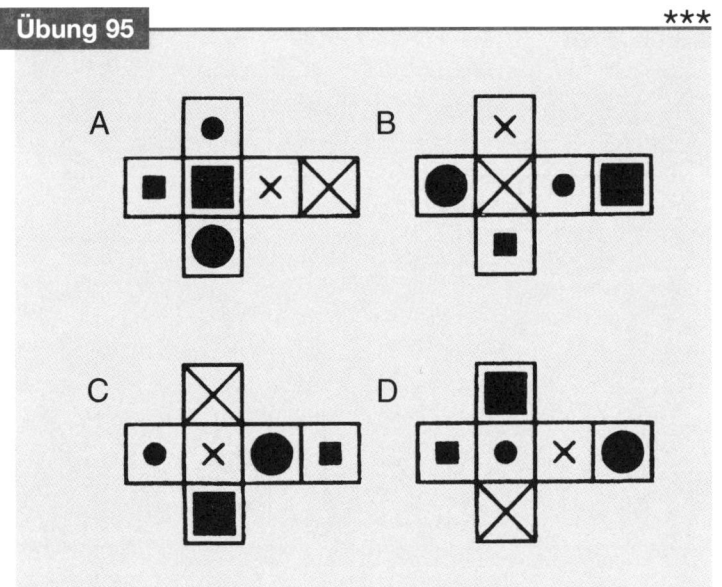

Welcher der unterschiedlich geschnittenen Netzpläne ergibt nicht denselben Würfel wie die anderen drei?

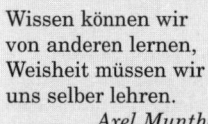

Wissen können wir
von anderen lernen,
Weisheit müssen wir
uns selber lehren.
Axel Munthe

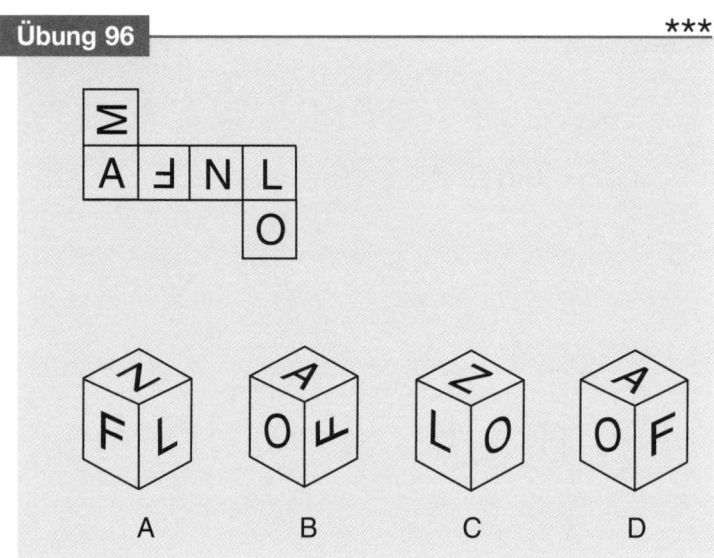

Welcher Würfel passt als einziger zum Netzplan?

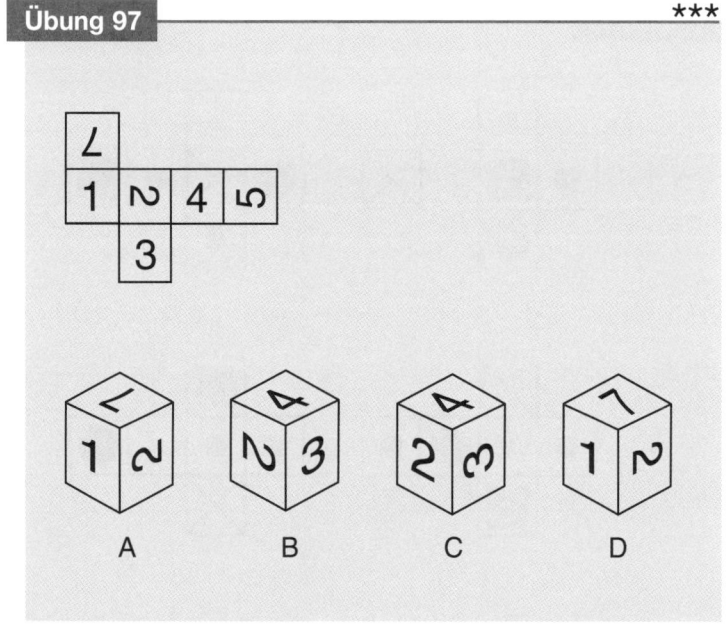

Welcher Würfel passt als einziger zum Netzplan?

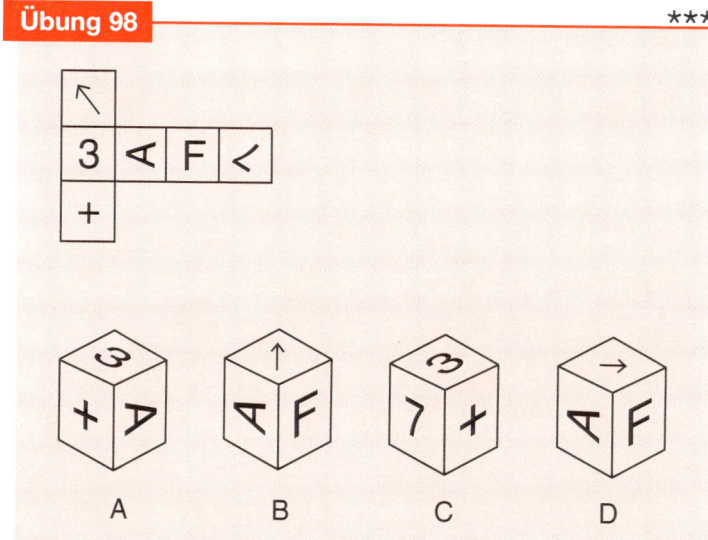

Welcher Würfel passt als einziger zum Netzplan?

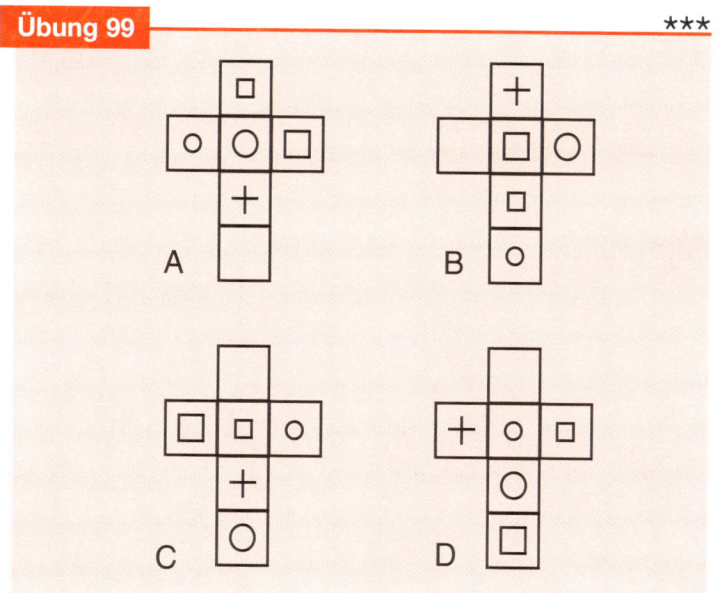

Welcher Netzplan ergibt nicht denselben Würfel wie die anderen drei?

Jeder Mensch ist ein Sender, aber nur wenige haben ein Programm.
Helmut Walters

Emanzipation ist der Übergang eines Sklaven aus der Unterdrückung durch einen anderen in die Unterdrückung durch sich selbst.
Ambrose Bierce

Wussten Sie schon, dass es die Monde des Jupiter waren, die im 17. Jahrhundert das bis dato herrschende Weltbild der westlichen Zivilisation ins Wanken brachten? Im Jahre 1610 entdeckte Galileo Galilei die vier Monde des Jupiter. Sie waren der Beweis für die These von Kopernikus, dass sich nicht alle Himmelskörper um die Erde drehten, wie man bisher geglaubt hatte.

Übung 100 ★★★

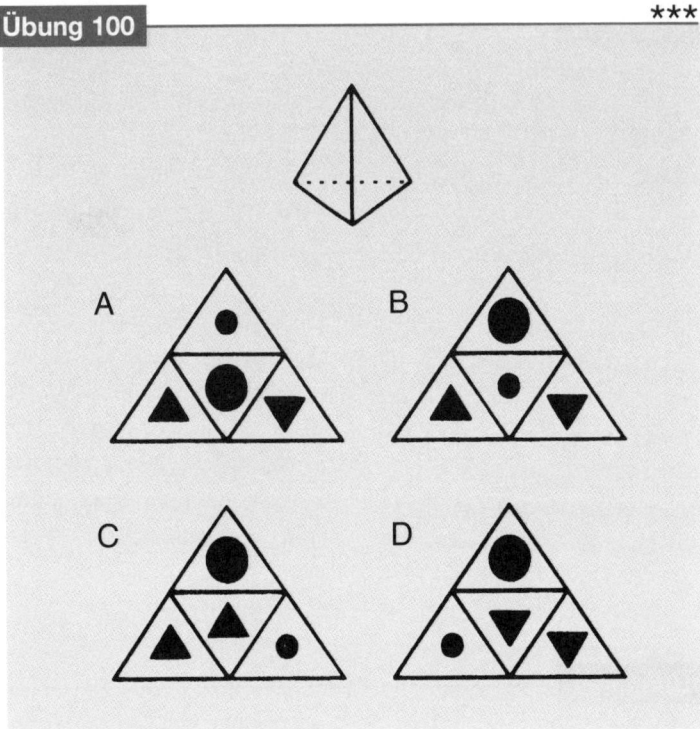

Welcher dieser Netzpläne ergibt nicht den gleichen Tetraeder (siehe Skizze) wie die anderen drei?

Übung 101 ★★★

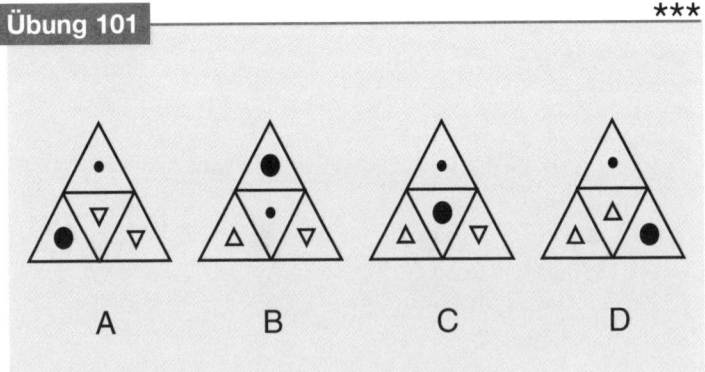

Welcher dieser Netzpläne ergibt nicht denselben Tetraeder wie die anderen drei?

Übung 102 ★★★

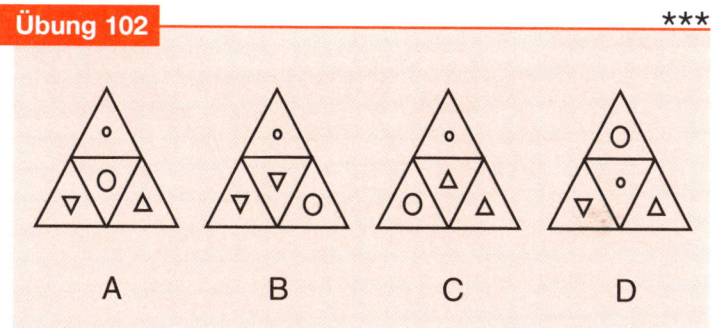

Welcher dieser Netzpläne ergibt nicht denselben Tetraeder
wie die anderen drei?

Übung 103 ★★★

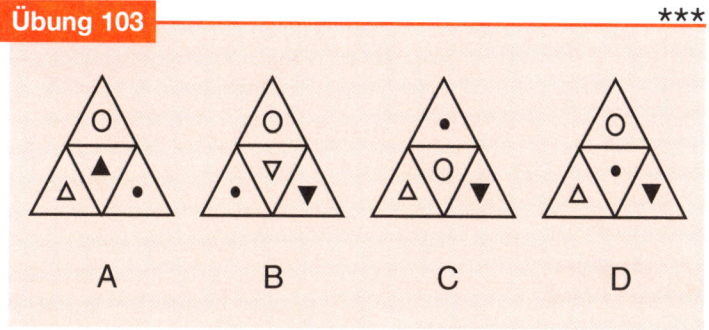

Welcher dieser Netzpläne ergibt nicht denselben Tetraeder
wie die anderen drei?

Übung 104 ★★★

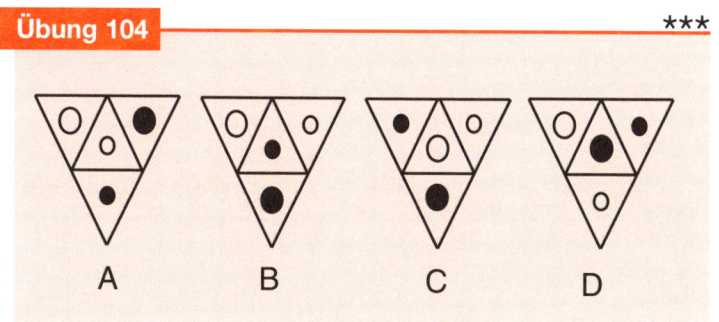

Welcher dieser Netzpläne ergibt nicht denselben Tetraeder
wie die anderen drei?

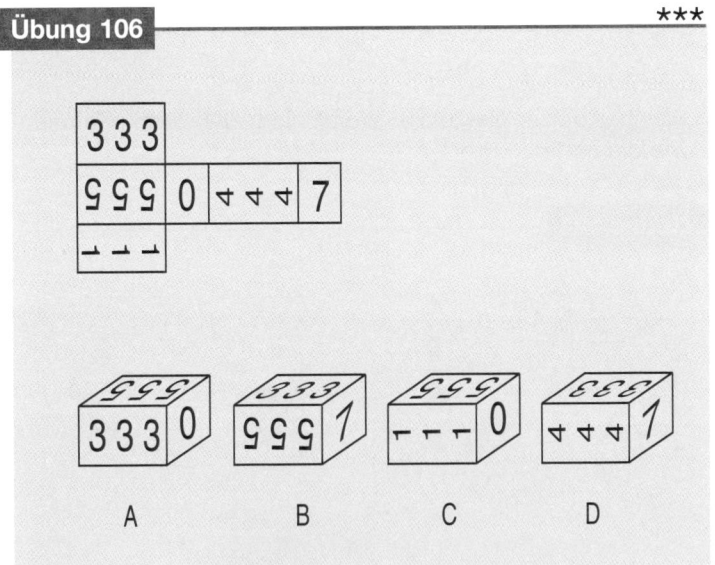

Übung 105 ★★★

Welcher Quader passt zum Netzplan?

Übung 106 ★★★

Welcher Quader passt zum Netzplan?

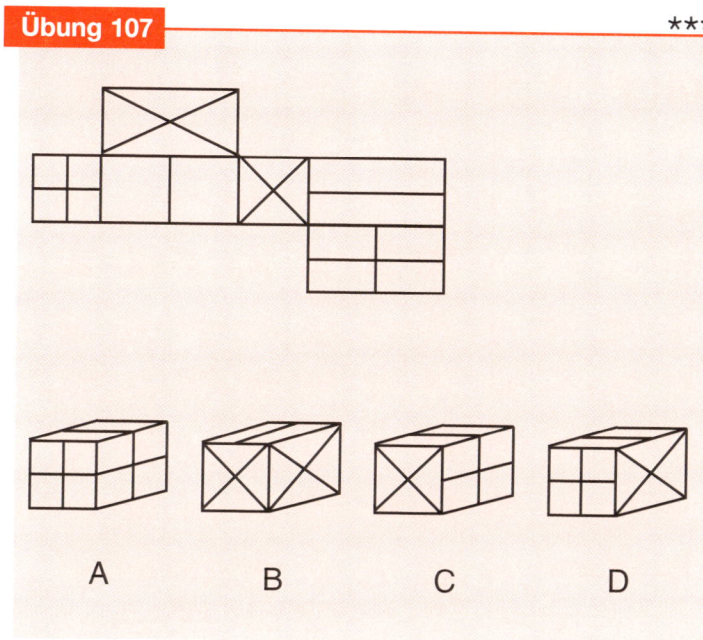

Welcher Quader passt zum Netzplan?

Neben der klassischen Methode gibt es noch zehn weitere Möglichkeiten, einen Würfel als Netzplan darzustellen. Welche? (Die Aufgabe sollte mit Papier und Bleistift gelöst werden.)

Wussten Sie schon, dass es in der Geschichte des Nobelpreises nur zwei Menschen gab, die ihn zweimal erhielten? Die Forscherin Marie Curie bekam zunächst 1903 den Nobelpreis für Physik, gemeinsam mit ihrem Mann Pierre Curie und ihrem Kollegen Henri Becquerel. Der zweite Nobelpreis, diesmal für Chemie, wurde ihr 1911 verliehen. Außer ihr erhielt noch der Amerikaner Linus Pauling diesen Preis zweimal. Zunächst gewann er 1954 den Preis für Chemie und 1962 den Friedensnobelpreis.

Lösungen: Räumliche Vorstellung

Lösung 1
B; der Würfel wird nach rechts gedreht; 21 – es liegen sich auf jeder der sechs Seiten drei mal je sieben Punkte gegenüber (1+6, 2+5, 3+4).

Lösung 2
B; Drehung nach rechts hinten.

Lösung 3
C; Drehung nach links hinten.

Lösung 4
A; Drehung nach links vorne.

Lösung 5
B; diese Figur ist ein Spiegelbild der anderen drei.

Lösung 6
C; A und B sind vertauscht.

Lösung 7
D; Kreis und Quadrat sind vertauscht.

Lösung 8
A; U und O sind vertauscht.

Lösung 9
D.

Lösung 10
D; eine 2 steht verkehrt.

Lösung 11
C; die karierte und die gestreifte Kugel sind vertauscht.

Lösung 12
24; von jedem sechsseitigen Würfel liegen drei Flächen innen und drei Flächen außen.

Lösung 13
a) 6; jede Außenseite ist die Grundfläche einer Pyramide.
b) 8 Kanten, 5 Eckpunkte.
c) Natürlich acht – so viele Linien wie der Würfel Ecken hat!

Lösung 14
C.

Lösung 15
D; hier ist der Querstrich im O vertauscht.

Lösung 16
D; der hintere Reifen ist schwarz.

Lösung 17
C; die Punkte über und unter dem Senderlogo sind falsch angeordnet.

Lösung 18
C; die Figur hat nur einen Vorderzahn statt zwei.

Lösung 19
F.

Lösung 20
B.

Lösung 21
D ist ein Spiegelbild der anderen drei.

Lösung 22
D; die Reihenfolge vom Kreuz und dem durchgestrichenen O ist vertauscht.

Lösung 23
C; 6 und 9 sind vertauscht.

Lösung 24
D; das Muster im Uhrzeigersinn (Pfeil nach unten, Pfeil nach oben, X) ist vertauscht.

Lösung 25
A; die Reihenfolge ist von links nach rechts vertauscht.

Lösung 26
D; D ist spiegelverkehrt zu den anderen.

Lösung 27
C; die Pfeilrichtung ist vertauscht.

Lösung 28
B; die Zahlen 1 und 2 sind vertauscht.

Lösung 29
a) 66.
b) Die Diagonalen auf der Quadratseite ja, die Diagonalen auf der Rechteckseite nein.

c) 2.
d) Jeder Würfel hat 8 Ecken: 8 x 36 = 288.
e) 12.
f) 8; der Hohlraum wäre ein Quader, und der hat, wie jeder Quader, 8 Ecken.

Lösung 30
E.

Lösung 31
A.

Lösung 32
B; der Würfel wird nach rechts vorne gekippt.

Lösung 33
C; Drehung nach rechts hinten.

Lösung 34
B; Drehung nach links.

Lösung 35
B; Drehung nach links vorne – um 180°!

Lösung 36
B; der Würfel wird je um ein Feld nach links gedreht und gleichzeitig nach links hinten gekippt.

Lösung 37
D; an der 4. Stelle (gezählt von links oben der Abbildung A) ist || mit = getauscht.

Lösung 38
C; in der Reihung im Uhrzeigersinn (R 8 M N 1 F 7 L) ist F mit 7 vertauscht.

Lösung 39
D; der Pfeil auf Position 6 (gezählt von links oben der Abbildung A) zeigt in eine andere Richtung.

Lösung 40
A; 5 und 7 sind vertauscht.

Lösung 41
B; die inneren Pfeile weisen hinein statt hinaus.

Lösung 42
A; die Striche an den mittleren äußeren Positionen sind um 180° gedreht.

Lösung 43
Es gibt sieben Möglichkeiten:

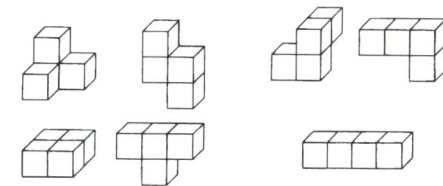

Lösung 44
B; bei den anderen Figuren weist die mittlere Fläche weniger als eine Linie nach außen hin auf.

Lösung 45
D.

Lösung 46
A, C.

Lösung 47
C.

Lösung 48
22 Quadrate sind bemalt.

Lösung 49
C; pro Schritt wird der Würfel einmal nach rechts vorn gekippt und nach links gedreht. Wie bei Lösung 36 muss daher nach vier Schritten wieder der Ausgangszustand hergestellt sein!

Lösung 50
B; das fortlaufende Muster (| – / \) auf den Plätzen 5 und 6 vertauscht (| statt –).

Lösung 51
D; o statt Punkt auf Position 8 (gezählt von links oben der Abbildung A).

Lösung 52
B; hat ein Kästchen (Fläche) mehr.

Lösung 53
F.

Lösung 54
A.

Lösung 55
C.

Lösung 56
A; sie hängen nicht zusammen.

Lösungen: Räumliche Zuordnung

Lösung 57
C.

Lösung 58
C.

Lösung 59
C.

Lösung 60
A.

Lösung 61
A.

Lösung 62
A.

Lösung 63
B.

Lösung 64
B.

Lösung 65
A.

Lösung 66
C.

Lösung 67
C.

Lösung 68
B.

Lösung 69
C.

Lösung 70
A.

Lösung 71
C.

Lösung 72
C.

Lösung 73
B.

Lösung 74
C.

Lösung 75
C.

Lösung 76
B.

Lösung 77
D.

Lösung 78
C.

Lösung 79
D.

Lösung 80
B.

Lösung 81
A.

Lösung 82
C.

Lösung 83
D.

Lösung 84
C.

Lösung 85
B.

Lösung 86
B.

Lösung 87
C.

Lösung 88
A.

Lösung 89
D.

Lösung 90
C.

Lösung 91
B und C.

Lösung 92
D.

Lösung 93
C.

Lösung 94
A.

Lösung 95
D; der kleine und der große Punkt liegen sich gegenüber, die anderen Symbole sind bei A, B und C in einer Richtung rundum angeordnet, bei D in die entgegengesetzte.

Lösung 96
B.

Lösung 97
C.

Lösung 98
D.

Lösung 99
C.

Lösung 100
B; als Hilfe sollte man sich den Tetraeder immer auf einem eindeutigen Symbol (großer oder kleiner Punkt) stehend vorstellen.

Lösung 101
C.

Lösung 102
A.

Lösung 103
D.

Lösung 104
C.

Lösung 105
C.

Lösung 106
D.

Lösung 107
A.

Lösung 108

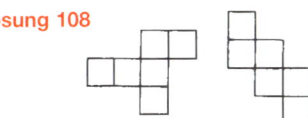

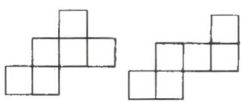

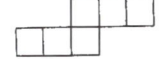

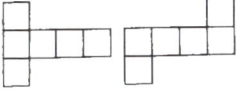

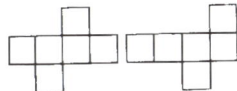

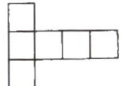

Sprachgebundenes Denken

Allgemeine Bemerkungen

Gerade in den Sprachaufgaben von Intelligenztests mischen sich verschiedene Anforderungen: Fast immer ist Allgemeinwissen gefragt, Sprachgefühl wird gefordert, oft auch wieder die Fähigkeit, mathematisch mit dem Alphabet zu spielen – und natürlich muss das alles erst einmal logisch erschlossen und verbunden werden! Dennoch haben viele Leute an den Sprachaufgaben besonders viel Spaß. Das ist kein Wunder, verwenden wir doch selbst gesprochene und geschriebene Sprache, und hören wir doch fast täglich im Radio oder Fernsehen etwas Neues, das unseren Wortschatz, unseren Umgang mit Sprache erweitert. Außerdem erhalten sich viele Leute eine spielerische Freude an der Sprache, wie sie jedes Kind am Beginn des Spracherwerbs hat und durch Reime, Wortspiele und Verballhornungen ausdrückt. Zahlreiche Rätselhefte, Kreuzworträtsel in Zeitungen und Aufgaben in beliebten Fernsehshows sind nur einige der „beredten" Zeugen für dieses Phänomen. Doch Achtung, obwohl viele Leute an diese Art von Test besonders locker und spielerisch herangehen (und das ist gut so), lauern auch hier Gefahren und Fallen, die Testmacher nur allzu gerne in die Übungen einbauen!

Deswegen wurde auch im Sprachbereich dieses Buches auf eine besonders große Vielfalt von Aufgaben geachtet, die in ihrer langsamen Steigerung des Schwierigkeitsgrades den Übenden sanft in die (bisweilen recht merkwürdige) Denkweise der Intelligenztests einführen soll.

Wortmix

Es hilft oft, die Aufgabenstellung genau zu lesen, um herauszufinden was eigentlich gesucht wird: Sind die gemischten Buchstaben etwa Vogelnamen, so ist es günstig, sich während des Tüftelns an den vermischten Buchstaben einige Vogelarten, die man kennt, im Stillen vorzusagen – die Identifikation der Wörter fällt dann leichter. Ist das passende Wort gefunden (ein Fisch unter Vögeln), sollte man bei Tests mit Zeitvorgaben möglichst gleich zur nächsten Aufgabe weitergehen, es ist sehr unwahrscheinlich, dass der gefundene Fisch durch neuerliches Mischen der Buchstaben vielleicht doch noch zum Vogel wird, und die Antwort ganz anders lautet! Bei den vorliegenden Übungen empfiehlt es sich jedoch, möglichst alle Wörter zu „entschütteln".

Eine gute Gelegenheit, Ihrem Sprachgefühl zu vertrauen! Oft beinhalten Sprichwörter altmodische Formen der Grammatik und der Rechtschreibung, die heute nicht mehr ganz korrekt wären. „Richtiges Deutsch" muss deswegen nicht unbedingt die richtige Antwort sein!

Sprichwörter/ Redensarten

Versuchen Sie möglichst schnell herauszufinden, ob es bei einer solchen Aufgabe um Synonyme oder um eine Buchstabenbastelei geht! Das ist meistens (nicht immer!) aus der Form der Aufgabe leicht zu ersehen. Geht es um Synonyme, also Wörter, die ähnliche oder identische Bedeutungen haben, assoziieren Sie am besten frei. Wird zum Beispiel ein Synonym für „Fahrzeug" gesucht, suchen Sie möglichst viele Begriffe für Fahrzeuge, die Ihnen spontan einfallen, es können auch scheinbar absurde Bezeichnungen sein (Fahrrad-Auto-Bahn-Skateboard ...), das „kurbelt" Ihr Gehirn für weitere Assoziationen an! Wird Buchstabenmathematik verlangt, hilft wieder das Durchgehen oder Aufschreiben des Alphabets.

Klammeraufgaben

Hier ist Phantasie gefordert! Was hat eigentlich eine Fledermaus mit einem Luftballon zu tun? Nun, beide fliegen! Erdbeeren und Blut sind beide rot, ein Mixer und Feuer dienen beide der Nahrungszubereitung. Die Ähnlichkeit kann auf ganz verschiedenen Gebieten liegen, analysieren Sie daher die vorgegebenen Antworten, um abzuschätzen, auf welchem Gebiet.

Verhältnis- aufgaben

Hier muss eine bestimmte Form der Übereinstimmung gefunden werden. Zwar kann es sich dabei (wie bei den Klammeraufgaben) um inhaltliche oder qualitative Zusammenhänge handeln, die „Buchstaben-Mathematik" dominiert in diesem Aufgabenbereich aber. Suchen Sie also besonders nach Übereinstimmungen von Anfangs- und Endbuchstaben, Vokalen und Anzahl der Buchstaben bei den auffälligen Worten der Sätze. Dabei hilft wieder ein geschriebenes Alphabet.

Textaufgaben

Übungen: Sprachgebundenes Denken

Tipps und Hinweise

Die Testaufgaben zur sprachlichen Intelligenz sind nicht, wie die vorhergehenden Kapitel, in verschiedene Bereiche gegliedert, nur der Schwierigkeitsgrad der Aufgaben steigt. Es empfiehlt sich wiederum, jeden der Schwierigkeitsbereiche einzeln anzugehen und dazwischen die Lösungen genau zu studieren. Auch hier ist es wichtiger, herauszufinden, wie die Aufgabe aufgebaut ist, als die richtige Lösung zu erraten. Vergleichen Sie die Aufgaben sorgfältig mit den Lösungen und versuchen Sie, diese zu verstehen!

Noch einmal ein Überblick über die Art der gestellten Fragen:

Wortmix: Die verschiedenen Buchstaben müssen korrekt zusammengesetzt, dann muss die Aufgabe, teilweise mit Allgemeinwissen, gelöst werden.

Sprichwörter/Redewendungen müssen korrekt ergänzt werden.

Bei Klammeraufgaben geht es manchmal um zusammengesetzte Wörter, manchmal um das „Basteln" mit Buchstaben und Synonymen (= Wörter mit gleicher/ähnlicher Bedeutung).

Verhältnisaufgaben suchen nach einem bestimmten inneren Zusammenhang der vorgestellten Wörter.

Textaufgaben weisen auf eine Verbindung der Sätze hin, die sprachlich, qualitativ, inhaltlich oder aber auf die Schreibweise bezogen sein kann.

Übung 1 *

ANES
NUMD
SLAH
NOMD
EHZE
RHAA

Welches vermischte Wort bezeichnet keinen Körperteil?

Übung 2 *

MISSARMOK
UPEL
CIMOC
BIED
LOPIZIE
SCHANDHELLEN

Welches gemixte Wort hat nichts mit Polizeiarbeit zu tun?

Übung 3 *

IMMENSCHW
ERWASSSKI
FAHRENSKI
FAHRRADEN
FASSBULL
NISTEN

Welche gemixte Sportart passt nicht dazu?

Übung 4 *

ZLET
ILGU
HEHLÖ
VEGOLHUAS
HETTÜ
HOZLHUAS
HETOL

In welcher Behausung können Menschen nicht leben?

Übung 5 *

Je später der Abend, desto schöner ...
A: ... die Reste.
B: ... die Paläste.
C: ... der Mond.
D: ... die Gäste.

Ergänzen Sie dieses Sprichwort.

Übung 6 *

Das macht das ...
A: ... Kraut auch nicht fett.
B: ... Kraut auch nicht sauer.
C: ... Klavier auch nicht rund.
D: ... Kraut auch nicht besser.

Ergänzen Sie diese Redewendung.

Übung 7 *

Wer den Schaden hat ...
A: ... braucht für den Schrott nicht zu sorgen.
B: ... hat auch die Qual.
C: ... braucht für den Spatz nicht zu sorgen.
D: ... braucht für den Spott nicht zu sorgen.

Ergänzen Sie dieses Sprichwort.

Übung 8 *

RETJUIP

A: Himmelskörper
B: Sterne
C: Planeten

Zu welcher Kategorie gehört das obige vermischte Wort nicht?

Übung 9 *

UAOTUSB

A: Fahrzeug
B: Industrieprodukt
C: Sportgerät

Zu welcher Kategorie gehört das obige vermischte Wort nicht?

Bildung: das, was
den eigenen Mangel
an Intelligenz dem
Weisen offenbart und
dem Toren verbirgt.
Ambrose Bierce

Verbunden werden
auch die Schwachen
mächtig.
Friedrich Schiller

?

?

?

Übung 10 *

HEINR

A: Stausee
B: Fluss
C: Wasserstraße

Zu welcher Kategorie gehört das obige vermischte Wort nicht?

Übung 11 *

RAPIS

A: Hauptstadt
B: Metropole
C: Dorf

Zu welcher Kategorie gehört das obige vermischte Wort nicht?

Übung 12 *

a) **Tanz**
   Leine, Ball, Spiel, Wurst
b) **Baum**
   Wiese, Schmuck, Boden, Wurzel
c) **Strom**
   Leitung, Schlag, Mond, Strahl
d) **Heft**
   Bleistift, Papier, Eintrag, Ordner

e) Apfel
   Teller, Mus, Essen, Kern
f) Buch
   Getränk, Seite, Papier, Tasse
g) Puppe
   Kleid, Spiel, Kind, Gold
h) Essen
   Gabel, Suppe, Raum, Baum
i) Computer
   Schrift, Menu, Kabel, Leine
j) Alkohol
   Getreide, Maische, Suppe, Gewicht

Welche Wörter der unteren Zeile stehen mit dem darüber stehenden Wort in einem Zusammenhang?

Übung 13 *

Rück-(.....) -Schuh

Welche neuen Wörter ergeben sich jeweils mit dem linken Wortteil als Anfang sowie dem rechten als Ende?

Übung 14 *

Haus-(.....)-Band

Welches neue Wort ergibt mit dem linken als Anfang sowie dem rechten als Ende je ein sinnvolles Wort (Hilfestellung „Kleidungsstück")?

> Jeder sieht am
> andern nur so viel,
> als er selbst auch ist:
> Denn er kann ihn nur
> nach Maßgabe seiner
> eigenen Intelligenz
> fassen und verstehen.
> *Arthur Schopenhauer*

Übung 15 *

Kartoffel-(.....)-Gurke

Welches neue Wort ergibt mit dem linken als Anfang sowie dem rechten als Ende je ein sinnvolles Wort (Hilfestellung „Beilage")?

Übung 16 *

Weihnachts-(.....)-Taler

Welches neue Wort ergibt mit dem linken als Anfang sowie dem rechten als Ende je ein sinnvolles Wort (Hilfestellung „Himmel")?

Übung 17 *

HTCHE
IHA
ÖSTR
AWL

Welches Tier gehört nicht dazu?

Übung 18 *

UTAO
SUB
ROTOMARD
ARFHARD
POMED

Welches Fahrzeug gehört nicht dazu?

Übung 19 *

SSERME
AGBLE
HEMMAR
ÖFFLEL
ASSTE
ELLTER

Welcher Gegenstand gehört nicht dazu?

Übung 20 *

UCHB
ICMOC
AGMAZIN
EIZTNUG
NOURJAL
OTNIZLBOCK

Welches Papierprodukt gehört nicht dazu?

Das Denken ist zwar allen Menschen erlaubt, aber vielen bleibt es erspart.
Curt Goetz

Effizienz ist die Faulheit der Intelligenten.
Werner Siemens

Ist Intelligenz kulturabhängig?

Da ein Intelligenztest immer nur das messen kann, was er im optimalen Fall messen soll und die zu messenden Kriterien von Menschen entwickelt wurden, können die Intelligenzfaktoren durch kulturelle Unterschiede geprägt sein. Was für uns, die wir von unserer Kultur, unserer Tradition, unserer Wissenschaft und Testtheorie geprägt sind, unter Intelligenz zu verstehen ist, kann in anderen Kulturen, die durch eine andere Geschichte geformt sind, eine ganz andere Intelligenzdefinition bedeuten, die sie dementsprechend auch anders testen würden. Die Tests und ihre Testergebnisse wären dann interkulturell nicht mehr vergleichbar. Theorien, die also davon ausgehen, dass es grundsätzliche kulturelle Unterschiede in der Intelligenz, sozusagen dümmere und klügere Kulturen existieren, sind zu verwerfen. Sie sind nicht nur wissenschaftlich auszuschließen, sondern auch Nährboden für rassistisches Gedankengut. Wenn Intelligenzunterschiede zwischen den Kulturen vorliegen, so kann das eben an den Unterschieden in der Schwerpunktlegung über das, was Intelligenz ausmacht liegen. So können andere Kulturen z. B. viel mehr Wert auf soziale Kompetenz legen und vornehmlich diese dann auch testen. Je nachdem würde dann z. B. ein von unserer Kultur geprägter Mensch ein schlechteres Testergebnis aufweisen, da wir vielleicht weniger auf diesen Bereich trainiert und von diesem Denken über Generationen geprägt wurden. Dies bedeutet jedoch nicht, dass wir generell dümmer sind als die Menschen des anderen Kulturkreises.

Übung 21   *

B + (Nachtvogel) = Delle

Welches Wort gehört in die Klammer?

Übung 22   *

(ein Wassertier) + D = Naturgebiet

Welches Wort gehört in die Klammer?

Übung 23 *

(ein Getränk) + R = Straßenbaumaterial

Welches Wort gehört in die Klammer?

Übung 24 *

(eine Spielkarte) + T = Baumteil

Welches Wort gehört in die Klammer?

Übung 25 *

G -
L -
R -   (.T.E)
M -
W -

Welche Buchstaben fehlen, damit sich jeweils sinnvolle Wörter ergeben, wenn der linke Buchstabe vorangestellt wird?

Übung 26 *

F -
S -
SCHN -   (..)
KL -
T -

Welche Buchstaben fehlen, damit sich mit den Anfangsbuchstaben jeweils sinnvolle Wörter ergeben?

Unsere Fehlschläge sind lehrreicher als unsere Erfolge.
Henry Ford I

> Als ich jung war, glaubte ich, ein Politiker müsse intelligent sein. Jetzt weiß ich, dass Intelligenz wenigstens nicht schadet.
>
> *Carlo Schmid*

Übung 27 *

ST -
W -
F - (..L)
KN -
H -
B -

Welche Buchstaben fehlen, damit sich mit den Anfangsbuchstaben jeweils sinnvolle Wörter ergeben?

Übung 28 *

B -
L -
FL - (..)
GR -
S -
T -

Welche Buchstaben fehlen, damit sich mit den Anfangsbuchstaben jeweils sinnvolle Wörter ergeben?

Übung 29   *

a) Bundesrepublik   Berlin
   Russland

b) Malta   Insel
   Afrika

c) Nelke   Flora
   Löwe

d) Baum   Wald
   Gras

e) Schiff   See
   Auto

f) Tasse   Geschirr
   Gabel

g) Mensch   Säugetier
   Hai

h) Heft   Papier
   Tisch

i) Kamera   Film
   Computer

j) Fabrik   Produktion
   Handel

Hier sehen Sie immer zwei Begriffspaare. In der unteren Zeile fehlt ein Teil. Bitte ergänzen Sie.

Beispiel: Vogel   Nest
          Bär   ?

Gesucht ist der Begriff „Höhle".

Übung 30 *

Was Hänschen nicht lernt, ...
A: ... lernt Hans niemals mehr.
B: ... lernt Heinz niemals mehr.
C: ... lernt Hans nimmermehr.
D: ... lernt Heinz kaum mehr.

Ergänzen Sie dieses Sprichwort.

Übung 31 *

Ehrlich währt ...
A: ... am breitesten.
B: ... nicht lang.
C: ... am längsten.
D: ... nur einen Sommer.

Ergänzen Sie dieses Sprichwort.

Übung 32 *

Spare in der Zeit, dann hast du ...
A: ... immer Geld.
B: ... in der Not.
C: ... nichts zu tun.
D: ... keinen Spaß.

Ergänzen Sie dieses Sprichwort.

Übung 33 *

Stille Wasser sind ...

A: ... seicht.
B: ... kohlensäurelos.
C: ... tief.
D: ... ungesund.

Ergänzen Sie dieses Sprichwort.

Übung 34 *

a) **Wald, Förster, Reh, Korn.**

b) **Rad, Auto, Benzin, Sessel.**

c) **Stuhl, Tisch, Rose, Bank.**

d) **Hafer, Getreide, Gemüse, Weizen.**

e) **Kilo, schwer, Gramm, hoch.**

f) **Fest, Ball, Vorlesung, Tanz.**

g) **Buch, Zeitung, Video, Magazin.**

h) **Kohl, Mirabelle, Karotte, Salat.**

i) **Frankreich, Italien, Europa, Portugal.**

j) **Kind, Teenager, Mensch, Greis.**

Die Instinkte entstehen, arbeiten und sterben, ohne sich zum zweiten Grad der menschlichen Intelligenz zu erheben, der Abstraktion.
Honoré de Balzac

Finden Sie das Wort, das nicht in die Gruppe gehört. Beispiel: Eiche, Aster, Steinbock, Schilfgras; Steinbock muss gestrichen werden, weil er ein Tier und keine Pflanze ist.

Übung 35 *

OTR
RÜGN
LUAB
LEBG
WARZCHS

Welche der vermischten Wörter bezeichnen keine Grundfarben?

Übung 36 *

TIELIAN
LACHENGRIEND
NASPIEN
UNETSIEN
ANKFRIECHR
LOLHAND

Welches der gemixten Worte bezeichnet kein europäisches Urlaubsland?

Übung 37 *

IRBENN
RAUBENT
ANGENRO
LEPFÄ
IRSICHEPF
IRSCHENK

Welche dieser Früchte wächst nicht in Deutschland?

Übung 38 *

LERBIN
ÜNMCHNE
WEIN
UTTGARSTT
NEESS
LEIK

Welche dieser Städte liegt nicht in Deutschland?

Übung 39 *

ELODRAP

A: Allesfresser
B: Katzen
C: Raubtier

Zu welcher Kategorie gehört das obige vermischte Wort nicht?

Übung 40 *

ASTKENIA

A: Gebüsch
B: Baum
C: Pflanze

Zu welcher Kategorie gehört das obige vermischte Wort nicht?

Wussten Sie schon, dass es zu manchen Zeiten als unglückbringend galt, eine Sehhilfe zu tragen? Zu den frühen Zeiten der Brille wurde sie mit Argwohn betrachtet. Aufgrund religiöser Dogmen und Vorurteile war die Meinung weit verbreitet, es bringe Unglück, eine von Gott gegebene Eigenschaft, und handele es sich auch nur um eine Sehschwäche, durch technische Hilfsmittel zu manipulieren.

Übung 41   *

GRUBMAH

A: Stadt
B: Bundesland
C: Bundesstaat

Zu welcher Kategorie gehört das obige vermischte Wort nicht?

Unterliegt Intelligenz der Evolution?

Der Mensch hat sich bekanntlich im Laufe der Evolution an seine Umgebung angepasst. Dies musste er aus einem einfachen Grund tun: nämlich um zu überleben. Er musste lernen einige Fähigkeiten auszuarbeiten und zu verfeinern, wohingegen er andere eher vernachlässigen konnte. Welche Fähigkeiten nun vornehmlich in den Vorder- bzw. Hintergrund geraten sind, war dabei oft abhängig von der Umgebung, in der ein Mensch leben musste. Der Mensch hat also dazugelernt und vererbte seine neu erworbenen Fähigkeiten an die nachfolgenden Generationen durchs „Lehren" weiter. So wurde der Mensch, seiner immer komplexer werdenden Umgebung entsprechend, in seinen Fertigkeiten zunehmend detaillierter und vielschichtiger. Man könnte also sagen, dass der Mensch heute, im Vergleich zu den Anfängen der Menschheitsgeschichte, intelligenter ist, wobei dies noch keinen Rückschluss darauf zulässt, dass er sich auch intelligent verhält. Damit der Mensch aber überhaupt Intelligenz entwickeln konnte, mussten ihm auch die Möglichkeiten dafür gegeben sein. Das Gehirn, das sich im Laufe der Zeit auch veränderte, machte ihm dies möglich. Dem Menschen wurden damit sozusagen durch sein Hirn die Voraussetzungen gegeben, sich zu entwickeln, um überhaupt überleben und seine Lebensqualität steigern zu können. Da die Kapazitäten und Möglichkeiten des menschlichen Gehirns auch heute noch nicht ganz ausgeschöpft sind, ist für den Menschen auch zukünftig noch viel Spielraum zur Entwicklung gegeben.

RESFE

A: Bein
B: Knie
C: Fuß

Zu welcher Kategorie gehört das obige vermischte Wort nicht?

a) **Nebel – Regen**

b) **Ring – Brosche**

c) **Motorrad – Fahrrad**

d) **Hammer – Bohrer**

e) **Anzug – Bluse**

f) **Kirsche – Pflaume**

g) **Elba – Helgoland**

h) **Füller – Bleistift**

i) **Esche – Tanne**

j) **Polen – Ungarn**

Fassen Sie die Begriffe in einer Zeile zu einem Oberbegriff zusammen. Beispiel: Uranus – Neptun, Oberbegriff: Planeten.

Ein Philosoph ist ein Mann, der alle Probleme lösen kann, ausgenommen die eigenen.
Phil Holden

Die Intelligenz verdirbt den Sinn für das Wesentliche.
Antoine de Saint-Exupéry

Übung 44 *

G -
W -
K - (..T.N)
SP -
ST -

Welche Buchstaben ergeben zusammen mit den linken
Buchstaben jeweils sinnvolle neue Wörter?

Übung 45 *

S -
W -
T - (O...)
KOL -
N -

Welche Buchstaben fehlen, damit sich mit den Anfangsbuchstaben jeweils sinnvolle Wörter ergeben?

Übung 46 *

S -
B -
KR - (...)
SCHR-
FR -

Welche Buchstaben fehlen, damit sich mit den Anfangsbuchstaben jeweils sinnvolle Wörter ergeben?

Übung 47   *

W -
P -
T -   (...E)
K -
SUS -

Welche Buchstaben fehlen, damit sich mit den Anfangsbuchstaben jeweils sinnvolle Wörter ergeben?

Übung 48   *

Fuß-(....)-Saison

Welches Wort ergibt mit dem linken Wortteil als Anfang
sowie dem rechten als Ende je ein sinnvolles neues Wort?

Übung 49   *

Lang-(......)-Abdruck

Welches Wort ergibt mit dem linken als Anfang sowie dem
rechten als Ende je ein sinnvolles Wort?

Übung 50   *

Schild-(......)-Meister

Welches Wort ergibt mit dem linken als Anfang sowie dem
rechten als Ende je ein sinnvolles Wort?

Je größer die Intelli-
genz, desto verhee-
render kann ihre
Dummheit ins Kraut
schießen.
Günter Grass

Übung 51 *

Enkel-(......)-Garten

Welches Wort ergibt mit dem linken als Anfang sowie dem rechten als Ende je ein sinnvolles Wort?

Übung 52 *

INDEL
MULE
UHCEB
OSRE
NNTEA

Welches gemixte Wort ist kein Baum?

Übung 53 *

MIRSCHDILB
SAUM
RECKDUR
CRESANN
TAZKE
TATURSAT
TAULERSPRECH

Welches gemixte Wort hat nichts mit Computern zu tun?

Übung 54 *

BRUCHPAS
SINZEN
TONKO
TIEKA
RAKM
BEGENROGEN
ECCHKS

Welches gemixte Wort hat nichts mit Geld zu tun?

Übung 55 *

LÖSONNEN
ADEBTAMNEL
ZELPTAMNEL
BASSERWALL
RAUCHERTILLEB
NONNESSCHMIR
HADESBOE

Welches Ding braucht man im Sommer nicht am Strand?

*Mut ohne Klugheit
ist Unfug und
Klugheit ohne Mut
ist Quatsch!*
Erich Kästner

Übung 56 *

Nase (Nacht) Wucht

Zunge (.....) Sacht

Welches Wort fehlt in der Klammer?

Übung 57 *

Hunger (Gerhard) Harddisc

Uhrblatt (.........) Goldmünze

Welches Wort fehlt in der Klammer?

Übung 58 *

Rathaustür (Hausbau) Marktbauamt

Großmuttersessel (............) Verkehrsschutzmann

Welches Wort fehlt in der Klammer?

Übung 59 *

Marxismus (Markus) Kuss

Barbara (......) Barkeeper

Welches Wort fehlt in der Klammer?

Übung 60 *

B + (Farbe) = Backware

Welches Wort gehört in die Klammer?

Übung 61 *

G + (Pferd) = nicht klein

Welches Wort gehört in die Klammer?

Übung 62 *

ST + (Geistwesen) = Pflanzenteil

Welches Wort gehört in die Klammer?

Übung 63 *

L + (Vorname) = Glücksspiel

Welches Wort gehört in die Klammer?

Übung 64 *

... drei.

A: Alle guten Dinge sind ...

B: Aller guten Dinge ist ...

C: Alle meine Entchen sind ...

D: Aller guten Dinge sind ...

Wie beginnt dieses Sprichwort?

Übung 65 *

Der Apfel fällt ...

A: ... jedem auf den Kopf.

B: ... nicht weit vom Ast.

C: ... nicht weit vom Stamm.

D: ... nicht weit von der Birne.

Ergänzen Sie dieses Sprichwort.

Übung 66 *

Morgenstund ...

A: ... ist ungesund.

B: ... hat Geld im Mund.

C: ... hat Gold im Schlund.

D: ... hat Gold im Mund.

Ergänzen Sie dieses Sprichwort.

Übung 67 *

Aller Anfang ...
A: ... ist leicht.
B: ... ist schwer.
C: ... ist ungesund.
D: ... macht Spaß.

Ergänzen Sie dieses Sprichwort.

Übung 68 *

AGRP
ILNREB
ODNLNO
ISLEHNIK
SOMAKU
OGLLEHNAD
DUBPASTE
POKNEGHANE
NIEW
OLRFNZE

Aus welchem Wortmix lässt sich nicht der Name einer europäischen Stadt bilden?

Die Waffen sind nicht so wichtig wie der Arm, der sie führt; der Arm ist nicht so wichtig, wie die Intelligenz, die ihn lenkt.
André Gide

Der größte Teil der kulturellen Produktion der letzten Jahrzehnte wäre durch einfaches Turnen und zweckmäßige Bewegung im Freien mit großer Leichtigkeit zu verhindern gewesen.

Bertold Brecht

Übung 69 ★

1.	ikalsosol	sein altes Haus
2.	ikalwewe	sein großes Haus
3.	komitwewe	großer Kochtopf
4.	komitcin	kleiner Kochtopf
5.	ikalcin	sein kleines Haus
6.	komitsosol	alter Kochtopf
7.	petatsosol	alte Matte
8.	petatwewe	große Matte
9.	ikalmeh	seine Häuser
10.	petatcin	kleine Matte
11.	komitmeh	Kochtöpfe
12.	petatmeh	Matten

Tragen Sie die entsprechenden aztekischen Sinneinheiten in die folgende Liste ein.

a) groß: _____

b) klein: _____

c) alt: _____

d) sein Haus: _____

e) Plural: _____

f) Matte: _____

g) Kochtopf: _____

Die Punkte 1–12 sind Übersetzungen eines aztekischen Dialekts. Ihre Aufgabe ist es, aus dem Vergleich die entsprechenden aztekischen Sinneinheiten als Übersetzung für die deutschen Begriffe zu finden.

NHAESN
TRIMAN
GROHLE
RIITGR
DIWGUL

Welches vermischte Wort ist kein männlicher Vorname?

RNEST
TALTAME
NELKGU
GNIDEBWÄCK
NNEDLA
ZNREEK
PSRNESTECKUR

Welches gemixte Wort ist kein Weihnachtsbaumschmuck?

Wussten Sie schon, dass im 4. Jahrhundert ein Grieche bis nach Norwegen segelte? Der Seefahrer und Astronom Pytheas war von Marseille aus nach England aufgebrochen, machte von dort aus jedoch einen Abstecher in Richtung Norden bis an die norwegische Küste. Er erzählte in seinen Reiseberichten von Eisschollen und den Gezeiten, wurde aufgrund dieser unwahrscheinlich klingenden Geschichten jedoch von den Kollegen verlacht.

Seitdem es Flugzeuge gibt, sind die entfernten Verwandten auch nicht mehr das, was sie einmal waren.

Helmut Qualtinger

Übung 72 ★★

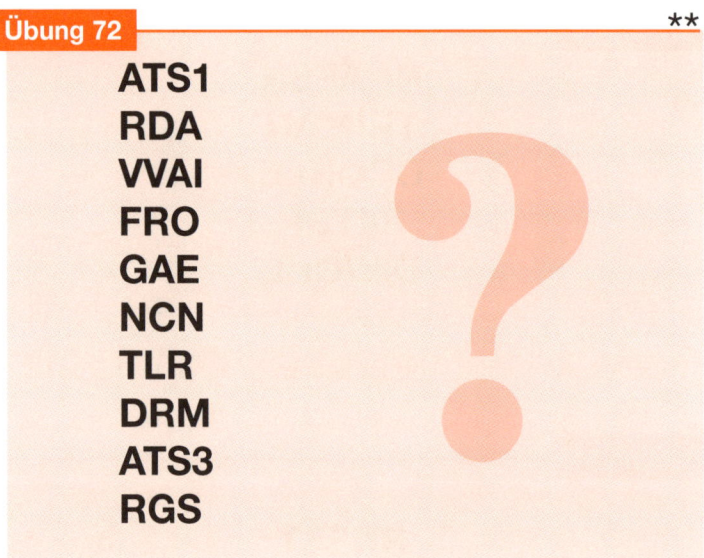

ATS1
RDA
VVAI
FRO
GAE
NCN
TLR
DRM
ATS3
RGS

Welche gemixte Abkürzung ist kein Fernsehsender?

Übung 73 ★★

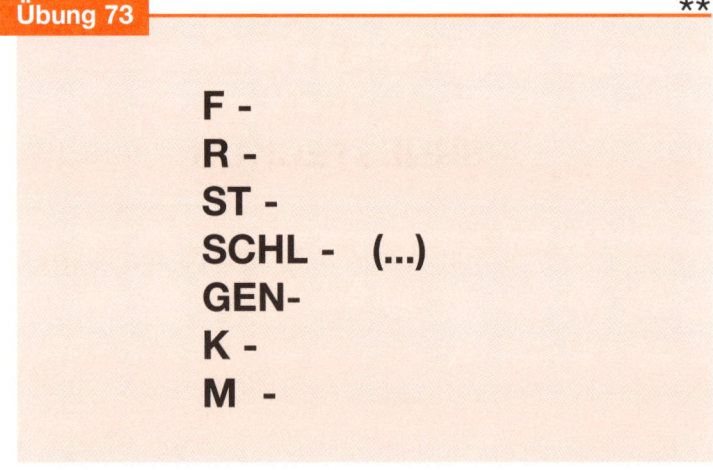

F -
R -
ST -
SCHL - (...)
GEN-
K -
M -

Welche Buchstaben fehlen in der Klammer, die in Kombination mit den linken Buchstaben jeweils sinnvolle neue Wörter ergeben?

Übung 74

**

S -
TR -
W -
R - (...N)
N -
FR -

Welche Buchstaben müssen in die Klammer eingefügt werden, damit sich kombiniert mit den Anfangsbuchstaben unten jeweils sinnvolle Worte ergeben?

Merkmale von Hochbegabten

Dass wir im Alltag oder in der Schule auf hoch begabte Kinder treffen, kommt unserer Meinung nach sehr selten vor. Tatsächlich erkennen wir sie oftmals gar nicht und wenn doch, dann wissen wir nicht, wie wir mit ihnen umgehen sollen. Dies gilt nicht nur für den Unbekannten auf der Straße, sondern auch oftmals für die eigenen Eltern. Wie kann man erkennen, dass ein Kind hoch begabt ist? Ist es in der Schule besser als die Klassenkameraden? Auch wenn die meisten Erfindungen in der Geschichte von hochintelligenten Menschen entwickelt wurden, so hätte man das kaum aus ihren schulischen Leistungen voraussahnen können. Im Gegenteil: Viele Erfinder, Forscher und Künstler waren, um es mal lapidar auszudrücken, Versager in der Schule. Hoch begabte Kinder zeigen in der Schule oft Desinteresse, hervorgerufen durch Stoffwiederholung im Unterricht und der für sie damit verbundenen Langeweile. Hoch begabte Kinder können dadurch ihr Interesse am Stoff verlieren und somit schwache schulische Leistungen zeigen. Dabei brauchen auch hoch begabte Kinder Motivation, um Fleiß entwickeln zu können, der auch für sie unerlässlich zur Erbringung hervorragender Ergebnisse ist. Generell ist zu hoch begabten Kinder zu sagen, dass diese vom Babyalter an Hochbegabung zeigen (diese also nicht plötzlich auftritt) und sie oft besonders in einigen Bereichen überragende Leistung vollbringen können, während es aber auch Bereiche geben kann, in denen sie „nur" durchschnittliche Leistung zeigen.

?

R -
BR -
T -
W -   (...N)
P -
D -

Welche Buchstaben fehlen in der Klammer, damit sich kombiniert mit den linken Buchstaben je sinnvolle Worte ergeben?

Wussten Sie schon, dass im Jahre 1740 in Frankreich eine Kuh der Zauberei für schuldig befunden und gehenkt wurde?

Das Hasenpanier ...
A: ... erlegen.
B: ... ergreifen.
C: ... erschießen.
D: ... ergattern.

Wie heißt es richtig?

Das Pferd am Schwanz ...
A: ... striegeln.
B: ... aufzäumen.
C: ... packen.
D: ... streicheln.

Wie heißt es richtig?

Übung 78 **

Aus dem Leim ...
A: ... fallen.
B: ... greifen.
C: ... gehen.
D: ... streichen.

Wie heißt es richtig?

Übung 79 **

Gammler (Teer) Filet

Rente (....) Rinne

Welches Wort gehört in die Klammer?

Übung 80 **

kompakt (Mona) lange

Stock (....) Foto

Welches Wort gehört in die Klammer?

Wenn man die Möglichkeit hat, sich zwischen einem intelligenten und einem weniger intelligenten Ansatz zu entscheiden, sollte man doch lieber den intelligenten wählen, da er wohl mit größerer Wahrscheinlichkeit zum Ziel führt.
Mathelehrer

Übung 81 ★★

Asterix (Leber) Obelix

Matte (.....) Star

Welches Wort gehört in die Klammer?

Übung 82 ★★

TTFISBEIL

A: Fahrzeug
B: Schreibgerät
C: Werkzeug

Zu welcher Kategorie gehört das folgende vermischte Wort?

Übung 83 ★★

CCTEKSHI

A: Möbel
B: Fahrzeug
C: Blumen

Zu welcher Kategorie gehört das folgende gemixte Wort?

Übung 84 ★★

ALPTTELASCHL

A: Körperteil
B: Bürogerät
C: Tonträger

Zu welcher Kategorie gehört das folgende gemixte Wort?

Übung 85 ★★

SSSURHCI

A: geographischer Begriff
B: Sprache
C: weiblicher Vorname

Zu welcher Kategorie gehört das folgende gemixte Wort?

Wer A sagt, der muss nicht B sagen. Er kann auch erkennen, dass A falsch war.
Bertold Brecht

Übung 86 ★★

ERPEL verhält sich zu ENTE wie ...

A: ... WIEDEHOPF zu WACHTEL
B: ... LÖWE zu TIGER
C: ... MANN zu FRAU
D: ... ROSE zu ROSMARIN

Eine Verhältnisaufgabe.

Übung 87 ⋆⋆

BIENE verhält sich zu HONIG wie ...

A: ... TANNE zu TANNENZAPFEN
B: ... AUTO zu MOTOR
C: ... ZEIGER zu UHR
D: ... KUH zu MILCH

Eine Verhältnisaufgabe.

Übung 88 ⋆⋆

ROSE verhält sich zu DORNEN wie ...

A: ... FUSS zu ZEHE
B: ... LIPPE zu OHR
C: ... ERDE zu MOND
D: ... COMPUTER zu TELEFON

Eine Verhältnisaufgabe.

Übung 89 ⋆⋆

T + (Eisenhaken) = Schiff

Welches Wort gehört in die Klammer?

Übung 90 ★★

PF + (Speer) =
Nicht tierisches Lebewesen

Welches Wort gehört in die Klammer?

Übung 91 ★★

(Tier) + ERT = Zahl

Welches Wort gehört in die Klammer?

Übung 92 ★★

MAN-(...)-OVE

Welche drei Buchstaben müssen eingesetzt werden, damit sich, kombiniert mit den vorderen und hinteren Buchstaben, je ein sinnvolles Wort ergibt?

Übung 93 ★★

MO-(...)-OGRAPH

Welche drei Buchstaben müssen eingesetzt werden, damit sich kombiniert mit den vorderen und hinteren je ein sinnvolles Wort ergibt?

Die Stücke werden immer länger, die Regisseure scheinen sich immer mehr selbst verwirklichen zu wollen.
Heinz Rühmann

Übung 94 ★★

SA-(....)-EL

Welche drei Buchstaben müssen eingesetzt werden, damit sich kombiniert mit den vorderen und hinteren je ein sinnvolles Wort ergibt?

Übung 95 ★★

RUN-(...)-LE

Welche drei Buchstaben müssen eingesetzt werden, damit sich kombiniert mit den vorderen und hinteren je ein sinnvolles Wort ergibt?

Übung 96 ★★

ROS-(...)-ER

Welche drei Buchstaben müssen eingesetzt werden, damit sich kombiniert mit den vorderen und hinteren je ein sinnvolles Wort ergibt?

Übung 97 ★★

FLUN-(....)-KRAFT

Welche vier Buchstaben gehören in die Klammer, damit sich mit den linken und rechten Buchstaben zusammen je ein sinnvolles Wort ergibt?

Übung 98 ★★

Arthur radelte nach Rimini. Bertram fuhr nach Quebec. Conrad reiste nach Polen.

A: Dora flog nach Peru
B: Daniela segelte nach Oslo.
C: Günther lief nach Hause.
D: Della jobbte in Malta.

Im Freundeskreis erzählt jeder von seinem Urlaub. Wer erzählt als Nächste/r?

Übung 99 ★★

Martin fährt BMW. Erik fährt Mercedes. Karin fährt Suzuki.

A: Otto fährt Volvo.
B: Agnes fährt Audi.
C: Richard fährt Wartburg.
D: Emil fährt Porsche.

Die genannten Personen besitzen verschiedene Autos. Wer der unteren gehört dazu?

Wussten Sie schon, dass Kinder bis zum Alter von etwa drei Jahren nicht in der Lage sind zu lügen? Dies lässt sich mithilfe eines einfachen Testes belegen. Man zeigt einem Kleinkind eine Streichholzschachtel, in der sich ein Bonbon befindet und holt dann eine dritte Person hinzu. Man fragt das Kind, was die dritte Person wohl glaube, was in der Schachtel sei. Das Kind wird immer mit „Bonbon" antworten. In diesem Alter glaubt das Kind nämlich, jeder erfahre die Welt so wie es selber. Diese Unfähigkeit, die Welt mit den Augen anderer zu betrachten, macht es dem Kind auch unmöglich zu lügen.

Übung 100 **

Günther liebt Rosen. Margot liebt Tulpen. Hans liebt Sonnenblumen.

A: Ida liebt Lilien.
B: Anne liebt Gerbera.
C: Konrad liebt Nelken.
D: Maria liebt Astern.

Drei Freunde haben einen Klub für Blumenliebhaber. Wer darf beitreten?

Begabung: Wie erkennen?

Hoch begabte Kinder fühlen sich oft anders als die anderen. Auf der einen Seite sind sie zwar oft schlechte Schüler, merken aber auf der anderen Seite selber, dass sie ihren Mitschülern geistig voraus sind. Ihre geistige Stärke zeigt sich dabei oft in ihrer schnellen Auffassungsgabe und in der schnellen, intensiven und qualitativ hochwertigeren Informationsverarbeitung. Generell zeigen hoch begabte Kinder von Babyalter an in vielen Verhaltens- und Verarbeitungsweisen ein ihrem Alter nicht entsprechendes, höheres Entwicklungsniveau. So erlernen sie z. B. sehr früh das Sprechen und bringen sich oft vor Schuleintritt das Lesen selber bei. Oft stellen sie sich auch selbstständig Aufgaben, die sie ehrgeizig und höchst konzentriert über längere Zeit bearbeiten können. Entsprechend ihrem Niveau suchen sie sich dann auch oft ältere Kinder als Freunde. Hierdurch wird klar verdeutlicht, dass sich hoch begabte Kinder auch bezüglich sozialer und emotionaler Intelligenz auf einem höheren Level als ihre Altersgenossen befinden. Nichtsdestotrotz müssen hoch begabte Kinder aber nicht in allen Bereichen überragend gut sein. Dies kann sich auch „nur" auf einen bestimmten Bereich beziehen. Trotzdem brauchen hoch begabte Kinder in jedem Fall eine Hand, die sie leitet, damit sie sich voll entfalten können. Dies können die eigenen Eltern sein, jedoch zeigte sich, dass hoch begabte Kinder oft spezielle Anleitung brauchen, die sie erstmal eher von professionellen Lehrern erhalten.

Übung 101 ★★

Feier (Fest) Hart

Insekten (...) Schweben

Welches Wort fehlt in der Klammer?

Übung 102 ★★

sanft (roh) gekocht

glatt (...) mild

Welches Wort fehlt in der Klammer?

Übung 103 ★★

sexy (scharf) gewürzt

ungezähmt (...) Hirsch

Welches Wort fehlt in der Klammer?

Fantasie ist der Versuchsballon, den man am allerhöchsten steigen lassen kann.
Lauren Bacall

Übung 104 **

VALIEKR
VILIENO
LODNEINAM
GIESSAEBG
MORTTPEE
MORTDRAO

Welcher Wortmix bezeichnet kein Instrument?

Wussten Sie schon, dass man die einzigen heute noch wild lebenden Kamele auf der Erde in Australien findet?

Übung 105 **

VEEERST
SZEZPITUG
RHOMAERNTT
WACSARZHWLD
AFYAUJIM
NMTO LNABC

Welches gemixte Wort ist kein Berg?

Übung 106 ★★

ALNADES
EFESILT
SSIKCUHH
TOFPLANFE
KISMOSAN
BUNCHAHSD

Welches gemixte Wort ist kein Schuh?

Übung 107 ★★

Die Flinte ...
A: ... ins Korn schießen
B: ... ins Korn jagen
C: ... aufs Korn schmeißen
D: ... ins Korn werfen

Ergänzen Sie diese Redewendung.

Übung 108 ★★

Pünktlichkeit ...
A: ... ist die Höflichkeit der Römer.
B: ... ist aller Laster Anfang.
C: ... ist die Höflichkeit der Könige.
D: ... ist der Reichtum der Könige.

Ergänzen Sie diese Redewendung.

> Rat erbitten: sich den eingeschlagenen Weg von einem anderen bestätigen lassen.
> *Ambrose Bierce*

> Die Presse ist für mich Druckerschwärze auf Papier.
> *Otto Fürst von Bismarck*

Mit einer Ent-
täuschung wird man
eher fertig als mit
einer zerstörten Il-
lusion.
Friedl Beutelrock

Übung 109 **

Wer den Pfennig nicht ehrt ...
A: ... ist des Euros nicht wert.
B: ... lebt verkehrt.
C: ... ist den Dollar nicht wert.
D: ... ist des Talers nicht wert.

Ergänzen Sie diese Redewendung.

Übung 110 **

Mit ... fängt man ...
A: Speck/Ratten
B: Käse/Mäuse
C: Speck/Mäuse
D: Käse/Ratten

Ergänzen Sie diese Redewendung.

Übung 111 **

APPETIT steht im selben Verhältnis zu NAHRUNG wie MASOCHISMUS zu ...

A: ... MAHLZEIT
B: ... SCHAUDER
C: ... GETRÄNK
D: ... QUAL
E: ... FASTEN
F: ... FREUDE

Eine Verhältnisaufgabe.

Die Ewigkeit dauert lange, besonders gegen Ende.
Woody Allen

Übung 112 **

HUT steht im selben Verhältnis zu KOPF wie TOPF zu ...

A: ... SUPPE
B: ... DECKEL
C: ... MITTAG
D: ... HERD
E: ... GELD
F: ... MAGEN

Eine Verhältnisaufgabe.

Übung 113 ★★

BABY steht im selben Verhältnis zu EMBRYO wie AKADEMIKER zu...

A: ... UNIVERSITÄT
B: ... PENSIONIST
C: ... STUDENT
D: ... ABITUR
E: ... PROFESSOR
F: ... DIREKTOR

Eine Verhältnisaufgabe.

Übung 114 ★★

a) Die viel Gehirns und das einzelnen Teile den Aufbau über Wissenschaft schon weiß des Zusammenspiel seiner.
b) Funktioniert immer noch Natur genau der das Rätsel aber Wunderwerk ungelöst funktioniert ist wie dieses.
c) Nicht und warum vergessen andere wir Ereignisse manche.
d) Gedächtnisbildung bei der auch Rolle dieser Prozess spielen soll eine.
e) Intelligenz konkurrieren alte können viele jungen durchaus mit auch der bei Menschen.

Ordnen Sie die Sätze.

Übung 115 ★★

EMP + (Tierkind) = nahe gelegt

Welches Wort gehört in die Klammer?

Übung 116 ★★

OUVER + (Eingang) = Musikstück

Welches Wort gehört in die Klammer?

Der höchste Grad von Ungerechtigkeit ist geheuchelte Gerechtigkeit.

Platon

Übung 117 ★★

(Französischer Vorname) + S = Kleidungsstück

Welches Wort gehört in die Klammer?

Übung 118 ★★

(Meerespflanze) + (Wasservogel) = mathematischer Begriff

Welche Worte gehören in die Klammer?

Der Wein wandelt den Maulwurf zum Adler.
Charles Baudelaire

Früher rasierte man sich, wenn man Beethoven hören wollte, jetzt hört man Beethoven, wenn man sich rasieren will.
Peter Bamm

Übung 119 **

(Schriftwerk) + E = Baum

Welches Wort gehört in die Klammer?

Übung 120 ***

OOHSFFNELTK
HCGAALS
NTTMOIUSR
MUGLLAI
NLEES

Welcher Wortmix ist kein chemisches Element?

Übung 121 ***

AZBSLRGU
RZAG
SIETENSATD
LVALCHI
NILZ
BERGZEN
WNEI
ALGENKRUFT
SINNKURBC
TS. ÖLPTEN

Welche der folgenden Städte ist keine Hauptstadt eines österreichischen Bundeslandes?

Übung 122 ———————————————— ★★★

FL-(......)-BAHN

Welche sechs Buchstaben gehören in die Klammer, damit sich zusammen mit den linken und rechten Buchstaben jeweils ein sinnvolles neues Wort ergibt?

Übung 123 ———————————————— ★★★

AN-(....)-ÖL

Welche vier Buchstaben gehören in die Klammer, damit sich mit den linken und rechten Buchstaben zusammen je ein sinnvolles Wort ergibt?

Übung 124 ———————————————— ★★★

A: Seine Leisten gürten.
B: Seine Lenden gürteln.
C: Seine Leisten gürteln.
D: Seine Lenden gürten.

Wie heißt die Redewendung wirklich?

Keine Kriege werden zugleich so ehrlos und unmenschlich geführt als die, welche Religionsfanatismus und Parteihass im Inneren eines Staates entzünden.
Friedrich Schiller

Übung 125 ★★★

A: Das ist des Pudels Keim.
B: Das ist des Rudels Keim.
C: Das ist des Pudels Kern.
D: Das ist des Pudels Herz.

Wie heißt die Redewendung wirklich?

Übung 126 ★★★

Gemüse (Kohl) Politiker
Nachschlüssel (...) Schauspielerin

Ergänzen Sie das fehlende Wort in der Klammer. (Achtung: die Punkte entsprechen nicht der Anzahl der gesuchten Buchstaben!)

Übung 127 ★★★

Angler (Fischer) Kabarettist
Idiot (...) Schauspieler

Ergänzen sie das fehlende Wort in der Klammer (Achtung: die Punkte entsprechen nicht der Anzahl der gesuchten Buchstaben!)

Übung 128
***

SPECK verhält sich zu SCHINKEN wie ...

A: FEUER zu WASSER

B: WEIN zu SCHNAPS

C: MESSER zu ZAHNSTOCHER

D: BUTTER zu MARGARINE

Eine Verhältnisaufgabe.

Übung 129
***

PRIESTER verhält sich zu LAIE wie ...

A: ... PAPST zu BISCHOF

B: ... HOSTIE zu OBLATE

C: ... LUTHER zu TAUFE

D: ... KIRCHE zu BASILIKA

Eine Verhältnisaufgabe.

Übung 130
***

UM (Wort) TV

IG (......) PP

Welches Wort gehört in die Klammer?

> Bei genauem Hinsehen zeigt sich, dass Arbeit weniger geisttötend ist als Amusement.
> *Charles Baudelaire*

Menschen, die nicht
groß sind, machen
sich gerne breit.
Friedl Beutelrock

Ein Junggeselle ist
ein Mann, der nur ein
einziges Problem hat
– und das ist lösbar.
Woody Allen

Übung 131 ***

Vogelreise (Lufthauch) Lokomotive

Journal (.......) Illustrierte

Welches Wort gehört in die Klammer?

Übung 132 ***

P + (Anfang mancher christlicher Feiertage) = Wandschmuck

Welches Wort gehört in die Klammer?

Übung 133 ***

(lateinische Vorsilbe) + ST = Ausruf

Welches Wort gehört in die Klammer?

Übung 134 ***

LRTAAAEBS
A: Pazifikinsel
B: Virusart
C: Gipsart
D: Feldfrucht

Zu welcher Kategorie gehört dieser Wortmix?

Übung 135 ★★★

PYHHREILOGE

A: Wissenschaftler
B: Krankheit
C: Schriftzeichen
D: Körperteil

Zu welcher Kategorie gehört dieses gemixte Wort?

Übung 136 ★★★

Gudrun ist Schauspielerin. Holger möchte gern Bäcker werden. Matt ist Harfinist. Nina spielt hauptberuflich Basstuba. Renate jobbt erst gelegentlich mit ihrer Violine.

A: Mario werkt als Operntenor.
B: Maria stellt Gorgonzola her.
C: Sandra ist Baggerführer-Azubi.
D: Kunz ist am Arbeitsamt angestellt.

Wer gehört dazu?

Der Nachteil der Intelligenz besteht darin, dass man pausenlos dazulernen muss.
George Bernard Shaw

Übung 137 ★★★

Heinz liebt Fische. Nena hat Katzen. Anne einen Hamster. Tim einen Fink.

A: Barbara züchtet Salamander.
B: Otto hat einen Mopps.
C: Esther hat zwei Schlangen.
D: Udo hat einen Hund.

Wer gehört dazu?

Übung 138 ★★★

T-(.....)-LIN

Welche fünf Buchstaben fehlen in der Klammer, um mit den Buchstaben davor und danach je ein sinnvolles Wort zu ergeben?

Übung 139 ★★★

MUS-(.....)-ENTE

Welche vier Buchstaben fehlen in der Klammer, um mit den Buchstaben davor und danach je ein sinnvolles Wort zu ergeben?

Übung 140 ★★★

HOMO-(...)-ETIK

Welche drei Buchstaben fehlen in der Klammer, um mit den Buchstaben davor und danach je ein sinnvolles Wort zu ergeben?

Übung 141 ★★★

**TEWS IEDS YOTSR
ESL BLARSEESIM
HMLK!AAOO
AL AAARTTVI
AAANTVKE
TASC
YRKCO RRRHOO WHOS**

Welches Wort oder welche Wortgruppe gehört nicht dazu?

Übung 142 ★★★

**HEUMTL OKLH
AOEOLPNN OAAEPBNRT
IADRRHC IONXN
AAIRM EEIASTRH
UUIJSL AÄRSC
IIAMCLH OOACSHWGTRB
AAEEDLNRX RDE OERGSS**

Welches Wort oder welche Wortgruppe gehört nicht dazu?

Alter schützt nicht vor Torheit, aber Dummheit vor Intelligenz.

Volksmund

Übung 143 ★★★

a) Augen-, Haut-
b) Tier-, Jugend-
c) Buch-, Straßen-
d) Schrift-, Körper-
e) Quark-, Mantel-
f) Ofen-, Eisen-
g) Land-, Rind-
h) Luft-, Vogel-
i) Katzen-, Glas-
j) Däne-, Knochen-

Bei den 10 Begriffspaaren fehlt jeweils das gleiche Ende. Finden Sie das jeweilige Wort, und ergänzen Sie es. Beispiel: Fluss-, Himmel-, Lösung: Bett.

Übung 144 ★★★

CD verhält sich zu TONTAFEL wie ...

A: ... SCHALLPLATTE zu MUSIKKASSETTE
B: ... BAROCK zu ROKOKO
C: ... LASER zu PAPIER
D: ... BRANDZEICHEN zu TÄTOWIERUNG

Eine Verhältnisaufgabe.

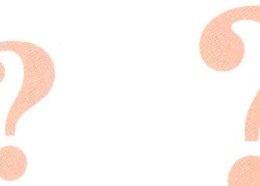

Übung 145 ★★★

a) **Musikinstrument – Teil eines Vogels**
b) **Insekt – Wichtiger Teil von Fahrzeugen**
c) **Haustier – Zustand nach durchzechter Nacht**
d) **Pflanze – Teil eines großen Raubtiers**
e) **Haustier – Umgangssprachliche Umschreibung für Glück**
f) **Frucht – Kopf**
g) **Teil eines Tieres – Pflanze**
h) **Entwicklungsstadium – Spielzeug**
i) **Etat – wirtschaftliche Einheit**
j) **Autotyp – Insekt**

Finden Sie einen Begriff, der zwei verschiedene Bedeutungen hat. Beispiel: Deutscher Schriftsteller – Andere Bezeichnung für Frühling: der gesuchte Begriff ist Lenz.

Übung 146 ★★★

SI-(...)-RECHT

Welche Buchstaben fehlen in der Klammer, um mit den Buchstaben davor und danach je ein sinnvolles Wort zu ergeben? (Achtung: die Anzahl der Punkte muss nicht der Anzahl der gesuchten Buchstaben entsprechen!)

Zu oft mit der Faust auf den Tisch schlagen bekommt der Faust schlechter als dem Tisch.
Willy Brandt

In der Politik geht es nicht darum, Recht zu haben, sondern Recht zu behalten.
Konrad Adenauer

Übung 147 ★★★

a) Fleisch – Rad – Pulver – Füllung
b) Mittel – Tag – Maschine – Raum
c) Tag – Korb – Frau – Forscher
d) Verkehr – Zug – Krieg – Hauch
e) Fleisch – Dom – Haus – Schnitt
f) Kette – Ausschnitt – Krause – Tuch
g) Betrag – Schule – Vermögen – Ausgabe
h) Grube – Obst – Strick – Tür
i) Bauer – Bahn – Kuppe – Luft
j) Konferenz – Lehre – Zelle – Leitung

Suchen Sie bei dieser Übung ein Wort, das mit den vorgegebenen zusammengesetzte Wörter ergibt. Das gesuchte Wort soll vorangestellt werden. Beispiel: Fang – Besteck – Kutter – Fabrik, Lösung: „Fisch".

Übung 148 ★★★

PTEIERHONY

A: Krankheit
B: Berg in Griechenland
C: indianischer Gott
D: Computerchip

Zu welcher Kategorie gehört dieses gemixte Wort?

IIHOTREAKBLB

A: Körperteil
B: Geschäft
C: Beruf
D: chemisches Element

Zu welcher Kategorie gehört dieses gemixte Wort?

a) Stich	Freiheit
b) Auto	Bein
c) Holz	Bauten
d) Druck	Freiheit
e) See	Hüpfer
f) Bau	Frau
g) Tanz	Box
h) Lauf	Höhe
i) Bibel	Team
j) Vogel	Schneise

Die Intellektuellen sind wie der Salat: viel Kopf, wenig Wurzeln.
Ralph Boller

Finden Sie das Wort, das mit dem einen vorgegebenen Wort den Schluss bildet und mit dem anderen den Anfang. Beispiel: Heimat und Zyklus. Das gesuchte Wort ist Lied. Heimatlied und Liederzyklus sind die neuen Wörter.

Lösungen: Sprachgebundenes Denken

Lösung 1
Nase, Mund, Hals, Mond, Zehe, Haar; der Mond ist natürlich kein Körperteil, obwohl es Mondgesichter gibt.

Lösung 2
Kommissar, Lupe, Comic, Dieb, Polizei, Handschellen; Comic passt nicht dazu, obwohl es natürlich auch Comics über Polizisten und Detektive gibt.

Lösung 3
Golf, Schwimmen, Wasserski, Skifahren, Radfahren, Fußball, Tennis; Skifahren gehört nicht dazu, weil es die einzige Wintersportart ist.

Lösung 4
Zelt, Iglu, Höhle, Vogelhaus, Hütte, Holzhaus, Hotel; im Vogelhaus wird's wohl zu eng!

Lösung 5
D.

Lösung 6
A.

Lösung 7
D.

Lösung 8
B; der Jupiter ist kein Stern (als solche bezeichnet man nur Sonnen, aber nicht Planeten).

Lösung 9
C; ein Autobus ist (im Unterschied etwa zu einem Rennwagen) kein Sportgerät.

Lösung 10
A; der Rhein ist kein Stausee.

Lösung 11
C; Paris ist kein Dorf.

Lösung 12
a) Ball, Spiel.
b) Wiese, Boden, Wurzel.
c) Leitung, Schlag.
d) Papier, Eintrag.
e) Mus, Kern.
f) Seite, Papier.
g) Kleid, Spiel, Kind.
h) Gabel, Suppe.
i) Schrift, Menu, Kabel.
j) Getreide, Maische.

Lösung 13
Hand, Rückhand, Handschuh.

Lösung 14
Schuh; Hausschuh, Schuhband.

Lösung 15
Salat; Kartoffelsalat, Salatgurke.

Lösung 16
Stern; Weihnachtsstern, Sterntaler.

Lösung 17
Wal; Hecht, Hai, Stör, Wal; der Wal ist ein Säugetier, alle anderen Namen sind Fische.

Lösung 18
Auto, Bus, Motorrad, Fahrrad, Moped; ein Fahrrad kommt ohne Motor aus.

Lösung 19
Messer, Gabel, Hammer, Löffel, Tasse, Teller; der Hammer als Werkzeug passt nicht zum Besteck und Geschirr.

Lösung 20
Buch, Comic, Magazin, Zeitung, Journal, Notizblock; auf dem Notizblock soll man schreiben, die anderen enthalten schon gedruckten Text zum Lesen.

Lösung 21
B + Eule = Beule.

Lösung 22
Wal + D = Wald.

Lösung 23
Tee + R = Teer.

Lösung 24
As + T = Ast.

Lösung 25
A und T; zusammen mit den anderen ergeben sich daraus die Worte: Gatte, Latte, Ratte, Matte, Watte.

Lösung 26
E und E; zusammen mit den anderen ergeben sich daraus die Worte: Fee, See, Schnee, Klee und Tee.

Lösung 27
A und L; zusammen mit den anderen ergeben sich daraus die Worte: Stall, Wall, Fall, Knall, Hall und Ball.

Lösung 28
A und U; zusammen mit den anderen ergeben sich daraus die Worte: Bau, lau, flau, grau, Sau und Tau.

Lösung 29
a) Moskau.
b) Kontinent.
c) Fauna.
d) Wiese.
e) Straße.
f) Besteck.
g) Fisch.
h) Holz.
i) Diskette, CD.
j) Dienstleistung.

Lösung 30
C.

Lösung 31
C.

Lösung 32
B.

Lösung 33
C.

Lösung 34
a) Korn.
b) Sessel.
c) Rose.
d) Gemüse.
e) hoch.
f) Vorlesung.

g) Video.
h) Mirabelle.
i) Europa.
j) Mensch.

Lösung 35
Rot, Grün, Blau, Gelb, Schwarz ; nur Rot, Blau und Gelb gelten als Grund- oder Primärfarben. Grün besteht nach der Farbenlehre aus Gelb und Blau, Schwarz aus allen drei Grundfarben.

Lösung 36
Italien, Griechenland, Spanien, Tunesien, Frankreich, Holland; Tunesien liegt in Nordafrika.

Lösung 37
Birnen, Trauben, Orangen, Äpfel, Pfirsiche, Kirschen; Orangen gibt es zwar in jedem Supermarkt, bei uns wachsen sie aber nicht.

Lösung 38
Berlin, München, Wien, Stuttgart, Essen, Kiel; Wien ist die Hauptstadt von Österreich.

Lösung 39
A; der Leopard ist ein Fleischfresser.

Lösung 40
A; die Kastanie ist ein Baum, kein Gebüsch.

Lösung 41
C; Hamburg ist sowohl Stadt als auch Bundesland, aber kein eigener Staat.

Lösung 42
B; die Ferse ist ein Teil des Fußes und somit auch Teil des Beines, aber nicht ein Teil des Knies.

Lösung 43
a) Niederschlag.
b) Schmuck.
c) Fahrzeuge.
d) Werkzeuge.
e) Oberbekleidung.
f) Steinobst.
g) Inseln.
h) Schreibzeug.
i) Bäume.
j) Osteuropäische Länder.

Lösung 44
A,R,E; Garten, warten, Karten, Sparten, starten.

Lösung 45
N, N, E; Sonne, Wonne, Tonne, Kolonne, Nonne.

Lösung 46
A, N, K; sank, Bank, krank, Schrank, Frank.

Lösung 47
A, N, N; Wanne, Panne, Tanne, Kanne, Susanne.

Lösung 48
Ball; Fußball, Ballsaison.

Lösung 49
Finger; Langfinger (= Dieb), Fingerabdruck.

Lösung 50
Bürger; Schildbürger, Bürgermeister.

Lösung 51
Kinder; Enkelkinder, Kindergarten.

Lösung 52
Rose; Linde, Ulme, Buche, Rose, Tanne.

Lösung 53
Katze; Bildschirm, Maus, Drucker, Scanner, Katze, Tastatur, Lautsprecher.

Lösung 54
Regenbogen; Sparbuch, Zinsen, Konto, Aktie, Mark, Regenbogen, Scheck.

Lösung 55
Pelzmantel; Sonnenöl, Bademantel, Pelzmantel, Wasserball, Taucherbrille, Sonnenschirm, Badehose.

Lösung 56
ZUCHT; das Wort in der Klammer besteht jeweils aus den zwei ersten Buchstaben des ersten und den drei letzten Buchstaben des zweiten Wortes.

Lösung 57
BLATTGOLD; das Wort in der Klammer besteht jeweils aus der letzten Silbe des ersten und der ersten Silbe des zweiten Wortes.

Lösung 58
MUTTERSCHUTZ; das Wort in der Klammer besteht jeweils aus dem mittleren Wort des ersten und des zweiten zusammengesetzten Wortes.

Lösung 59
BARBAR; das Wort in der Klammer besteht jeweils aus den drei ersten Buchstaben des ersten und des zweiten Wortes.

Lösung 60
Brot; B + Rot = Brot.

Lösung 61
groß; B + Ross = groß.

Lösung 62
Stängel; ST + Engel = Stängel.

Lösung 63
Lotto; L + Otto = Lotto.

Lösung 64
D.

Lösung 65
C.

Lösung 66
D.

Lösung 67
B.

Lösung 68
Prag, Berlin, London, Helsinki, Moskau, Helgoland, Budapest, Kopenhagen, Wien, Florenz; Helgoland ist eine Insel.

Lösung 69

a) wewe.
b) cin.
c) sosol.
d) ikal.
e) meh.
f) petat.
g) komit.

Lösung 70
Hannes, Martin, Holger, Birgit, Ludwig; Birgit ist ein weiblicher Vorname.

Lösung 71
Stern, Lametta, Kugeln, Windgebäck, Nadeln, Kerzen, Sternspucker; die Nadeln passen nicht zu den anderen, weil sie als Einzige zum Baum selber und nicht zum Baumschmuck gehören.

Lösung 72
Sat 1, ARD, Viva, ORF (österreichisches Fernsehen), AEG, CNN, RTL, MDR, 3 Sat, SRG (Schweizer Fernsehen); AEG ist eine Elektrofirma, kein Fernsehsender.

Lösung 73
USS; Fuß, Ruß, Stuss, Schluss, Genuss, Kuss, muss (Anmerkung: in der Großschreibung wird aus „ß" – „SS").

Lösung 74
AGE; sagen, tragen, wagen, nagen, fragen (Sagen, Wagen und Fragen können auch Hauptwörter sein).

Lösung 75
ATE; raten, braten, Taten, waten, Paten, Daten (Raten und Braten können auch Hauptwörter sein).

Lösung 76
B; „das Hasenpanier ergreifen" ist eine Redewendung für „fliehen" (bei der Flucht stellt der Hase seinen Schwanz auf, sodass sein „Panier", Jägersprache für Hinterteil, sichtbar wird).

Lösung 77
B; d. h. etwas verkehrt machen. Das Zaumzeug legt man am Kopf des Pferdes an, wenn man ein Pferd also am Schwanz aufzäumt, macht man etwas verkehrt.

Lösung 78
C, d. h. kaputt gehen, sich auflösen. Früher waren Möbel oft geleimt, wenn das Bindemittel sich auflöste, gingen die Möbel kaputt.

Lösung 79
Ente; die zweite Hälfte des Wortes in der Klammer besteht aus den letzten beiden Buchstaben des linken Wortes, die erste Hälfte aus den letzten zwei Buchstaben des rechten Wortes in umgekehrter Reihenfolge (GammlER + FilET = TEER, RenTE + RinNE = Ente).

Lösung 80
Otto; die erste Hälfte des Wortes in der Klammer besteht aus dem zweiten und dritten Buchstaben des linken Wortes in umgekehrter Reihenfolge, die zweite Hälfte des Wortes in der Klammer besteht aus dem zweiten und dritten Buchstaben des rechten Wortes in umgekehrter Reihenfolge (kOMpakt + lANge = Mona, sTOck + fOTo = Otto).

Lösung 81
Ratte; die erste Hälfte des Wortes in der Klammer besteht aus dem zweiten, dritten und vierten Buchstaben des rechten Wortes in umgekehrter Reihenfolge, die zweite Hälfte des Wortes in der Klammer besteht aus dem vierten und fünften Buchstaben des rechten Wortes in normaler Reihenfolge (astERix + oBELix = Leber, matTE + sTAR = Ratte).

Lösung 82
B; „Bleistift".

Lösung 83
A; „Ecktisch".

Lösung 84
C; „Schallplatte".

Lösung 85
B; „Russisch".

Lösung 86
C; ein Erpel ist eine männliche Ente, daher geht es um die weibliche und männliche Seite einer Gattung (beim Menschen Mann und Frau).

Lösung 87
D; Bienen sind Nutztiere, von denen wir Honig gewinnen, vom Nutztier Kuh gewinnen wir unter anderem Milch.

Lösung 88
A; Dornen sind ein Teil der Rose, so wie die Zehen Teil des Fußes sind.

Lösung 89
T + Anker = Tanker.

Lösung 90
PF + Lanze = Pflanze.

Lösung 91
Hund + ERT = Hundert.

Lösung 92
GAN; Mangan, Ganove.

Lösung 93
DEM; Modem, Demograph (Meinungsforscher).

Lösung 94
DIST; Sadist, Distel.

Lösung 95
ZEL; Runzel (Falte), Zelle.

Lösung 96
TIG; rostig, Tiger.

Lösung 97
KERN; flunkern, Kernkraft.

Lösung 98
B; die Anfangsbuchstaben der Namen wechseln nach dem Alphabet (A, B, C, D), die der Orte gegen die Reihenfolge des Alphabets, mit R beginnend (R, Q, P, O).

Lösung 99
C; die Besitzer haben jeweils als Beginn ihres Vornamens den vorletzten Buchstaben ihrer Automarke.

Lösung 100
D; der Vornamen der Freunde endet jeweils auf dem Buchstaben, mit dem ihre Lieblingsblume beginnt.

Lösung 101
Fliegen; das Wort in der Klammer ist jeweils ein Synonym für die beiden Worte außerhalb der Klammer.

Lösung 102
rau; das Wort in der Mitte ist jeweils das Gegenteil der beiden außen stehenden Worte (ein raues Klima).

Lösung 103
Wild; das Wort in der Klammer ist je ein Synonym für beide Worte außerhalb der Klammer.

Lösung 104
MORTDRAO (Motorrad); die anderen sind Klavier, Violine, Mandoline, Bassgeige, Trompete.

Lösung 105
WACSARZHWLD (Schwarzwald); die anderen heißen Everest, Zugspitze, Matterhorn, Fujiyama und Mont Blanc.

Lösung 106
BUNCHAHSD (Schuhband); die anderen sind Sandale, Stiefel, Skischuh, Pantoffel und Mokassin.

Lösung 107
D; „Die Flinte ins Korn werfen" bedeutet „wütend oder frustriert (den Kampf) aufgeben" und stammt aus der Soldatensprache.

Lösung 108
C.

Lösung 109
D.

Lösung 110
C; soll heißen, es kommt auf den richtigen Köder an, wenn man von jemandem etwas haben will.

Lösung 111
D; wer Appetit hat, verlangt nach Speise, wer masochistisch ist, verlangt nach Qual.

Lösung 112
D; einen Hut setzt man auf und zwar auf den Kopf, einen Topf setzt man ebenfalls auf und zwar auf den Herd.

Lösung 113
C; vorher/nachher: Aus einem Embryo wird ein Baby, aus einem Studenten ein Akademiker.

Lösung 114
a) Die Wissenschaft weiß schon viel über den Aufbau des Gehirns und das Zusammenspiel seiner einzelnen Teile.
b) Noch immer ist aber das Rätsel ungelöst, wie dieses Wunderwerk der Natur genau funktioniert.
c) Warum vergessen wir manche Ereignisse und andere nicht?
d) Dieser Prozess soll auch bei der Gedächtnisbildung eine Rolle spielen.
e) Auch bei der Intelligenz können viele alte Menschen mit jungen durchaus konkurrieren.

Lösung 115
Emp + Fohlen (ein Pferdejunges) = empfohlen (Partizip Perfekt von empfehlen).

Lösung 116
Ouver + Türe = Ouvertüre (der Beginn u. a. einer Oper).

Lösung 117
Jean + s = Jeans.

Lösung 118
Tang + Ente = Tangente.

Lösung 119
Buch + e = Buche.

Lösung 120
Lachgas ist kein chemisches Element; die anderen Wörter sind Kohlenstoff, Strontium, Gallium und Selen.

Lösung 121
Salzburg ist die Hauptstadt von Salzburg, Graz ist die Hauptstadt der Steiermark, Eisenstadt ist die Hauptstadt des Burgenlands, Linz ist die Hauptstadt von Oberösterreich, Bregenz ist die Hauptstadt von Vorarlberg, Wien ist sowohl Bundesland als auch Hauptstadt, Klagenfurt ist die Hauptstadt von Kärnten, Innsbruck die Hauptstadt von Tirol, St. Pölten die Hauptstadt von Niederösterreich. Villach liegt in Kärnten, ist aber nicht die Hauptstadt dieses Bundeslands.

Lösung 122
Aschen; Flaschen, Aschenbahn.

Lösung 123
kern; ankern, Kernöl (eine Lebensmittelspezialität v. a. im südöstlichen Österreich).

Lösung 124
D; „Seine Lenden gürten" bedeutet „aufbrechen, losziehen" und bezieht sich darauf, dass man früher vor dem Kampf die Waffen an einem Ledergürtel um die Hüften (Lenden) befestigt hat.

Lösung 125
C; „das ist der Kern der Sache, so sieht sie wirklich aus" – die Redewendung stammt aus Goethes Faust, wo sich ein harmloser Pudel später als der Teufel entpuppt.

Lösung 126
Dietrich (Marlene Dietrich).

Lösung 127
Depp (Johnny Depp).

Lösung 128
A; Speck wird geräuchert (mit Feuer behandelt), Schinken gekocht (mit Wasser behandelt).

Lösung 129
B; ein Nicht-Geistlicher (also Laie) wird durch die Weihe zum Priester, die Oblate (dünnes Backwerk) wird erst durch die Weihe zur Hostie (Leib Christi).

Lösung 130
Kinn; für die ersten zwei Buchstaben des Wortes in der Klammer muss man von den zwei linken Buchstaben um zwei Stellen im Alphabet weiter gehen (U-v-W, M-n-O: UM=WO; I-j-K, G-h-I: IG=KI). Für die zwei letzten Buchstaben des Wortes muss man von den rechten zwei Buchstaben je um zwei Stellen im Alphabet zurück gehen (T-s-R, V-u-T: RT=TV; P-o-N: PP=NN).

Lösung 131
Magazin; alle drei Worte sind jeweils Synonyme für ein drittes, im ersten Fall für „Zug", im zweiten Fall „Zeitschrift".

Lösung 132
Poster; „Oster-" ist der (Wort-) Anfang der Feiertage Ostersonntag und Ostermontag.

Lösung 133
pro + st = Prost

Lösung 134
C; Alabaster; Gipsart, wird vor allem für Kleinskulpturen verwendet.

Lösung 135
C; Hieroglyphe (altägyptische Schrift).

Lösung 136
B; die Namen und Berufe enden je auf den gleichen Buchstaben.

Lösung 137
B; die Tiere und Vornamen haben jeweils dieselben Vokale.

Lösung 138
Herme; Therme, Hermelin.

Lösung 139
TANG; Mustang, Tangente.

Lösung 140
GEN; homogen (gleichartig), Genetik (Erblehre).

Lösung 141
La Traviata; dieses Stück ist als einziges eine Oper,

alle anderen sind Musicals: West Side Story, Les Misérables, Oklahoma!, Anatevka, Cats, Rocky Horror (Picture) Show.

Lösung 142
Maria Theresia; alle sind Kaiser, Könige oder andere Staatsoberhäupter, aber sie ist die einzige Frau. Die anderen sind: Helmut Kohl, Napoleon Bonaparte, Richard Nixon, Julius Cäsar, Michail Gorbatschow und Alexander der Große.

Lösung 143
a) Farbe.
b) Schutz.
c) Seite.
d) Größe.
e) Tasche.
f) Rohr.
g) Zunge.
h) Zug.
i) Auge.
j) Mark.

Lösung 144
D; auf eine CD werden Informationen gebrannt, in eine Tontafel geritzt, Brandzeichen werden auf die Haut gebrannt, Tätowierungen in die Haut geritzt.

Lösung 145
a) Flügel.
b) Bremse.
c) Kater.
d) Löwenzahn.
e) Schwein.
f) Birne.
g) Blume.
h) Puppe.
i) Haushalt.
j) Käfer.

Lösung 146
RUP; Sirup, Ruprecht.

Lösung 147
a) Zahn.
b) Wasch.
c) Markt.
d) Luft.
e) Kaiser.
f) Hals.
g) Gesamt.
h) Fall.
i) Berg.
j) Geheim.

Lösung 148
A; Hypertonie (Bluthochdruck).

Lösung 149
C; Bibliothekar.

Lösung 150
a) Wahl.
b) Schlüssel.
c) Pfahl.
d) Presse.
e) Gras.
f) Haus.
g) Musik.
h) Pass.
i) Forscher.
j) Flug.

Zahlengebundenes Denken

„Ich war immer schlecht in Mathe!", ist ein oft gehörter Schreckensruf, wenn jemand sich unvermittelt mit einer Rechenaufgaben konfrontiert sieht. Und nicht zuletzt deswegen, weil viele Leute noch die quälende Erinnerung an peinigende Mathematikstunden vor Augen haben, sind Berufe wie Buchhalter oder Lohnrechner nicht unbedingt angesehen. Dabei kann Mathematik auch als Spiel betrachtet werden! Wenn man sich ein wenig mit den Geheimnissen der Zahlen auseinandersetzt, dann verfällt man recht rasch ihrem Zauber. Das Denken in mathematischen Kategorien erweitert unser Bewusstsein und verbessert alle logischen Fähigkeiten. Allerdings kann die Freude am Zahlenspiel nicht verordnet werden. So mancher kann eben wirklich nichts mit Formeln und Brüchen, Winkeln und geschnittenen Ebenen anfangen. Für diese Personengruppe gibt es hier eine gute und eine schlechte Nachricht. Die gute zuerst: Bei Intelligenztests wird nur selten tiefgründig nach mathematischen Fähigkeiten und Kopfrechenakrobatik geforscht, es geht hauptsächlich einmal mehr um das Erkennen von logischen Problemen und deren Lösung. Die schlechte Nachricht: Ganz kommt man um's Rechnen nicht herum. Allerdings werden selten mehr als die vier Grundrechenarten benötigt, erstaunlich oft sogar nur Addieren und Multiplizieren. Manchmal geht es aber auch nur um das äußere Erscheinungsbild der Zahlen! Auch für diesen Aufgabenbereich gilt wieder: Nehmen Sie sich genügend Zeit, den Sinn der Problemstellung herauszufinden. Greifen Sie auch für einfache Additionen ruhig zu Papier und Bleistift (wenn das erlaubt ist), denn sehr oft versagen gerade in Testsituationen die grundlegendsten Fähigkeiten. Aber auch das Umstellen der Aufgabe auf einem eigenen Blatt Papier kann neue Erkenntnisse bringen.
Lesen Sie nach jedem Abschnitt die Lösungen gut durch – so erhalten Sie einen Einblick in die Art der Fragestellungen, denen Sie immer wieder begegnen werden.

Zahlenreihen

Dies ist die häufigste Aufgabenart. Tatsächlich verbirgt sich auch in den anderen Aufgabentypen meist nichts anderes als solche Reihen. Das Prinzip ist immer das Gleiche: eine Reihe von Zahlen soll fortgesetzt werden. Versuchen Sie es am besten zuerst mit gleichmäßig wachsenden oder abnehmenden Abständen (1, 2, 3, 4 ...), dann mit rhythmisch größer oder kleiner werdenden Abständen (1, 3, 6, 10 ...). Ergibt sich auf diese Art keine sinnvolle Struktur, teilen Sie die Reihe in mehrere sich abwechselnde Reihen auf (1, 10, 2, 9, 3, 8). Fast immer liegt die Lösung in einer dieser Arten von Aufgabenstellung – oder einer Kombination daraus.

Zahlen-kombinationen

In welcher Form sie auch erscheinen, als Brüche, Triplets, Sterne, Kreise, Quadrate ..., es handelt sich in fast jedem Fall wieder um eine oder mehrere Zahlenreihen. Suchen Sie die optische Verbindung – Gerade, Zickzack, Drehungen im Uhrzeigersinn – und lösen Sie diese Reihen wie bereits oben beschrieben. Aber Achtung: Brüche sind so gut wie niemals wirklich echte Bruchrechnungen!

Textaufgaben

Ein Tipp: Zu besonders schweren oder nach höherer Mathematik aussehenden Aufgaben gehört meist ein logischer „Abkürzer", der Ihnen langes Rechnen erspart! Überlegen Sie immer, ob ein Testmacher tatsächlich erwarten kann, dass jemand diese Aufgabe knackt. Bevor Sie über komplizierte Logarithmen nachdenken, suchen Sie sozusagen nach der Hintertür! Wenn Sie sich die im Test geschilderte Situation schwer vorstellen können, fertigen Sie sich eine Zeichnung davon an.

Klammern

Hier werden sowohl logisches Denken als auch mathematische Fähigkeiten benötigt. In der klassischen Klammeraufgabe finden sich in der ersten Zeile zwei Zahlen, in deren Mitte eine dritte in Klammer steht. In der zweiten Zeile steht dasselbe mit einer leeren Klammer. Ihre Aufgabe besteht darin, den Zusammenhang der drei oberen Zahlen zu erkennen und unten zu ergänzen. Oft ist die Klammerzahl das Produkt der beiden äußeren: Addieren Sie die Zahlen, subtrahieren Sie sie, führen Sie mehrere Rechenoperationen hintereinander aus, vergessen Sie dabei nicht, abzuschätzen, ob daraus auch die dritte Zahl entstehen kann. Funktioniert es trotzdem nicht, lassen Sie diese schweren Aufgaben erst einmal aus.

Übungen: Zahlengebundenes Denken

Im Folgenden geht es ausschließlich um mathematisch-logische Aufgaben, für die in den meisten Fällen Kenntnisse in den vier Grundrechenarten (Addieren, Subtrahieren, Multiplizieren, Dividieren) ausreichen. Nur wenige Aufgaben haben mit anderen Bereichen wie Quadrieren (das Multiplizieren einer Zahl mit sich selbst) oder Primzahlen (Zahlen, die nur durch sich selbst oder durch 1 dividiert werden können) zu tun. Auch die Bruchaufgaben haben (meistens!) mit echten Brüchen nichts zu tun. Gefordert ist also wieder einmal, das logische System hinter der gestellten Aufgabe zu erkennen.
Die Aufgaben sind gemischt, nehmen aber erneut im Schwierigkeitsgrad zu.

Tipps und Hinweise

Ich habe zum Begriff Herrschaft in der Demokratie ein völlig ungebrochenes Verhältnis, weil es eine Herrschaft auf Zeit ist.

Walter Scheel

Übung 1 *

> 1   3   5   7   9   ?

Welche Zahl ist die nächste in der Reihe?

Übung 2 *

> 12   10   8   6   4   ?

Welche Zahl ist die nächste in der Reihe?

Übung 3 *

> 7   11   15   19   23   ?

Welche Zahl ist die nächste in der Reihe?

Übung 4 *

37   32   27   22   17   ?

Welche Zahl ist die nächste in der Reihe?

Übung 5 *

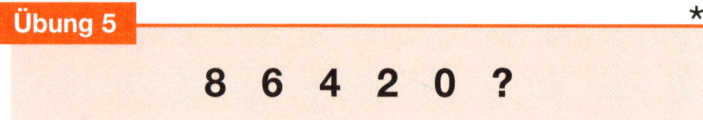

8   6   4   2   0   ?

Welche Zahl ist die nächste in der Reihe?

Übung 6 *

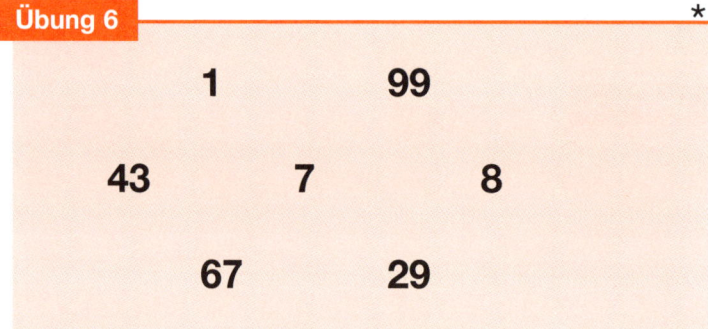

1   99

43   7   8

67   29

Welche Zahl gehört nicht dazu?

Übung 7 *

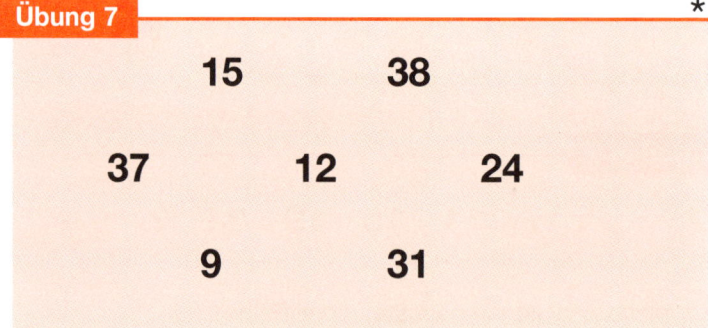

15   38

37   12   24

9   31

Welche Zahl gehört nicht dazu?

Übung 8   *

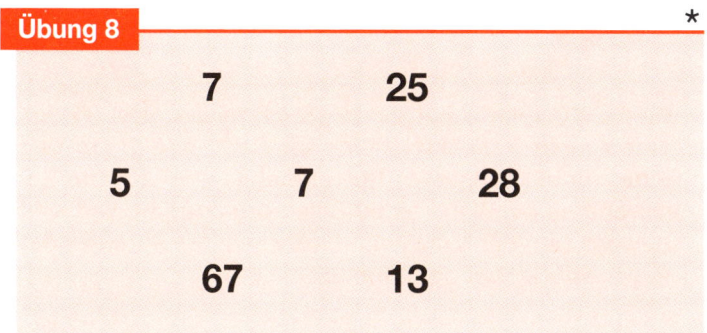

Welche Zahl gehört nicht dazu?

Übung 9   *

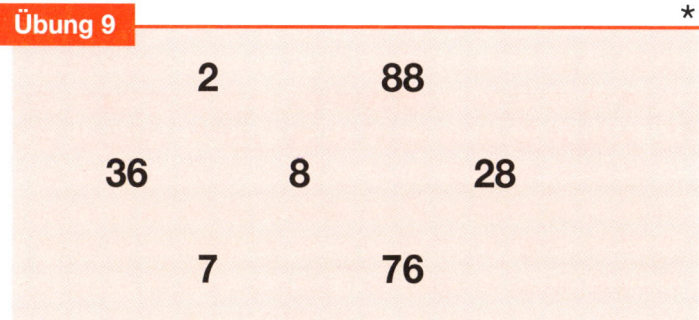

Welche Zahl gehört nicht dazu?

Übung 10   *

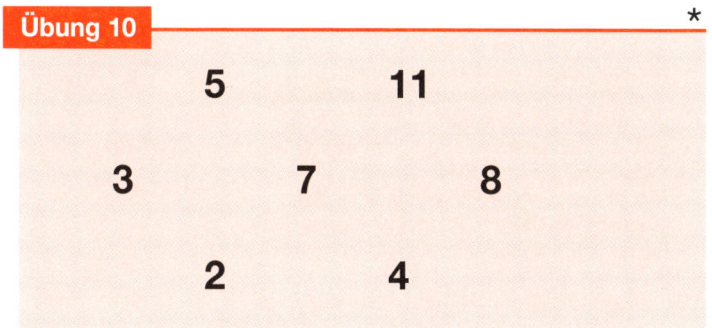

Welche Zahl gehört nicht dazu?

Es gibt Leute, die keiner Fliege etwas zuleide tun, weil sie nicht imstande sind, eine zu fangen.
Helmut Qualtinger

Alle sind Irre; aber wer seinen Wahn zu analysieren versteht, wird Philosoph genannt.
Ambrose Bierce

Übung 11

Eine Schallplatte hat einen Durchmesser von 34 cm, einen nicht bespielten äußeren Rand von 2 cm und eine nicht bespielte Mittelfläche von 10 cm im Durchmesser. Wenn es 60 Rillen pro cm gibt, wie weit bewegt sich dann die Nadel während des Spielens der Platte von außen nach innen?

Lesen Sie die Geschichte und beantworten Sie die Frage.

Die anerkanntesten Intelligenzfaktoren

Der amerikanische Psychologe Thurstone hat unter Bezugnahme auf die Faktorenanalyse die so genannten sieben Primärfaktoren zur Messung von Intelligenz mittels eines Intelligenztests entwickelt. Diese Intelligenzfaktoren sind dabei alle als gleichwertig anzusehen und stellen so ein mehrdimensionales Intelligenzmodell dar. Da die Auffassung, dass sich Intelligenz aus vielen Faktoren gleichwertig zusammensetzt, dem heutigen Kenntnisstand entspricht, sind Thurstones Faktoren die wissenschaftlich anerkanntesten zur Intelligenzmessung und die am gängigsten getesteten. Die sieben Primärfaktoren der Intelligenz umfassen dabei folgende Bereiche:

– Space: Räumliches Denken
– Number: Zahlengebundenes Denken
– Memory: Gedächtnisleistung und Merkfähigkeit
– Verbal fluency: Wortflüssigkeit
– Verbal comprehension: Spracherfassung und Umgang mit Sprache
– Reasoning: Dieser Bereich umfasst:
    – induktives Denken: Erkennen einer Regel
    – deduktives Denken: Anwendung einer Regel
– Perceptual Speed: Auffassungsgeschwindigkeit

Die sieben Intelligenzfaktoren testen also Bereiche wie Sprache, Räumlichkeitsdenken, Rechnen oder auch logisches Denken.
Aufgaben zu diesen einzelnen Faktoren sollte man in jedem von Psychologen zusammengestellten Intelligenztest wiederfinden. Zu erwähnen sei noch, dass Faktoren wie Kreativität, emotionale Intelligenz und soziale Kompetenz in solchen Tests nicht abgefragt werden. Hierzu sind andere Tests nötig.

Übung 12 ∗

$$\frac{8}{2} \quad \frac{7}{5} \quad \frac{6}{8} \quad \frac{5}{11} \quad \frac{?}{?}$$

Welche Zahlenkombination folgt?

Übung 13 ∗

$$\frac{5}{11} \quad \frac{7}{9} \quad \frac{9}{7} \quad \frac{11}{5} \quad \frac{?}{?}$$

Welche Zahlenkombination folgt?

Übung 14 ∗

$$\frac{3}{2} \quad \frac{8}{4} \quad \frac{13}{8} \quad \frac{18}{16} \quad \frac{?}{?}$$

Welche Zahlenkombination folgt?

Übung 15 ∗

$$\frac{7}{21} \quad \frac{11}{17} \quad \frac{15}{13} \quad \frac{19}{9} \quad \frac{?}{?}$$

Welche Zahlenkombination folgt?

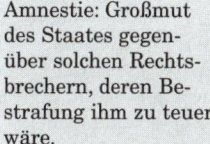

Amnestie: Großmut des Staates gegen-über solchen Rechts-brechern, deren Be-strafung ihm zu teuer wäre.

Ambrose Bierce

Wussten Sie schon, dass manche Papageien bis zu 200 verschiedene Worte beherrschen? Einige wenige davon sind als einfache Töne schon angeboren, die meisten erlernen sie jedoch erst später durch Nachahmung. Dabei können sie diese Kunst derart perfektionieren, dass man mit verbundenen Augen kaum zwischen menschlichem Original und dem nachahmenden Vogel unterscheiden kann. Auch sonstige Geräusche wie Türen oder Toilettenspülungen können von den Vögeln ohne weiteres imitiert werden.

Übung 16 *

$$\frac{3}{112} \quad \frac{5}{56} \quad \frac{7}{28} \quad \frac{9}{14} \quad \frac{?}{?}$$

Welche Zahlenkombination folgt?

Übung 17 *

2 3 5 8 12 17 ?

Welche Zahl ist die nächste in der Reihe?

Übung 18 *

25 19 14 10 7 5 ?

Welche Zahl ist die nächste in der Reihe?

Übung 19 *

3 6 8 11 13 16 ?

Welche Zahl ist die nächste in der Reihe?

Übung 20 *

7 11 8 12 9 13 ?

Welche Zahl ist die nächste in der Reihe?

Übung 21 *

6   9   14   17   22   25   ?

Welche Zahl ist die nächste in der Reihe?

Übung 22 *

**Zehn Lindenbäume stehen in einer Reihe mit jeweils vier Meter Abstand.
In welcher Entfernung stehen die beiden Endbäume zueinander?**

Beantworten Sie die Frage!

Übung 23 *

Wenn sieben Apfelpflücker sieben Minuten brauchen, um sieben Körbe Äpfel zu pflücken, wie viele Apfelpflücker sind dann nötig, um 100 Körbe Äpfel in 100 Minuten zu pflücken?

Beantworten Sie die Frage!

Übung 24 *

17   (18)   19

12   (....)   18

Welche Zahl gehört in die Klammer?

Eine intellektuelle Schläfrigkeit ist heute weit verbreitet.
Richard Freiherr von Weizsäcker

Übung 25 *

25	(20)	15
17	(....)	7

Welche Zahl gehört in die Klammer?

Übung 26 *

16	(8)	24
14	(..)	21

Welche Zahl gehört in die Klammer?

Friede: die Epoche
des Betrügens zwis-
chen zwei Epochen
des Kriegführens.
Ambrose Bierce

Übung 27 *

32	(25)	18
20	(....)	6

Welche Zahl gehört in die Klammer?

Manche sagen: Intel-
ligenzbelästigung =
Privatfernsehen +
Fernsehwerbung.
Wolfgang Reus

Übung 28 *

36	(9)	27
32	(..)	24

Welche Zahl gehört in die Klammer?

Übung 29 *

$$\frac{17}{15|18} \qquad \frac{29}{27|?}$$

a) 18   b) 30   c) 28   d) 31

Welche Zahl fehlt?

Übung 30 *

$$\frac{12}{17|21} \qquad \frac{14}{19|?}$$

Welche Zahl fehlt?

Übung 31 *

$$\frac{18}{9|13} \qquad \frac{16}{8|?}$$

Welche Zahl fehlt?

Übung 32 *

$$\frac{7}{10|1} \qquad \frac{9}{12|?}$$

Welche Zahl fehlt?

Übung 33 ★

$$\frac{11}{22|25} \qquad \frac{14}{28|?}$$

Welche Zahl fehlt?

Übung 34 ★

An einem Telegrafenmast, der 10 Meter hoch ist, klettert eine Schnecke hinauf. In einer Stunde schafft sie 4 Meter nach oben, ist dann aber so entkräftet, dass sie in der nächsten Stunde wieder 3 Meter hinunterrutscht. Nach wie viel Stunden erreicht sie die Spitze des Mastes?

A: 13   B: 20   C: 18   D: 15

Lesen Sie die Geschichte und beantworten Sie anschließend die Frage (Skizze erlaubt).

Übung 35 ★

21   6   9   12   25   3

Welche Zahl passt nicht dazu?

Übung 36 ★

48   4   6   8   24   48   12   20

Welche Zahl passt nicht dazu?

Übung 37 ⭐

| 98 | 14 | 15 | 76 | 88 | 34 | 74 |

Welche Zahl passt nicht dazu?

Übung 38 ⭐

| 21 | 23 | 7 | 99 | 12 | 67 | 87 |

Welche Zahl passt nicht dazu?

Übung 39 ⭐

| 7 | 12 | 13 | 18 | 19 | 24 | ? |

Welche Zahl folgt?

Das Merkmal eines kleinen Menschen ist, dass er hochmütig wird, wenn er merkt, dass man ihn braucht.
Friedl Beutelrock

Übung 40 ⭐

| 11 | 14 | 21 | 24 | 31 | 24 | ? |

Welche Zahl folgt?

Übung 41 ⭐

| 30 | 27 | 25 | 22 | 20 | 17 | ? |

Welche Zahl folgt?

Wer seinen Horizont vergrößert, verkleinert den Himmel.
Klaus Kinski

Übung 42 ⭐

| 7 | 10 | 5 | 8 | 3 | 6 | ? |

Welche Zahl folgt?

Übung 43 *

7   14   13   26   25   50   ?

Welche Zahl folgt?

Übung 44 *

Bestimmte Zellen im Labor verdoppeln die Fläche, über die sie sich ausbreiten, alle 24 Stunden. Die Zeit vom Ansetzen der ersten Zelle bis zur völligen Bedeckung des Behälters beträgt 90 Tage. An welchem Tag ist der Behälter halb bedeckt?

Lesen Sie die Geschichte und beantworten Sie die Frage.

Übung 45 *

Gaby hat doppelt so viele Bücher wie Bernd. Zusammen haben sie 24 Bücher. Wie viele Bücher hat Bernd?

Beantworten Sie die Frage.

Übung 46 *

1   2   3
4   .   6
7   8   9

Welche Zahl fehlt?

Übung 47 ∗

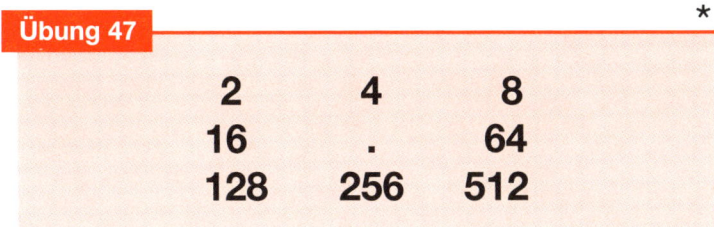

2	4	8
16	.	64
128	256	512

Welche Zahl fehlt?

Übung 48 ∗

6	8	13
9	11	16
12	.	19

Welche Zahl fehlt?

Übung 49 ∗

28	30	60
58	60	120
.	116	232

Welche Zahl fehlt?

Übung 50 ∗

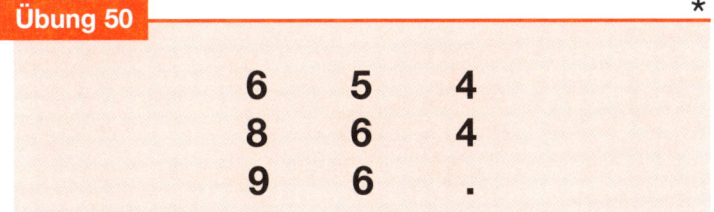

6	5	4
8	6	4
9	6	.

Welche Zahl fehlt?

Kein Vormarsch ist
so schwer wie der
zurück zur Vernunft.
Bertold Brecht

Übung 51 *

8	5	2
8	7	6
8	4	.

Welche Zahl fehlt?

Übung 52 *

1	2	3
3	2	1
2	3	.

Welche Zahl fehlt?

Übung 53 *

7	5	3
8	5	2
9	5	.

Welche Zahl fehlt?

Übung 54 *

1	5	9
9	6	3
3	7	.

Welche Zahl fehlt?

Übung 55 ✶

256   64   16   ?   1

Welche Zahl fehlt?

Übung 56 ✶

7   21   ?   189   567

Welche Zahl fehlt?

Übung 57 ✶

486   162   ?   18   6

Welche Zahl fehlt?

Übung 58 ✶

3   12   48   ?   768

Welche Zahl fehlt?

Übung 59 ✶

4   20   ?   500   2500

Welche Zahl fehlt?

Wussten Sie schon, dass noch vor etwa tausend Jahren 13 % der Erdoberfläche mit tropischem Regenwald bedeckt waren? Vor allem in den letzten 40 Jahren hat die Zerstörung des Regenwaldes jedoch so stark zugenommen, dass heute weniger als die Hälfte davon noch übrig ist: knapp 7 Millionen km^2 sind es heute gerade noch und jedes Jahr werden es etwa 200.000 km^2 weniger. Obwohl der Regenwald alles bietet, was für ein unbegrenztes Pflanzenwachstum nötig ist (Kohlendioxid, Wasser, Wärme und Licht), scheint der Mensch immer noch nicht intelligent genug zu sein, die grüne Lunge der Erde zu schützen.

Übung 60 *

**Ehepaar Bullmann hat sechs Söhne. Jeder Sohn hat eine Schwester.
Wie viele Kinder hat die Familie insgesamt?**

Beantworten Sie die Frage.

Übung 61 *

Julian ist heute 10 Jahre jünger als Ulla. In einem Jahr ist Ulla dreimal so alt wie Julian. Wie alt sind Ulla und Julian?

Beantworten Sie die Frage.

Übung 62 *

Bauer Molke hat Hühner und Kühe auf seinem Hof. Seine Tiere haben insgesamt 35 Köpfe und 94 Füße. Wie viele Kühe und wie viele Hühner hat Bauer Molke auf dem Hof?

Beantworten Sie die Frage.

Übung 63 *

51	44	37	30	?
4	11	17	24	?

Welche Zahlenkombination muss folgen?

Übung 64 ✱

$$\frac{4}{2} \quad \frac{9}{7} \quad \frac{14}{12} \quad \frac{19}{17} \quad \frac{?}{?}$$

Welche Zahlenkombination muss folgen?

Übung 65 ✱

$$\frac{2}{25} \quad \frac{10}{19} \quad \frac{18}{13} \quad \frac{26}{7} \quad \frac{?}{?}$$

Welche Zahlenkombination muss folgen?

Liebe ist der Wunsch, etwas zu geben, nicht zu erhalten.
Bertold Brecht

Unterliegt Intelligenz den Umwelteinflüssen?

Noch heute diskutiert man viel über die alte Streitfrage: Unterliegt die Intelligenzentwicklung der Vererbung oder der Umwelt? Nach vielen Untersuchungen, Zwillings- sowie Adoptionsstudien, lässt sich sagen, dass Intelligenz durch beide geprägt ist. Trotzdem gibt es auch noch gegenwärtig unterschiedliche Positionen zur Intelligenzentwicklung. So halten einige Forscher an der Vererbungstheorie und andere an der Umwelttheorie fest oder legen zumindest prozentual unterschiedliche Gewichtungen. Nichtsdestotrotz zeigt sich immer wieder, dass Umweltfaktoren Einfluss auf die Intelligenzentwicklung ausüben. Sie scheinen dabei besonders im Kinder- und Jugendalter einen prägenden Einfluss zu haben. Da Kinder und Jugendliche in dieser Zeit den größten Entwicklungsschüben unterliegen und besonders formbar sind, stellt dementsprechend ihre Umwelt einen wichtigen Einfluss dar. Die Umweltfaktoren umfassen dabei nicht nur den Erziehungsstil der Eltern und Schule, sondern auch den Einfluss von Geschwistern, das soziale Umfeld und die soziale Schicht der Eltern (z. B. Berufsstand der Eltern oder Arbeitslosigkeit der Eltern). Intelligenz- und Leistungsfähigkeit ist damit, auch unter Berücksichtigung der Vererbung, stark an die Umwelt, das Elternhaus, die soziale Schicht usw. gekoppelt und unterliegt somit besonders deren hemmenden oder fördernden Einflüssen. Eine Auflistung hierzu und Hinweise zur sozialen Schicht sind in der Einleitung dieses Buches zu finden.

?

?

?

Übung 66 *

$$\frac{1}{48} \quad \frac{2}{24} \quad \frac{4}{12} \quad \frac{8}{6} \quad \frac{?}{?}$$

Welche Zahlenkombination muss folgen?

Übung 67 *

$$\frac{37}{2} \quad \frac{28}{13} \quad \frac{19}{24} \quad \frac{10}{35} \quad \frac{?}{?}$$

Welche Zahlenkombination muss folgen?

Übung 68 *

Auf einem Teich wachsen Seerosen. Am ersten Tag eine, am zweiten Tag zwei, am dritten vier, am fünften acht ... Am 20. Tag schließlich ist der ganze See zugewachsen. Frage: Am wievielten Tag war er halb zugewachsen?

A: am 10.   B: am 15.   C: am 19.

Lesen Sie die folgende Geschichte und beantworten Sie dann die Frage!

Übung 69 *

3 10 ?? 24 31 ?

Welche Zahlen fehlen?

Übung 70 *

? 25 20 15 10 5 ?

Welche Zahlen fehlen?

Übung 71 *

? 6 18 ? 162

Welche Zahlen fehlen?

Übung 72 *

224 ? 56 28 14 ?

Welche Zahlen fehlen?

Übung 73 **

5 8 16 19 38 ? ?

Welche sind die nächsten zwei folgenden Zahlen?

Übung 74 **

7 3 9 5 15 ? ?

Welche zwei Zahlen müssen folgen?

Übung 75 **

1 2 8 9 36 ? ?

Welche zwei Zahlen müssen folgen?

Wussten Sie schon, dass Orang-Utan-Kinder die meisten Fähigkeiten erst lernen müssen? Nur die allerwenigsten Fähigkeiten sind einem jungen Orang-Utan-Baby angeboren. Das Klettern beispielsweise ist eine Kunst, die von den Müttern beigebracht und lange Zeit geübt werden muss, bis sie von den Affen perfekt beherrscht wird.

Übung 76 **

4   12   10   30   ?   ?

Welche sind die zwei folgenden Zahlen?

Übung 77 **

2   4   12   24   ?   ?

Welche sind die zwei folgenden Zahlen?

Übung 78 **

81   9   64   8   49   7   ?   ?

Welche sind die zwei folgenden Zahlen?

Übung 79 **

16		4		1
	49		36	
25		64		

Welche Zahl gehört dazu?

Übung 80 **

3		27		15
	12		18	
6		21		9

Welche Zahl gehört dazu?

Übung 81 ★★

56		7		35
	28		42	
63		21		14

Welche Zahl gehört dazu?

Übung 82 ★★

72		36		18
	45		27	
81		54		63

Welche Zahl gehört dazu?

Übung 83 ★★

1		17		19
	13		11	
5		2		3

Welche Zahl gehört dazu?

Übung 84 **

Fünf braune und vier schwarze Kühe geben in sieben Tagen so viel Milch wie vier braune und sechs schwarze Kühe in sechs Tagen.
Geben die schwarzen oder die braunen Kühe mehr Milch?

Lesen Sie die Geschichte und beantworten Sie die Frage!

Übung 85 **

Alfred und Frieda tragen Ziegelsteine. Gäbe Frieda Alfred einen ihrer Steine, hätte er doppelt so viel wie sie. Gäbe Alfred einen Stein an Frieda, hätten beide gleich viele Steine. Wie viele Steine hat Alfred, wie viele Frieda?

Lesen Sie die Geschichte und beantworten Sie die Frage!

Übung 86 **

24	12	?	3
2	-6	?	-54

Welche Zahlen fehlen?

Übung 87 **

6	3	?	-3
-2	4	?	16

Welche Zahlen fehlen?

Übung 88   ★★

5	22	?	56
84	57	?	3

Welche Zahlen fehlen?

Übung 89   ★★

80	57	?	11
-34	-13	?	29

Welche Zahlen fehlen?

Übung 90   ★★

7	-14	?	-56
23	6	?	-28

Welche Zahlen fehlen?

Übung 91   ★★

Wie oft kommt die Ziffer 7 in den Zahlen von 1 bis 100 vor?

Beantworten Sie die Frage ohne schriftliche Hilfsmittel.

Übung 92   ★★

Wie oft kommt die Ziffer 5 in den Zahlen von 1 bis 60 vor?

Beantworten Sie die Frage ohne schriftliche Hilfsmittel.

Wer in Unglück fällt, verliert sich leicht aus der Erinnerung der Menschen.
Friedrich Schiller

Übung 93   **

Wie oft kommt die Ziffer 2 in den Zahlen von 1 bis 27 vor?

Beantworten Sie die Frage ohne schriftliche Hilfsmittel.

Übung 94   **

Wie oft kommt die Ziffer 3 in den Zahlen von 1 bis 83 vor?

Beantworten Sie die Frage ohne schriftliche Hilfsmittel.

Übung 95   **

Wie oft kommt die Ziffer 4 in den Zahlen von 42 bis 75 vor?

Beantworten Sie die Frage ohne schriftliche Hilfsmittel.

Übung 96   **

Ein Bauer muss 90 % seiner Kartoffelernte seinem Gutsherrn abliefern. Wieviel Kilo Kartoffeln muss er ernten, damit er acht Kilo behalten darf?

Beantworten Sie die Frage!

Übung 97   **

Vater Meier ist 62 Jahre alt, sein Sohn 36. Wie viele Jahre sind vergangen, seit sein Sohn ein Drittel so alt war wie er?

Beantworten Sie die Frage!

Übung 98 **

7	3	12
17	6	33
12	5	?

Welche Zahl schließt das Quadrat ab?

Übung 99 **

2	3	10
7	1	16
3	5	?

Welche Zahl schließt das Quadrat ab?

Übung 100 **

2	4	6
3	7	12
4	5	?

Welche Zahl schließt das Quadrat ab?

Übung 101 **

4	5	40
3	7	42
5	3	?

Welche Zahl schließt das Quadrat ab?

Wussten Sie schon, dass Papageien auch Bewegungen des Menschen nachahmen? Papageien sind sehr genaue Beobachter. Einige von ihnen besitzen die Fähigkeit, nicht nur Geräusche und Stimmen perfekt zu imitieren, sondern auch Bewegungen zu übernehmen. So kann man bei Papageien beispielsweise beobachten, dass sie manchmal in eine Art Hocke gehen, wenn sich der Mensch hinsetzt. Auch gewöhnen sich manche Papageien an, die Flügel zu heben, wenn ihr Besitzer eine Jacke anzieht und zu diesem Zwecke die Arme hebt.

Übung 102 ★★

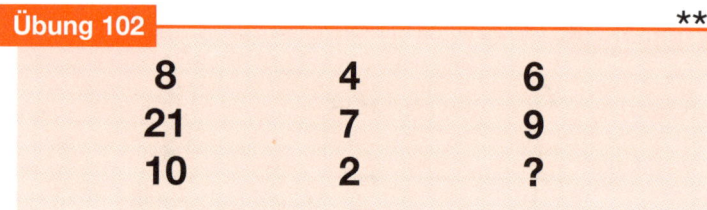

8	4	6
21	7	9
10	2	?

Welche Zahl schließt das Quadrat ab?

Übung 103 ★★

66 117 78 201 9 21
A: 77   B: 97   C: 111   D: 178

Welche Zahl passt dazu?

Übung 104 ★★

34 85 102 68 119 51
A: 99   B: 17   C: 75   D: 5

Welche Zahl passt dazu?

Übung 105 ★★

69 184 46 138 161 115
A: 27   B: 91   C: 92   D: 123

Welche Zahl passt dazu?

Übung 106   ★★

5103 63 15309 189 1701 567 7
A: 21   B: 99   C: 227   D: 1190

Welche Zahl passt dazu?

Übung 107   ★★

35 48 8 80 15 63
A: 12   B: 37   C: 118   D: 24

Welche Zahl passt dazu?

Die Intelligenz geht durch die ganze Schöpfung.
Raoul Heinrich Francé

Übung 108   ★★

Max hat einen Job als Erbsenzähler. Dabei zählt er einen Haufen in einen Behälter hinein. Für seine Arbeit darf er ein Zehntel der gezählten Erbsen behalten. Wie viel Erbsen muss er zählen, damit sich 72 in dem Behälter finden, und wie viele Erbsen hat er dabei verdient?

Lesen Sie die Geschichte und beantworten Sie die Fragen!

Vollkommene Aufrichtigkeit ist der Weg zur Originalität.
Charles Baudelaire

Übung 109   ★★

5 ? 4 7 3 6 2 ?

Welche Zahl fehlt?

Übung 110 ★★

? 6 5 15 14 42 ? 123

Welche Zahl fehlt?

Übung 111 ★★

8 ? 10 7 14 11 ? 19 38

Welche Zahl fehlt?

Tätig ist man immer
mit einem gewissen
Lärm. Wirken geht in
der Stille vor sich.
Peter Bamm

Übung 112 ★★

21 26 ? 18 9 14 ? 12 6

Welche Zahl fehlt?

Übung 113 ★★

6	4	7	5	8	?
5	9	7	11	9	?

Welche Zahlen müssen folgen?

Übung 114 ★★

7	2	9	4	11	?
3	5	0	2	-3	?

Welche Zahlen müssen folgen?

Übung 115 ★★

8	16	13	21	18	?
17	10	13	6	9	?

Welche Zahlen müssen folgen?

Übung 116 ★★

27	14	19	6	11	?
5	16	9	20	13	?

Welche Zahlen müssen folgen?

Übung 117 ★★

1	16	8	23	15	?
20	11	13	4	6	?

Welche Zahlen müssen folgen?

Übung 118 ★★

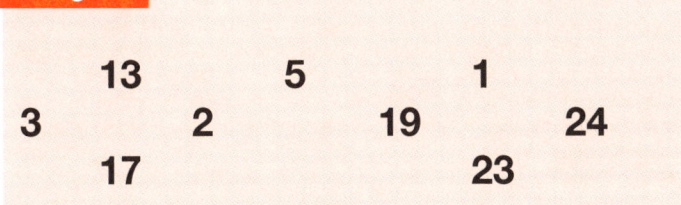

Welche Zahl passt nicht dazu?

Alles, was gegen das
Gewissen geschieht,
ist Sünde.
Thomas von Aquin

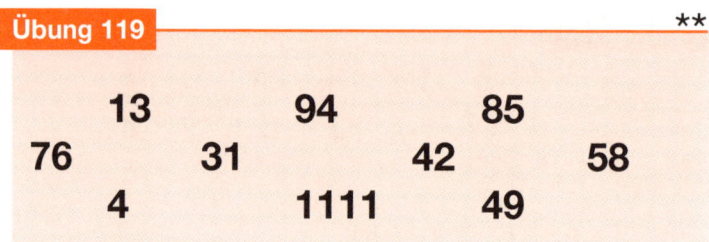

Übung 119 ★★

	13		94		85	
76		31		42		58
	4		1111		49	

Welche Zahl passt nicht dazu?

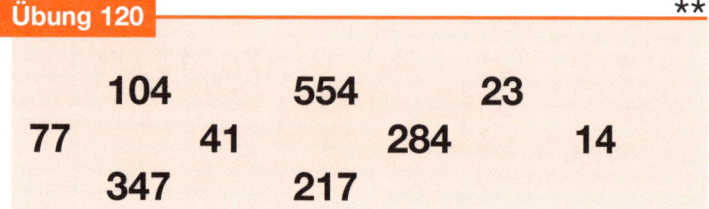

Übung 120 ★★

	104		554		23	
77		41		284		14
	347		217			

Welche Zahl passt nicht dazu?

Eines der beunruhigendsten Phänomene unserer Zeit ist der Umstand, dass die PS-Zahl des Autos oft größer ist als der IQ des Fahrers.
Detlef Braun

Einstellungstests

Im Berufsleben wird heute neben Zeugnissen, Gesprächen und „Probetagen", die zur Beobachtung der praktischen Fertigkeiten dienen sollen, zunehmend nach Einstellungs- und Eignungstests gefragt. Diese umfassen neben Persönlichkeitstests auch Leistungs- und Intelligenztests, deren Ergebnisse zunehmend maßgeblich für die Einstellung geworden sind. Diese Tests verfolgen in der Regel das Ziel, etwas über die Kenntnisse, Fähigkeiten und Interessen des Bewerbers zu erfahren. Letztendlich sucht der Arbeitgeber ja eine bestimmte Person für eine bestimmte Arbeit und der Bewerber muss somit den Anforderungen dieses Arbeitsplatzes genügen. Der Vorteil solcher Tests ist damit aus der Sicht des Arbeitgebers verständlich. Die Testergebnisse können aber auch für den Bewerber informativ und vorteilhaft sein. So kann der Bewerber viel über sich selbst erfahren, Anerkennung finden und vor allen Dingen seinen Begabungen entsprechend eingestuft werden. An dieser Stelle sollte darauf hingewiesen werden, dass Werte zwar viel über einen Menschen aussagen können, sie aber weder die Persönlichkeit noch die Intelligenz dieses Menschen umfassend bewerten können. Wichtig für die Vorbereitung auf einen Einstellungstest ist, dass der Bewerber sich bereits vorher mit Art und Aufbau der Aufgabenstellung vertraut macht, um eine möglichst hohe Punktzahl zu erzielen. Da Betriebe ihre Tests oft geheim halten, sollte man sich für Übungszwecke Intelligenzbücher ausleihen oder sich an das Arbeitsamt oder an die Praxis eines Psychologen wenden.

Übung 121 ⋆⋆

12:23	23:12	18:34
	06:17	27:91
20:03	13:33	03:57

Welches Zahlenpaar passt nicht dazu?

Übung 122 ⋆⋆

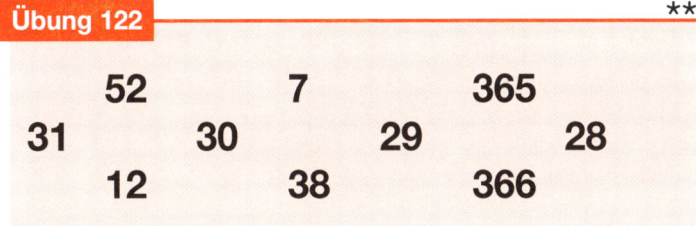

Welche Zahl passt nicht dazu?

Übung 123 ⋆⋆

Drei Kinder spielen Murmeln. Sie haben 15 Murmeln. Susanne verliert doppelt so viele wie Stefan und Stefan viermal so viele wie Sascha. Wie viele Murmeln bleiben am Ende noch übrig?

Beantworten Sie die Frage!

Übung 124 ⋆⋆

2751	(1569)	4320
3456	(........)	5678

Welche Zahl gehört in die Klammer?

Übung 125 ★★

3456　(4690)　1234
5432　(　?　)　1111

Welche Zahl gehört in die Klammer?

Übung 126 ★★

3487　(2345)　1142
6734　(　?　)　3192

Welche Zahl gehört in die Klammer?

Übung 127 ★★

9875　(2252)　7623
5632　(　?　)　5346

Welche Zahl gehört in die Klammer?

Übung 128 ★★

3256　(6543)　3287
3570　(　?　)　3184

Welche Zahl gehört in die Klammer?

Übung 129 ★★

3	7	6
6	14	12
9	17	?

A: 12   B: 13   C: 15   D: 11

Welche Zahl fehlt?

Übung 130 ★★

2	7	3
6	21	9
10	25	?

A: 24   B: 13   C: 7

Welche Zahl fehlt?

Übung 131 ★★

34	94	60	36	86	?
123	47	65	73	7	?

Welche Zahlen folgen?

Übung 132 ★★

6	19	24	49	96	?
4	-12	34	-48	64	?

Welche Zahlen folgen?

Wussten Sie schon, dass rund vier Millionen Deutsche Analphabeten sind? Hinweise auf die Ausprägung dieses Problems erbrachte eine 1994 von der OECD durchgeführte Vergleichsstudie über das Leseverständnis Erwachsener: In der Bundesrepublik waren dabei rund 14 Prozent der Teilnehmer nicht in der Lage, Aufgaben der untersten Leistungsstufe zu bearbeiten, bei denen Fragen zu einem einfachen Text beantwortet werden mussten. Zum Vergleich: In Schweden wurden dieser Gruppe lediglich etwa 7 Prozent der getesteten Bevölkerung und in den Niederlanden rund ein Zehntel zugeordnet. Am schlechtesten schnitten allerdings die USA und Polen ab: Dort konnten 20 bzw. 40 Prozent der Testpersonen die Aufgaben nicht lösen.

Übung 133 ★★★

1 7 8 2 5 4 3 3 2 4 1 ?

A: 1 B: 2 C: 3 D: 4

Welche Zahl folgt?

Übung 134 ★★★

7 -1 1 4 2 2 1 5 4 -2 8 ?

A: 8 B: 1 C: -8

Welche Zahl folgt?

Übung 135 ★★★

-2 12 1 3 9 3 8 6 9 13 3 ?

A: 0 B: -2 C: 27

Welche Zahl folgt?

Übung 136 ★★★

-1 12 17 2 5 12 -4 -2 7 8 -9 ?

A: 7 B: 2 C: -3

Welche Zahl folgt?

Übung 137 ★★★

Übung 137 ★★★

3 2 1 6 6 4 12 18 16 24 54 ?
A: 64 B: 37 C: 48

Welche Zahl folgt?

Übung 138 ★★★

37	3?	31	28
4	17	2?	25
?	19	21	22
10	13	16	?9

Welche Zahlen erhält man, wenn man die fehlenden vier Ziffern ergänzt?

Übung 139 ★★★

13	16	19	22
??	17	5	2?
43	?3	9	28
40	37	34	31

Welche Zahlen erhält man, wenn man die fehlenden vier Ziffern ergänzt?

Ich gedenke oft solcher Politiker, wenn ich im Dorfe von einem Hund angebellt werde, der zweite nachbellt, und alle bellen, und keiner kann sagen warum.
Karl Julius Weber

Übung 140 ★★★

1?	13	15	17
33	11	?0	19
?1	14	17	21
29	27	?5	23

Welche Zahlen erhält man, wenn man die fehlenden vier Ziffern ergänzt?

Übung 141 ★★★

39	6	9	12
?6	11	1?	15
33	?7	15	18
30	27	24	?1

Welche Zahlen erhält man, wenn man die fehlenden vier Ziffern ergänzt?

Übung 142 ★★★

16	?0	56	52
?0	30	?7	48
24	2?	24	44
28	32	36	40

Welche Zahlen erhält man, wenn man die fehlenden vier Ziffern ergänzt?

Übung 143 ★★★

```
   4  96              17  7
6          12 - ? - 19          13
   8  36               11  3
```

Welche Zahl könnte man beiden Zahlenkreisen zuordnen?

Übung 144 ★★★

```
    322                28  77
43        25 - ? - 21            84
   52  34               49  7
```

Welche Zahl könnte man beiden Zahlenkreisen zuordnen?

Übung 145 ★★★

```
   3  1              65  91
5         19 - ? - 26          39
   2  17               78  52
```

Welche Zahl könnte man beiden Zahlenkreisen zuordnen?

Übung 146 ***

$$18 \quad 27 \qquad \qquad 16 \quad 49$$
$$63 \qquad 99 - ? - 4 \qquad 81$$
$$81 \quad 36 \qquad \qquad 25 \quad 121$$

Welche Zahl könnte man beiden Zahlenkreisen zuordnen?

Übung 147 ***

$$4 \quad 13 \qquad \qquad 1 \quad 9$$
$$31 \qquad 94 - ? - 49 \qquad 25$$
$$58 \quad 22 \qquad \qquad 16 \quad 36$$

Welche Zahl könnte man beiden Zahlenkreisen zuordnen?

Übung 148 ***

Zehn Schulfreundinnen treffen sich zum Abendessen. Beim Abschiednehmen gibt jede Dame jeder anderen der Damen einen Kuss auf die Wange. Wie viele Küsse sind das insgesamt?

Beantworten Sie die Frage.

Der Mensch lebt nicht vom Brot allein. Nach einer Weile braucht er einen Drink.

Woody Allen

Übung 149 ★★★

Ein Arbeiter braucht zwei Stunden, um ein Loch von einem Meter Länge, einem Meter Breite und einem Meter Tiefe zu graben. Wie lange braucht er, um ein Loch von zwei Meter Länge, Breite und Tiefe zu graben?

Beantworten Sie die Frage.

Übung 150 ★★★

617 (605) 738
760 (......) 813
A: 265 B: 710 C: 250

Welche Zahl gehört in die Klammer?

Übung 151 ★★★

234 (501) 768
231 (......) 987
A: 234 B: 609 C: 599

Welche Zahl gehört in die Klammer?

Übung 152 ★★★

567 (195) 957
124 (......) 765
A: 320,5 B: 111 C: 543

Welche Zahl gehört in die Klammer?

Die Erfindungen für Menschen werden unterdrückt, die Erfindungen gegen sie gefördert.
Bertold Brecht

Übung 153 ★★★

$$333 \quad (148) \quad 111$$
$$321 \quad (......) \quad 762$$
A: 625   B: 110   C: 361

Welche Zahl gehört in die Klammer?

Übung 154 ★★★

$$823 \quad (174{,}25) \quad 126$$
$$723 \quad (..........) \quad 236$$
A: 121,75 B: 123,45 C: 234,50

Welche Zahl gehört in die Klammer?

Die Intelligenzfaktoren

Was macht Intelligenz eigentlich aus? Früher ging man davon aus, dass Intelligenz eindimensional sei. Wenn dementsprechend z. B. eine Person gut rechnen konnte und Rechnen als diese entscheidende Dimension galt, dann wurde die Person als intelligent eingestuft. Zu späteren Zeitpunkten kam man dann allerdings zu der Erkenntnis, dass Intelligenz an mehr als einem Faktor zu erkennen ist, und so entwickelte man dann komplexere Intelligenz-Modelle, die teilweise bis zu 120 Faktoren messen konnten. Dass Intelligenz heute als mehrdimensional angesehen wird und vornehmlich die so genannten sieben Primärfaktoren von Thurstone getestet werden, hängt mit dem Aufkommen neuer statistischer Verfahren und der so genannten Faktorenanalyse zusammen. So hat z. B. Spearman einen Faktor zur Intelligenzmessung und verschiedene, spezielle Faktoren zur Erfassung von Intelligenz entwickelt. Thurstone wiederum erarbeitete mittels der Faktorenanalyse die heute gängigen sieben Primärfaktoren zur Intelligenzmessung, die alle als gleichwertige Messer von Intelligenz gelten. Aber egal ob ein, sieben oder 120 Faktoren: Intelligenz unterliegt vielen Einflüssen und zeigt sich auf unterschiedlichsten Wegen, sodass die Intelligenz einer Person gar nicht zu 100 % erfasst werden kann. So lässt sich z. B. Kreativität und intelligentes Verhalten nicht unbedingt messen bzw. statistisch normiert erfassen. Dabei sind gerade diese Faktoren nicht nur für sich genommen, sondern auch durch den Einfluss, den sie auf andere Faktoren ausüben wichtig.

Übung 155 ★★★

Eine Seerose in einem Teich wuchs so schnell, dass sich die von ihr bedeckte Fläche auf dem Wasser jeden Tag verdoppelte. In 24 Tagen war der ganze Teich vollständig zugewachsen. Im nächsten Frühling waren in dem Teich statt einer Seerose zwei Seerosen von der gleichen Art wie im Vorjahr. Jede verdoppelte die von ihr bedeckte Fläche auf dem Wasser pro Tag. In wie viel Tagen wächst der Teich in diesem Jahr vollständig zu?

Lesen Sie die Geschichte und beantworten Sie die Frage.

Übung 156 ★★★

N	O	R	D
4	5	21	19
W	E	S	T
?	?	?	

Welche Zahlen fehlen?

Übung 157 ★★★

E	I	N	S
26	23	5	9
V	I	E	R
?	?	?	?

Welche Zahlen fehlen?

Warum noch kriegen, wenn ein Zungenschlag den Feind kann besiegen.
Erhard Horst Bellermann

Übung 158 ***

Z		R		E		H
15		18		1		11

K	I	P		
?	?	?	?	?

Welche Zahlen fehlen?

Übung 159 ***

1	12		16		8		1
2			5		20		1
G	A		M		M		A
?	?		?		?		?

Welche Zahlen fehlen?

Übung 160 ***

1	16	18	9	12
	M	A	I	
	?	?	?	?
10	21	12	9	

Welche Zahlen fehlen?

Übung 161   ★★★

a) **Addieren Sie 93 zu 137, teilen Sie durch zehn, addieren Sie 27, multiplizieren Sie mit siebzehn, ziehen Sie 640 ab und teilen Sie durch 35.**
b) **Multiplizieren Sie 33 mit fünf, teilen Sie durch fünfzehn, addieren Sie 36, multiplizieren mit drei, ziehen Sie 29 ab und teilen Sie durch acht.**
c) **Ziehen Sie 19 von 156 ab, multiplizieren Sie mit zwei, addieren Sie 26, teilen Sie durch fünfzehn, addieren Sie 29 und teilen Sie durch sieben.**

Berechnen Sie die Zahlen (im Kopf).

Übung 162   ★★★

534   (156)   846
157   (......)   459
A: 69   B: 235   C: 151   D: 666

Welche Zahl gehört in die Klammer?

Übung 163   ★★★

123   (963)   198
200   (.....)   111
A: 698   B: 933   C: 321

Welche Zahl gehört in die Klammer?

Wussten Sie schon, dass schon im 6. Jahrhundert vor Christus eine Umsegelung Afrikas stattfand? Offensichtlich schafften es damals einige Phönizier, mit einem sehr simplen Segelschiff diese große Strecke zu meistern. Festgehalten wurde die Reise vom griechischen Geschichtsschreiber Herodot.

> Intelligenz entsteht dadurch, dass Verstand mit Verstand zu tun bekommt.
> *Ernst Bachmeister*

***

945   (14)   875
735   (....)   654
A: 16,2   B: 17,5   C: 38

Welche Zahl gehört in die Klammer?

***

345   (158)   287
987   (......)   321
A: 294   B: 327   C: 283

Welche Zahl gehört in die Klammer?

***

7	9	8	7
14	27	16	?
10	15	10	15

A: 33 B: 21 C: 24 D: 17

Welche Zahl fehlt?

***

3	9	8
3	15	?
3	5	6

A: 26 B: 15 C: 16

Welche Zahl fehlt?

Lösungen: Zahlengebundenes Denken

Lösung 1
11; die Reihe wächst um je 2.

Lösung 2
2; die Reihe nimmt um je 2 ab.

Lösung 3
27; die Reihe nimmt um je 4 zu.

Lösung 4
12; die Reihe nimmt um je 5 ab.

Lösung 5
–2; die Reihe nimmt um je 2 ab – das Ergebnis ist also negativ!

Lösung 6
8; alle anderen sind ungerade Zahlen.

Lösung 7
9; es ist die einzige Zahl, die nur aus 1 Ziffer besteht.

Lösung 8
7; es ist die einzige Zahl, die zweimal vorkommt!

Lösung 9
7; es ist die einzige ungerade Zahl!

Lösung 10
11; es ist die einzige Zahl, die aus zwei Ziffern besteht!

Lösung 11
10 cm.

Lösung 12
4/14; die obere Reihe wird je um 1 vermindert, die untere um 3 erhöht.

Lösung 13
13/3; die obere Reihe wird je um 2 erhöht, die untere um 2 vermindert.

Lösung 14
23/32; die obere Reihe wird je um 5 erhöht, die untere verdoppelt.

Lösung 15
23/5; die obere Reihe wird je um 4 erhöht, die untere um 4 vermindert.

Lösung 16
11/7; die obere Reihe wird je um 2 erhöht, die untere halbiert.

Lösung 17
23; der Abstand zwischen den Zahlen erhöht sich jeweils um eins: 2 + 1 = 3, 3 + 2 = 5, 5 + 3 = 8 ...

Lösung 18
4; der Abstand zwischen den Zahlen verringert sich jeweils um 1: 25 - 6 = 19, 19 - 5 = 14, 14 - 4 = 10 ...

Lösung 19
18; der Abstand zwischen den Zahlen wechselt je zwischen plus 3 und plus 2: 3 + 3 = 6 + 2 = 8 + 3 = 11 ...

Lösung 20
10; der Abstand zwischen den Zahlen wechselt je zwischen plus 4 und minus 3: 7 + 4 = 11 - 3 = 8 + 4 = 12 ...

Lösung 21
30; der Abstand zwischen den Zahlen wechselt je zwischen plus 3 und plus 5: 6 + 3 = 9 + 5 = 14 +3 = 17 ...

Lösung 22
36 m.

Lösung 23
Sieben Apfelpflücker.

Lösung 24
15; die Zahl in der Klammer ist der Mittelwert der beiden anderen Zahlen (17 + 19 = 36, 36 : 2 = 18, 12 + 18 = 30, 30 : 2 = 15).

Lösung 25
12; die Zahl in der Klammer ist jeweils um die Zahl 5 von den anderen entfernt.

Lösung 26
7; die linke Zahl ist die Zahl in der Klammer mal 2, die rechte mal 3.

Lösung 27
13; die Zahl in der Klammer ist jeweils um die Zahl 7 von den anderen entfernt.

Lösung 28
8; die linke Zahl ist die Zahl in der Klammer mal 4, die rechte mal 3.

Lösung 29
30; von der oberen Zahl wird 2 abgezogen, um die untere Zahl zu erhalten. Zu der unteren Zahl links werden 3 hinzugezählt, um die rechte Zahl zu bekommen.

Lösung 30
23; zu der oberen Zahl werden 5 hinzugefügt, um die untere Zahl zu erhalten. Zu der unteren Zahl links werden 4 hinzugezählt, um die rechte Zahl zu bekommen.

Lösung 31
12; die obere Zahl wird halbiert, um die untere Zahl zu erhalten. Zu der unteren Zahl links werden 4 hinzugezählt, um die rechte Zahl zu bekommen.

Lösung 32
3; zu der oberen Zahl werden 3 dazugezählt, um die untere Zahl zu erhalten. Von der unteren Zahl links werden 9 abgezogen, um die rechte Zahl zu bekommen.

Lösung 33
31; die oberen Zahl wird verdoppelt, um die untere Zahl zu erhalten. Zu der unteren Zahl links werden 3 hinzugezählt, um die rechte Zahl zu bekommen.

Lösung 34
A; die Schnecke erreicht die 10-Meter-Spitze zum 1. Mal nach 13 Stunden, da sie 12 Stunden für die ersten 6 Meter benötigt und eine weitere Stunde für die letzten 4 Meter.

Lösung 35
25 ist nicht durch 3 teilbar!

Lösung 36
6 ist nicht durch 4 teilbar!

Lösung 37
15 ist keine gerade Zahl!

Lösung 38
12 ist die einzige gerade Zahl!

Lösung 39
25; die Zahlen werden erst um 5, dann um 1 größer.

Lösung 40
41; die Zahlen werden abwechselnd um 3 und 7 größer.

Lösung 41
15; die Zahlen werden abwechselnd um 3 und 2 kleiner.

Lösung 42
1; die Zahlen werden abwechselnd um 3 größer und um 5 kleiner.

Lösung 43
49; die Zahlen werden abwechselnd mit 2 multipliziert und um 1 reduziert.

Lösung 44
Am 89. Tag.

Lösung 45
Acht Bücher.

Lösung 46
5; die Zeilen werden von links oben nach rechts unten durchgezählt.

Lösung 47
32; jede folgende Zahl in einer Reihe ist das Doppelte der vorherigen.

Lösung 48
14; die zweite Zahl jeder Reihe ist die erste plus 2, die dritte Zahl die zweite plus 5.

Lösung 49
114; die erste Zahl ist die zweite minus 2.

Lösung 50
3; der Zahlenabstand in jeder Reihe ist gleich: erste Reihe 1, zweite 2, dritte 3.

Lösung 51
0; in der ersten Reihe wird der Abstand von Zahl zu Zahl um 3 geringer, in der zweiten Reihe um 1 und in der dritten um 4.

Lösung 52
4; in der ersten Reihe wird der Abstand von Zahl zu Zahl um 1 höher, in der zweiten um 1 geringer und in der dritten wieder um 1 höher.

Lösung 53
1; in der ersten Reihe wird der Abstand von Zahl zu Zahl um 2 geringer, in der zweiten Reihe um 3 und in der dritten um 4.

Lösung 54
11; in der ersten Reihe wird der Abstand von Zahl zu Zahl um 4 höher, in der zweiten Reihe um 3 geringer und in der dritten wieder um 4 höher.

Lösung 55
4; es wird je durch 4 dividiert, um die folgende Zahl zu erhalten.

Lösung 56
63; es wird je mal 3 multipliziert, um die folgende Zahl zu erhalten.

Lösung 57
54; es wird je durch 3 dividiert, um die folgende Zahl zu erhalten.

Lösung 58
192; es wird je mit 4 multipliziert, um die folgende Zahl zu erhalten.

Lösung 59
100; es wird je mit 5 multipliziert, um die folgende Zahl zu erhalten.

Lösung 60
Sieben Kinder.

Lösung 61
Ulla: 14, Julian: 4.

Lösung 62
12 Kühe, 23 Hühner.

Lösung 63
23/31; die obere Reihe nimmt um je 7 ab, die untere um je 7 zu.

Lösung 64
24/22; die obere Reihe nimmt um je 5 zu, die untere ebenfalls.

Lösung 65
34/1; die obere Reihe nimmt um je 8 zu, die untere um je 6 ab.

Lösung 66
16/3; die obere Reihe nimmt um das Doppelte zu, die untere um die Hälfte ab.

Lösung 67
1/46; die obere Reihe nimmt um je 9 ab, die untere um je 11 zu.

Lösung 68
C; wenn sich die Seerosenanzahl täglich verdoppelt, ist der Teich am Tag vor dem 20. Tag halb zugewachsen.

Lösung 69
17, 38 (plus 7).

Lösung 70
30, 0 (minus 5).

Lösung 71
2, 54 (mal 3).

Lösung 72
112, 7 (durch 2).

Lösung 73
41, 82; die Zahlenreihe addiert abwechselnd 3 und multipliziert dann mit 2.

Lösung 74
11/33; die Zahlenreihe subtrahiert abwechselnd 4 und multipliziert das Ergebnis mit 3.

Lösung 75
37/148; die Zahlenreihe addiert abwechselnd 1 und multipliziert das Ergebnis mit 4.

Lösung 76
28/84; die Zahlenreihe multipliziert abwechselnd mit 3 und subtrahiert vom Ergebnis 2.

Lösung 77
72/144; die Zahlenreihe multipliziert abwechselnd mit 2 und dann das Ergebnis mit 3.

Lösung 78
36/6; die zweite Zahl der Paare ist jeweils die Quadratwurzel der vorhergehenden.

Lösung 79
9; im Zahlenmix befinden sich sämtliche Quadratzahlen von 1 bis 8, außer der Quadratzahl von 3.

Lösung 80
24; im Zahlenmix befinden sich sämtliche Vielfache von 3 bis 27, außer 24.

Lösung 81
49; im Zahlenmix befinden sich sämtliche Vielfache von 7 bis 63, außer 49.

Lösung 82
9; im Zahlenmix befinden sich sämtliche Vielfache von 9 bis 81, außer 9 selber.

Lösung 83
7; im Zahlenmix befinden sich sämtliche Primzahlen (Zahlen, die nur durch sich selber und 1 teilbar sind) von 1 bis 19, außer 7.

Lösung 84
Die braunen Kühe.

Lösung 85
Alfred sieben, Frieda fünf.

Lösung 86
6/18; die obere Reihe wird durch 2 geteilt, die untere mit –3 multipliziert.

Lösung 87
0/-8; die Zahlen der oberen Reihe werden um 3 subtrahiert, die unteren mit -2 multipliziert.

Lösung 88
39/30; die Zahlen der oberen Reihe werden um 17 addiert, die unteren um 27 subtrahiert.

Lösung 89
34/8; die Zahlen der oberen Reihe werden um 23 subtrahiert, die unteren um 21 addiert.

Lösung 90
28/-11; die obere Reihe wird mit -2 multipliziert, die untere um 17 subtrahiert.

Lösung 91
20-mal, an Einer- und Zehnerstellen.

Lösung 92
16-mal, an Einer- und Zehnerstellen.

Lösung 93
11-mal, an Einer- und Zehnerstellen.

Lösung 94
19-mal, an Einer- und Zehnerstellen.

Lösung 95
12-mal, an Einer- und Zehnerstellen.

Lösung 96
80 Kilo.

Lösung 97
23 Jahre.

Lösung 98
21; die letzte Zahl ist jeweils die erste minus der zweiten mal 3 (7 – 3 = 4, 4 x 3 = 12; 17 – 6 = 11, 11 x 3 = 33).

Lösung 99
16; die letzte Zahl ist jeweils die erste plus der zweiten mal 2.

Lösung 100
3; die letzte Zahl ist jeweils die zweite minus der ersten mal 3.

Lösung 101
30; die letzte Zahl ist jeweils die erste mal der zweiten mal 2.

Lösung 102
15; die letzte Zahl ist jeweils die erste durch die zweite mal 3.

Lösung 103
C; alle oberen Zahlen und 111 sind ganzzahlig durch 3 teilbar, A, B und D nicht (Dreier-Regel: alle Zahlen, deren Quersumme 3 oder ein Vielfaches von 3 ergibt, sind durch 3 teilbar).

Lösung 104
B; alle oberen Zahlen sind ganzzahlig durch 17 teilbar.

Lösung 105
C; alle oberen Zahlen sind ein Vielfaches von 23.

Lösung 106
C; die oberen Zahlen sind eine Reihe, bestehend aus der Zahl 7 je mal 3 multipliziert, nur 21 fehlt.

Lösung 107
D; die oberen Zahlen sind die Quadratzahlen von 3 bis 9 – jeweils minus 1, bis auf das Quadrat von 5!

Lösung 108
Max muss 80 Erbsen zählen, davon gehört ihm ein Zehntel, also 8, und 72 liefert er ab.

Lösung 109
8, 5; Schema ist plus 3, minus 4.

Lösung 110
2, 41; Schema ist mal 3, minus 1.

Lösung 111
5, 22; Schema ist minus 3, mal 2.

Lösung 112
13, 7; Schema ist plus 5, durch 2.

Lösung 113
6/13; in der oberen Reihe wird abwechselnd 2 abgezogen und dann 3 addiert, in der unteren 4 addiert und dann 2 abgezogen.

Lösung 114
6/-1; in der oberen Reihe wird abwechselnd 5 abgezogen und 7 addiert, in der unteren 2 addiert und 5 abgezogen.

Lösung 115
26/2; in der oberen Reihe wird abwechselnd 8 addiert und 3 abgezogen, in der unteren 7 abgezogen und 3 addiert.

Lösung 116
-2/24; in der oberen Reihe wird abwechselnd 13 abgezogen und 5 addiert, in der unteren 11 addiert und 7 abgezogen.

Lösung 117
30/-3 – in der oberen Reihe wird abwechselnd 15 addiert und 8 abgezogen, in der unteren 9 abgezogen und 2 addiert.

Lösung 118
24; alle anderen sind Primzahlen (Zahlen, die nur durch sich selbst und 1 teilbar sind).

Lösung 119
42; alle anderen haben die Quersumme (Addition der Ziffern) 4 (z. B.: 76: 7 + 6 = 13, 1 + 3 = 4)!

Lösung 120
217; alle anderen haben die Quersumme 5!

Lösung 121
27:91; alle anderen sind mögliche Uhrzeiten!

Lösung 122
38; alle anderen sind Zahlen, die für den Kalender relevant sind: 7 Tage für die Woche, 52 Wochen für ein Jahr, 365 Tage für ein Jahr, 366 für ein Schaltjahr, Monate können 28, 29 (Februar im Schaltjahr), 30 oder 31 Tage lang sein und das Jahr hat 12 Monate.

Lösung 123
Zwei Murmeln.

Lösung 124
2222; die erste plus der Zahl in der Klammer ergeben die dritte.

Lösung 125
6543; die erste plus die zweite ergeben die Zahl in der Klammer.

Lösung 126
3542; die erste minus der Zahl in der Klammer ergeben die dritte.

Lösung 127
-286; die erste minus der zweiten ergeben die Zahl in der Klammer.

Lösung 128
6754; die Zahl in der Klammer minus der zweiten ergibt die erste.

Lösung 129
C; die Lösung liegt in den Spalten, nicht in den Reihen: die oberste Zahl einer Spalte wird mit 2 multipliziert, um die mittlere Zahl zu erhalten, zu dieser Produktzahl werden für die unterste noch 3 hinzugezählt.

Lösung 130
B; die Lösung liegt in den Spalten, nicht in den Reihen: die oberste Zahl einer Spalte wird mit 3 multipliziert, um die mittlere zu erhalten, zu dieser Produktzahl werden für die unterste noch 4 hinzugezählt.

Lösung 131
99/-22; die Zahlenreihen wechseln im Zickzack von oben nach unten, die eine nimmt um 13 zu, die andere um 29 ab.

Lösung 132
79/-192; die Zahlenreihen wechseln im Zickzack von oben nach unten, die eine wird mit -2 multipliziert, die andere nimmt um 15 zu.

Lösung 133
A; es sind drei sich abwechselnde Reihen, die erste nimmt um 1 zu (1,2,3...), die zweite um 2 ab (7,5,3...), und bei der dritten wird je mit 2 dividiert (8,4,2,1).

Lösung 134
A; es handelt sich um drei sich abwechselnde Reihen, die erste nimmt um 3 ab, die zweite um 3 zu und bei der dritten wird je mit 2 multipliziert.

Lösung 135
C; es handelt sich um drei sich abwechselnde Reihen, die erste nimmt um 5 zu, die zweite um 3 ab und bei der dritten wird je um 3 multipliziert.

Lösung 136
B; es handelt sich um drei sich abwechselnde Reihen, bei der ersten wird mit -2 multipliziert, die zweite nimmt um 7 ab und die dritte nimmt um 5 ab.

Lösung 137
A; es handelt sich um drei sich abwechselnde Reihen, bei der ersten wird je um 2 multipliziert, bei der zweiten wird je um 3 multipliziert und bei der vierten wird je um 4 multipliziert.

Lösung 138
34, 23, 7, 19; es handelt sich um zwei Zahlenkreise, der äußere nimmt im Uhrzeigersinn um 3 ab, der innere gegen den Uhrzeigersinn um je 2 zu.

Lösung 139
46, 25, 13; es handelt sich um zwei Zahlenkreise, der äußere nimmt im Uhrzeigersinn um 3 zu, der innere gegen den Uhrzeigersinn um je 4 ab.

Lösung 140
11, 20, 31, 25; es handelt sich um zwei Zahlenkreise, der äußere nimmt im Uhrzeigersinn um 2 zu, der innere gegen den Uhrzeigersinn um je 3 zu.

Lösung 141
36, 13, 17, 21; es handelt sich um zwei Zahlenkreise, der äußere nimmt gegen den Uhrzeigersinn um 3 ab, der innere mit dem Uhrzeigersinn um je 2 zu.

Lösung 142
60, 20, 27, 21; es handelt sich um zwei Zahlenkreise, der äußere nimmt gegen den Uhrzeigersinn um 4 zu, der innere mit dem Uhrzeigersinn um je 3 ab.

Lösung 143
2; die linken sind gerade Zahlen, die rechten Primzahlen, 2 ist die einzige gerade Primzahl.

Lösung 144
7; 7 ist die Quersumme der linken Zahlen und alle Zahlen rechts sind durch 7 teilbar.

Lösung 145
13; die linken sind Primzahlen, die rechten durch die Primzahl 13 teilbar.

Lösung 146
9; die linken sind durch die Quadratzahl 9 teilbar, die rechten sind Quadratzahlen.

Lösung 147
4; die linken Zahlen haben die Quersumme 4, die rechten sind die ersten 7 Quadratzahlen ohne 4.

Lösung 148
90.

Lösung 149
16 Stunden.

Lösung 150
A; die gesuchte Zahl ist die größere minus der kleineren mal 5 (738 – 617 = 121, 121 x 5 = 605).

Lösung 151
B; die Zahl in der Klammer ist die Zahl links plus die Zahl rechts dividiert durch 2.

Lösung 152
A; die gesuchte Zahl ist die größere minus der kleineren durch 2.

Lösung 153
C; die gesuchte Zahl ist die erste plus die zweite dividiert durch 3.

Lösung 154
A; die gesuchte Zahl ist die größere minus der kleineren dividiert durch 4.

Lösung 155
In 23 Tagen.

Lösung 156
20, 19, 15; die Zahlen stehen für die Buchstaben des Alphabets. In der zweiten Zeile steht DEUS, also „Süd" von rechts nach links geschrieben, 20-19-15 ergeben TSO, also „Ost" ebenfalls von rechts nach links.

Lösung 157
1, 3, 8, 20; die Zahlen stehen für die Buchstaben des Alphabets. In der zweiten Zeile steht ZWEI – 1, 3, 8, 20 ergeben ACHT, weil sich die Zahlenreihe der durch die Wörter bezeichneten Zahlen von oben nach unten jeweils verdoppelt: 1 – 2 – 4 – 8.

Lösung 158
6, 6, 5, 18, 20; die Zahlen stehen für die Buchstaben des Alphabets. In der zweiten Zeile steht ORAK, also „Karo", von rechts nach links geschrieben. 6, 6, 5, 18, 20 ergibt FFERT, als „Treff" ebenfalls von rechts nach links (die Zahlen für ZUERK – „Kreuz" – wären auch richtig).

Lösung 159
Die Zahlen stehen für die Buchstaben des Alphabets. In der ersten Zeile steht ALPHA, in der zweiten BETA – 4, 5, 12, 20, 1 ergeben DELTA, den vierten Buchstaben des griechischen Alphabets.

Lösung 160
10, 21, 14, 9; die Zahlen stehen für die Buchstaben des Alphabets. In der ersten Zeile steht APRIL, in der vierten JULI. 10, 21, 14, 9 steht also für JUNI.

Lösung 161
a) 6.
b) 14.
c) 7.

Lösung 162
C; die gesuchte Zahl in der Klammer ist die rechte minus der linken dividiert durch 2 (846 – 534 = 312 : 2 = 156).

Lösung 163
B; die gesuchte Zahl in der Klammer ist die rechte plus der linken mal 3.

Lösung 164
A; die gesuchte Zahl in der Klammer ist die linke minus der rechten durch 5.

Lösung 165
B; die gesuchte Zahl in der Klammer ist die rechte plus der linken durch 4.

Lösung 166
B; die mittlere Zahl ist jeweils die obere mal der unteren dividiert durch 5 (7 x 10 = 70 : 5 = 14, 9 x 15 = 135 : 5 = 27...).

Lösung 167
C; die mittlere Zahl ist jeweils die obere mal der unteren dividiert durch 3.

Gedächtnis und Merkfähigkeit

Allgemeine Bemerkungen

Ein gutes Gedächtnis und eine hohe Merkfähigkeit sind Eigenschaften, die für die praktische Anwendung von Intelligenz von großer Wichtigkeit sind. Möglichst viele Informationen immer abrufbereit zu haben, verschiedene Ansätze und Problemlösungsstrategien stets im Kopf zu haben, kann bei der Bewältigung konkreter Probleme (und bei Intelligenztests) von großer Bedeutung sein. Das Memorieren von abstrakten Dingen oder von fremden Ideen (wie einige „um die Ecke" gedachte Intelligenztestaufgaben) kann und sollte man gut trainieren.

Der Trick für ein gutes Erinnerungsvermögen besteht darin, sich Abstraktes näher zu bringen, es mit eigenen Gedanken und Assoziationen zu erfüllen. Es ist relativ schwierig, sich graphische Symbole, zu denen man keinen Bezug hat, einfach so zu merken (Viereck, Dreieck, Pyramide). Zu leicht verwechselt man etwas, zu leicht zieht man falsche Schlüsse („Da war ein Dreieck, also war wahrscheinlich auch ein Viereck zu sehen"). Das Gleiche gilt für Zahlen oder auch für Begriffe, die einem nicht so vertraut sind.

Anders verhält es sich bei Daten und Objekten, die in Form von Situationen und kleinen Geschichten präsentiert werden! Sie werden selbst merken, dass Ihnen die Aufgaben in den beiden Bereichen „optische Erinnerung" und „inhaltliche Erinnerung" unterschiedlich schwer fallen werden. Ohne Tricks und ein entsprechendes Training sind einige willkürliche Zeichen auf einem Blatt Papier bei weitem schlechter im Gedächtnis zu behalten als eine kleine Geschichte, die von Orten und Personen handelt, die in irgendeiner Weise sinnvoll miteinander in Beziehung stehen.

Inhaltliche Erinnerung

Zum Thema „inhaltliche Erinnerung" gibt es auch kaum Hilfestellungen; letztlich steckt die Hilfe in den Geschichten selbst! Das heißt, wenn Sie die Textaufgaben ruhig und entspannt durchlesen, ohne sich von der Fülle der Informationen ablenken zu lassen, müssten Sie eigentlich in der

Lage sein, die Fragen zu beantworten. Zu den reinen Wissensfragen nur so viel: Beantworten Sie zuerst (schriftlich!) die Fragen, die auf Ihre Merkfähigkeit abzielen, und überlegen Sie sich die Antworten zu den Wissensfragen erst, wenn alles Erinnerte aufgeschrieben ist. Wenn Sie zuerst über logische Zusammenhänge oder Fragen des Allgemeinwissens nachdenken, vergessen Sie schnell die bloßen Fakten. Ein Tipp für die Textaufgaben: Versuchen Sie, sich beim Lesen der Aufgabenstellung (halblautes Lesen hilft übrigens vielen Menschen mehr als leises!) ein Bild von der Situation zu machen, auch wenn es sich um abstrakte Inhalte, wie beispielsweise Ihnen unbekannte Tiere oder Mineralien handelt: Sie kennen „Gallium" nicht? Stellen Sie sich einen kleinen Gallier vor – und sofort wird sich Ihnen das Wort unauslöschlich einprägen!

Besteht der Trick beim Textlesen darin, sich ein Bild vorzustellen, so gilt für die optischen Aufgaben das genaue Gegenteil. Wie oben schon erwähnt, kann sich unser Gedächtnis abstrakte Gebilde, Zahlen oder Wörter nur schwer merken. Sie sind gefordert, Sinn in dieses Durcheinander zu bringen! Zuerst einmal hilft es, Zahlen und Worte auszusprechen, Symbole laut zu benennen, neben der optischen Erinnerung wird damit auch die des Gehörten aktiviert. Stellen Sie sich ruhig kleine Handlungen vor; mit Worten geht es natürlich am leichtesten, aber auch Zahlen oder Symbole können durch eine solche Personalisierung „belebt" werden („Als die lustige 456 gestern spazieren ging, traf sie die etwas schnippische 678 ...").

Versuchen Sie es mit Eselsbrücken und Zusammenfassungen („3 Dreiecke – eins gerade, eins auf dem Kopf, eins schwarz gefüllt – 3 Dreiecke!"). Auch Reime sind eine bewährte Form, um sich Dinge leichter zu merken. Natürlich wird die Zeit der Testaufgaben nicht für all das reichen. Aber spielen Sie doch selbst kreativ mit den gestellten Aufgaben! Versuchen Sie, sich so viel wie möglich durch genaues Hinsehen zu merken. Wiederholen Sie den Test aber einige Zeit später (eventuell mit doppelter Zeitvorgabe) und benutzen Sie eine der beschriebenen Techniken, die Sie auch im Alltag einsetzen können. Das Gedächtnis ist eine Funktion des Gehirns, die man wirklich überall gut trainieren kann!

Optische Erinnerung

Übungen: Optische Erinnerung

Im folgenden werden verschiedene Arten von Figuren, Wörter oder Zahlen präsentiert. Die Aufgabe besteht jeweils darin, sich so viele wie möglich von ihnen in der vorgegebenen Zeit zu merken. Schreiben Sie anschließend alle Objekte, an die Sie sich erinnern, auf ein Blatt Papier. Legen Sie Papier und Schreibwerkzeug schon vorher bereit. Experimentieren Sie mit verschiedenen Merktechniken (siehe Tipps), und wiederholen Sie die Tests eventuell nach einigen Wochen wieder.

Die Aufgaben werden in aufsteigender Reihenfolge schwieriger: ★ = leicht, ★★ = mittel, ★★★ = schwer.

Übung 1 ★

BALL   **ROSE**
AFFE   **SONNE**
HUND   **BIRNE**   **ROT**

Betrachten Sie die oben stehenden sieben Wörter 30 Sekunden lang. Notieren Sie anschließend so viele davon, wie Sie sich merken konnten.

Übung 2 ★

ZAUN   KATZEN   GARTEN
HAUS   SPAGHETTI
APFELSAFT GRÜNKOHL AUSPUFF

Betrachten Sie die oben stehenden acht Wörter 30 Sekunden lang. Notieren Sie anschließend so viele davon, wie Sie sich merken konnten.

Übung 3 ✻

SONNE   BUCH   STERNE

MARS   WUNDSALBE

TEEWASSER   MOND   CD-PLAYER

Betrachten Sie die oben stehenden acht Wörter 30 Sekunden lang. Notieren Sie anschließend so viele davon, wie Sie sich merken konnten.

Übung 4 ✻

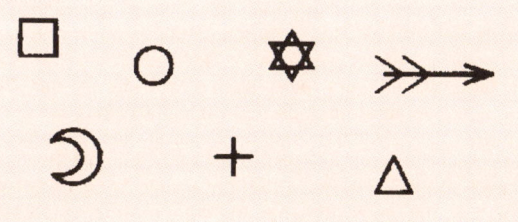

Betrachten Sie die oben stehenden sieben Symbole 30 Sekunden lang. Notieren Sie anschließend so viele davon, wie Sie sich merken konnten.

Ausgesprochene
Intelligenz findet
man so selten wie
große Diamanten.
Erich Limpach

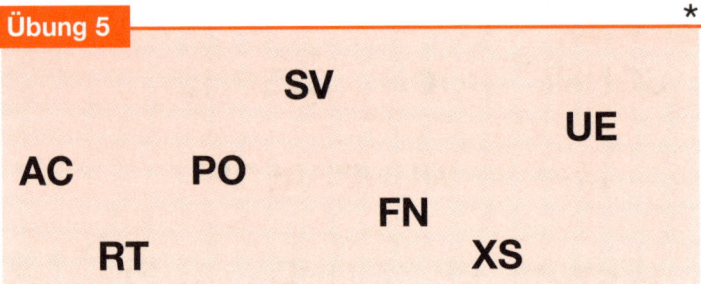

> SV
>
> UE
>
> AC PO
>
> FN
>
> RT XS

Betrachten Sie diese sieben Buchstabenkombinationen 30 Sekunden lang. Notieren Sie anschließend so viele davon, wie Sie sich merken konnten.

Verschiedene Berufsgruppen und ihr IQ

Der IQ kann zwischen beliebig vielen Gruppen verglichen werden. So kann man z. B. den durchschnittlichen IQ-Wert einzelner sozialer Schichten und verschiedener Berufsgruppen miteinander vergleichen. Oftmals liegen soziale Schicht und Berufsgruppen in ihren durchschnittlichen IQ-Werten dicht beieinander. So gehören z. B. Akademiker eher einer Ober- als einer Unterschicht an, was sicherlich, wie in der Einleitung beschrieben, mit der Vererbung, den Umwelteinflüssen sowie der sozialen Schicht, in der man aufwächst, zusammenhängt. Dies muss nicht unbedingt so sein, aber hier sind oft solche Zusammenhänge nachzuweisen. In den einzelnen Berufsgruppen werden unterschiedliche Fähigkeiten und Fertigkeiten erwartet werden können, da sie den Anforderungen genüge leisten müssen. Der Berufstätige muss also seinen Berufsanforderungen gerecht werden können, was einen entsprechenden IQ-Wert voraussetzt oder zumindest die frühe Bereitschaft, seine Intelligenz zu trainieren. Diese Erwartungen an den IQ-Wert für die einzelnen Berufsgruppen sind in Studien bestätigt worden und so gibt es dementsprechend eine Auflistung der ermittelten Berufsgruppen, wobei der IQ-Wert natürlich im ungefähren Bereich liegt:

Berufsgruppe	durchschnittlicher IQ-Wert
Akademiker	ca. 140
leitende Angestellte	ca. 130
Angestellte	ca. 120
gelernte Berufe	ca. 110
angelernte Arbeiter	ca. 100
ungelernte Arbeiter	ca. 90
Gelegenheitsarbeiter	ca. 80

Wenn man sich diese Berufsgruppen und ihre IQ-Werte ansieht, so sollte man diese nicht überbewerten und seinen Mitmenschen nicht mit positiven oder negativen Vorurteilen begegnen.

Übung 6 ✱

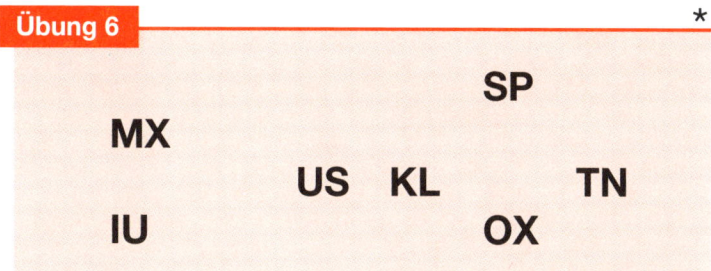

Betrachten Sie diese sieben Buchstabenkombinationen 30 Sekunden lang. Notieren Sie anschließend so viele davon, wie Sie sich merken konnten.

Übung 7 ✱

```
          % &        + -
§ #         > >         ! ?
    @ ®        $
```

Betrachten Sie die oben stehenden sieben Zeichenkombinationen 30 Sekunden lang. Notieren Sie anschließend so viele davon, wie Sie sich merken konnten.

Übung 8 ✱

Prägen Sie sich die 15 Gegenstände eine Minute lang ein. Notieren Sie anschließend so viele davon, wie Sie sich merken konnten.

Jede Partei ist für das Volk da und nicht für sich selbst.
Konrad Adenauer

Übung 9   *

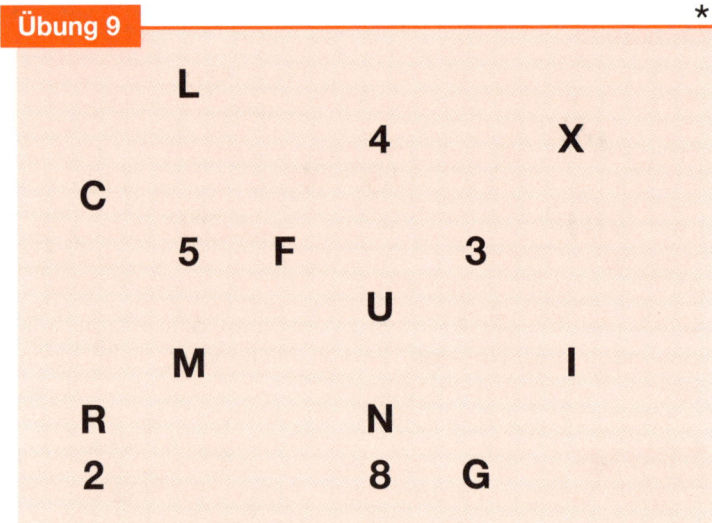

Prägen Sie sich die 15 oben stehenden Buchstaben und Zahlen eine Minute lang ein. Notieren Sie anschließend so viele davon, wie Sie sich merken konnten.

Übung 10   *

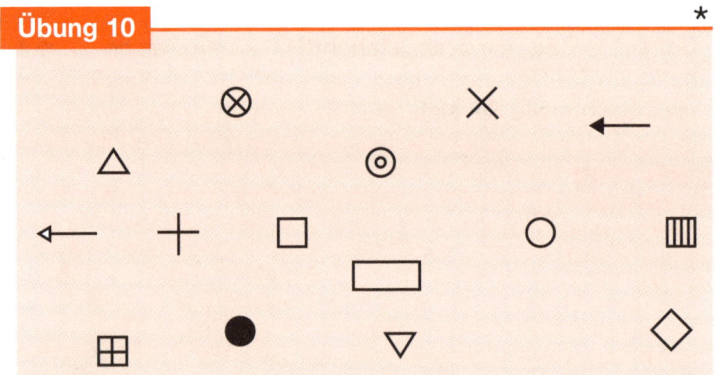

Prägen Sie sich die 15 oben stehenden Symbole eine Minute lang ein. Notieren Sie anschließend so viele davon, wie Sie sich merken konnten.

Übung 11 ✱

§	$		%	&
/	)	?	#	
+	@		=	
*{	>		I	

Prägen Sie sich die 15 oben stehenden Zeichen eine Minute
lang ein. Notieren Sie anschließend so viele davon, wie Sie
sich merken konnten.

Übung 12 ✱

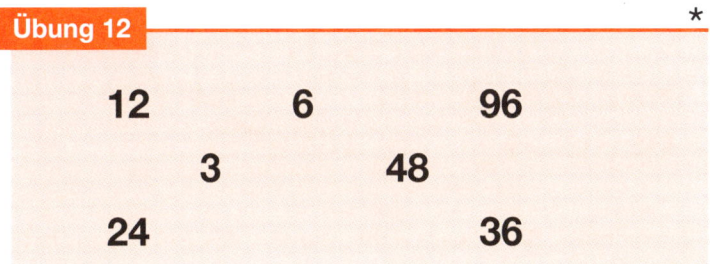

Betrachten Sie die oben stehenden sieben Zahlen 30
Sekunden lang. Notieren Sie anschließend so viele davon,
wie Sie sich merken konnten.

Übung 13 ✱

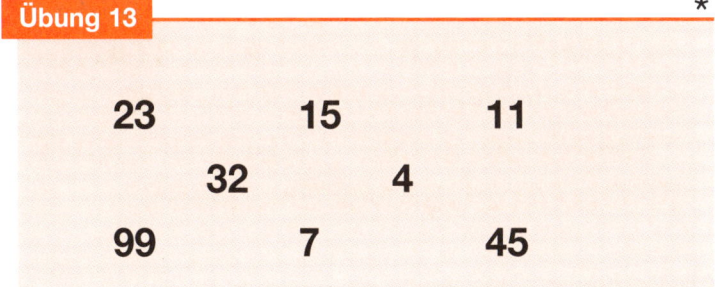

Betrachten Sie die oben stehenden acht Zahlen 30 Sekunden lang. Notieren Sie anschließend so viele davon, wie Sie
sich merken konnten.

Übung 14 *

17		44		9
	38		21	
1		55		0

Betrachten Sie diese acht Zahlen 30 Sekunden lang. Notieren Sie anschließend so viele davon, wie Sie sich merken konnten.

Übung 15 **

SALPETER   ROSENSTRAUCH
PETERSFISCH   AROMA
KREUZKÜMMEL   THYMIAN
GERUCH   SCHWEFEL

Betrachten Sie diese acht Wörter 45 Sekunden lang. Notieren Sie anschließend so viele davon, wie Sie sich merken konnten.

Übung 16 **

WUNDPFLASTER   KURBELWELLE
SCHMIERSTOFF   LENKSTANGE
GESCHWINDIGKEITSKONTROLLE
TEMPO-30-ZONE   HELMPFLICHT
FRONTALZUSAMMENSTOSS

Betrachten Sie die oben stehenden acht Wörter 45 Sekunden lang. Notieren Sie anschließend so viele davon, wie Sie sich merken konnten.

> Wann verlässt ein Zuschauer schon einmal das Kino und wurde in seiner Seele angerührt?
> *Heinz Rühmann*

> Strebe nach Ruhe, aber durch das Gleichgewicht, nicht durch den Stillstand deiner Tätigkeit.
> *Friedrich Schiller*

Übung 17 ✶✶

KÜCHENKRÄUTER   HERDPLATTE
MIKROWELLE   WOK
GESCHIRRSPÜLMASCHINE
REISSCHALE   GULASCHSUPPE
FRUCHTSALAT

Betrachten Sie diese acht Wörter 45 Sekunden lang. Notieren Sie anschließend so viele davon, wie Sie sich merken konnten.

Übung 18 ✶✶

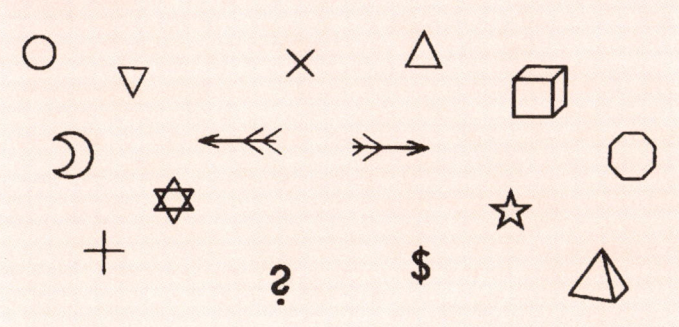

Betrachten Sie diese 15 Symbole eine Minute lang. Notieren Sie anschließend so viele davon, wie Sie sich merken konnten. Achtung: einige Symbole sind mehrfach (gedreht) vorhanden!

Lebenskünstler sind Menschen, die nicht nur Zeit für das Notwendige, sondern auch für das scheinbar Überflüssige haben.
Friedl Beutelrock

Übung 19 ******

FN	QE	IT	TR	MO	GH
	ZS	UG	LN	AF	XW
	AY	LF	EE	NM	

Betrachten Sie die oben stehenden 15 Buchstabenkombinationen eine Minute lang. Notieren Sie anschließend so viele davon, wie Sie sich merken konnten.

Übung 20 ******

PM	FT	ZF	EA	ZS	OR
	NM	HM	IQ	UT	SY
	LI	TU	AC	AB	

Betrachten Sie diese 15 Buchstabenkombinationen eine Minute lang. Notieren Sie anschließend so viele davon, wie Sie sich merken konnten.

Übung 21 ******

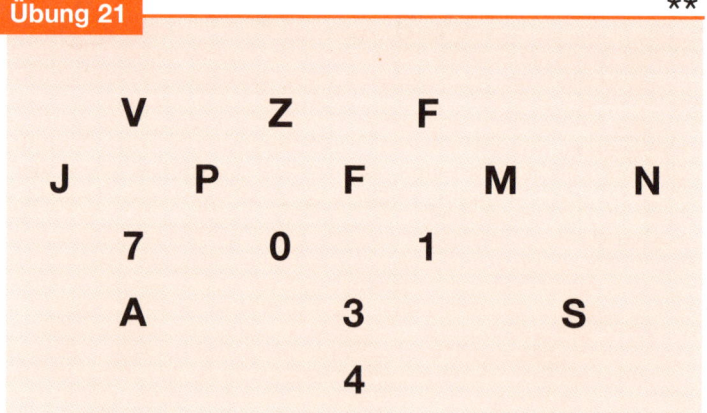

Betrachten Sie die oben stehenden 15 Buchstaben und Zahlen eine Minute lang. Notieren Sie anschließend so viele davon, wie Sie sich merken konnten.

Übung 22 ✶✶

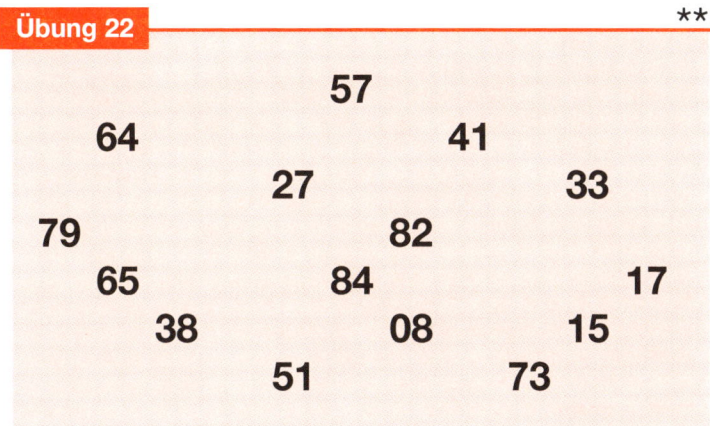

Betrachten Sie diese 15 Zahlenkombinationen eine Minute lang. Notieren Sie anschließend so viele davon, wie Sie sich merken konnten.

Übung 23 ✶✶

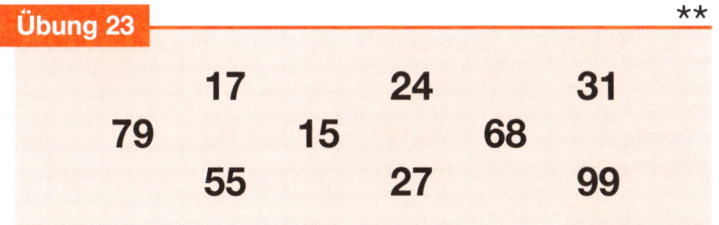

Betrachten Sie diese neun Zahlen 30 Sekunden lang. Notieren Sie die, die Sie sich merken konnten.

Übung 24 ✶✶

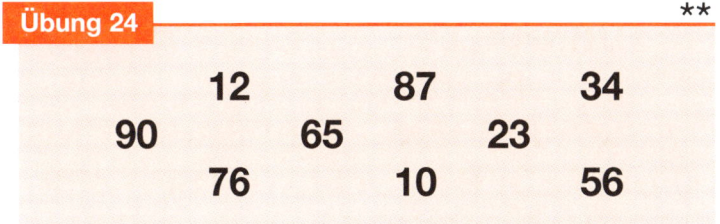

Betrachten Sie die oben stehenden neun Zahlen 30 Sekunden lang. Notieren Sie anschließend so viele davon, wie Sie sich merken konnten.

Sorgen sind wie Babys: Je mehr man sie hätschelt, desto besser gedeihen sie.
Helmut Qualtinger

Übung 25 **

	55		98		82
29		39		73	
	19		95		11

Betrachten Sie diese neun Zahlen 30 Sekunden lang. Notieren Sie anschließend so viele davon, wie Sie sich merken konnten.

Übung 26 **

KUGEL	SPHÄRE	PLANET
GLOBUS	MERIDIAN	SCHEIBE
RUND	WELTKUGEL	BALL
ZIRKEL	ERDBALL	ÄQUATOR

Betrachten Sie die zwölf Wörter 45 Sekunden lang. Notieren Sie anschließend so viele davon, wie Sie sich merken konnten.

Übung 27 **

SCHULTOR   PAUSENGLOCKE
KREIDESTAUB
TURNHALLE   SPORTSOCKEN
DEUTSCHSTUNDE
ABSCHREIBEN   WIEDERHOLUNG
FÜLLFEDER   BLEISTIFTSPITZER
SCHULDIREKTOR   NACHSITZEN

Betrachten Sie die oben stehenden zwölf Wörter 45 Sekunden lang. Notieren Sie anschließend so viele davon, wie Sie sich merken konnten.

Übung 28 **

KIRCHENGLOCKEN

BRAUTPAAR   PASTOR

BLUMENSCHMUCK

PFARRER   SCHWIEGERVATER

SELF-SERVICE-BUFFET

EHERINGE   ROLLS ROYCE

BLITZLICHTGEWITTER

TRAUZEUGE

ALLEINUNTERHALTER

Betrachten Sie diese zwölf Wörter 45 Sekunden lang. Notieren Sie anschließend so viele davon, wie Sie sich merken konnten.

Übung 29 ***

          342   254

796   697   542

          425   742

          379

Betrachten Sie die acht Zahlen 45 Sekunden lang. Notieren Sie anschließend so viele davon, wie Sie sich merken konnten.

Übung 30 ★★★

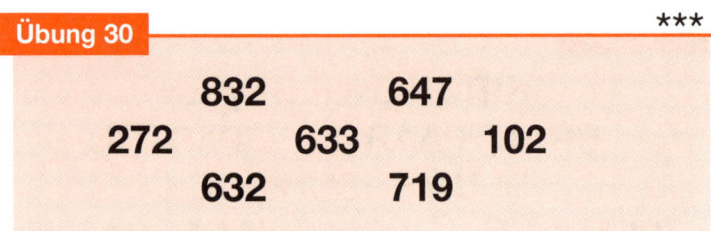

Betrachten Sie die oben stehenden sieben Zahlen 45 Sekunden lang. Notieren Sie anschließend so viele davon, wie Sie sich merken konnten.

Übung 31 ★★★

$$
\begin{array}{ccc}
 & 812 & 192 \\
489 & 103 & 874 \\
 & 202 & 991 \\
\end{array}
$$

Betrachten Sie diese sieben Zahlen 45 Sekunden lang. Notieren Sie anschließend so viele davon, wie Sie sich merken konnten.

Übung 32 ★★★

Betrachten Sie die oben stehenden 20 Symbole eine Minute lang. Notieren Sie anschließend so viele davon, wie Sie sich merken konnten. Achtung: einige Symbole sind mehrfach (gedreht, gefüllt oder leer) vorhanden!?

Jede neue Steuer hat etwas erstaunlich Ungemütliches für denjenigen, der sie zahlen oder auch nur auslegen soll.
Otto Fürst von Bismarck

Übung 33   ★★★

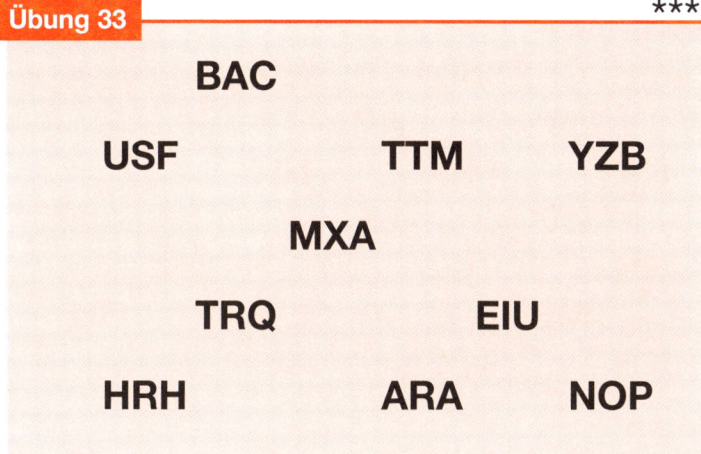

Betrachten Sie die oben stehenden 10 Buchstabenkombinationen eine Minute lang. Notieren Sie anschließend so viele davon, wie Sie sich merken konnten.

Männer und Frauen

Gibt es einen Unterschied in der Intelligenz?
In der Wissenschaft wurde der Unterschied in der Intelligenz zwischen den Geschlechtern oft besprochen, diskutiert, getestet und untersucht, und heute kann man sagen: Es ist weder der Mann noch die Frau grundsätzlich intelligenter. Vor allen Dingen, wenn man beachtet, dass Intelligenz eng mit Leistung verbunden ist. Tatsächlich gibt es also zwischen Männern und Frauen, abgesehen von Erziehungs- und Förderungsunterschieden, keine grundsätzlichen Intelligenz- und Leistungsunterschiede. So wurde zwar früher immer behauptet, dass Frauen im sprachlichen Bereich besser als Männer abschneiden, was damals auch tatsächlich so der Fall war, aber seitdem Männer auch auf Kommunikation angewiesen sind und von einer neuen Generation von Müttern erzogen und damit in diesem Bereich unterstützt werden, haben Männer ihre Leistung gesteigert. Das Gleiche gilt für die viel beschworene bessere Leistung der Männer im technischen Bereich. Dass Männer und Frauen sich immer mehr angleichen, scheint mit den fast immer ähnlicher werdenden Anforderungen an beide Geschlechter zusammenzuhängen. Die Bewältigung dieser neuen Aufgaben für Mann und Frau können sich wiederum über die Zeit auf das eigene Leben und sogar über die eigenen Kinder auf nachfolgende Generationen auswirken, sodass weiter geistige Veränderungen in der Evolution des Menschen zu erwarten sind. So wird es letztendlich eine gesellschaftliche Frage sein, ob sich Männer und Frauen in ihrer Leistung zukünftig weiter angleichen oder auseinander driften.

Staat und Kirchen können nur zwei Möglichkeiten dulden: Ehe oder Prostitution, und in den meisten Fällen ist ihnen die Liebe außerhalb dieser beiden Gehege verdächtig.

Heinrich Böll

> Das einzig Intelligente an ihm ist sein Weisheitszahn.
> *Mark Twain*

> Wenn nämlich die Ungerechtigkeit bewaffnet ist, so ist sie am allergefährlichsten.
> *Aristoteles*

Übung 34 ***

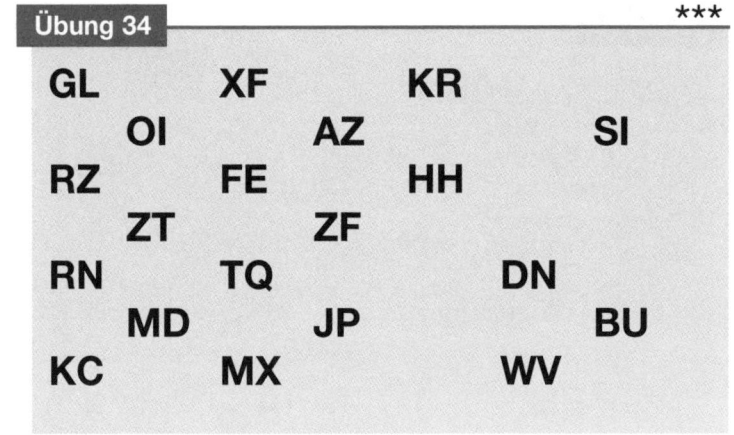

Betrachten Sie diese 20 Buchstabenkombinationen eine Minute lang. Notieren Sie anschließend so viele davon, wie Sie sich merken konnten.

Übung 35 ***

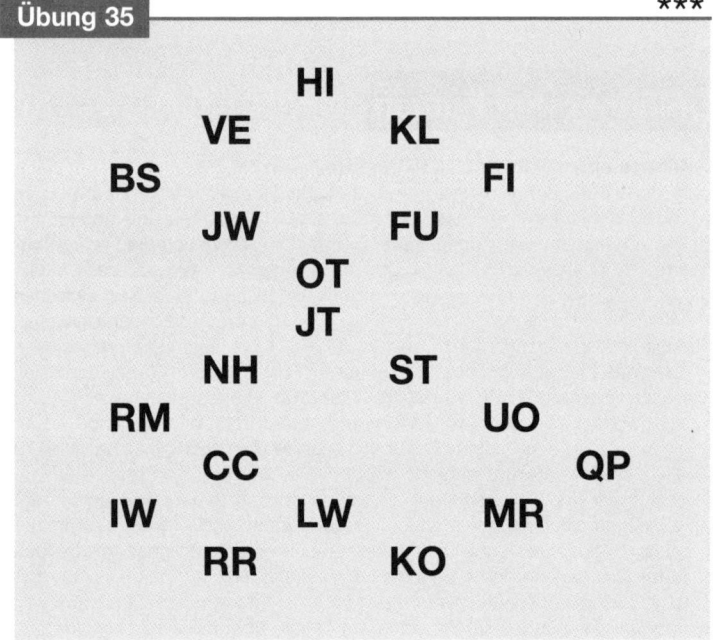

Betrachten Sie die oben stehenden 20 Buchstabenkombinationen eine Minute lang. Notieren Sie anschließend so viele davon, wie Sie sich merken konnten.

Übung 36 ★★★

421	545	010	930
371	987	038	444
275	113	782	609
985	571	433	781
321	300	325	867

Betrachten Sie diese 20 Zahlenkombinationen eine Minute lang. Notieren Sie anschließend so viele davon, wie Sie sich merken konnten.

Übung 37 ★★★

IRIDIUM	KOBALT	LILIPUT
PLATINE	ZWERG	IRAN
KOBOLD	PLATO	IRLAND
PLATIN	IRRLICHT	PLUTO

Betrachten Sie die zwölf Wörter 45 Sekunden lang. Notieren Sie anschließend so viele davon, wie Sie sich merken konnten.

Übung 38 ★★★

MARKUS	MARZIPAN
MAGENSÄURE	ALABASTER
INITIALIEN	KONDENSAT
RHABARBER	RAUBRITTER
MANDOLINE	MARSMONDE
SALMIAK	ZIRBELDRÜSE

Betrachten Sie die oben stehenden zwölf Wörter 45 Sekunden lang. Notieren Sie anschließend so viele davon, wie Sie sich merken konnten.

Wussten Sie schon, dass sich Menschenaffen manchmal „menschlicher" verhalten als so mancher Mensch? Ein nettes Beispiel hierfür ist die Methode, wie ein Neugeborenes zum Atmen angeregt wird. Während die Menschen ihren Babys einen Klaps auf den Hintern geben, um sie zum Schreien und somit zum Atmen zu bringen, nimmt eine Orang-Utan-Mutter ihr Neugeborenes und unterzieht es solange einer Mund-zu-Mund-Beatmung, bis es selbsttätig atmet.

Übung 39 ***

IKEBANA SUSHI SASHMI
FENG-SHUI KUNG FU
ESSSTÄBCHEN INGWER
SOJASOSSE WORCESTERSOSSE
TANGRAM JASMIN-TEE
HAMBURGER ROYAL TS

Bei schlechten Beamten helfen selbst die besten Gesetze nichts.

Otto Fürst von Bismarck

Betrachten Sie diese zwölf Wörter 45 Sekunden lang. Notieren Sie anschließend so viele davon, wie Sie sich merken konnten.

Übung 40 ***

787	294	832
847	624	948
983	762	084

Betrachten Sie die oben stehenden neun Zahlen 45 Sekunden lang. Notieren Sie anschließend so viele davon, wie Sie sich merken konnten.

Übung 41 ***

738	923	210
034	823	129
303	292	328

Betrachten Sie die oben stehenden neun Zahlen 45 Sekunden lang. Notieren Sie anschließend so viele davon, wie Sie sich merken konnten.

Übungen: Inhaltliche Erinnerung

Lesen Sie langsam und aufmerksam (aber immer nur einmal!) die folgenden Geschichten, und beantworten Sie im Anschluss schriftlich die Fragen.

Im Lösungsteil finden Sie jeweils die richtigen Antworten, teils, um Ihnen das Vergleichen der Antworten zu erleichtern, teils, weil in manchen Geschichten auch kleine Logikschlüsse und Wissensfragen eingebaut wurden. Am besten legen Sie sich, bevor Sie beginnen, schon Papier und Bleistift zurecht, lesen die Geschichte ruhig und entspannt durch und decken vor dem Lesen der Fragen den Text ab (* = leicht, ** = mittel, *** = schwer).

Tipps und Hinweise

Übung 42   *

> **Marion geht sonst immer um spätestens 17 Uhr in den Supermarkt einkaufen, aber heute ist es schon Punkt sechs, als sie durch die Tür kommt. Glücklicherweise gibt es noch genug Milch und Brot für sie. Nur bei den Eiern hat Marion Pech: Anstatt zwölf, wie sie wollte, kann sie bloß noch ein halbes Dutzend ergattern. Orangensaft, Honig, Katzenfutter, Müsli – bald ist der Einkaufswagen von Marion gefüllt. Sie geht zur Kasse, zahlt und merkt erst daheim, dass sie in ihrer Eile die Wurst vergessen hat.**

Die Delphine haben mindestens die Intelligenz der Menschen, doch keine Arme und Hände, deswegen haben sie die Welt nie erobert, und deswegen zerstören sie die Welt auch nicht.
Max Frisch

1. Was hat Marion gekauft?
2. Was hat sie nicht bekommen bzw. vergessen?
3. Um wie viel später als sonst betritt Marion den Supermarkt?

Übung 43  *

Sebastian ist 4 Jahre alt und geht in den Kindergarten „Sonnenblume". Sein bester Freund dort ist der viereinhalbjährige Max, den er ein bisschen lieber mag als dessen Bruder Mario, der erst 3 1/2 ist. Seine eigene Schwester heißt Maria und geht schon in die 2. Klasse der Grundschule. Um 12 isst Sebastian zu Mittag, dann muss er sich hinlegen und einen Nachmittagsschlaf halten, was schwer ist, weil er immer so viel mit Anna, seiner besten Freundin, kichern muss. Das sieht Tante Margarete aber gar nicht so gern.

1. Wie viele Kindergartenkinder außer Sebastian kommen in der Geschichte vor?
2. Wer ist Mario und um wie viel ist er jünger als Sebastian?
3. Wie heißen Sebastians Schwester, seine Freundin und die Kindergartentante?

Übung 44 *

Rolf bringt seinen Dackelrüden Ferdinand in die Hundeschule. Dort treffen sie schon Meike mit ihrer Dogge Anastasia und ihrem Schäferhund Hans-Werner. Der Trainer Herr Müller ist sehr lieb zu den Hunden, aber auch manchmal etwas streng, besonders zu Cäsar, dem Pudelwelpen, der gar nicht hören will, sondern nur Unsinn macht. Eigentlich ist Cäsar auch noch ein wenig zu jung für den Unterricht, aber Frau Sägebrecht hat ihn mitgenommen, damit er zusammen mit seiner Mutter Duchesse wenigstens etwas Benimm lernt.

1. Was für ein Hund ist Ferdinand und wie heißt sein Besitzer?
2. Was für einer Rasse gehören Duchesse, Anastasia und Hans-Werner an?
3. Wie heißen der Instrukteur und die Besitzerin von Cäsar?

Übung 45 ★

Robert und sein blonder Sohn Jens besuchen den Zoo. Zuerst will Jens natürlich zu den Affen. Aber auch die Löwen und Nilpferde haben es ihm angetan. Nur vor den Krokodilen fürchtet sich der Kleine ein wenig. Doch als die beiden Ausflügler nach der Elefantenfütterung Sabine, die braunhaarige Schulfreundin von Jens, beim Vogelgehege treffen, ist die gute Laune bald wieder hergestellt!

1. Wie heißt der Vater?
2. Wie heißen die Kinder und welche Haarfarbe haben sie?
3. Welche Tiere haben Vater und Sohn besucht?
4. Welche davon sind keine Säugetiere?

Übung 46 ★

Jens und seine Freundin Margot besuchen Samstagnachmittag ein Möbelhaus. Jens gefällt das blaue Sofa besonders, aber Margot meint, es würde sich mit dem grünen Regal im Wohnzimmer farblich nicht vertragen. Margot

Bei allem, was man sagt, kommt es oftmals gar nicht darauf an, wie die Dinge sind, sondern darauf, was Böswillige daraus machen.

Konrad Adenauer

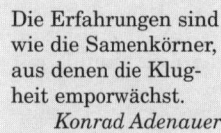

Die Erfahrungen sind wie die Samenkörner, aus denen die Klugheit emporwächst.
Konrad Adenauer

hätte lieber den gelben Ohrensessel, aber der ist Jens zu teuer. Dann zur Matratzenabteilung und in den Bürobereich, wo Jens mit dem Kauf eines roten Drehsessels spekuliert. Nach einem Snack mit geräuchertem Hering und Müsli mit Joghurt gehen die zwei noch in die Geschirrabteilung. Margot kauft zwei gelbe Topflappen und drei rote Kochlöffel. Jens legt noch einen blauen Kochtopf dazu. Bei der Kasse treffen sie ihren Nachbarn Jan, der außer einem grün-gemusterten Teppich auch nur zwei Topflappen, aber in rot, gekauft hat.

1. Wie viele gelbe Dinge kommen in der Geschichte vor?
2. Was hat Margot gegen das Sofa?
3. Wie heißt der Nachbar und was hat er gegessen?
4. Wie viele rote Dinge kommen in der Geschichte vor?

Übung 47 **

Als Maria Hans zum Essen einlud, dachte Hans, er würde Marias berühmte Knödel vorgesetzt bekommen. Denn als Franz und Monika zu Gast waren, gab es eben jene Knödel mit Sauerkraut. Doch es kam anders. Nicht nur waren auch Anneliese und Heinz eingeladen worden, wovon Hans nichts wusste, nein, es gab auch noch Scholle, eine Speise, die Maria zwar sehr schätzte, Hans aber nicht. Selbst der Apfelstrudel zum Schluss konnte ihn da kaum versöhnen.

1. Welche Personen werden in der Geschichte mit Namen erwähnt?
2. Welche Speisen werden in der Geschichte erwähnt?

Übung 48 **

In Gibtsnichland regiert seit 1995 eine rot-grüne Koalition. Die SPG stellt dabei die Mehrheit und auch die Bundeskanzlerin Herta Zoter sowie die Minister für Wirtschaft, für Finanzen und den Minister für Blumenzucht, die Grünen unter anderem den Außenminister, den Gesundheitsminister und den Minister für Münzkunde Ulf Bleibtreu. Die Opposition, allen voran Sabine Hummel von der „Christlichen Union Gibtsnichlands", die von 1990 bis 1995 einer Regierungskoalition mit der FGP vorstand, kritisiert v. a. gern Wolf Schlöter, den Finanzminister. In der Haupt-stadt Nirgendwo stellt die CUG den Bürger-meister Frank Frei, der interessanterweise der Bruder des Außenministers Dieter Frei ist.

1. Wer war 1990 bis 1995 Bundeskanzler?
2. Zu welcher Partei gehört Dieter Frei?
3. Wie heißt der Minister für Münzkunde mit Vornamen?
4. Wer ist Herr Schlöter?
5. Wie viele Personen werden in der Geschichte mit Namen erwähnt?

Übung 49 **

James Kirk ist der Kapitän des Raumschiffs Enterprise mit der Registrierungsnummer NCC 1701 und etwa mit 400 Besatzungsmit-gliedern. Sein Erster Offizier heißt Spock und sein Bordarzt Leonard McCoy. Jean-Luc Picard ist ebenfalls der Kapitän der Enter-prise, allerdings der Enterprise-D. Sein erster Offizier ist der aus Alaska stammende

Es gehört Intelligenz dazu, um zu erken-nen, dass es Dinge gibt, an die der Ver-stand nicht heran-reicht.
Martin Kessel

William Riker. Die psychologische Beraterin an Bord der Enterprise-D ist die Halb-Betazoidin Deanna Troi. Sie ist nur eine der vielen Außerirdischen der über 1000 Lebewesen an Bord, wie der klingonische Sicherheitsoffizier. Auf Kirks Enterprise gibt es nur einen Außerirdischen, den vulkanischen Ersten Offizier. James Kirk trägt einen Mittelnamen, der mit T beginnt, nämlich Tiberius, und auch der Erste Offizier an Bord der Enterprise-D hat einen Mittelnamen mit T, nämlich Thomas. Der Sicherheitsoffizier der Enterprise-D, Worf, hat keinen Mittelnamen.

1. Um wie viele Lebewesen gibt es auf der Enterprise-D mehr?
2. Wer hat den Mittelnamen Thomas?
3. Welchem Volk gehören Spock, Deanna Troi und Worf jeweils an?
4. Wie heißt der Captain der Enterprise-D mit vollem Namen?
5. Wie viele Personen werden in der Geschichte mit Namen erwähnt?

Übung 50 **⋆⋆**

Sauerstoff (O), Stickstoff (N) und Wasserstoff (H) sind chemische Elemente. Auch der Kohlenstoff (C) ist ein Element und sollte nicht mit Braun- oder Steinkohle verwechselt werden. Tatsächlich besteht der menschliche Körper zu einem Großteil aus eben diesen Elementen. Dazu kommen noch einige Metalle wie Eisen (Fe) oder Zink (Zn), die aber nur in Spuren vorhanden sind und deswegen auch Spurenelemente genannt werden. All diese Elemente sind aber nicht auf der Erde entstanden, sondern vor Millionen von Jahren in heute erloschenen Sonnen.

1. Welche chemischen Elemente kommen in der Geschichte vor?
2. Wie lauten die Symbole dieser Elemente?
3. Welche anderen Stoffe werden genannt, und wieso zählt man sie nicht zu den chemischen Elementen?

Übung 51 ★★

Die Schweiz hat auf den Autos das internationale Kennzeichen CH stehen, Österreich A. Viele große Länder haben nur einen Buch-

Gehirngröße und Intelligenz

Gibt es einen Zusammenhang?

Auch heute gibt es noch Untersuchungen zum Zusammenhang von Gehirngröße und Intelligenz. Diese Untersuchungen können dabei Vergleichsunterschiede sein, so z. B. zwischen Mann und Frau. Die Leistung des menschlichen Gehirns ist bekanntlich enorm und wenn wir wollten oder besser gesagt könnten, so wären wir noch zu viel mehr Leistung fähig. Geistige Leistung ist im Gehirn aber nicht irgendwo undurchsichtig und ominös verteilt. Es gibt sehr wohl verschiedene Gehirnabschnitte, die heute in ihrer Funktion detailliert gewissen Leistungen zugeordnet werden können. Da das Gehirn aus zwei Teilen besteht, nämlich einer linken und einer rechten Hälfte, kann man auch grob sagen, dass z. B. Sprache in der linken Gehirnhälfte zu lokalisieren ist. Nun weiß man, dass die Gehirnhälften bei männlichen und weiblichen Babys unterschiedlich schnell bzw. stark wachsen. Während die Gehirnhälften in ihrer Größe bei weiblichen Babys gleich groß sind, weisen männliche Babys eine kleinere linke Gehirnhälfte, aber dafür eine stärker wachsende, kompensierende und am Ende größere rechte Gehirnhälfte auf. Für den Alltag bedeutet dies aber nicht, dass Männer nun ein Sprachdefizit hätten oder dass sie durch die größere rechte Gehirnhälfte intelligenter wären. Es bedeutet auch nicht, dass Frauen in allem gleich gut sind. Leistung und Intelligenz haben grundsätzlich nichts mit der Gehirngröße zu tun.

Keulen sind als Vernichtungswerkzeuge etwas aus der Mode. Aber das Schicksal bedient sich ihrer noch.
Heinz Rühmann

Adel ist auch in der sittlichen Welt. Gemeine Naturen zahlen mit dem, was sie tun, edle mit dem, was sie sind.
Friedrich Schiller

staben wie D für Deutschland oder F für Frankreich. Aber andere Länder – wie England mit GB – haben zwei, wie auch viele kleinere Staaten wie etwa Ungarn mit HU. Oft verbirgt sich in den Abkürzungen mehr als man denkt: FL verweist darauf, dass Liechtenstein ein Fürstentum ist, NL, dass Holland eigentlich übersetzt „Niederlande" heißt, und SF, dass Finnland auf Finnisch ganz anders heißt, nämlich Suomi. Ähnlich wie das E für Spanien, das für Espagna steht. Oft steht der Buchstabe auch für die Bezeichnung des Landes in einer anderen als der Landessprache: A für Austria oder Autriche, HU für lateinisch Hungaria oder englisch Hungary. Auch Confederatio Helvetica ist lateinischen Ursprungs und wird für die Kennzeichen abgekürzt.

1. Welche Länder kommen in der Geschichte vor?
2. Wie lauten die Abkürzungen dieser Länder?
3. Welche genannten Länder haben eine Kennzeichenabkürzung, die der Landessprache entspricht?

Übung 52 ***

Bauer Hein pflanzt Mais, Hafer, Kartoffeln und Weizen an, Reis, Tabak und Schwarzwurzeln kultiviert er hingegen nicht. Mit Hanf und Raps, obwohl diese biologisch sinnvoll sind und der Anbau von staatlicher Seite finanziell gefördert wird, hat er bislang nur experimentiert.

1. Welche Pflanzen kultiviert Bauer Hein nicht?
2. Welche kultiviert er?
3. Welche davon waren in Europa vor 600 Jahren noch unbekannt?

Übung 53 ***

Hans, Heinz und Franz sind seit Jahren Freunde aus der Gegend um Ulm. Nacheinander heirateten sie Bärbel, Hanna und Gertrud. Mittlerweile hat sich auch schon Nachwuchs eingestellt, die Söhne Jakob, Manfred und Max sowie die Töchter Gerda, Beate und Maria.

1. Welche Namen kommen in der Geschichte vor?
2. Welche davon sind deutschen (germanischen) Ursprungs?
3. Welche davon sind biblischen (hebräischen) Ursprungs?
4. Welchen Ursprung haben die anderen?

Übung 54 ***

„Wissen Sie, Professor Jones, ich ziehe Fasane – rein optisch – Perlhühnern jederzeit

Wussten Sie schon, dass Vögel in der Lage sind, Erdbeben vorauszusagen? Viele Vögel verfügen über einen extrem gut ausgeprägten Vibrationssinn. So spüren sie schon die Vorboten eines Erdbebens Minuten bevor Menschen die ersten Erschütterungen fühlen können. Zeitweilig wurden in stark erdbebengefährdeten Gebieten Vögel als eine Art Alarm eingesetzt.

Der Mensch hat einen Intelligenzquotienten, der Käse einen Reifegrad.

Werner Mitsch

vor", warf Dr. Smith mit seinem Dubliner Akzent ein. „Nun, zweifellos, da mögen Sie schon Recht haben, mein Lieber", entgegnete der Angesprochene, während er seine Pfeife stopfte, „Fasane sind zwar nicht ganz so bunt wie Papageien, aber Wachteln etwa schlagen sie in puncto Federkleid jederzeit. Während meiner Militärzeit unter General Walton interessierte ich mich übrigens ebenfalls für Ornithologie. Allerdings waren Kakadus mein Spezialgebiet, obwohl ich auch manchmal tagsüber wilde Kiwis beobachtete." „Interessant", ließ sich wieder der Doktor vernehmen, „und sind Ihnen da auch Schnabeltiere untergekommen?" „Natürlich nicht!", entgegnete der Professor entrüstet.

1. Von wie vielen und welchen Vogelarten war die Rede?
2. Aus welchem Land stammt Dr. Smith?
3. Wo war Jones in seiner Militärzeit stationiert?
4. Wie hieß der General?
5. Wer ist Raucher?
6. Wieso ist der Professor entrüstet?

Übung 55 ★★★

„Ein Abendessen ohne Rioja kann ich mir kaum vorstellen" sagte Juan träumerisch. „Ich weiß nicht, mir ist ein Pils lieber" brummte Norbert mit seinem wohltönenden Bass. „Oder Calpico!" rief Keiko fröhlich dazwischen, „für Alkohol ist nach dem Essen immer noch Zeit." „Grüner Veltliner, ich sage nur Grüner Veltliner!" schmunzelte Anja.

„Kommt darauf an, was man dazu isst, meine Liebe..." warf der spanische Student ein, „mir ist ja Pörkölt das Liebste... echt gut gewürzt". „Und das von einem Spanier! Wie exotisch! Warum nicht gleich Raclette wie bei uns daheim?", gluckste Anja. „Und Nüsslisalat dazu...", meinte Norbert über-legend, „oder natürlich Weißwürste..." „Ihr Bayern!", entrüstete sich Keiko, „Sushi, Maki oder Sashimi, das ist feines Essen!" „Roher Fisch und Reis, nein danke! Ihr Japaner seid völlig einseitig..." „Aber nein, wir essen auch gern Fleisch und Gemüse, Teriyaki zum Beispiel." „Oder süßsaures Schweine-fleisch?" „Sehr witzig, Norbert..." Keiko war fast beleidigt.

Die größten Geister sind der größten Fehler ebenso wie der größten Tugenden fähig.

René Descartes

1. Von wie vielen Speisen und welchen war die Rede?
2. Aus welchem Land kommt die Person, die Weißwein bevorzugt?
3. Was ist das Lieblingsgetränk des Spaniers?
4. Welches erwähnte Getränk ist nicht alkoholisch?
5. Wie viele Frauen sind anwesend?
6. Wieso ist Keiko fast beleidigt?

Lösungen: Inhaltliche Erinnerung

Lösung 42
1. Brot, Milch, sechs Eier, Orangensaft, Honig, Katzenfutter, Müsli. 2. Sechs Eier, Wurst. 3. Eine Stunde.

Lösung 43
1. Drei: Max, Mario und Anna. 2. Mario ist der Bruder von Max und um ein halbes Jahr jünger als Sebastian. 3. Maria, Anna, Margarete.

Lösung 44
1. Dackel, Rolf. 2. Pudel, Dogge, Schäferhund. 3. Herr Müller, Frau Sägebrecht.

Lösung 45
1. Robert. 2. Jens, blond, Sabine, braun. 3. Affen, Löwen, Nilpferde, Krokodile, Elefanten, Vögel. 4. Krokodile, Vögel.

Lösung 46
1. Drei: ein Sessel und zwei Topflappen. 2. Es ist blau und passt nicht zum grünen Regal. 3. Jan, was er gegessen hat kommt – Fangfrage! – in der Geschichte gar nicht vor! 4. Sechs: ein Drehsessel, drei Kochlöffel und zwei Topflappen.

Lösung 47
1. Maria, Hans, Franz, Monika, Anneliese, Heinz. 2. Knödel, Sauerkraut, Scholle, Apfelstrudel.

Lösung 48
1. Sabine Hummel (stand der Regierungskoalition vor). 2. Grüne. 3. Ulf. 4. Der Finanzminister. 5. sechs.

Lösung 49
1. Über 600. 2. William Riker. 3. Vulkanier, Betazoiden, Klingonen. 4. Jean-Luc Picard. 5. Sechs.

Lösung 50
1. Sauerstoff, Stickstoff, Wasserstoff, Kohlenstoff, Eisen, Zink. 2. O, N, H, C, Fe, Zn. 3. Braun- und Steinkohle sind fossile organische Stoffe, die aus einer Mischung von chemischen Elementen (vor allem O, H und C) bestehen.

Lösung 51
1. Schweiz, Österreich, Deutschland, Frankreich, England, Ungarn, Lichtenstein, Holland, Finnland, Spanien. 2. CH, A, D, F, GB, HU, FL, NL, SF, E. 3. D – Deutschland, F – France, GB – Great Britain, FL – Fürstentum Liechtenstein, NL – Nederlands, E – Spanien; CH für die Schweiz, A für Österreich und HU für Ungarn entsprechen nicht der Landessprache; SF für Suomi-Finnland ist ein Grenzfall, kann also für sowohl als auch gewertet werden.

Lösung 52
1. Reis, Tabak, Schwarzwurzel, Hanf, Raps. 2. Mais, Hafer, Kartoffel, Weizen. 3. Mais, Kartoffel und Tabak sind ursprünglich amerikanische Pflanzen, die vor Kolumbus in Europa unbekannt waren.

Lösung 53
1. Hans, Heinz, Franz, Bärbel, Hanna, Gertrud, Jakob, Manfred, Max, Gerda, Beate und Maria. 2. Heinz = Heinrich, Gertrud, Manfred und Gerda. 3. Hans = Johannes, Hanna(h) = (Joh)Anna, Jakob, Maria (= Miriam). 4. Franz = Franciscus, Bärbel = Barbara, Max = Maximilian (= Maximus) und Beate = Beata sind romanischen, d. h. lateinischen Ursprungs.

Lösung 54
1. Sechs Vogelarten: Fasane, Perlhühner, Papageien, Wachteln, Kakadus und Kiwis (Schnabeltiere sind keine Vögel). 2. Irland. 3. Neuseeland (nur dort leben Kiwis). 4. Walton. 5. Professor Jones. 6. Schnabeltiere leben nur in Australien, nicht aber in Neuseeland.

Lösung 55
1. Pörkölt (echtes ungarisches Gulasch), Raclette (Schweizer Spezialität mit geschmolzenem Käse), Nüsslisalat (= schweizerisch für Feldsalat), Weißwürste, Sushi (Fisch auf Reis), Maki (Reisrollen), Sashimi (roher Fisch), Teriyaki (gebratenes Fleisch), süßsaures Schweinefleisch. 2. Schweiz (Anja mag Grünen Veltliner, einen Weißwein, und spricht von Raclette als typischem Gericht ihrer Heimat). 3. Rioja (Juan ist ein spanischer Vorname; er bevorzugt Rioja, einen spanischen Rotwein). 4. Calpico (eine Art japanische Limonade). 5. Zwei: Keiko ist ein japanischer weiblicher Vorname. 6. Süßsaures Schweinefleisch ist ein chinesisches, kein japanisches Gericht.

Wahrnehmungs- geschwindigkeit und praktische Intelligenz

Neben der Merkfähigkeit ist vor allem auch die Geschwindigkeit, mit der eine Problemstellung erfasst werden kann, für viele Lebens-, aber auch Testsituationen von großer Bedeutung. Für die praktische Umsetzung eines Problems sind wieder andere, nicht weniger wichtige Fähigkeiten gefordert.

Allgemeine Bemerkungen

Im Bereich der Wahrnehmungsgeschwindigkeit geht es in erster Linie darum, Sie mit den verschiedenen Formen der Übungen und Tests vertraut zu machen, da diese über den Bereich der Logikaufgaben hinausgehen. Wie mit den Aufgaben tatsächlich umzugehen ist, steht jeweils vor den Beispielen. Hier noch einige Tipps für die beiden Bereiche:

Üben Sie die Suchaufgaben auf jeden Fall mindestens einmal im Kopf, bevor Sie zu einem Bleistift greifen! Zwar trainiert auch das Durchstreichen von Teilen der Aufgaben die Wahrnehmung, aber das reine Abzählen im Kopf übt Ihre Fähigkeiten viel effektiver. Dennoch können Sie sich auch hier helfen: Prägen Sie sich das Gesuchte vorher möglichst genau optisch ein, Ihre Augen gewöhnen sich dabei an das entsprechende Bild, und eine kleine Alarmglocke beginnt in Ihrem Kopf zu schrillen, wenn das gesuchte Objekt auftaucht. Um ein zielloses Vor- und Zurückspringen der Augen auf dem Blatt zu verhindern, fahren Sie die Zeilen mit einem Finger als objektivem Bezugspunkt langsam ab.

Wahrnehmungs- geschwindigkeit

Bei schwierigen Aufgaben verwenden Sie am besten alle im vorigen Kapitel beschriebenen Erinnerungstechniken, um ein optimales Ergebnis zu erzielen.

Praktische Intelligenz

Bei Puzzle- oder Tangramaufgaben (Legespiele) besteht der Trick darin, größere Formen in kleinere zu teilen, oder aus kleinen Teilen größere Formen zu fügen. Was ein wenig hochtrabend klingen mag, ist tatsächlich aber der Schlüssel zu solchen Aufgaben: Wer am Objekt „kleben" bleibt, sich also nur schwer vorstellen kann, wie aus vier Dreiecken ein großes Viereck wird, für den sind solche Übungen von besonders großem Nutzen. Ebenso wie bei vielen Logikaufgaben benötigt man mehrdimensionales Denken, um „Formen in Formen" leicht erkennen zu können. Hier hilft nur Training und ein anschließendes Analysieren der gefundenen Strukturen.

Bei den Form- und Drahtbiegeaufgaben gibt es eigentlich nur einen Tipp: Seien Sie nicht zu selbstkritisch! Niemand kann einen perfekten Kreis, eine perfekte Kugel formen – versuchen Sie das gar nicht erst, denn Ästhetik ist bei diesen Aufgaben weniger gefragt. Ist ein Stück Draht eindeutig als Kreis zu erkennen, ist die Aufgabe gelöst, das Ausbessern von millimeterhohen Buckeln kostet nur Zeit oder macht sogar das bereits Erreichte zunichte!

Übungen: Wahrnehmungsgeschwindigkeit

Tipps und Hinweise

Bei den folgenden Aufgaben mit steigendem Schwierigkeitsgrad (* = leicht, ** = mittel, *** = schwer) geht es darum, diese in möglichst kurzer Zeit zu lösen. Sie können die Tests mehrfach durchführen und damit Ihre Leistung steigern.

Bei den Aufgaben, bei denen ein bestimmtes Symbol, bestimmte Buchstaben oder Buchstabengruppen herauszufinden sind, gibt es prinzipiell zwei Möglichkeiten:

1. das langsame Durcharbeiten und 2. das Durchstreichen. Am besten probieren Sie beide Techniken aus. Im zweiten Fall empfiehlt sich ein leicht radierbarer Bleistift, um auch diese Aufgaben öfter durchführen zu können.

Übung 1   *

```
a b c m n o   p q r s t u v w x y z d e f
g h i j k s t u v w x y z d e f g h i j k
l m n n o p q r s t u v w x y z d e f j k
l q r s t u v w x y z d e f g h i j k l m
n o p q r s t u v w x y z d e f g h i j a
b c m n o p q r f g h i j a b c m n o p q
r s t w u v w x y z d e f g h i j k j k l
q r s t u v w x y z d e f g h i j k l m n
o p q r s t u v w o s t u v w x y z d e f
g h i l m n o p q r s t u v w x y z d e f
g h i m j k l q r j k l g h i j k j k l q
r s t u v w x y z d e f g h i j k l m n o
p q r s t u v w x y z d e p q r s t u v w
x y z d e f g h i j a b c m x y z d e f g
h i t s u z w
```

Finden Sie unter den Buchstaben alle Vokale (a, e, i, o, u) heraus (ohne Hilfsmittel: 1½ Minuten, mit Bleistift 45 Sekunden). Wie viele sind es?

Übung 2   *

```
r s t u v w x y z d e f g h i j k l m n o
p q r s t u v w x y z d e f g h i j a b c
m n o p q r f g h i j a b c m n o p q r s
t u v w x y z d e f g h i j k j k l q r s
t u v w x y z d e f g h i j k l m n o p q
r s t u v w o s t u v w x y z d e f g h i
l m n o p q r s t u v w x y z d e f g h i
m j k l q r j k l g h i j a b c m n o p q
r s t u v w x y z d e d e f g h i f g h i
j k s t u v w x y z d e f g h i j k l m n
n o p q r s t u v w x y z d e f j k l q k
j k l q r s t u v w x y z d e f g h i j k
l m n o p q r s t u v w x y z d e p q r s
t u v w x y z d e f g h i j a b c m x y z
```

Finden Sie unter diesen Buchstaben alle m, n, u, v und w heraus (ohne Hilfsmittel: 1½ Minuten, mit Bleistift 45 Sekunden). Wie viele sind es?

Übung 3 ★

Richtig: d̈ ḋ d̤ (d mit zwei Punkten oben, d mit einem Punkt oben, d mit zwei Punkten unten)

Ohne Verwendung von Hilfsmitteln haben Sie für diese Aufgabe 2 Minuten Zeit; wenn Sie die d2 mit einem Bleistift durchstreichen, 1 Minute (Anmerkung: Sie können den Test natürlich auch selbst in einen d1-, p2- oder p1-Test variieren: erst gegen die Uhr suchen, danach – ohne Zeitlimit und mit Hilfsmittel – kontrollieren).

d d d d d p d p p p d p d p
d p d p d d d d p p d d p d
d d d d d p d p d d p d p p
p d p d p d p d p d p p d d
p d d d d d p p d d p d d d
d p p d p d p d p d p d d d

In diesem „d2"-Test geht es darum, alle d-Zeichen mit zwei Punkten herauszufinden; dabei können die Punkte darüber, darunter oder sowohl als auch angebracht sein.

Übung 4 **

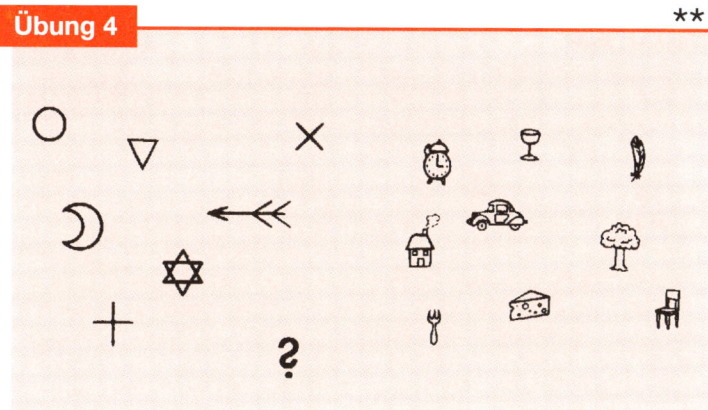

Nehmen Sie sich für diese Aufgabe so viel Zeit, wie Sie wollen. Es geht darum, sich alle Symbole einzuprägen und danach auch alle nennen zu können. Versuchen Sie die Übung nach einigen Tagen wieder. Üben Sie verschiedene Merktechniken (Assoziationen, Reime). Ziel ist, eine möglichst geringe Merkzeit zu erreichen.

Manchmal bin ich richtig bescheuert, aber vorsätzlich. Da steckt doch 'ne gewisse Intelligenz dahinter, oder?
Michi Kellen

Übung 5 **

V		Z		F	
	J		P		F
M		N			
	7		0		1
A		3		S	4

Nehmen Sie sich für diese Aufgabe so viel Zeit, wie Sie wollen. Es geht darum, sich alle Buchstaben und Zahlen einzuprägen und danach auch ALLE nennen zu können. Versuchen Sie die Übung nach einigen Tagen wieder. Ziel ist, eine möglichst geringe Merkzeit zu erreichen.

Übung 6 ★★

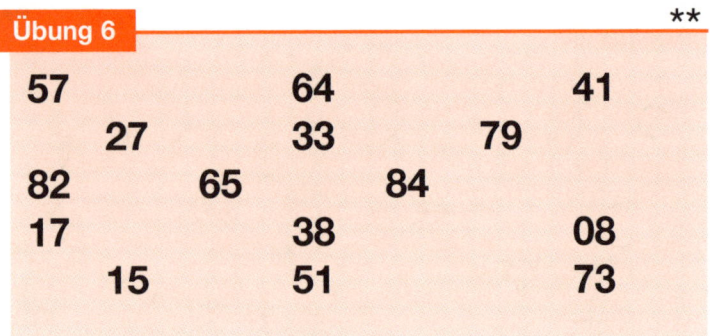

Nehmen Sie sich für diese Aufgabe so viel Zeit, wie Sie wollen. Es geht darum, sich alle Zahlen einzuprägen und danach auch ALLE nennen zu können. Versuchen Sie die Übung nach einigen Tagen wieder. Ziel ist, eine möglichst geringe Merkzeit zu erreichen.

Übung 7 ★★

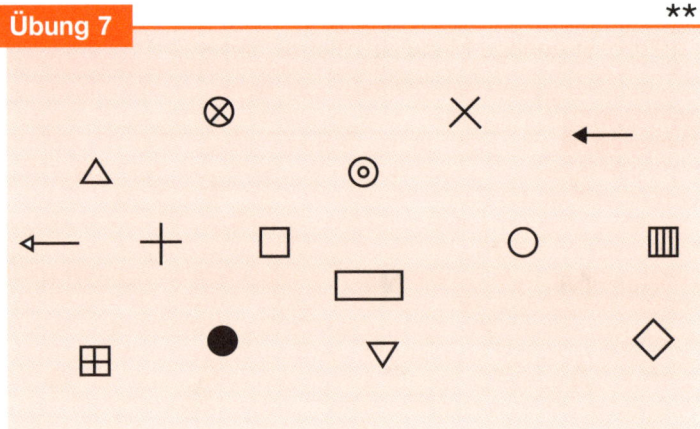

Nehmen Sie sich für diese Aufgabe so viel Zeit, wie Sie wollen. Es geht darum, sich alle Symbole einzuprägen und danach auch ALLE nennen zu können. Versuchen Sie die Übung nach einigen Tagen wieder. Ziel ist, eine möglichst geringe Merkzeit zu erreichen.

Übung 8 **

```
a 1 4 3 y 4 z o 5 p 6 b 2 d 3 e 4 c 5 f 6
g 7 h 8 7 r 8 s 9 t 0 u l v w 2 x a 1 4 3
y 4 z o 5 p 6 b 2 d 3 e g 7 h 8 i 0 j 1 k
l 2 m 3 n q 7 r 8 s 9 t 0 u l v w 2 x a 1
4 3 y 4 z o 5 p 6 b 2 3 y 4 z o 5 p 6 b 2
d 3 e 4 c 5 f 6 g 7 h 8 i 0 4 c 5 f 6 g 7
h 8 i 0 j 1 k l 2 m 3 n q 7 r 8 s 9 t 0 u
l v w 2 x a 1 4 x a 1 4 3 y 4 z o 5 p 6 b
2 d 3 e 4 c 5 f 6 j 1 k l 2 m 3 n q 7 r 8
s 9 t 0 u l i 0 j 1 k l 2 m 3 n q 7 r 8 s
9 t 0 u l v w 2 d 3 e 4 c 5 f 6 g 7 h 8 i
0 j 1 k l 2 m 3 n q v w 2 x a 1 4 3 y 4 z
o 5 p 6 b 2 d 3 e 4 c 5 f 6 g 7 h 8 i 0 j
1 k l 2 m 3 n q 7 r 8 s 9 t 0 u l v w 2 x
```

Finden Sie unter diesen Buchstaben und Zahlen alle Vokale (ohne Hilfsmittel: 1½ Minuten, mit Bleistift 45 Sekunden) heraus. Wie viele sind es?

Übung 9 **

```
y 4 z s 5 p 6 b 2 d 3 e 4 c 5 f 6 j o k l
2 m 3 n q 7 r 8 s 9 t 0 u l i 0 j 1 k l 2
m 3 n q 7 r 8 s 9 t 0 u l v w 2 d 3 e 4 c
5 f 6 g 7 h 8 i 0 j 1 v w 2 x a 1 4 3 y 4
z o 5 p 6 b 2 d 3 e g 7 h 8 i 0 j 1 k l 2
m 3 n q 7 z 8 s 9 t 0 u l v w 2 x a 1 4 3
y 4 z o 5 p 6 b 2 3 y 4 z o 5 p 6 b 2 d 3
e 4 c 5 f 6 g 7 h 8 i 0 4 c 5 f 6 g 7 h 8
s 0 j 1 k l 2 m 3 n q 7 r 8 s 9 t 0 u l v
w 2 x a 1 4 x o 1 4 3 1 k l 2 v 3 n q v w
2 x a 1 4 3 y 4 z o 5 p 6 b 2 d 3 e 4 c 5
f 6 g 7 h 8 i 0 j 1 k l 2 o 3 n q 7 r 8 s
9 t 0 u l v w 2 x a 1 4 3 y 4 z o 5 p 6 b
2 d 3 e 4 c 5 f 6 g 7 h 8 7 r 8 s 9 t 0 u
```

Finden Sie unter den Buchstaben und Zahlen alle r, v, s, f und o (ohne Hilfsmittel: 1½ Minuten, mit Bleistift 45 Sekunden) heraus. Wie viele sind es?

Bewunderung ist die höfliche Beachtung des anderen Menschen, der Ähnlichkeit mit dir hat.
Ambrose Bierce

Übung 10 ⸺⸺⸺⸺⸺⸺⸺⸺⸺⸺⸺ ★★

Richtig: d ̈ d ˙ d

Ohne Verwendung von Hilfsmitteln haben Sie für diese Aufgabe 2 Minuten Zeit; wenn Sie die d2 mit einem Bleistift durchstreichen, 1 Minute. Eigene Erweiterungen sind auch hier möglich – Sie können das Buch ja einmal auf den Kopf stellen!

> Denken und Sein werden vom Widerspruch bestimmt.
> *Aristoteles*

> Kinder müssen die Dummheiten der Erwachsenen ertragen, bis sie groß genug sind, sie selbst zu machen.
> *Jean Anouilh*

d d d p q b q p b d b q d p

d d p d p q b q p b d b q d

p d d d p q b q p b d b q d

p d d d p q b b q p b d b q

d p d d d p q b q p b d b q

d p d d d p q b q b q p b d

b q d p d d d p q b q p b d

b q d p d b d b q d p d d d

p q b q p b d b q d p d d d

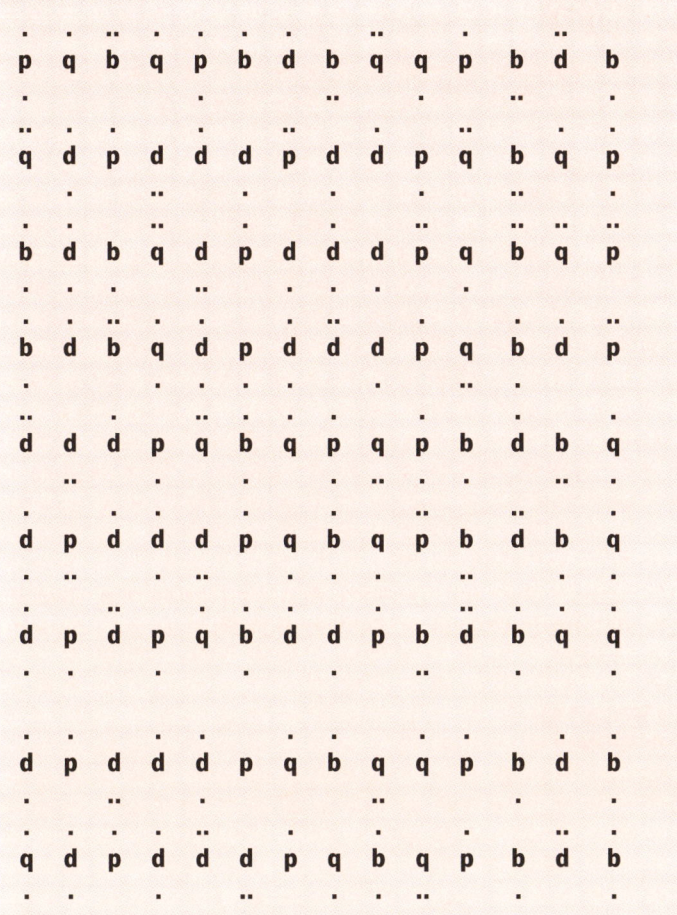

In dieser Erweiterung des „d2"- Tests finden sich neben d und p auch noch die Buchstaben b und q. Nach wie vor geht es darum, alle d-Zeichen mit zwei Punkten herauszufinden, dabei können die Punkte darüber, darunter oder sowohl als auch angebracht sein!

Wussten Sie schon, dass wir nur etwa ein Prozent des uns zur Verfügung stehenden Wortschatzes täglich nutzen? Der Wortschatz einer durchschnittlichen Sprache besteht aus etwa 300.000 bis 400.000 Wörtern. Im täglichen Umgang reichen uns jedoch etwa 3000 bis 4000 davon aus, um uns miteinander verständigen zu können.

Übung 11 ★★

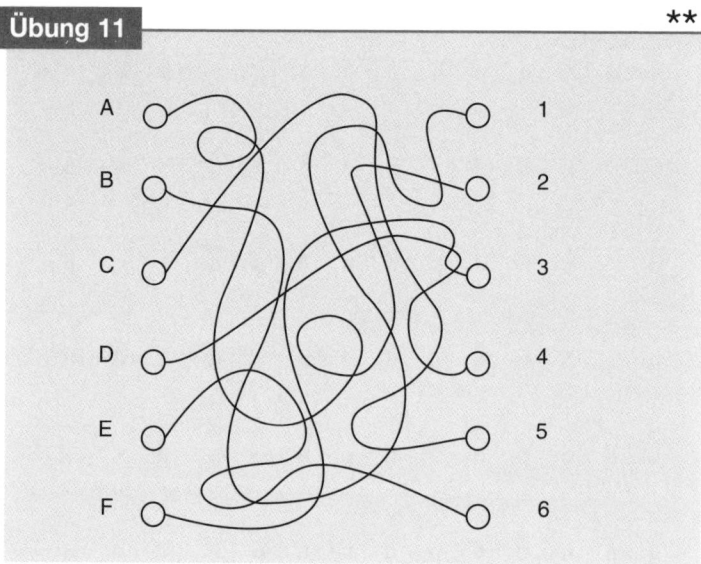

Versuchen Sie, mit bloßem Auge zu erkennen, welcher Buchstabe mit welcher Zahl verbunden ist. Sie haben 1 Minute Zeit.

Übung 12 ★★

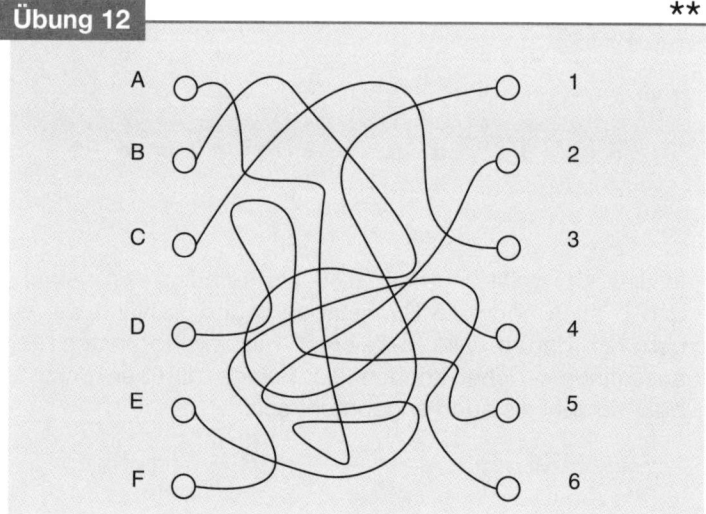

Versuchen Sie, mit bloßem Auge zu erkennen, welcher Buchstabe mit welcher Zahl verbunden ist. Sie haben 1 Minute Zeit.

Übung 13 ★★

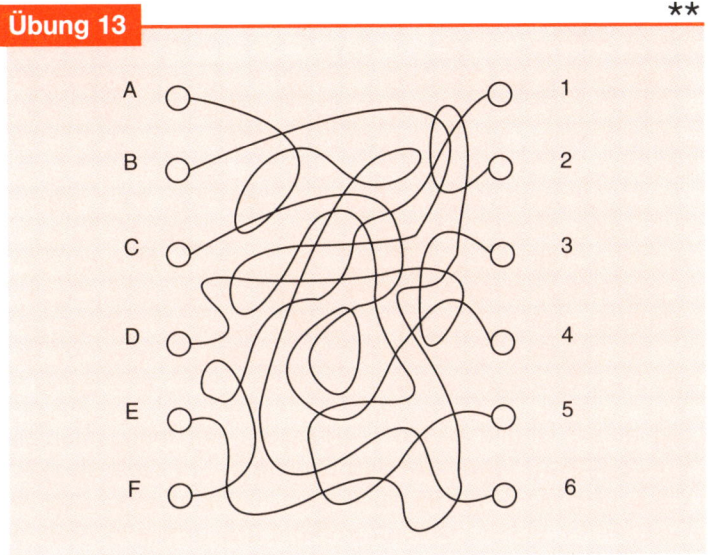

Versuchen Sie, mit bloßem Auge zu erkennen, welcher Buchstabe mit welcher Zahl verbunden ist. Sie haben 1 Minute Zeit.

Übung 14 ★★

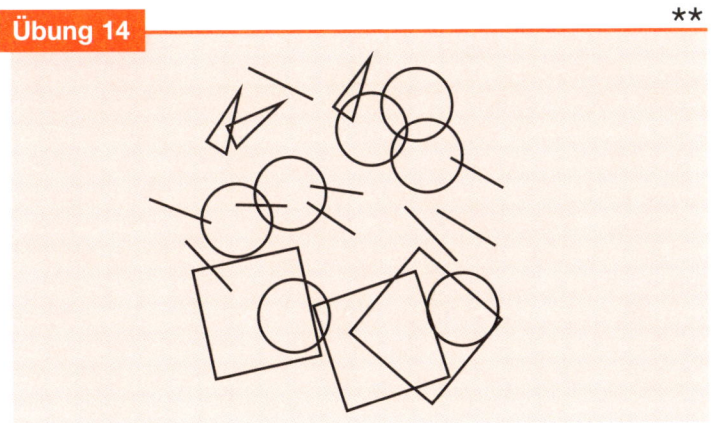

Bei dieser Übung finden Sie in jeder Abbildung mehrere Kreise, Striche, Dreiecke und Quadrate. Ein Kreis steht für die Zahl 1, ein Strich für die 2, ein Dreieck für die 3 und ein Quadrat für die 4. Übersetzen Sie die Symbole in ihren jeweiligen Zahlenwert und addieren Sie alle Zahlen zusammen. Sie haben 30 Sekunden Zeit.

Geh nicht immer auf dem vorgezeichneten Weg, der nur dahin führt, wo andere bereits gegangen sind.
Alexander Graham Bell

Das Merkmal einer echten Gaunerei ist, dass der Gesellschaft auf eine unmoralische Weise eine moralische Lehre erteilt wird.
Peter Bamm

?

Oft sehen Menschen
vor lauter Intelligenz
die einfachsten Dinge
nicht mehr.
Thomas Hirschhorn

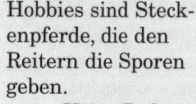

Hobbies sind Steck-
enpferde, die den
Reitern die Sporen
geben.
Heinz Rühmann

Übung 15 ⁕⁕

Bei dieser Übung finden Sie in jeder Abbildung mehrere Kreise, Striche, Dreiecke und Quadrate. Ein Kreis steht für die Zahl 1, ein Strich für die 2, ein Dreieck für die 3 und ein Quadrat für die 4. Übersetzen Sie die Symbole in ihren jeweiligen Zahlenwert und addieren Sie alle Zahlen zusammen. Sie haben 30 Sekunden Zeit.

Übung 16 ⁕⁕

Bei dieser Übung finden Sie in jeder Abbildung mehrere Kreise, Striche, Dreiecke und Quadrate. Ein Kreis steht für die Zahl 1, ein Strich für die 2, ein Dreieck für die 3 und ein Quadrat für die 4. Übersetzen Sie die Symbole in ihren jeweiligen Zahlenwert und addieren Sie alle Zahlen zusammen. Sie haben 30 Sekunden Zeit.

Übung 17

★★★

```
a b d x v b z e f w q f r t s  t  b y p w
g b c r t h g d f c a w k o l p q f e s m
k f t z u i o t c w x q a r n d m n n j l
z v b g h s y x e i o v c f w r g f d b m
l e s z u p b x v f w e h a q w s c t h i
k e r f z h t g u j i k o l p m b n v c y
x q r e t r s q c b n w m g j a i p d f r
a w b m d t e u z h j t k s d f x v b a y
q g b v b s d j k i o i z z j r e t u b a
m i o k q s e s w b n j z r i a d d e f g
b d t z u w c n l p s l m e r w t z a f u
o z b a d u t p e i
```

Suchen Sie unter den oben stehenden Buchstaben diejenigen (waagrechten) Paare heraus, die im Alphabet aufeinander folgen (ab, ij, yz...). Ohne Hilfsmittel haben Sie dazu 1 Minute, mit Bleistift 2 Minuten Zeit.

Übung 18

★★★

```
q r k m n a c z y a s k t n q o c u w j x
w b o y v t e k f i j b v u m x z n u l g
a f t s b j k s t n o e f r q z e b l y v
w p n g p o q r s t e f g h l k e x z t n
l a y f j i z b t m r g o k h g f g r t n
x w l b z f e f z t w n p l g a d c u v f
b r z n o p b a z u m n b l p l u e i d h
```

Suchen Sie unter diesen Buchstaben diejenigen (waagrechten) Paare heraus, die im Alphabet aufeinander folgen – und zwar umgekehrt (ba, nm, zy...). Ohne Hilfsmittel haben Sie dazu 1 Minute, mit Bleistift 2 Minuten Zeit.

Ehrungen, das ist, wenn die Gerechtigkeit ihren guten Tag hat.

Konrad Adenauer

Übung 19   ***

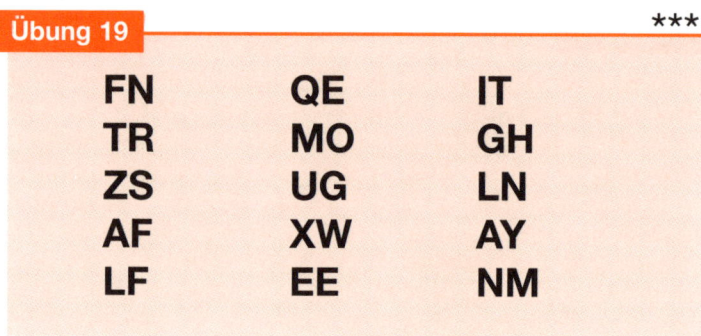

FN	QE	IT
TR	MO	GH
ZS	UG	LN
AF	XW	AY
LF	EE	NM

Nehmen Sie sich für diese Aufgabe so viel Zeit, wie Sie wollen. Es geht darum, sich alle 15 Buchstabenpaare einzuprägen und danach auch ALLE nennen zu können. Versuchen Sie die Übung nach einigen Tagen wieder. Ziel ist, eine möglichst geringe Merkzeit zu erreichen.

Übung 20   ***

Zählen Sie von 1–35, indem Sie mit dem Finger oder einem Stift (ohne zu markieren) auf die jeweilige Zahl im Kästchen tippen. Sie haben 1 Minute Zeit.

***

26	2		17	15	3	11
22	34	1	25	21	7	
		31		23		
32		20		27	10	
	9	6			4	
19	28	35		5	16	
8	14	30		24	29	
13	33			12	18	

Zählen Sie von 1–35, indem Sie mit dem Finger oder einem Stift (ohne zu markieren) auf die jeweilige Zahl im Kästchen tippen. Sie haben 1 Minute Zeit.

Niederlagen stählen, aber eben nur, wenn es nicht zu viele werden.

Willy Brandt

Übung 22 ***

25	18	1	10	2
13	31	9	21		33	17

Zählen Sie von 1–35, indem Sie mit dem Finger oder einem
Stift (ohne zu markieren) auf die jeweilige Zahl im Kästchen
tippen. Sie haben 1 Minute Zeit.

Übung 23 ***

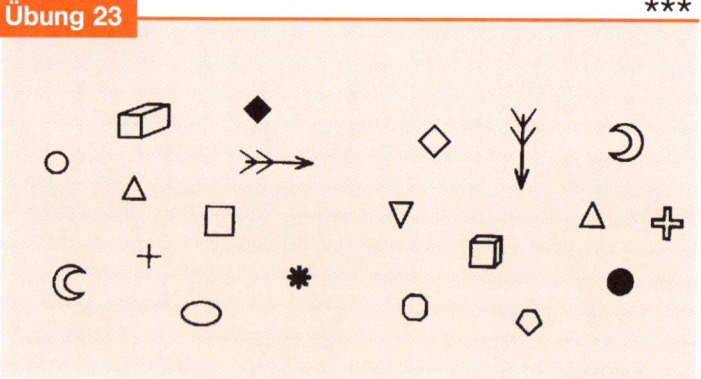

In dieser Aufgabe geht es wieder darum, sich alle Symbole
einzuprägen und nennen zu können. Ziel ist, durch Übung
eine möglichst geringe Merkzeit zu erreichen.

Übung 24 ★★★

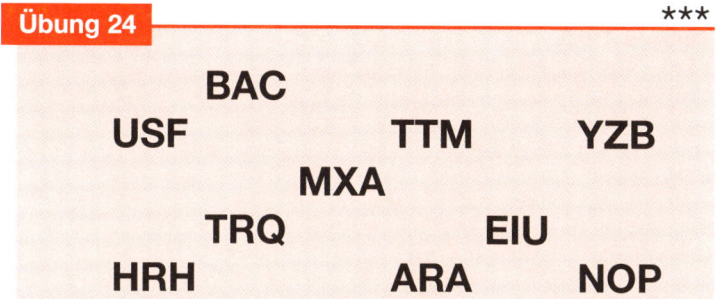

In dieser Aufgabe geht es darum, sich alle 10 Buchstaben-Dreierkombinationen einzuprägen und danach auch ALLE nennen zu können. Ziel ist, durch Übung eine möglichst geringe Merkzeit zu erreichen.

Übung 25 ★★★

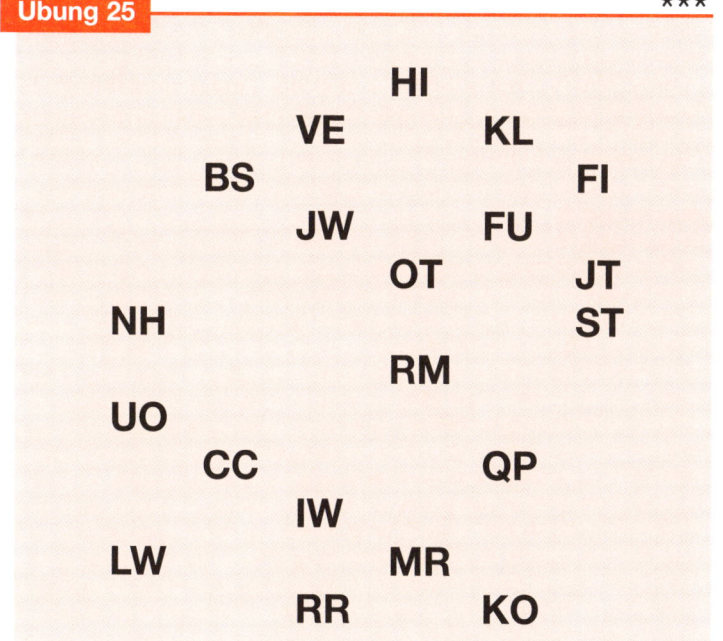

In dieser Aufgabe geht es darum, sich 20 Buchstabenpaare einzuprägen und danach auch ALLE nennen zu können. Ziel ist, durch Übung eine möglichst geringe Merkzeit zu erreichen.

Übung 26 ★★★

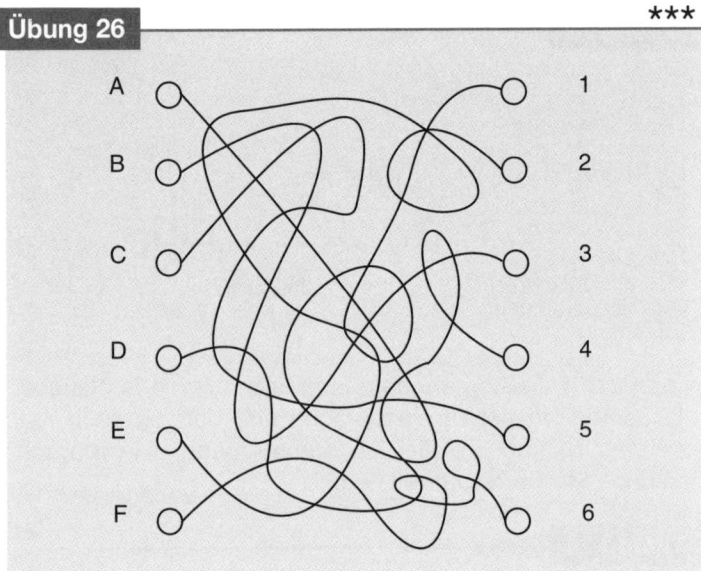

Verfolgen Sie mit bloßem Auge die Linien und finden Sie heraus, welcher Buchstabe mit welcher Zahl verbunden ist. Sie haben 1 Minute Zeit.

Übung 27 ★★★

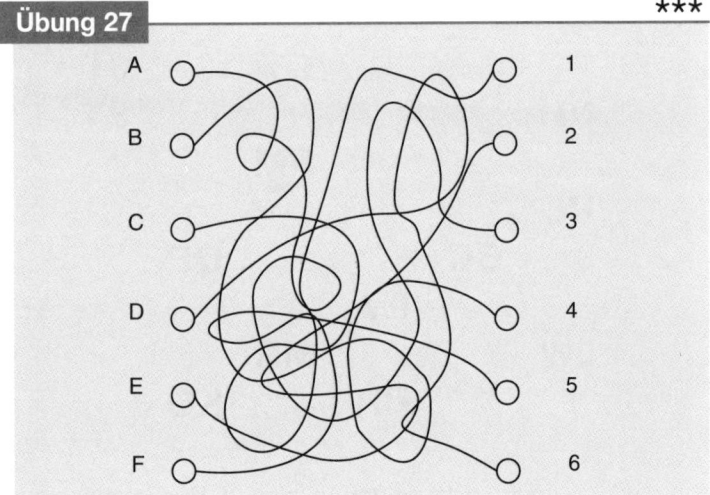

Verfolgen Sie mit bloßem Auge die Linien und finden Sie heraus, welcher Buchstabe mit welcher Zahl verbunden ist. Sie haben 1 Minute Zeit.

Übung 28 ★★★

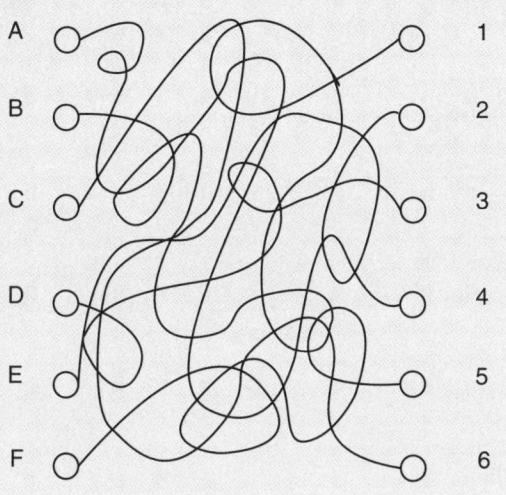

Verfolgen Sie mit bloßem Auge die Linien und finden Sie heraus, welcher Buchstabe mit welcher Zahl verbunden ist. Sie haben 1 Minute Zeit.

Übung 29 ★★★

Richtig: d̈ ḋ d

Ohne Hilfsmittel haben Sie für diese Aufgabe 5 Minuten Zeit; wenn Sie die d2 mit einem Bleistift durchstreichen, 3 Minuten. Üben Sie mehrfach, erweitern Sie selbst die Testaufgaben!

```
d  p  q  d  b  q  d  b  p  d  b  d  d  p

q  d  p  q  d  b  q  d  b  b  q  d  b  q
```

Auf das Unerwartete gefasst zu sein, weist einen vollkommen modernen Intellekt auf.

Oscar Wilde

Intellektuelle sind gescheite Leute, die andere für dumm verkaufen.
Hans Habe

Das Ganze ist mehr als die Summe seiner Teile.
Aristoteles

b q d b b q p q d p d b d d

p q d p q d b q d b b q p q

d p d b d d p q d p q d b q

d b b q p q d p q d d d b d

d p q d p q d b q d b b q p

q d p d b d d p q d p q d d

b b q p q d p d b d d p q d

p q d p q d p d b d d p q p

q d p q d b q d b b q p q d

d p d b d d p q d p q d b q

d b b q p q d p d b d d p q

d p q d b q d b b q p q d p

d b d d d b q d b b q p q d

```
p  d  b  d  d  p  q  d  p  b  b  q  p  q

d  p  d  b  d  d  p  q  d  p  q  d  b  q

d  b  b  q  p  q  d  p  d  b  d  d  p  q

d  p  q  d  b  q  d  q  q  d  b  q  b  d

d  p  q  d  p  q  b  q  d  b  b  q  p  p

q  d  p  q  q  d  p  d  b  d  d  p  q  d

p  q  d  b  q  d  d  p  q  d  b  q  d  b

b  q  p  b  d  d  p  q  d  p  q  q  d  p

q  d  b  q  d  b  b  q  p  q  p  q  d  b

q  d  b  b  q  p  q  d  p  d  b  d  d  p

q  d  p  q  d  b  q  d  b  b  q  p  q  d

p  d  b  b  q  p  q  d  p  d  b  d  d  p

q  d  b  q  d  b  d  d  p  q  d  p  q  d
```

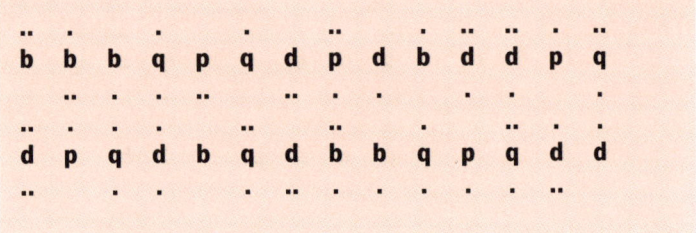

In dieser Variante des „d2"-Tests finden sich auf den nächsten Seiten neben den Buchstaben d, p, b und q mit keinem, einem oder zwei Punkten auch solche mit drei oder vier Punkten. Wieder sollen alle d-Zeichen mit zwei Punkten herausgefunden werden!

Übung 30 ★★★

Diese Abbildung enthält Kreise, Striche, Dreiecke und Quadrate. Ein Kreis steht für die Zahl 1, ein Strich für die 2, ein Dreieck für die 3 und ein Quadrat für die 4. Übersetzen Sie die Symbole in die jeweilige Zahl und addieren Sie die Zahlen im Kopf. Sie haben 1 Minute Zeit.

Übung 31 ★★★

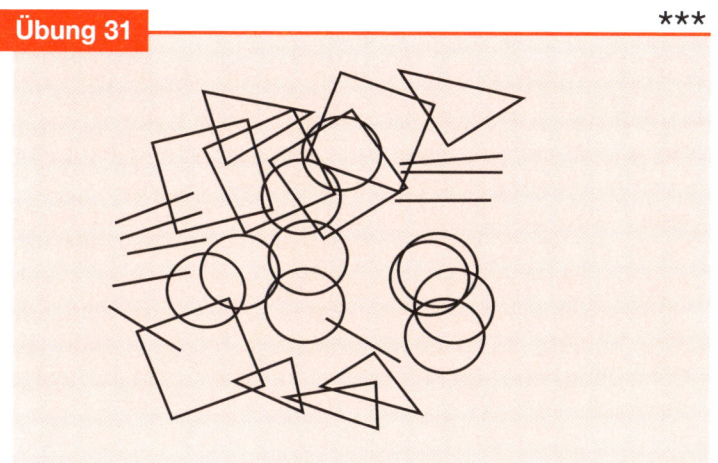

Diese Abbildung enthält Kreise, Striche, Dreiecke und Quadrate. Ein Kreis steht für die Zahl 1, ein Strich für die 2, ein Dreieck für die 3 und ein Quadrat für die 4. Übersetzen Sie die Symbole in die jeweilige Zahl und addieren Sie die Zahlen im Kopf. Sie haben 1 Minute Zeit.

Übung 32 ★★★

Diese Abbildung enthält Kreise, Striche, Dreiecke und Quadrate. Ein Kreis steht für die Zahl 1, ein Strich für die 2, ein Dreieck für die 3 und ein Quadrat für die 4. Übersetzen Sie die Symbole in die jeweilige Zahl und addieren Sie die Zahlen im Kopf. Sie haben 1 Minute Zeit.

Wer die Wahrheit nicht weiß, der ist bloß ein Dummkopf. Aber wer sie weiß und sie eine Lüge nennt, der ist ein Verbrecher.

Bertold Brecht

Wenn man im Leben scheitert, kann das gefährlich sein. Wenn man in der Kunst scheitert, ist das peinlich.

Woody Allen

Übungen: Praktische Intelligenz

Tipps Legespiele

Neben den rein geistigen Spielarten der Intelligenz gibt es noch eine ganze Reihe anderer. Einige, die auf der Koordination von Hand und Hirn, also von Geist und Körper basieren, nennt man auch „Praktische Intelligenz". Mit anderen Worten, es ist eine Sache zu wissen, welche Stromkreise in welcher Reihenfolge zu montieren sind, aber eine andere, zu wissen, in welche Richtung man den Schraubenzieher drehen muss, um eine Schraube festzumachen.

Kleinkinder trainieren Praktische Intelligenz, zusammen mit Formenwahrnehmung und allgemeiner Koordination, indem sie verschieden geformte Klötze in vorgegebene Löcher einwerfen lernen. Dem Erwachsenen stehen besonders zwei Arten zur Verfügung, um die praktische Intelligenz zu üben oder zu testen. Das sind zum einen Legespiele, die zum größten Teil auf geistiger Vorarbeit beruhen, zum anderen Formübungen, die Fingerfertigkeit erfordern.

Legespiele

Unter Legespielen versteht man vor allem Puzzles und das Füllen vorgegebener Formen, gemeinhin als „Tangram" bekannt. Für Puzzles benötigt man im allgemeinen Fähigkeiten im Bereich der visuellen Logik (Erkennen der Teile, ihrer Formen, ihrer Zeichnungen...), aber auch praktisches Verständnis ist gefragt, vor allem bei den besonders schwierigen, einfarbigen (meist weißen) Puzzles, wo man nur die Formen zur Verfügung hat und mit praktischem Sinn oder Gespür rascher zu Erfolgen gelangt.

Bei der anderen Art von Legespielen gilt es, eine vorgegebene Menge von flachen, geometrischen Plastik- oder Holzstücken (Rechtecke, Dreiecke, Halbkreise) so zusammenzufügen, dass eine vorgegebene größere Figur entsteht, die wieder eine geometrische Form oder aber der Schattenriss eines Objektes (Vase) oder eines Lebewesens (Fisch, Katze) sein kann. Es darf dabei kein Stück übrig bleiben.

Legespiele werden bei Intelligenztests eher selten eingesetzt – manchmal auch als reine Logik-Aufgabe ohne real vorhandene Puzzle- oder Tangram-Teile. Wer in diesem Bereich trainieren will, dem sei die Anschaffung von entsprechenden Legespielen (in jedem Spielwarengeschäft zu haben) angeraten.

Ebenso wie Legespiele lassen sich Formübungen in Büchern nur beschreiben. Ausführen muss man sie, da es sich eben um praktische Übungen handelt, an realen Objekten. Bei Formübungen ist vor allem die Geschicklichkeit gefragt, aber auch die Geschwindigkeit, mit der eine Aufgabe gelöst wird. Auf Geschwindigkeit wird bei Einstellungstests nur dann geachtet, wenn derartige Fähigkeiten für diesen Job gefragt sind.

Formübungen

Eine mögliche Formübung wäre etwa, aus Ton oder Knetmasse geometrische Figuren herzustellen: Versuchen Sie einmal mit solchen Materialien Kugeln, Quadrate oder Kegel zu formen! Sind Sie mit Ihrer Leistung dabei nicht zufrieden, dann üben Sie gegen die Uhr.

Eine weitere Art der Formübung ist der Drahtbiegetest. Bei diesem gilt es, in möglichst kurzer Zeit möglichst genau vorgegebene Figuren aus einem geraden Stück Draht nachzubilden. Versuchen Sie's! Nehmen Sie einen leicht formbaren Draht (nicht zu dick, weil der Draht schwer zu behandeln ist, nicht zu dünn, weil der Draht zu leicht die Form aufgibt) mit maximal 20 cm Länge und bilden Sie Figuren wie ein Herz, einen Kreis oder ein Dreieck in möglichst kurzer Zeit nach. Sind Sie mit dem Ergebnis vom Aussehen oder der Zeit her nicht zufrieden, trainieren Sie weiter! Geben Sie sich dabei auch andere, eigene Formen vor.

Wahrnehmungs-geschwindigkeit: Lösungen

Lösung 1
52 Vokale; 4 a, 13 e, 13 i, 9 o, 13 u .

Lösung 2
Es sind 58; 10 m, 9 n, 13 u, 13 v, 13 w.

Lösung 3
24 „d2".

Lösung 8
30 Vokale - jeder Vokal kommt 6 Mal vor.

Lösung 9
Es sind 34; 5 r, 7 v, 8 s, 6 f und 8 o.

Lösung 10
53 „d2".

Lösung 11
A2, B1, C5, D4, E6, F3.

Lösung 12
A1, B4, C3, D5, E2, F6.

Lösung 13
A6, B5, C4, D3, E2, F1.

Lösung 14
46.

Lösung 15
53.

Lösung 16
62.

Lösung 17
16 Paare in folgender Reihenfolge: ab, ef, st, bc, pq, wx, mn, gh, hi, qr, rs, jk, tu, de, fg, lm.

Lösung 18
Es sind 13 Paare, wobei – kleine Hilfe – jeder Buchstabe einmal vorkommt. Tatsächlich wird von ab über cd, ef... usw. bis hin zu yz gegen Anfang das ganze Alphabet einmal von hinten nach vorne in aufeinander folgenden Paaren dargestellt!

Lösung 26
A1, B3, C5, D4, E2, F6.

Lösung 27
A3, B4, C1, D6, E2, F5.

Lösung 28
A4, B1, C6, D3, E2, F5.

Lösung 29
42 „d2".

Lösung 30
67.

Lösung 31
63.

Lösung 32
64.

Abschlusstest

Für die Beantwortung der folgenden Fragen ist kein besonderes Zeitlimit vorgesehen. Allerdings ein Richtwert: für Ein-Stern-Fragen sollten Sie etwa 30 Sekunden benötigen, für Zwei-Stern-Fragen maximal 1 Minute, für Drei-Stern-Fragen etwa 1,5–2 Minuten. Das heißt, dieser Test sollte in etwa 45 bis 50 Minuten durchgearbeitet werden.
Hilfsmittel wie Papier und Bleistift sind übrigens erlaubt, denn es geht ja nicht um z. B. Kopfrechnen, sondern meist darum Zusammenhänge zu erkennen!

Dinge wahrzunehmen ist der Keim der Intelligenz.
Laotse

Übung 1   *

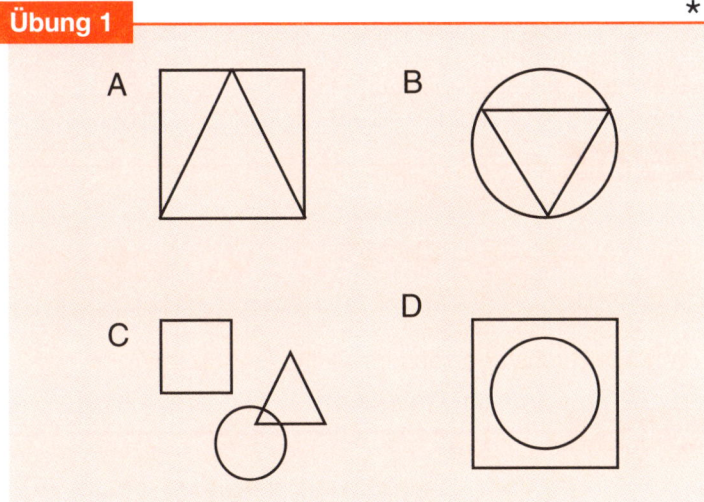

Welche Figur gehört nicht dazu?

Es gibt eine Theorie, die besagt, wenn jemals irgendwer genau herausfindet, wozu das Universum da ist und warum es da ist, dann verschwindet es auf der Stelle und wird durch noch etwas Bizarreres und Unbegreiflicheres ersetzt. – Es gibt eine andere Theorie, nach der das schon passiert ist.
Douglas Adams

Übung 2

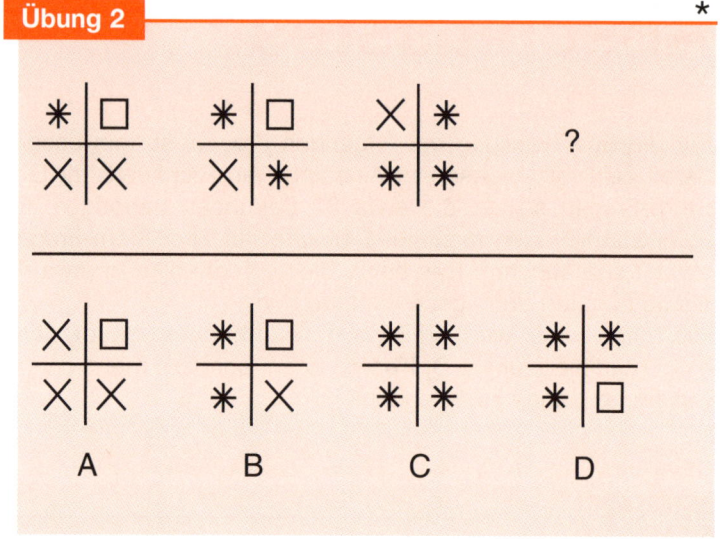

Welche Grafik setzt die Reihe fort?

Übung 3

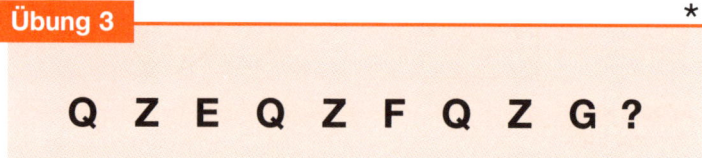

Welcher Buchstabe setzt die Reihe logisch fort?

Übung 4

FLOH   AMEISE   MÜCKE

MEISE   ZECKE   EGEL

Welches Tier passt nicht zu den anderen? Warum?

Übung 5 ✱

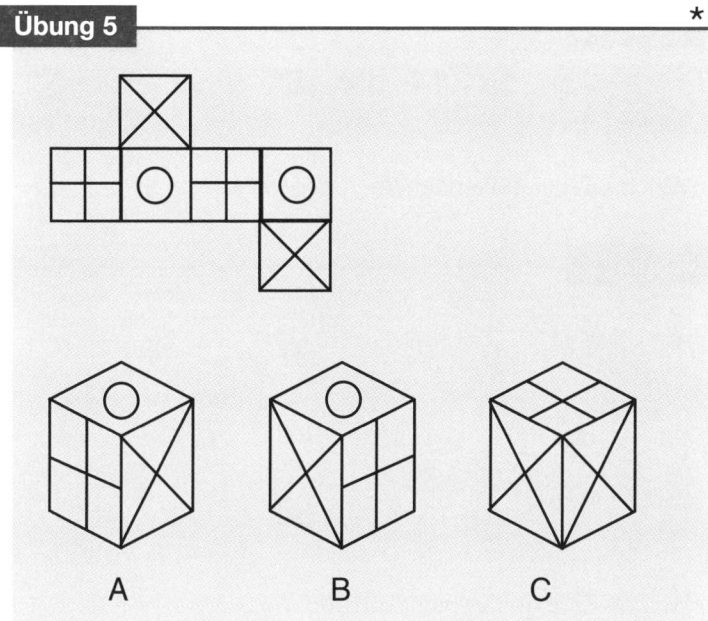

Welcher Würfel entspricht nicht dem Netzplan?

Übung 6 ✱

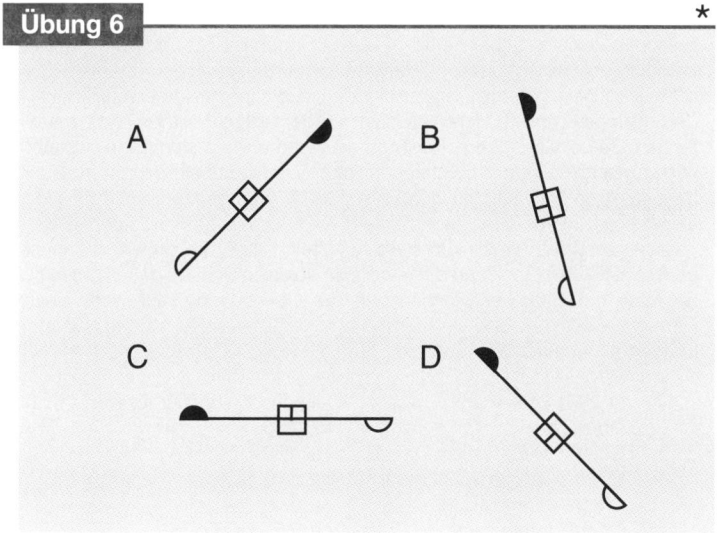

Welches Symbol passt nicht dazu?

Soweit ich weiß, wird
in keinem Kirchen-
lied das Hohelied der
Intelligenz gesungen.
Bertrand 3. Earl of
Russell

Verfallen wir nicht in
den Fehler, bei jedem
Andersmeinenden
entweder an seinem
Verstand oder an
seinem guten Willen
zu zweifeln.
Otto Fürst
von Bismarck

Übung 7   *

17 14 11 8 5 ?

Welche Zahl ist die nächste in der Reihe?

Übung 8   *

	9		27	
36		18		72
	45		64	

Welche Zahl gehört nicht dazu?

Intelligenz und soziale Schicht

Wie in der Einleitung schon beschrieben, soll es einen Zusammenhang zwischen sozialer Schicht und IQ-Werten geben. So zeigen sich in den unterschiedlichsten sozialen Milieus oft unterschiedlich starke oder schwache geistige Leistungen, die sich auch in den unterschiedlichen Berufgruppen und Erziehungsstilen wiederspiegeln. Unter der zusätzlichen Berücksichtigung des Themas Vererbung ist damit ein soziales Milieu bezüglich seiner durchschnittlichen Intelligenz ein sehr komplexer Bereich. Trotzdem gibt es durchschnittliche Intelligenzergebnis für jede einzelne soziale Schicht. Man muss jedoch sagen, dass es sich bei den angegebenen IQ-Werten um durchschnittliche Werte handelt, die nicht pauschal für den Einzelnen der jeweiligen sozialen Schicht gelten müssen. So kann ein einzelner Mensch aus der Oberschicht sehr wohl einen niedrigeren IQ-Wert und ein Mensch aus der Unterschicht einen höheren IQ-Wert als angegeben aufweisen.

Soziale Schichten	Durchschnittlicher IQ Wert
Oberschicht	ca. 130
Höhere Mittelschicht	ca. 120
Mittlere Mittelschicht	ca. 110
Untere Mittelschicht	ca. 100
Obere Unterschicht	ca. 95
Mittlere Unterschicht	ca. 85
Untere Unterschicht	ca. 80

Übung 9 *

$$\frac{4}{48} \quad \frac{7}{24} \quad \frac{10}{12} \quad \frac{13}{6} \quad \frac{?}{?}$$

Welche Zahlenkombination folgt?

Übung 10 *

21	(7)	14
18	(..)	12

Welche Zahl gehört in die Klammer?

Übung 11 *

NEPLA

A: Gebirge
B: Land
C: Teil Europas

Zu welcher Kategorie gehört das folgende vermischte Wort nicht?

Übung 12 *

WEIN- (....) -AUGE

Welches neue Wort ergibt mit dem linken als Anfang sowie dem rechten als Ende je ein sinnvolles Wort?

Eine Tragödie ist es dann, wenn man keinen einzigen eigenen Gedanken hat, aber als Intellektueller verfolgt wird.
Gabriel Laub

Es kommt nicht so sehr darauf an, dass die Demokratie nach ihrer ursprünglichen Idee funktioniert, sondern dass sie von der Bevölkerung als funktionierend empfunden wird.
Rudolf Augstein

Übung 13 *

**NEIW
SSPANCH
TEKS
BREI
ONRK
ALCO
MUR**

Welches Getränk gehört nicht dazu?

Übung 14 *

**P + (etwas Entdecktes) =
Gewichtsmaß**

Welches Wort gehört in die Klammer?

Übung 15 **

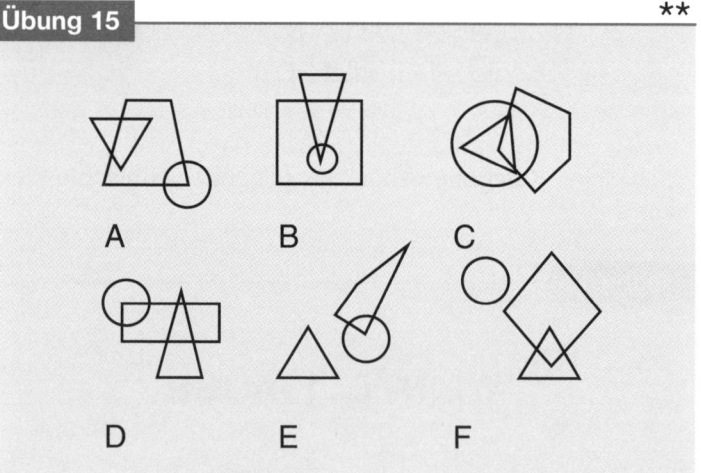

A B C

D E F

Welche Figur gehört nicht dazu?

Übung 16 ★★

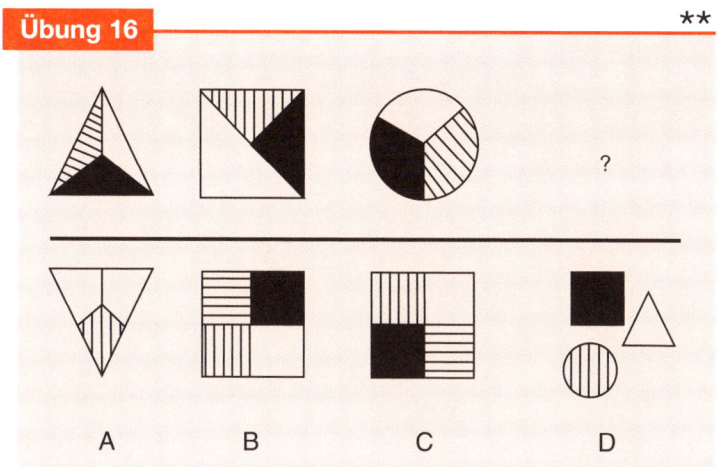

Welche Grafik setzt die Reihe fort?

Übung 17 ★★

Herr Maier wohnt in einem Haus im 8. Stock. Jedes Mal, wenn Herr Maier nach Hause kommt, steigt er in den Aufzug ein, fährt bis zum 5. Stock und geht dann die nächsten drei Stockwerke zu Fuß. Wenn Herr Maier das Haus verlässt, nimmt er den Aufzug gleich vom 8. Stock und fährt ins Erdgeschoss. Warum fährt er dann nicht bis ganz hinauf? Lauter Sportbegeisterung ist es nicht ...

Lesen Sie die oben stehende Geschichte (auch mehrmals) und beantworten Sie anschließend die Frage.

Übung 18 ★★

HEMD   HOSE   T-SHIRT
SCHUHE   HUT   MANTEL

Welches Wort passt nicht zu den anderen?

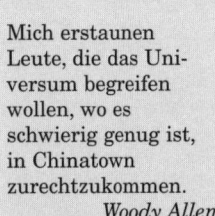

Mich erstaunen
Leute, die das Uni-
versum begreifen
wollen, wo es
schwierig genug ist,
in Chinatown
zurechtzukommen.
Woody Allen

Die schlimmste Art
von Ungerechtigkeit
ist die vorgespielte
Gerechtigkeit.
Platon

Übung 19 ★★

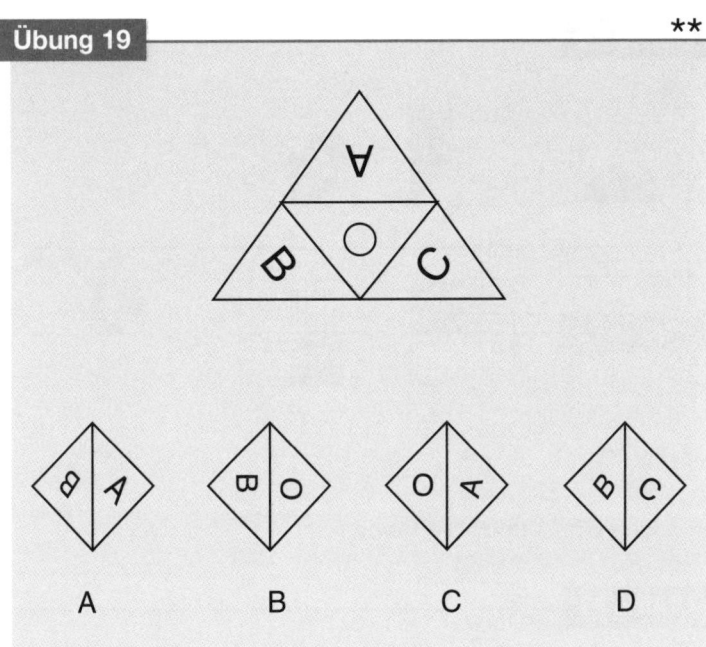

Welcher Tetraeder entspricht *nicht* dem Netzplan?

Übung 20 ★★

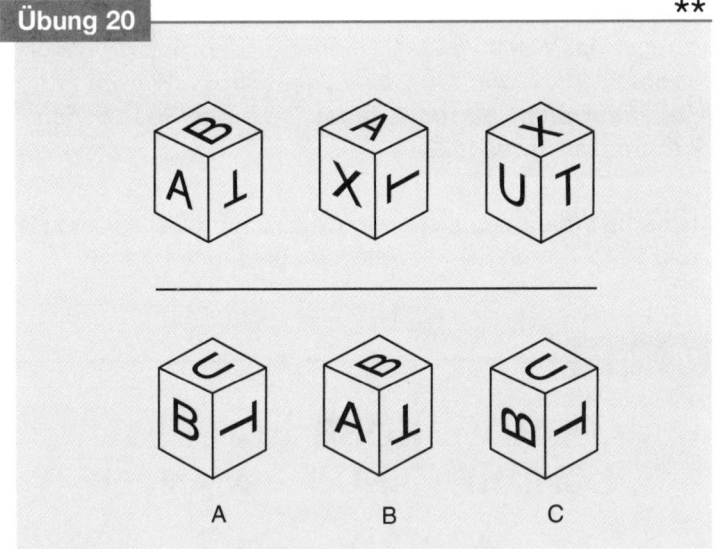

Welcher Würfel setzt die Reihe fort?

Übung 21 ★★

$$\frac{6}{3|31} \quad \frac{13}{6|22} \quad \frac{?}{?|13} \quad \frac{27}{24|?}$$

Welche Zahlen fehlen?

Übung 22 ★★

```
        4           5
  3  + 9      7  + ?
       12          15
```

Welche Zahlen fehlen?

Übung 23 ★★

2   4   5   25   26   676   ?

Welche Zahl muss folgen?

Übung 24 ★★

5643   (2098)   3545
7624   (?)   3754

Welche Zahl gehört in die Klammer?

Übung 25 **

MO + (weich) = Wunderkind

Welches Wort gehört in die Klammer?

Übung 26 **

S -
W -
KN -
T -   (...EN)
R -
P -
ST -

Welche drei Buchstaben fehlen in der Klammer, damit sich kombiniert mit den linken Buchstaben je sinnvolle Worte ergeben?

Übung 27 **

Das ... nach etwas ...

A: Maul - strecken
B: Gesäß - strecken
C: Maul - spitzen
D: Gesäß - spitzen

Wie heißt es richtig?

Übung 28 ✶✶

NEBEL (LEBEN) RAPPEL
NEGER (.....) SCHWARZER

Welches Wort gehört in die Klammer?

Übung 29 ✶✶✶

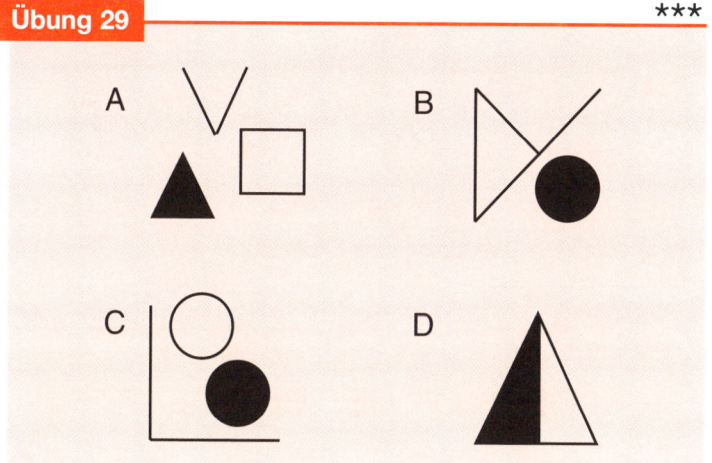

Welche Grafik passt nicht zu den anderen?

Übung 30 ✶✶✶

SEPTEMBER
OKTOBER
MAI
JANUAR
MÄRZ
JULI
DEZEMBER

Welches Wort passt nicht dazu?

Die Menschen werden geboren, die Menschen sterben, und die Zeit dazwischen verbringen sie mit dem Tragen der Digitaluhren.
Douglas Adams

Was immer ein endliches Wesen begreift, ist endlich.
Thomas von Aquin

Übung 31 ★★★

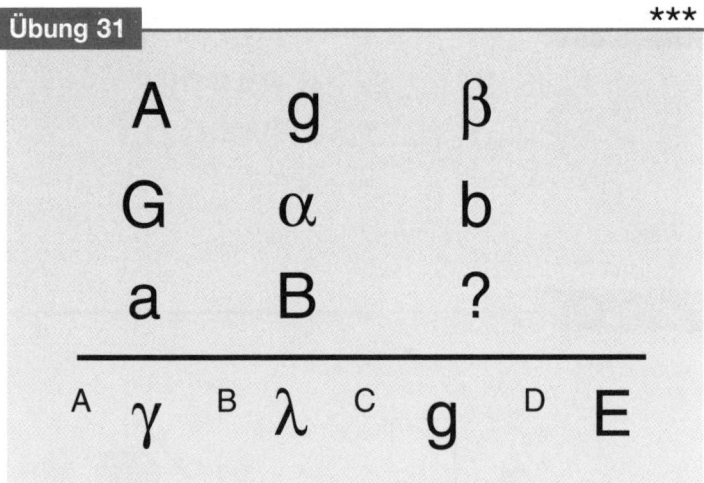

Was gehört an die Stelle des Fragezeichens?

Übung 32 ★★★

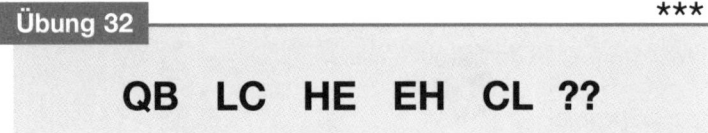

Welche Buchstabenkombination muss folgen?

Übung 33 ★★★

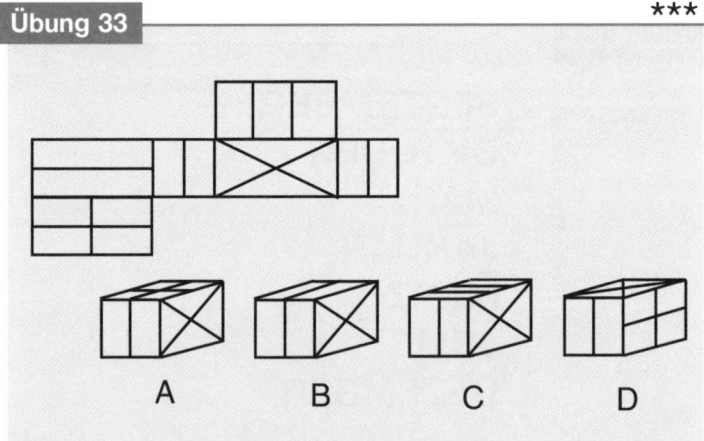

Welcher Quader passt zum Netzplan?

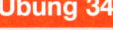
Übung 34 ★★★

A 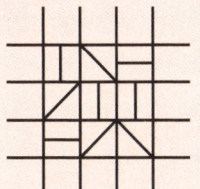 B

C  D

Welche Grafik passt nicht dazu?

Übung 35 ★★★

2   12   42   132   ?

Welche Zahl fehlt?

Übung 36 ★★★

876   (138,75)   321
987   (...)   340

A: 165,25 B: 234,5 C: 161,75

Welche Zahl gehört in die Klammer?

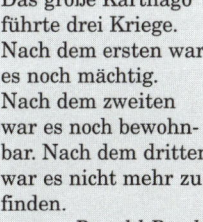

Das große Karthago führte drei Kriege. Nach dem ersten war es noch mächtig. Nach dem zweiten war es noch bewohnbar. Nach dem dritten war es nicht mehr zu finden.
Bertold Brecht

So manch einer hält sich schon für außergewöhnlich begabt, weil er seinen Namen einigermaßen auswendig hersagen kann.
Peter Schumacher

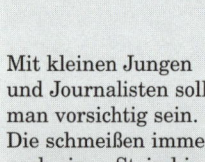

Übung 37 ★★★

COCKTAIL verhält sich zu ELEKTROLYSE wie ...

A: Champagner zu Asbest
B: Beton zu Division
C: Meerestiere zu Musikinstrumenten
D: Computer zu Schreibmaschinen

Eine Verhältnisaufgabe.

Übung 38 ★★★

NE- (...) -ME

Welche drei Buchstaben fehlen in der Klammer, um mit den Buchstaben davor und danach je ein sinnvolles Wort zu ergeben?

Übung 39 ★★★

Maria spielt Poker. Paul spielt Skat. Harald spielt Schach. Nicole spielt Domino.

A: Robert spielt Geige.
B: Hans spielt Klavier.
C: Anna spielt Tuba.
D: Udo spielt Flöte.

Wer gehört dazu?

Übung 40 ★★★

OOIEAÖMHHPT

A: Akademiker
B: öffentliches Amt
C: Behandlungsart
D: Berg in der Schweiz

Zu welcher Kategorie gehört dieses gemixte Wort?

Man kann Humor nicht auftragen wie auf einem Servier-teller. Der Ton macht die Musik – und der Resonanzboden muss das Herz sein.
Heinz Rühmann

Orthodoxie ist das Grab der Intelligenz.
Bertrand 3. Earl of Russell

Lösung 1
D; sie enthält als Einzige kein Dreieck.

Lösung 2
C; es wird pro Bild ein Sternchen mehr.

Lösung 3
Q; es ist eine Dreierreihe, in der die Buchstaben Q und Z immer wiederholt werden und an der dritten Stelle das Alphabet ab E aufgezählt wird.

Lösung 4
Die Meise ist der einzige Vogel.

Lösung 5
C

Lösung 6
C; das Eck mit dem Strich weist in die andere Richtung.

Lösung 7
2; die Reihe nimmt um je 3 ab.

Lösung 8
64; alle anderen sind Vielfache von 9.

Lösung 9
16/3; die obere Reihe wird je um 3 erhöht, die untere halbiert.

Lösung 10
6; die linke Zahl ist die Zahl in der Klammer mal 3, die rechte mal 2.

Lösung 11
B; die Alpen sind kein Land, sondern Teil mehrerer Länder (Achtung Falle: Nepal geht auch – ist aber nur ein Land, kein Gebirge und kein Teil Europas, daher ist diese Antwort falsch!).

Lösung 12
Glas; Weinglas, Glasauge

Lösung 13
Wein, Schnaps, Sekt, Bier, Korn, Cola, Rum; Cola ist alkoholfrei.

Lösung 14
P + Fund = Pfund.

Lösung 15
C; sonst sind es jeweils ein Dreieck, ein Viereck und ein Kreis.

Lösung 16
D; das Schema ist 1 weiße, 1 schwarze, 1 graue Fläche.

Lösung 17
Herr Maier ist ein Liliputaner, das heißt ein Mensch von kleiner Größe. Er reicht mit der Hand nicht weiter als bis zum Knopf für den 5. Stock!

Lösung 18
Hut; einen Hut „setzt man auf", alle anderen „zieht man an".

Lösung 19
A.

Lösung 20
C; Kippen nach rechts hinten.

Lösung 21
20, 12, 4; die oberen Zahlen erhöhen sich um 7, die links unten verdoppeln sich und die rechts unten verringern sich um 9.

Lösung 22
21; die gegenüberliegende Zahl ist je das Dreifache der anderen.

Lösung 23
677; die Zahlen werden abwechselnd quadriert und um 1 erweitert.

Lösung 24
3870; die erste minus der Zahl in der Klammer ergeben die dritte.

Lösung 25
Mo + zart = Mozart (Komponist und musikalisches Wunderkind)

Lösung 26
OLL; sollen, wollen, Knollen, tollen, rollen, Pollen, Stollen

Lösung 27
C; d. h. etwas gerne haben wollen.

Lösung 28
REGEN; die ersten zwei Buchstaben des Wortes in der Klammer bestehen aus den letzten zwei Buchstaben des rechten Wortes in umgekehrter Reihenfolge, die letzten drei Buchstaben des Wortes in der Klammer bestehen aus den ersten drei Buch-

staben des linken Wortes in umgekehrter Reihenfolge (rappEL + NEBel = LEBEN; schwarzER + NEGer = REGEN).

Lösung 29
D; das Schema ist jeweils eine geschlossene schwarze und eine weiße Fläche, sowie eine offene Fläche (Winkel).

Lösung 30
September; der September hat 30 Tage, alle anderen Monate hier haben 31 Tage.

Lösung 31
A; das griechische Gamma, es sind pro Zeile jeweils a, b und g als Großbuchstaben, Kleinbuchstaben und griechisch.

Lösung 32
BQ; von Q bzw. B beginnen zwei Reihen: die von Q aus geht gegen das Alphabet und verringert sich je um einen Schritt, bei 5 beginnend (Q minus 5 ist L minus 4 ist H minus 3 ist E minus 2 ist C minus 1 ist B). Die zweite Reihe geht mit dem Alphabet und erhöht sich je um einen Schritt, bei 1 beginnend (B plus 1 ist C plus 2 ist E plus drei ist H plus vier ist L plus 5 ist Q).

Lösung 33
C.

Lösung 34
C; ein Strich ist um 90° gedreht.

Lösung 35
402; die Schritte zwischen den Zahlen sind jeweils: plus 2 mal 3 (2 + 2 = 4 x 3 = 12 etc.).

Lösung 36
C; die gesuchte Zahl in der Klammer ist die linke minus der rechten durch 4.

Lösung 37
B; Cocktails und Beton werden aus mehreren Bestandteilen zusammen gemischt, bei der Elektrolyse werden chemische Verbindungen geteilt, bei der Division Zahlen.

Lösung 38
PAL; Nepal, Palme.

Lösung 39
C; das Spiel/Instrument und der Vorname haben jeweils dieselbe Anzahl an Buchstaben.

Lösung 40
C; Homöopathie („sanfte" Medizin).

Auswertung:

Für jede gelöste Aufgabe gibt es so viele Punkte, wie die Aufgabe Sterne hat. Also, für Schwierigkeitsgrad 1 einen Punkt, für Schwierigkeitsgrad 3 drei Punkte. Addieren Sie nun die Punkteanzahl aller von Ihnen richtig gelösten Aufgaben. Lesen Sie dann die Bewertung der entsprechenden Kategorie. Jede Bewertung enthält auch eine Schätzung, was das Ergebnis umgelegt auf professionelle IQ-Tests ergeben könnte. Da diese Tests aber viel genauer und oft auch umfangreicher sind, kann das Ergebnis nur als Richtwert (etwa zum Vergleich mit ihrer Leistung beim Einführungstest) gesehen werden.

0–10 Punkte

Sie waren offensichtlich wenig konzentriert, zu schnell oder haben sich noch nicht ausführlich mit den Übungen in diesem Buch beschäftigt. Nehmen Sie es noch einmal zur Hand und probieren Sie es wieder. Lesen Sie vor allem die Erklärungen zu den Lösungen besonders genau durch, bis Sie sie ganz verstehen! Auch Kurse oder Bücher zur Hebung der Allgemeinbildung sind zu empfehlen. Dann wird ihr Ergebnis bei anderen Tests sicher viel besser ausfallen! Umgelegt ergäbe dieses Ergebnis einen IQ von unter 80.

11–28 Punkte

Sie haben offenbar noch nicht ausreichend mit den Aufgaben in diesem Buch geübt – oder Ihre Stärken liegen mehr im Bereich der praktischen oder emotionalen Intelligenz. Wenn Sie jedoch erneut mit diesem Buch sehr sorgfältig üben und die Erklärungen zu den Lösungen sehr gründlich durchlesen, dann wird Ihr Ergebnis bei zukünftigen ähnlichen Tests sicher besser ausfallen! Auch für Sie wären Kurse oder Bücher zur Hebung der Allgemeinbildung zu empfehlen. Umgelegt ergäbe dieses Ergebnis einen IQ zwischen 80 und 90.

29–50 Punkte

Ein gutes Durchschnittsergebnis! Hier ist vermutlich der Großteil der Bevölkerung angesiedelt. Aber wenn Sie die Übungen in diesem Buch noch einmal gründlich durcharbeiten und sich auch mit den Fragestellungen noch mehr vertraut machen, lässt sich Ihre Quote bei ähnlichen Tests vermutlich noch steigern! (Achten Sie auch darauf, ob Sie sich eher im unteren oder oberen Bereich der 29–50 Punkte befinden.) Umgelegt ergäbe dieses Ergebnis einen IQ zwischen 90 und 110.

51–68 Punkte

Ein überdurchschnittliches Ergebnis! Vermutlich haben Sie mit unseren IQ-Übungen sehr gründlich gearbeitet – oder sind von Natur aus sehr intelligent! Auf jeden Fall ist das ein sehr schönes Ergebnis. Üben Sie fleißig weiter, um ihre Ergebnisse bei ähnlichen Tests zu halten oder sogar noch zu steigern! Umgelegt ergäbe dieses Ergebnis einen IQ zwischen 110 und 120.

69–78 Punkte

Das optimale Ergebnis! Entweder Sie sind auf dem Gebiet von Intelligenz-Übungen ein Naturtalent oder Sie haben – auch durch das Üben mit unserem Buch – eine besonders große Routine beim Lösen solcher Aufgaben erarbeitet. Üben Sie weiter – vielleicht schaffen Sie dann sogar die Aufnahme in einen Klub für Menschen mit besonders hohem IQ! Umgelegt ergäbe dieses Ergebnis jedenfalls einen IQ von über 120.

Der Zweck heiligt höchstens noch die Waschmittel.
Helmut Qualtinger

Emotionale Intelligenz

Was ist emotionale Intelligenz?

Wer hat nicht schon die wunderbare Leichtigkeit des Verliebtseins oder die brennende Hitze des Zorns in sich gespürt? Jeder von uns weiß demnach, was Emotionen sind, doch was versteht man unter emotionaler Intelligenz? Zunächst einmal geht es darum, unsere eigenen Gefühle zu erkennen, zu verstehen und zu beeinflussen. Viele denken, sie würden von ihren Gefühlen überflutet und könnten nichts dagegen ausrichten. Sie finden sich mit ihrer vermeintlichen Machtlosigkeit ab und lernen damit zu leben. Andere schenken ihren Emotionen kaum Aufmerksamkeit. Doch erfolgreiche Menschen achten auf ihre Empfindungen und gehen damit bewusst um. Auf jede noch so heftige Gefühlsäußerung gibt es verschiedene Reaktionsmöglichkeiten. Hier geht es darum, seinen Empfindungen den geeigneten Ausdruck zu verleihen. Man muss nicht losschreien, wenn man zornig ist. Wer sich dieses Handlungsspielraums bewusst ist, kann sehr viel leichter mit den Aufregungen des Lebens zurechtkommen.

Hat nicht jeder von uns den Wunsch, anderen Menschen nah zu sein, verstanden und geliebt zu werden? Dann sollten wir aber auch fähig sein, unseren Mitmenschen Nähe, Verständnis und Einfühlungsvermögen entgegenzubringen. Emotional intelligente Menschen sind in der Lage zu erfassen, was in ihrem Gegenüber vorgeht, wissen seine Körpersprache zu deuten und mit seinen Gefühlsäußerungen umzugehen. Sie vermögen zwischenmenschliche Beziehungen für beide Seiten optimal und angenehm zu gestalten.

Was ist der EQ und wie setzt er sich zusammen?

Heute gilt die Annahme, dass sich beruflich wie privat erfolgreiche Menschen hauptsächlich durch eine hohe emotionale Intelligenz auszeichnen.

Deshalb übersetzt man die eigentlich für Emotional Quality, also den emotionalen Intelligenz-Quotienten, stehende Bezeichnung EQ oft auch mit dem Begriff Erfolgsquotient.

Einen hohen EQ zu haben, bedeutet nicht, dass alle Menschen nur noch freundlich zueinander sein sollen. Vielmehr geht es darum, weise und intuitiv zu handeln. Das gilt sowohl für den Umgang mit sich selbst als auch für die Interaktion mit anderen. Manchmal muss man seine Mitmenschen auch auf Fehler aufmerksam machen oder zurechtweisen können. Der EQ bezeichnet die Ausprägung grundlegender Fähigkeiten der Selbstwahrnehmung und des Umgangs mit Gefühlen. Einen emotional intelligenten Menschen bezeichnet man landläufig einfach als einen Menschen mit gutem Charakter.

Um den EQ zu messen, werden heutzutage zahlreiche Tests angeboten. Hauptsächlich sind Fragen zu den Bereichen Selbstbewusstsein, Selbststeuerung, Motivation, Empathie und soziale Kompetenz vorgesehen. Da aber je nach Testanbieter das Interesse an bestimmten

Bereichen variiert und es noch keine standardisierten Fragebögen zu diesem Thema gibt, können sich die bis heute auf dem Markt befindlichen EQ-Tests stark unterscheiden. Doch bieten sie interessierten Menschen eine Möglichkeit, den momentanen Stand ihrer sozialen und emotionalen Fähigkeiten und Fertigkeiten herauszufinden.

EQ oder IQ? Wo liegen die Unterschiede, was ist wichtiger im Leben?

Die meisten Intelligenztests beschränken sich auf die Messung der rationalen Intelligenz, also logischer, räumlicher, sprachlicher o. ä. Talente. In der Forschungsgeschichte zu diesem Thema wurde bezüglich des entwickelten Intelligenzbegriffs und der Tests immer öfter die Kritik angeführt, dass wichtige menschliche Eigenschaften hier unberücksichtigt bleiben. Stimmungen, Gefühle, Leidenschaften hatten in üblichen IQ-Tests keinen angemessenen Stellenwert. Der ursprünglich entwickelte Begriff der Intelligenz war für die moderne Sicht der Dinge zu einseitig. Heutzutage hat sich ein stark erweitertes Konzept der multiplen Intelligenzen herausgebildet. Selbst in der Berufswelt zählen heute nicht mehr nur Zeugnisse, sondern Persönlichkeitsmerkmale wie Motivation und Selbstvertrauen. Zahlreiche große Firmen veranstalten Trainingskurse für Manager, um deren emotionale und soziale Kompetenzen einzuüben und zu verbessern. Studien in den USA belegen, dass erfolgreiche Menschen nicht zwangsläufig einen hohen IQ aufweisen müssen. Allerdings wurde festgestellt, dass emotional intelligente Menschen im Durch-

schnitt beruflich erfolgreicher waren als diejenigen mit einem niedrigen EQ-Wert. Noch konnten aber keine Gesetzmäßigkeiten festgestellt werden, in welchem Umfang der EQ für den Erfolg von Menschen verantwortlich ist. Sicherlich werden jedoch bald neue Ergebnisse vorliegen, da dieses Thema momentan ein beliebtes Forschungsgebiet ist.

Wo im Körper entstehen Emotionen?

In beiden Hälften des menschlichen Gehirns sitzt ein mandelförmiges Gebilde, der Mandelkern. Dort befindet sich der Ursprung und das Zuhause unserer Gefühle und Leidenschaften. Untersuchungen zeigen, dass die operative Entfernung des Mandelkerns bei Menschen zur Unfähigkeit führt, Gefühle zu erkennen und zu empfinden. In der Fachsprache bezeichnet man dieses Phänomen als Affektblindheit. Dasselbe Ergebnis zeigten Tierversuche. Tiere mit abgetrenntem Mandelkern verlieren Angst und Wut und die Kenntnis ihrer sozialen Position in der Herde.

Der Mandelkern speichert emotionale Erfahrungen und Erinnerungen und bildet aus diesen Informationen Gefühle und Reaktionen. In Stresssituationen reagiert der Mensch bereits mit der Bildung von Gefühlen, noch bevor sich das Gehirn intellektuell mit dem Problem beschäftigen kann. Durch diese Funktion wird eine raschere Reaktionsweise gefördert, die in gefährlichen Situationen oft überlebensnotwendig ist. Der Körper sondert sogar Hormone ab, die verhindern, dass in solchen Momenten Vernunftinformationen durchdringen. Wenn einem Autofahrer ein Kind vor den Wagen läuft, tritt er erst einmal intuitiv auf die Bremse oder reißt das Steuer herum. Erst während dieses Mechanismus analysiert der für den Intellekt zuständige Präfrontallappen im Gehirn die Situation rational und leitet seine Erkenntnisse an den Mandelkern weiter. Der Fahrer kann also erst hinterher sagen, ob seine spezifische Reaktion in diesem Moment richtig war.

Ideale Zusammenarbeit von Kopf und Herz – gibt es das?

Gefühle sind in lebensbedrohlichen Situationen wichtig für das Überleben. Sie werden vom Körper geschickt, weil sie raschere Reaktionen hervorrufen als der analytische Verstand. Angst zum Beispiel ist uns eine Hilfe, in kritischen Situationen schnelle Lösungen zu entwickeln. In Panik treten alle anderen Gefühle in den Hintergrund und der Mensch kann sich mit voller Aufmerksamkeit auf die Problemlösung konzentrieren.

Außerdem helfen uns Gefühle bei rationalen Entscheidungen, da sie uns Orientierung vermitteln. Das Gefühl sagt uns bereits vor dem Verstand, welche Richtung wir einschlagen sollten. Kommt man mit der Vernunft nicht weiter, lässt man sich von Empfindungen leiten.

Auf der anderen Seite kann der Verstand auf die wallenden Gefühle dämpfend einwirken und so Ausgeglichenheit schaffen. Wer auf seinen Vorgesetzten wütend ist, wird ihn deshalb wahrscheinlich nicht anschreien oder gleich kündigen. Die Vernunft behält hier die Oberhand. Im Idealfall sollten Kopf und Herz auf diese Weise zusammenarbeiten. Doch viele Menschen haben in ihrem Leben schmerzliche Erfahrungen gemacht und sich in der Folge in eine schützende emotionale Taubheit geflüchtet. Wieder andere sind ihren Gefühlsausbrüchen hilflos ausgeliefert, sie denken, ihr Verstand kann gegen ihre Emotionen nichts ausrichten. Beide können ihre Kompetenzen verbessern, mit rationalem oder emotionalem Training neue Fertigkeiten erlangen, die Gefühl und Vernunft in Einklang bringen.

Emotionale Intelligenz – im Beruf notwendig?

Schon beim Bewerbungsgespräch wird man in den letzten Jahren immer öfter mit Fragen konfrontiert, die auf die eigene Persönlichkeit zielen. Nur mit einem guten Zeugnis oder einem akademischen Grad kommt man nicht mehr so leicht an gute Arbeitsstellen. Einstellungstests fragen meist nicht mehr ausschließlich nach der Allgemein- oder spezifischen Fachbildung.

Zu Führungsqualitäten zählen nun mehr soziale Kompetenzen. Mitarbeiter motivieren oder Kritik auf die menschlichste Weise austeilen und auch einstecken zu können sind wichtige Eigenschaften, die man mitbringen muss. Wer verantwortungsvolle Aufgaben übernehmen will, muss immer öfter hohe emotionale Intelligenz aufweisen. Firmen werden umstrukturiert, Abteilungen in Teams umgewandelt. Wer da keine Teamfähigkeit mitbringt, im Umgang mit seinen Mitmenschen Probleme hat, sich nicht in andere einfühlen kann oder sich von privatem Leid regelmäßig einnehmen lässt, wird in seinem Job nicht sehr erfolgreich sein und wahrscheinlich auch nicht glücklich. Kennen wir nicht alle mindestens eine Person, die über diese wichtigen emotionalen Fähigkeiten nicht verfügt? Keiner möchte mit so jemandem gerne zusammenarbeiten.

Wahrer Erfolg zeichnet sich nicht nur durch hohes Einkommen, Macht und Ansehen aus. Nur ein zufriedener, optimistischer, mit sich selbst und anderen gut zurechtkommender Mensch wird sich in seinem Beruf auf lange Sicht wohl fühlen können und bessere Chancen haben, Karriere zu machen.

Harmonischere Partnerschaft durch emotional intelligentes Verhalten?

Kaum jemand sucht sich seinen Partner/seine Partnerin heute noch nach rationalen Gesichtspunkten wie sozialem Status oder materieller Sicherheit aus, da man heute nicht mehr so stark voneinander abhängig ist. Die Wahl des geeigneten Partners wird aufgrund von Gefühlen getroffen. Liebe, Vertrauen und Leidenschaft sind unsere Führer auf dem Heiratsmarkt.

Von unserem Lebensgefährten wünschen wir uns einige grundlegende Dinge wie Rücksichtnahme, Verständnis und Einfühlungsvermögen. Bringt er uns dieses nicht entgegen, sind wir enttäuscht und verletzt. Will man aber eine gut funktionierende Beziehung aufbauen und über einen längeren Zeitraum erhalten, sind diese Kompetenzen Voraussetzung.

Gegenseitiges Verständnis ist wichtig. Natürlich ist das nicht immer leicht, schließlich haben Männer und Frauen unterschiedliche Vorstellungen und Bedürfnisse. Richtige Kommunikation und das Sprechen über Gefühle ist das beste Mittel, um das Verständnis füreinander zu erhöhen. Schlechte Gewohnheiten sollten sich gar nicht erst einschleichen. Eingefahrene Verhaltensmuster sind schwer wieder aufzulösen.

Auch wenn man einen Streit nicht immer vermeiden kann, sollte er doch als Chance begriffen werden, die Beziehung zu verbessern. Beide Partner sollten konstruktiv, nicht aggressiv argumentieren. Emotional intelligentes Verhalten ist in Liebesbeziehungen hilfreich, sogar notwendig, um ein harmonisches Zusammenleben zu erreichen.

Emotionale Intelligenz und Gesundheit – besteht hier ein Zusammenhang?

Lange Zeit wurde die westliche Medizin durch die strikte Trennung von Körper und Seele geprägt. Im Gegensatz dazu behandelt die chinesische Heilkunst den Menschen als Ganzes. Körper und Geist werden dort als Einheit betrachtet und therapiert. Heute findet diese Auffassung auch in Europa mehr und mehr Anklang. Die Zahl der hierzulande praktizierenden Heilpraktiker ist in den letzten Jahren stark gestiegen, auch immer mehr Schulmediziner beziehen die psychischen Faktoren des Patienten in die Behandlung mit ein.

Viele Menschen wissen genau, welche negativen Auswirkungen ihre Emotionen auf ihren Körper haben können. Unter starkem Stress bekommt man schnell Magen- oder Kopfschmerzen. Panik und Angst lassen den Blutdruck ansteigen. Untersuchungen zeigen, dass sich bei Menschen mit chronischen Angstgefühlen, Aggressionen oder Melancholie das Risiko, zum Beispiel an Herz- oder Magenleiden zu erkranken, verdoppelt. Negative Gefühle sind für den Körper also ein entscheidender Risikofaktor und stellen eine erhebliche Gefahr für die Gesundheit dar. Doch auch positive Emotionen haben Einfluss auf die Gesundheit. Optimismus und Hoffnung haben heilende Kraft, sie stärken nicht nur unser Selbstvertrauen, sondern helfen auch unserem Körper, mit Belastungen besser fertig zu werden. Wenn wir lernen mit Stress, Wut und Angst auf intelligente Weise umzugehen, schonen wir gleichzeitig unseren Körper und sorgen für ein gesundes, langes Leben.

Welche Macht hat die Erziehung auf die Entwicklung des EQ?

Der Grundstock der emotionalen Intelligenz wird schon in den ersten Lebensjahren eines Kindes gelegt. Innerhalb der Familie lernen Kinder wichtige Kompetenzen wie Selbstvertrauen, Kontaktfähigkeit oder Selbstbeherrschung. Auf diesen sich schon früh herausbildenden Grundlagen baut die spätere emotionale Intelligenz auf. Dabei ist es sehr wichtig, wie die Eltern mit ihren Kindern umgehen und auch, ob sie ein gutes Vorbild abgeben. Eltern, die selbst Probleme haben, ihre Gefühle angemessen auszudrücken oder damit umzugehen, können ihrem Nachwuchs auch schlecht vermitteln, wie man seinen Emotionen mit Intelligenz begegnet. Kinder lernen viel aus Beobachtung. Wer versucht, seinem Nachwuchs das richtige Verhalten zu vermitteln, muss auch sein eigenes unter Kontrolle haben. Damit ein Kind zu seiner Umwelt Vertrauen entwickelt, müssen seine Bedürfnisse beachtet und richtig gedeutet werden.

Die Reaktion der Eltern auf die Gefühle des Kindes muss angemessen sein. Wenn ein Kind ständig zu viel oder zu wenig Zuneigungsbezeugungen erhält, fängt es an, damit negative Erfahrungen zu verbinden und verlernt vielleicht sogar, diese Art von Gefühlen zu empfinden und ist später in seinem Gefühlsausdruck und seinem Einfühlungsvermögen eingeschränkt.

Doch emotionale Intelligenz kann in jedem Alter verbessert werden. Auch wer in seiner Kinderstube nicht von idealen Vorbildern geprägt wurde, kann sich in späteren Jahren noch dahingehend ausbilden.

Ist emotionale Intelligenz trainierbar?

Wahrscheinlich hat jeder von uns emotional einige Defizite. Doch niemand muss sich damit abfinden, jeder kann seine emotionale Intelligenz verbessern. Bei gravierenden Problemen kann man durch eine Psychotherapie sehr viel mehr Lebensqualität erlangen. Bei Phobien können schon wenige Sitzungen Verhaltenstherapie diese Fehleinstellung korrigieren.

Doch um emotionale Intelligenz im Alltag zu erlangen, braucht man keine fachmännische Hilfe, jeder kann sich selbst trainieren und nach und nach seine Kompetenzen steigern. Dafür müssen Sie sich erst ein umfassendes Bild von sich selbst und Ihrem Gefühlshaushalt machen. Werden Sie sich klar darüber, welche Bereiche in Ihrem Verhalten und Erleben unangemessen sind und einer Verbesserung bedürfen. Welche Überzeugungen, Denkweisen und Erfahrungen hindern Sie daran, diese Dinge zu verändern? Erkennen Sie, was innerhalb Ihres Gefühlsausdrucks und Empfindens aus Gewohnheit passiert. Lernen Sie Ihre Gefühlswelt kennen und experimentieren Sie, wie Sie automatisch ablaufende Emotionen verändern können.

EQ-Test

Tests zur Messung des Intelligenzquotienten werden seit Jahrzehnten von Wissenschaftlern konstruiert, immer wieder überprüft und verbessert. Zum Thema Emotionale Intelligenz arbeitet die Forschung heute zwar intensiv, aber es gibt zurzeit noch keine standardisierten und geprüften Tests, obwohl es viele Situationen gibt, in denen der EQ messbar und quantifizierbar ist. Die folgenden 80 Fragen werden Ihnen einen groben Eindruck über die Ausprägung Ihrer Emotionalen Intelligenz in unterschiedlichen Themenbereichen geben. Beantworten Sie die nachfolgenden Fragen und lesen Sie die jeweiligen Auswertungen im Anschluss. Viel Spaß!

Was nützt ein hoher IQ, wenn man ein emotionaler Trottel ist?

Daniel Goleman

Selbststeuerung, Wahrnehmung und Kontrolle eigener Emotionen

Frage 1

Ich weiß immer genau, welche Emotionen mich im Augenblick bewegen.

a. trifft nicht zu
b. trifft kaum zu
c. trifft mehr oder weniger zu

d. trifft fast genau zu
e. trifft genau zu

Frage 2

Ich kann gut nachvollziehen, welche Gefühle mich zu bestimmtem Handeln veranlassen.

a. trifft nicht zu
b. trifft kaum zu
c. trifft mehr oder weniger zu

d. trifft fast genau zu
e. trifft genau zu

Frage 3

Meine Wertvorstellungen und Ziele leiten mich in meinem täglichen Verhalten.

a. trifft nicht zu   d. trifft fast genau zu
b. trifft kaum zu   e. trifft genau zu
c. trifft mehr oder weniger zu

Frage 4

In stressreichen Situationen behalte ich meinen Kopf und kann vernünftige Entscheidungen treffen.

a. trifft nicht zu   d. trifft fast genau zu
b. trifft kaum zu   e. trifft genau zu
c. trifft mehr oder weniger zu

Frage 5

Mit leidensvollen Erfahrungen und Gefühlen kann ich gut umgehen.

a. trifft nicht zu   d. trifft fast genau zu
b. trifft kaum zu   e. trifft genau zu
c. trifft mehr oder weniger zu

Frage 6

Ich neige öfter zu Stimmungsschwankungen.

a. trifft nicht zu   d. trifft fast genau zu
b. trifft kaum zu   e. trifft genau zu
c. trifft mehr oder weniger zu

Frage 7

Wenn ich wütend bin, schaffe ich es trotzdem, erst Abstand zu gewinnen, bevor ich handle.

a. trifft nicht zu   d. trifft fast genau zu
b. trifft kaum zu   e. trifft genau zu
c. trifft mehr oder weniger zu

Frage 8

Wenn ich mit einem Freund/einer Freundin Streit hatte, bereue ich hinterher oft, zu ausfallend geworden zu sein.

a. trifft nicht zu   d. trifft fast genau zu
b. trifft kaum zu   e. trifft genau zu
c. trifft mehr oder weniger zu

Frage 9

Durch meine Spontanität habe ich des Öfteren die Erfahrung gemacht, die Folgen meines Handelns nicht vorhergesehen zu haben.

a. trifft nicht zu   d. trifft fast genau zu
b. trifft kaum zu   e. trifft genau zu
c. trifft mehr oder weniger zu

Frage 10

Wenn ich gereizt bin, wirkt sich das auf meine Motivation und auf meine Leistung aus.

a. trifft nicht zu   d. trifft fast genau zu
b. trifft kaum zu   e. trifft genau zu
c. trifft mehr oder weniger zu

Der Computer ist die logische Weiterentwicklung des Menschen: Intelligenz ohne Moral.
John James Osborne

Frage	Antwortmöglichkeit				
Nr.	a.	b.	c.	d.	e.
1	0	1	2	3	4
2	0	1	2	3	4
3	0	1	2	3	4
4	0	1	2	3	4
5	0	1	2	3	4
6	4	3	2	1	0
7	0	1	2	3	4
8	4	3	2	1	0
9	4	3	2	1	0
10	4	3	2	1	0

Gesamtpunktzahl:

_____

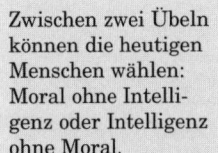

Auswertung:

0–12

Sie haben oft Probleme, ihre Gefühle zu benennen? Sie fühlen sich schlecht, können aber nicht sagen, ob Sie deprimiert, wütend oder ängstlich sind? Oder werden Sie von Ihren Gefühlsausbrüchen beherrscht? Versuchen Sie es doch mal mit einer einfachen Übung: Nehmen Sie sich täglich einige Minuten, lehnen Sie sich zurück und lassen sich ihre Stimmung und Empfindungen durch den Kopf gehen. Und sollten Sie sich mal wieder von Ihren Emotionen überwältigt fühlen, nehmen Sie sich ein paar Minuten Auszeit und überlegen ganz sachlich, wodurch diese Emotionen ausgelöst wurden und wie das Problem mit Vernunft gelöst werden kann.

13–27

Sie befinden sich auf einem guten Mittelweg zwischen Gefühl und Vernunft, können in den meisten Fällen ganz gut darüber Auskunft geben, welche Emotionen in Ihnen im Moment ablaufen. Meist behalten Sie in prekären Situationen Ihren Kopf. Dennoch passiert es Ihnen schon mal, dass Sie Ihre Gefühlsausbrüche nicht ganz unter Kontrolle bekommen. Aber das ist schließlich nur menschlich.

28–40

Sie sind ein Meister der Gefühle! Sie sind sich immer bewusst, was Sie bewegt und dazu auch noch fähig, dieses objektiv zu betrachten oder Ihre Emotionen auszublenden, wenn sie Ihnen im Moment im Weg sind. Das kann Ihnen bei der Karriere enorm behilflich sein, Sie lassen sich einfach nicht ablenken. Aber verdrängen Sie wichtige Gefühle nicht, das könnte sich schlecht auf Ihre Gesundheit auswirken.

Umgehen mit Veränderungen

Frage 1

Ich arbeite lieber für ein kleines Gehalt an einem sicheren Arbeitsplatz als das Gegenteil.

a. trifft nicht zu
b. trifft kaum zu
c. trifft mehr oder weniger zu

d. trifft fast genau zu
e. trifft genau zu

> Wenn ich nicht verliere, kann er nicht gewinnen.
> *Boris Becker*

Frage 2

Ich mache gerne neue Erfahrungen.

a. trifft nicht zu
b. trifft kaum zu
c. trifft mehr oder weniger zu

d. trifft fast genau zu
e. trifft genau zu

Frage 3

Ich freue mich auf die neue Umgebung, wenn ich umziehen muss.

a. trifft nicht zu
b. trifft kaum zu
c. trifft mehr oder weniger zu

d. trifft fast genau zu
e. trifft genau zu

Frage 4

Kleinere Umstrukturierungen an meinem Arbeitsplatz können für mich durchaus größere Probleme bedeuten.

a. trifft nicht zu
b. trifft kaum zu
c. trifft mehr oder weniger zu

d. trifft fast genau zu
e. trifft genau zu

Frage 5

Der Wandel in der Gesellschaft fasziniert mich.

a. trifft nicht zu   d. trifft fast genau zu
b. trifft kaum zu   e. trifft genau zu
c. trifft mehr oder weniger zu

Frage 6

Ich passe mich flexibel an neue Umstände an.

a. trifft nicht zu   d. trifft fast genau zu
b. trifft kaum zu   e. trifft genau zu
c. trifft mehr oder weniger zu

Frage 7

Ich halte mich lieber an bewährte Konzepte, als kreativ neue Problemlösungsstrategien zu finden.

a. trifft nicht zu   d. trifft fast genau zu
b. trifft kaum zu   e. trifft genau zu
c. trifft mehr oder weniger zu

Frage 8

Das Sprichwort „Was der Bauer nicht kennt, isst er nicht." trifft auch auf mich zu.

a. trifft nicht zu   d. trifft fast genau zu
b. trifft kaum zu   e. trifft genau zu
c. trifft mehr oder weniger zu

Frage 9

Ich wäre lieber in der Werbe- als in der Versicherungsbranche tätig.

a. trifft nicht zu   d. trifft fast genau zu
b. trifft kaum zu   e. trifft genau zu
c. trifft mehr oder weniger zu

Frage 10

Ich kann es nicht ausstehen, wenn ich meine Pläne ändern muss.

a. trifft nicht zu
b. trifft kaum zu
c. trifft mehr oder weniger zu

d. trifft fast genau zu
e. trifft genau zu

Frage	Antwortmöglichkeit				
Nr.	a.	b.	c.	d.	e.
1	4	3	2	1	0
2	0	1	2	3	4
3	0	1	2	3	4
4	4	3	2	1	0
5	0	1	2	3	4
6	0	1	2	3	4
7	4	3	2	1	0
8	4	3	2	1	0
9	0	1	2	3	4
10	4	3	2	1	0

Gesamt-punktzahl:

_____

> Zur Liebe gehört die Intelligenz zu wissen, dass zu ihr nicht stets die Intelligenz gehört.
>
> *Rudolf Rolfs*

Auswertung

0–12

Veränderungen sind Ihnen ein Gräuel. Am liebsten ist Ihnen, wenn alles beim Alten bleibt und Sie keinen neuen Anforderungen gegenübergestellt werden. Mit Ihrer Einstellung dürften Sie es in der heutigen Zeit recht schwer haben, die Gesellschaft ist vom Fortschritt stark geprägt. Viele Veränderungen sind durchaus positiv, wagen Sie einen Schritt.

13–27

Sie kommen mit Veränderungen gut zurecht. Die Dinge ändern sich eben. Sie können sich auf neue Projekte einstellen und schrecken auch nicht davor zurück, sich mit unbekannten Methoden und Medien vertraut zu machen.

Ihre Offenheit für Veränderungen ist schon sehr gut, aber Sie könnten mehr Initiative ergreifen. Setzen Sie Ihre Ideen in die Tat um, werden Sie selbst innovativ!

28–40

Sie sind der geborene Revolutionär! Sie quellen fast über vor Ideen und möchten die Welt verändern. Sie interessieren sich für alles Neue, ob es sich nun um Technik, Wissenschaft oder die Wandlungen der Gesellschaft handelt, jede Erfindung fasziniert Sie. Sie könnten allerdings Probleme mit dem Erreichen Ihrer Ziele bekommen. Für längerfristige Ziele braucht man Durchhaltevermögen, man kann sie nicht ständig umformulieren, sonst erreicht man gar nichts. Bleiben Sie realistisch.

Vertrauen in die Umwelt

> Es ist besser, wenn das Gefühlsleben die Intelligenz steuert, als umgekehrt.
> *Fritz Rinnhofer*

Frage 1

Wenn ich andere beim Tuscheln beobachte, fürchte ich, dass sie über mich reden könnten.

a. trifft nicht zu
b. trifft kaum zu
c. trifft mehr oder weniger zu

d. trifft fast genau zu
e. trifft genau zu

Frage 2

Ich habe viele Feinde.

a. trifft nicht zu
b. trifft kaum zu
c. trifft mehr oder weniger zu

d. trifft fast genau zu
e. trifft genau zu

Frage 3

Wenn sich jemand mir gegenüber besonders zuvorkommend verhält, überlege ich, welche Absicht vielleicht dahinterstecken könnte.

a. trifft nicht zu
b. trifft kaum zu
c. trifft mehr oder weniger zu

d. trifft fast genau zu
e. trifft genau zu

Frage 4

Durch meine Ehrlichkeit haben meine Mitmenschen Vertrauen in mich.

a. trifft nicht zu
b. trifft kaum zu
c. trifft mehr oder weniger zu

d. trifft fast genau zu
e. trifft genau zu

Frage 5

Wenn jemand mein Vertrauen missbraucht hat, vergesse ich das nie.

a. trifft nicht zu
b. trifft kaum zu
c. trifft mehr oder weniger zu

d. trifft fast genau zu
e. trifft genau zu

Frage 6

Wenn ich anderen eine Aufgabe erteile, kontrolliere ich des Öfteren, ob deren Ausführung meinen Vorstellungen entspricht.

a. trifft nicht zu
b. trifft kaum zu
c. trifft mehr oder weniger zu

d. trifft fast genau zu
e. trifft genau zu

Frage 7

Ich überlege oft, ob andere Leute schlecht über mich denken.

a. trifft nicht zu
b. trifft kaum zu
c. trifft mehr oder weniger zu

d. trifft fast genau zu
e. trifft genau zu

Die Fähigkeit zu verstehen, die Vernunft, ist der Gegenbegriff zu manipulativer Intelligenz.
Erich Fromm

Frage 8

Sollte ich verhindert sein, würde ich eine enge Freundin/einen Freund guten Gewissens mit meiner Bankkarte zum Geldholen schicken.

a. trifft nicht zu   d. trifft fast genau zu
b. trifft kaum zu   e. trifft genau zu
c. trifft mehr oder weniger zu

Frage 9

Korrektes Verhalten entspringt bei den meisten Menschen nur der Angst vor Strafe.

a. trifft nicht zu   d. trifft fast genau zu
b. trifft kaum zu   e. trifft genau zu
c. trifft mehr oder weniger zu

Frage 10

„Vertrauen ist gut, Kontrolle ist besser."

a. trifft nicht zu   d. trifft fast genau zu
b. trifft kaum zu   e. trifft genau zu
c. trifft mehr oder weniger zu

Frage	Antwortmöglichkeit				
Nr.	a.	b.	c.	d.	e.
1	4	3	2	1	0
2	4	3	2	1	0
3	4	3	2	1	0
4	0	1	2	3	4
5	4	3	2	1	0
6	4	3	2	1	0
7	4	3	2	1	0
8	0	1	2	3	4
9	4	3	2	1	0
10	4	3	2	1	0

Gesamt-punktzahl:

_____

Auswertung

0–12

Sie hegen eine enorme Skepsis gegenüber Ihren Mitmenschen. Selbst in bewährten Freundschaften behalten Sie sich immer ein Grund-Misstrauen zurück. Natürlich sollte man nicht jedem blind Vertrauen schenken, aber eine Kleinigkeit davon zu bewahren und ein wenig Verantwortung an andere abzutreten macht das Leben leichter und schöner.

13–27

Sie haben ein gutes Gefühl dafür, wem Sie wieweit Vertrauen schenken bzw. was sie wem ohne Probleme erzählen können. Sie sind fähig, mit gutem Gewissen Verantwortung abzutreten, ohne ständig zu zweifeln, ob der andere damit umgehen kann.

28–40

Sie sind viel zu vertrauensselig. Es könnte gefährlich werden, wenn Sie jedem sofort alles glauben, was er Ihnen weiszumachen versucht. So fallen Sie schnell auf Betrüger herein. Natürlich werden sich die meisten Ihrer Mitmenschen über Ihr Vertrauen freuen, aber es könnte auch jemand versuchen, Sie auszunutzen. Seien Sie ein klein wenig skeptischer.

Selbstwahrnehmung/Selbstvertrauen

Frage 1

Ich bin mir bewusst, wo meine Stärken und wo meine Schwächen liegen.

a. trifft nicht zu
b. trifft kaum zu
c. trifft mehr oder weniger zu

d. trifft fast genau zu
e. trifft genau zu

Man erkennt sehr schnell Intelligenz in einem Partner. Seine Ansichten gleichen den unsrigen.
Robert Lembke

Frage 2

Ich denke nach, bevor ich handle.

a. trifft nicht zu   d. trifft fast genau zu
b. trifft kaum zu   e. trifft genau zu
c. trifft mehr oder weniger zu

Frage 3

Ich bin fähig, über mich selbst zu lachen.

a. trifft nicht zu   d. trifft fast genau zu
b. trifft kaum zu   e. trifft genau zu
c. trifft mehr oder weniger zu

Frage 4

Ich bin selbstsicher und habe auf meine Mitmenschen eine positive Ausstrahlung.

a. trifft nicht zu   d. trifft fast genau zu
b. trifft kaum zu   e. trifft genau zu
c. trifft mehr oder weniger zu

Frage 5

Ich kann über mein Sexualleben offen sprechen.

a. trifft nicht zu   d. trifft fast genau zu
b. trifft kaum zu   e. trifft genau zu
c. trifft mehr oder weniger zu

Frage 6

Ich fühle mich heute im Grossen und Ganzen wohler als in meiner Jugend.

a. trifft nicht zu   d. trifft fast genau zu
b. trifft kaum zu   e. trifft genau zu
c. trifft mehr oder weniger zu

Freundschaft: ein Schiff, groß genug, um bei gutem Wetter zwei Menschen, bei schlechtem aber nur einen zu tragen.
Ambrose Bierce

Das Vertrauen ist eine zarte Pflanze. Ist es einmal zerstört, so kommt es so bald nicht wieder.
Otto Fürst von Bismarck

Frage 7

Manche Menschen in meiner Umgebung haben ein völlig falsches Bild von mir.

a. trifft nicht zu
b. trifft kaum zu
c. trifft mehr oder weniger zu
d. trifft fast genau zu
e. trifft genau zu

Frage 8

Meine Gefühle und Emotionen behalte ich lieber für mich.

a. trifft nicht zu
b. trifft kaum zu
c. trifft mehr oder weniger zu
d. trifft fast genau zu
e. trifft genau zu

Beim Spiel kann man einen Menschen in einer Stunde besser kennen lernen als im Gespräch in einem Jahr.

Platon

Frage 9

Ich fühle mich wohl, wenn ich im Mittelpunkt stehe.

a. trifft nicht zu
b. trifft kaum zu
c. trifft mehr oder weniger zu
d. trifft fast genau zu
e. trifft genau zu

Frage 10

Ich vertrete meine Überzeugungen, auch wenn ich damit allein dastehe.

a. trifft nicht zu
b. trifft kaum zu
c. trifft mehr oder weniger zu
d. trifft fast genau zu
e. trifft genau zu

Frage	Antwortmöglichkeit				
Nr.	a.	b.	c.	d.	e.
1	0	1	2	3	4
2	0	1	2	3	4
3	0	1	2	3	4
4	0	1	2	3	4
5	0	1	2	3	4
6	0	1	2	3	4
7	4	3	2	1	0
8	4	3	2	1	0
9	0	1	2	3	4
10	0	1	2	3	4

Gesamt-punktzahl:

_____

Machen Sie sich erst
einmal unbeliebt,
dann werden Sie
auch ernst genom-
men.

Konrad Adenauer

Auswertung

0–12

Sie haben keine sehr gute Meinung von sich. Sie denken vielleicht, die andern hätten viel mehr Fähigkeiten und Erfolg im Leben. Sie trauen sich kaum etwas zu, deshalb fehlt Ihnen der Mut, neue Schritte zu gehen und unbekanntes Terrain zu betreten.

Oft ist ein schlechtes Selbstvertrauen die Folge von zu hochgesteckten Zielen. Wenn man große Ziele sofort zu erreichen versucht, kann man leichter scheitern. Wirklich erfolgreiche Menschen gehen den Weg ins Ziel in Etappen. Machen Sie kleine behutsame Schritte, dann steigt Ihre Selbstsicherheit langsam, aber sicher.

13–27

Sie haben ein gutes Maß an Selbstvertrauen, Sie wissen, was Sie erreichen können und was außerhalb Ihrer Möglichkeiten liegt. Im Umgang mit Mitmenschen kommen Sie gut klar, Sie sind kein Mensch, der ständig im Mittelpunkt stehen will, aber mit kleinen Unsicherheiten können Sie leben. Machen Sie so weiter oder gehen Sie sogar noch einen Schritt vor und wagen Herausforderungen! Lassen Sie sich von Rückschlägen nicht abhalten. Das stärkt und festigt Ihr Selbstwertgefühl.

28–40

Ihr Selbstvertrauen ist so stark ausgeprägt, dass Sie keinerlei Probleme damit haben, in der Öffentlichkeit aufzutreten oder jedem in Ihrem Umfeld Ihre Schwächen zu zeigen. Was soll Ihnen schon passieren? Das ist im Grunde eine sehr positive Eigenschaft, aber passen Sie auf, dass sich die Menschen in Ihrem Umfeld nicht übergangen fühlen.

Gefühl für andere/Empathie

Frage 1

Ich bin ein guter Zuhörer.

a. trifft nicht zu
b. trifft kaum zu
c. trifft mehr oder weniger zu

d. trifft fast genau zu
e. trifft genau zu

Frage 2

Ich verstehe die Gefühle anderer und achte auf ihre Bedürfnisse.

a. trifft nicht zu
b. trifft kaum zu
c. trifft mehr oder weniger zu

d. trifft fast genau zu
e. trifft genau zu

Frage 3

Meine Freunde können sich darauf verlassen, dass ich ihnen bei Problemen behilflich bin.

a. trifft nicht zu
b. trifft kaum zu
c. trifft mehr oder weniger zu

d. trifft fast genau zu
e. trifft genau zu

Ein Egoist ist ein unfeiner Mensch, der für sich mehr Interesse hat als für mich.
Ambrose Bierce

Der IQ ist die Intelligenz des Verstandes, der EQ die des Herzens.
Waltraud Puzicha

Frage 4

Für meine Kollegen bin ich eine beliebte Anlaufstelle, wenn sie sich ausreden wollen.

a. trifft nicht zu
b. trifft kaum zu
c. trifft mehr oder weniger zu
d. trifft fast genau zu
e. trifft genau zu

Frage 5

Ich arbeite gerne mit anderen in Gruppen, auch dadurch entstehende Konflikte machen mir nichts aus.

a. trifft nicht zu
b. trifft kaum zu
c. trifft mehr oder weniger zu
d. trifft fast genau zu
e. trifft genau zu

Frage 6

Es ist schwer, das Vertrauen anderer zu gewinnen.

a. trifft nicht zu
b. trifft kaum zu
c. trifft mehr oder weniger zu
d. trifft fast genau zu
e. trifft genau zu

Frage 7

Wenn jemand mit emotionalen Problemen meine Hilfe braucht, schiebe ich meine geschäftlichen Termine gerne auf.

a. trifft nicht zu
b. trifft kaum zu
c. trifft mehr oder weniger zu
d. trifft fast genau zu
e. trifft genau zu

Frage 8

Ich mische mich nicht gern in anderer Leute Angelegenheiten ein.

a. trifft nicht zu
b. trifft kaum zu
c. trifft mehr oder weniger zu

d. trifft fast genau zu
e. trifft genau zu

Frage 9

Die Körpersprache anderer Menschen sagt oft mehr aus als ihre Worte.

a. trifft nicht zu
b. trifft kaum zu
c. trifft mehr oder weniger zu

d. trifft fast genau zu
e. trifft genau zu

Frage 10

Freunde zu finden ist nicht einfach.

a. trifft nicht zu
b. trifft kaum zu
c. trifft mehr oder weniger zu

d. trifft fast genau zu
e. trifft genau zu

Frage	Antwortmöglichkeit				
Nr.	a.	b.	c.	d.	e.
1	0	1	2	3	4
2	0	1	2	3	4
3	0	1	2	3	4
4	0	1	2	3	4
5	0	1	2	3	4
6	4	3	2	1	0
7	0	1	2	3	4
8	4	3	2	1	0
9	0	1	2	3	4
10	4	3	2	1	0

Gesamt-punktzahl:

Das Spiel ist das Einzige, was Männer wirklich ernst nehmen. Deshalb sind Spielregeln älter als alle Gesetze der Welt.

Peter Bamm

Einem Kameraden hilft man. Einem Kollegen misstraut man. Mit einem Freunde ist man albern.

Peter Bamm

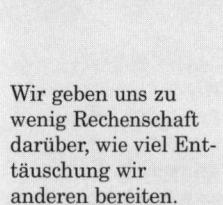

Auswertung

0–12

Sie haben für Ihre Mitmenschen nicht viel übrig. Sie zeigen kaum Einfühlungsvermögen im Umgang mit anderen und stellen Ihre eigenen Ziele gerne über die Gefühle von anderen. Für Ihre berufliche wie auch private Weiterentwicklung wäre es allerdings sehr von Vorteil, wenn Sie Ihre empathischen Fähigkeiten ausbauen würden. Zeigen Sie Ihren Mitmenschen, dass Sie an Ihnen interessiert sind und sie werden sich auch für Sie interessieren!

13–27

Im Umgang mit Ihren Mitmenschen sind Sie einfühlsam und können Verständnis für deren Probleme aufbringen. Sie respektieren und achten Ihre Mitmenschen und pflegen mit Sicherheit ausgewogene Freundschaften.

28–40

Sie haben so starke emotionale Bindungen an Ihre Mitmenschen, dass Sie häufig mit Ihnen regelrecht mitleiden. Ihre Einfühlsamkeit ist eine gute Basis, aber Sie müssen darauf achten, die Grenzen zwischen Ihnen selbst und den anderen zu wahren. Seien Sie nicht zu altruistisch.

Verantwortungsbewusstsein/Freude an verantwortungsvollen Aufgaben

Frage 1

Bei Haustieren stört mich am meisten, dass man sich viel Verantwortung auferlegt.

a. trifft nicht zu
b. trifft kaum zu
c. trifft mehr oder weniger zu

d. trifft fast genau zu
e. trifft genau zu

Frage 2

Ich trete für meine Überzeugungen ein und weise andere zurecht, wenn sie meiner Meinung nach falsche Ansichten vertreten.

a. trifft nicht zu
b. trifft kaum zu
c. trifft mehr oder weniger zu

d. trifft fast genau zu
e. trifft genau zu

Frage 3

Ich bin zuverlässig.

a. trifft nicht zu
b. trifft kaum zu
c. trifft mehr oder weniger zu

d. trifft fast genau zu
e. trifft genau zu

Frage 4

Wenn ich jemandem ein Versprechen gegeben habe, halte ich es in jedem Fall.

a. trifft nicht zu
b. trifft kaum zu
c. trifft mehr oder weniger zu

d. trifft fast genau zu
e. trifft genau zu

Frage 5

Mit dem Organisieren meiner Termine und Tätigkeiten habe ich Probleme.

a. trifft nicht zu
b. trifft kaum zu
c. trifft mehr oder weniger zu

d. trifft fast genau zu
e. trifft genau zu

Jeder kann wütend werden, das ist einfach. Aber wütend auf den Richtigen zu sein, im richtigen Maß, zur richtigen Zeit, zum richtigen Zweck und auf die richtige Art, das ist schwer.

Aristoteles

Frage 6

Wenn ich ein Ziel nicht erreiche, ist es meine Schuld.

a. trifft nicht zu
b. trifft kaum zu
c. trifft mehr oder weniger zu
d. trifft fast genau zu
e. trifft genau zu

Frage 7

Ich arbeite sehr sorgfältig.

a. trifft nicht zu
b. trifft kaum zu
c. trifft mehr oder weniger zu
d. trifft fast genau zu
e. trifft genau zu

Frage 8

Wenn ich meinen Urlaub antrete, überlasse ich angefan-
gene Arbeiten meinen Kollegen.

a. trifft nicht zu
b. trifft kaum zu
c. trifft mehr oder weniger zu
d. trifft fast genau zu
e. trifft genau zu

Frage 9

Nach Feierabend grüble ich oft weiterhin über meine
geschäftlichen Projekte nach.

a. trifft nicht zu
b. trifft kaum zu
c. trifft mehr oder weniger zu
d. trifft fast genau zu
e. trifft genau zu

Frage 10

Wenn es um die Arbeitsverteilung bei neuen Projekten
geht, hoffe ich, nicht die anspruchsvollste Aufgabe zu
bekommen.

a. trifft nicht zu
b. trifft kaum zu
c. trifft mehr oder weniger zu
d. trifft fast genau zu
e. trifft genau zu

Frage	Antwortmöglichkeit				
Nr.	a.	b.	c.	d.	e.
1	4	3	2	1	0
2	0	1	2	3	4
3	0	1	2	3	4
4	0	1	2	3	4
5	4	3	2	1	0
6	0	1	2	3	4
7	0	1	2	3	4
8	4	3	2	1	0
9	0	1	2	3	4
10	4	3	2	1	0

Gesamt-punktzahl:

_____

Einfachheit ist das
Resultat der Reife.
Friedrich Schiller

Auswertung

0–12

Sie überlassen es anderen, die Verantwortung zu tragen. Sie fühlen sich nicht wohl, wenn etwas allein in Ihren Händen liegt, deshalb geben Sie sich meist mit Jobs zufrieden, die Ihnen nicht zu viel abverlangen. So können Sie bei missglückten Projekten natürlich auch bequem den anderen die Schuld geben. Versuchen Sie es doch einmal mit ein wenig Verantwortung, ein gelungenes, eigenes Projekt bereitet mehr Freude.

13–27

Mit Verantwortung können Sie gut umgehen. Sie übernehmen gerne selbstständige Aufgaben oder führen einige Mitarbeiter. In Ihrem Berufs- und Privatleben können Sie unterscheiden, für welche Entwicklungen Sie verantwortlich sind und welche anderen Personen oder Umständen anzulasten sind.

28–40

Sie tragen sogar für Dinge Verantwortung, die Ihnen in keiner Weise zuzuschreiben sind. Ob äußere Umstände oder andere Menschen die eigentliche Schuld an miss-

glückten Dingen tragen, beachten Sie kaum. Sie legen sich zu viele Bürden auf die Schultern. Wandeln Sie ein wenig von Ihrer Last in realistische Sichtweisen um. Vielleicht hilft es Ihnen in so einem Fall, sich eine Liste mit allen beteiligten Umständen und Personen und deren Rolle bei dem Vorfall anzulegen.

Leistungsfähigkeit/-bereitschaft

Lächeln ist das Klein-
geld des Glücks.
Heinz Rühmann

Frage 1

Mein berufliches Ziel ist Karriere zu machen, und ich bin bereit, alles dafür zu tun.

a. trifft nicht zu
b. trifft kaum zu
c. trifft mehr oder weniger zu
d. trifft fast genau zu
e. trifft genau zu

Frage 2

Hindernisse und Rückschläge können mich nicht aufhalten.

a. trifft nicht zu
b. trifft kaum zu
c. trifft mehr oder weniger zu
d. trifft fast genau zu
e. trifft genau zu

Frage 3

Meinen Urlaub nutze ich, um mir über berufliche Ziele und Möglichkeiten Gedanken zu machen.

a. trifft nicht zu
b. trifft kaum zu
c. trifft mehr oder weniger zu
d. trifft fast genau zu
e. trifft genau zu

Frage 4

Zufriedenheit ist mir wichtiger als Weiterentwicklung.

a. trifft nicht zu
b. trifft kaum zu
c. trifft mehr oder weniger zu

d. trifft fast genau zu
e. trifft genau zu

Frage 5

Sonntage kann ich nicht genießen, weil danach wieder eine ganze Woche Arbeit vor mir liegt.

a. trifft nicht zu
b. trifft kaum zu
c. trifft mehr oder weniger zu

d. trifft fast genau zu
e. trifft genau zu

Frage 6

Manchmal habe ich Probleme, begonnene Projekte zum Ende zu bringen.

a. trifft nicht zu
b. trifft kaum zu
c. trifft mehr oder weniger zu

d. trifft fast genau zu
e. trifft genau zu

Frage 7

Ich bringe gerne mal ein Opfer, damit ein Ziel meiner Firma erreicht werden kann.

a. trifft nicht zu
b. trifft kaum zu
c. trifft mehr oder weniger zu

d. trifft fast genau zu
e. trifft genau zu

Ein bisschen Freundschaft ist mir mehr wert als die Bewunderung der ganzen Welt.

*Otto Fürst
von Bismarck*

Frage 8

Notfalls setze ich mich über Vorschriften hinweg, wenn
ich mein Ziel nur auf diese Weise erreichen kann.

a. trifft nicht zu   d. trifft fast genau zu
b. trifft kaum zu   e. trifft genau zu
c. trifft mehr oder weniger zu

Frage 9

Mein Privatleben ist mir wichtiger als Karriere.

a. trifft nicht zu   d. trifft fast genau zu
b. trifft kaum zu   e. trifft genau zu
c. trifft mehr oder weniger zu

Frage 10

Um gute Ideen zu realisieren, nehme ich auch gerne
Überstunden in Kauf.

a. trifft nicht zu   d. trifft fast genau zu
b. trifft kaum zu   e. trifft genau zu
c. trifft mehr oder weniger zu

Frage	Antwortmöglichkeit				
Nr.	a.	b.	c.	d.	e.
1	0	1	2	3	4
2	0	1	2	3	4
3	0	1	2	3	4
4	4	3	2	1	0
5	4	3	2	1	0
6	4	3	2	1	0
7	0	1	2	3	4
8	0	1	2	3	4
9	4	3	2	1	0
10	0	1	2	3	4

**Gesamt-
punktzahl:**

Auswertung

0–12

Arbeit ist für Sie ein notwendiges Übel, um Ihren Lebensunterhalt zu verdienen, Ihr Privatleben ist Ihnen viel wichtiger. Sie fühlen sich durch diese Verpflichtung eingeengt und tun nur, was Sie tun müssen. Vielleicht haben Sie noch nicht die richtige Beschäftigung gefunden? Machen Sie sich doch einmal Gedanken, ob Sie nicht in einem anderen Beruf glücklicher wären. Arbeit, die Ihnen Spaß macht, spornt Sie auch an, mehr Leistungsbereitschaft zu zeigen.

13–27

Sie sind ein leistungsorientierter Mensch, der aber sein Privatleben neben dem Beruf nicht vernachlässigt. Sie überlegen gut, wann es sich für Sie lohnt, Leistung zu bringen und wann das Private vorgeht. Wenn Sie sich allerdings entschlossen haben, etwas zu leisten, kann man sich auch auf Sie verlassen.

28–40

Ihr Ehrgeiz ist enorm, Sie haben ständig mehrere Ziele im Kopf und rennen drauf los. Dabei können Sie oft nicht einmal Vorschriften oder moralische Bedenken davon abhalten. Dafür sind Sie auch bereit, Ihr Privatleben enorm einzuschränken und auf einige Annehmlichkeiten zu verzichten. Sie täten gut daran, manchmal einen Gang zurückzuschalten und ein wenig besonnener an die Dinge heranzugehen.

Nehmen Sie die Menschen, wie sie sind, andere gibt's nicht.
Konrad Adenauer

Ausgeglichenheit/Optimismus

Frage 1

Vergangene Misserfolge bedrücken mich öfter einmal.

a. trifft nicht zu   d. trifft fast genau zu
b. trifft kaum zu   e. trifft genau zu
c. trifft mehr oder weniger zu

Frage 2

Mir fehlt es manchmal an Ausgeglichenheit und Ruhe.

a. trifft nicht zu   d. trifft fast genau zu
b. trifft kaum zu   e. trifft genau zu
c. trifft mehr oder weniger zu

Frage 3

Wenn ich Niederlagen einstecken muss, fehlt mir anschließend lange die Kraft für einen Neuanfang.

a. trifft nicht zu   d. trifft fast genau zu
b. trifft kaum zu   e. trifft genau zu
c. trifft mehr oder weniger zu

Frage 4

Ich lasse mich im Alltag vom Stress vereinnahmen und fühle mich dann gehetzt und getrieben.

a. trifft nicht zu   d. trifft fast genau zu
b. trifft kaum zu   e. trifft genau zu
c. trifft mehr oder weniger zu

Frage 5

Wenn ich ein neues Projekt in Angriff nehme, gehe ich davon aus, Erfolg zu haben.

a. trifft nicht zu   d. trifft fast genau zu
b. trifft kaum zu   e. trifft genau zu
c. trifft mehr oder weniger zu

Frage 6

Rückschläge sehe ich als Resultat beeinflussbarer Umstände und nicht als persönliches Versagen.

a. trifft nicht zu
b. trifft kaum zu
c. trifft mehr oder weniger zu

d. trifft fast genau zu
e. trifft genau zu

Frage 7

Ich sehe mich selbst mit Humor und Abstand.

a. trifft nicht zu
b. trifft kaum zu
c. trifft mehr oder weniger zu

d. trifft fast genau zu
e. trifft genau zu

Intellektuelle sind Leute, die verlernt haben, mit Gefühlen zu leben.
Udo Jürgens

Frage 8

Ich werde sehr schnell eifersüchtig.

a. trifft nicht zu
b. trifft kaum zu
c. trifft mehr oder weniger zu

d. trifft fast genau zu
e. trifft genau zu

Frage 9

Als Ausgleich zu meinem Berufsleben pflege ich ein regelmäßiges Hobby.

a. trifft nicht zu
b. trifft kaum zu
c. trifft mehr oder weniger zu

d. trifft fast genau zu
e. trifft genau zu

Frage 10

Meine Freunde würden mich als Optimisten bezeichnen.

a. trifft nicht zu
b. trifft kaum zu
c. trifft mehr oder weniger zu

d. trifft fast genau zu
e. trifft genau zu

Frage	Antwortmöglichkeit				
Nr.	a.	b.	c.	d.	e.
1	4	3	2	1	0
2	4	3	2	1	0
3	4	3	2	1	0
4	4	3	2	1	0
5	0	1	2	3	4
6	0	1	2	3	4
7	0	1	2	3	4
8	4	3	2	1	0
9	0	1	2	3	4
10	0	1	2	3	4

Gesamt-punktzahl:

Ein Schmeichler ist ein Freund, der dir unterlegen ist oder vorgibt, es zu sein.
Aristoteles

Intelligenz scheint das zu sein, was einen Menschen befähigt, ohne Erziehung zurechtzukommen; Erziehung befähigt einen Menschen, ohne den Gebrauch seiner Intelligenz zurechtzukommen.
Albert Edward Wiggam

Auswertung

0–12

Sie haben eine stark negative Einstellung gegenüber der Zukunft. Sie malen sich aus, welche schrecklichen Dinge auf Sie zukommen könnten. In Ihrem Leben fehlt es an genug Ausgeglichenheit. Vielleicht suchen Sie sich ein Hobby, das Sie auf andere Gedanken bringt. Überlegen Sie sich nicht so sehr alle möglichen negativen Folgen, sondern glauben Sie an Ihren Erfolg. Optimismus verleiht Stärke und Selbstvertrauen.

13–27

Sie sind im Grunde ausgeglichen und optimistisch. Je nach Erfahrungswerten wägen Sie gut ab, wann Sie Ihre Aufgaben mit positiven und wann mit negativen Erfolgserwartungen antreten. Des Öfteren beschleichen Sie aber Zukunftsängste oder Sie fühlen sich gestresst oder überfordert. Sorgen Sie für genug Ausgleich in Ihrem Leben.

28–40

Sehr gut, Optimismus ist bei Ihnen eine stark ausgeprägte Eigenschaft. Ihre gute Ausstrahlung dürfte sich in Ihrem Umfeld einiger Beliebtheit erfreuen. Sie gehen jede Herausforderung erst einmal positiv an. Sie freuen sich auf die Zukunft und glauben an Ihren Erfolg. Sie lassen sich von Stress nicht einnehmen. Außerdem wissen Sie, was Ihnen gut tut und Sie bei guter Laune hält.

Übung 1

Wer errechnete als Erster den Erdumfang und die Entfernung zwischen der **Erde** und der Sonne?

❏ Nikolaus Kopernikus   ❏ Tycho Brahe
❏ Eratosthenes   ❏ Hipparchos von Nikäa

Übung 2

Wen bezeichnete das 18. Jahrhundert verächtlich mit **„Blaustrumpf"**?

❏ Pfeife rauchende Frauen   ❏ gelehrte Frauen
❏ Prostituierte   ❏ Nonnen

Übung 3

Was bezeichnet das arabische Wort **„Djebel"**?

❏ Oase   ❏ ausgetrocknetes Flusstal
❏ Berg   ❏ Ebene

Übung 4

Woher stammt der Baustil der christlichen **Basilika**?

❏ Konstantinopel   ❏ römische Antike
❏ Persien   ❏ Lalibela

Übung 5

Wer war der erfolgreichste Fahrer beim **24-Stunden-Rennen von Le Mans**?

❏ Jackie Stewart   ❏ Jochen Rindt
❏ Jackie Ickx   ❏ Ron Flockhardt

Übung 6

Wer verfasste *Das Kapital*?

❏ André Kostolany   ❏ Karl Marx
❏ Johannes Gros   ❏ John M. Keynes

Übung 7

Für wen war die Hinrichtungsart der **Kreuzigung** im Römischen Reich vorgesehen?

❏ Religionsstifter   ❏ Sektierer
❏ Schwerverbrecher   ❏ Sklaven

Übung 8

Wo war die Münze **Sesterz** in Gebrauch?

❏ Ming-Reich   ❏ Harappa-Kultur
❏ Römisches Reich   ❏ Teotihuacán

Die schönsten Träume von Freiheit werden im Kerker geträumt.
Friedrich Schiller

Am allererdrückendsten sind doch die Leute, die Gesetze erlassen und ständig erneuern, stets im Glauben, den Betrügereien im Geschäftsleben Schranken setzen zu können, ohne zu ahnen, dass sie in Wirklichkeit einer Hydra Köpfe abschneiden.
Platon

Ein kluger Mann widerspricht nie einer Frau. Er wartet, bis sie es selbst tut.
Humphrey Bogart

Es wird niemals so viel gelogen wie vor der Wahl, während des Krieges und nach der Jagd.
Otto Fürst von Bismarck

Übung 9

Welcher deutsche Schriftsteller schrieb den Roman *Ansichten eines Clowns* (1963)?
- ❏ Heinrich Böll
- ❏ Gottfried Keller
- ❏ Günter Grass
- ❏ Samuel Beckett

Übung 10

Wo befindet sich das bedeutende europäische Museum **Eremitage**?
- ❏ München
- ❏ London
- ❏ Madrid
- ❏ St. Petersburg

Übung 11

Welcher **Philosoph** verfasste *Die Welt als Wille und Vorstellung*?
- ❏ J. G. Fichte
- ❏ A. Schopenhauer
- ❏ G. W. F. Hegel
- ❏ F. Schleiermacher

Übung 12

Was ist eine **persona non grata**?
- ❏ hoher Staatsbeamter
- ❏ unerwünschte Person
- ❏ Deserteur
- ❏ Bürge

Übung 13

Was ist eine **Mongolfiere**?
- ❏ Kronleuchter
- ❏ Heißluftballon
- ❏ venezianische Gondel
- ❏ mongolische Pferderasse

Übung 14

Wie heißt die chinesische Körperübung des „**Schattenboxens**"?
- ❏ Kung Fu
- ❏ Tai Chi
- ❏ Karate
- ❏ Jiu-Jitsu

Übung 15

Welches Land schaffte 1967 alle **religiösen Einrichtungen** ab?
- ❏ Kasachstan
- ❏ Bulgarien
- ❏ Rumänien
- ❏ Albanien

Übung 16

Wozu benötigt der PC einen **Browser**?
- ❏ Installation
- ❏ ISDN-Anschluss
- ❏ Blättern im Internet
- ❏ Vergabe der E-Mail-Adresse

Übung 17

Wie ärgert und verspottet **Till Eulenspiegel** seine Zeitgenossen?

❑ Satiren   ❑ Anekdoten

❑ Streiche   ❑ Gedichte

Übung 18

Wann war die russische **Oktoberrevolution**?

❑ 1848   ❑ 1917

❑ 1923   ❑ 1941

Übung 19

Was ist der **Talmud**?

❑ Bundeslade   ❑ Lingam

❑ fünf Bücher Mose   ❑ Hauptschrift der Juden

Übung 20

Welche journalistische Schreibform prägte **Egon Erwin Kisch** (1885–1948)?

❑ Essay   ❑ Reportage

❑ Glosse   ❑ Rezension

Übung 21

Wo wurde 1991 die Schaffung der **Europäischen Union** beschlossen?

❑ Straßburg   ❑ Brüssel

❑ Luxemburg   ❑ Maastricht

Übung 22

Wer war der erste Präsident der **Weimarer Republik**?

❑ Philipp Scheidemann   ❑ Paul von Hindenburg

❑ Friedrich Ebert   ❑ Gustav Stresemann

Übung 23

Auf welchen Gebieten betätigte sich **Oskar Kokoschka** (1886–1980)?

❑ Physik   ❑ Bildhauerei

❑ Medizin   ❑ Malerei

Übung 24

Wo fand jene **Tea Party** statt, die den amerikanischen Unabhängigkeitskrieg einleitete?

❑ London   ❑ Plymouth

❑ Bombay   ❑ Boston

> Je weniger die Leute davon wissen, wie Würste und Gesetze gemacht werden, desto besser schlafen sie.
>
> *Otto Fürst von Bismarck*

> Der Tugendhafte begnügt sich, von dem zu träumen, was der Böse im Leben verwirklicht.
>
> *Platon*

?

An Grundsätzen hält man nur fest, solange sie nicht auf die Probe gestellt werden; geschieht das, so wirft man sie fort wie der Bauer die Pantoffeln und läuft, wie einem die Beine nach der Natur gewachsen sind.

Otto Fürst von Bismarck

?

Es gibt nichts Schöneres, als dem Schweigen eines Dummkopfes zuzuhören.

Helmut Qualtinger

?

Übung 25

Welches Werk **Charles Darwins** kam auf den Index?
- [ ] *Schöpferische Entwicklung*
- [ ] *Naturgeschichte*
- [ ] *Über die Entstehung der Arten*
- [ ] *Über die Tendenz von Varietäten*

Übung 26

Welche **Popmusik** löste nach 1980 in Deutschland den Punk ab?
- [ ] House
- [ ] Neue deutsche Welle
- [ ] Techno
- [ ] Rap

Übung 27

Was versteht man unter einer **Nova**?
- [ ] Sternentod
- [ ] Polarlicht
- [ ] Sternausbruch
- [ ] neuer Stern

Übung 28

Mit welcher Erzählung schildert **George Orwell** die Entstehung einer Diktatur?
- [ ] *1984*
- [ ] *Schöne neue Welt*
- [ ] *Farm der Tiere*
- [ ] *451 Fahrenheit*

Übung 29

Was ist eine **Homepage**?
- [ ] Startseite eines Internetanbieters
- [ ] E-Mail-Adresse
- [ ] Server
- [ ] Abwahl-String

Übung 30

Welche Politik vertrat **Klemens Graf von Metternich** in Wien?
- [ ] Open-door-Politik
- [ ] Restauration
- [ ] Liberalismus
- [ ] Absolutismus

Übung 31

Welches Werk verfasste der Philosoph **Martin Heidegger**?
- [ ] *Sein und Zeit*
- [ ] *Minima Moralia*
- [ ] *Entweder – Oder*
- [ ] *Die Zofen*

Übung 32

Wer baute 1876 den ersten **Verbrennungsmotor**?
- [ ] Carl Benz
- [ ] Gottfried Daimler
- [ ] Nikolaus A. Otto
- [ ] Henry Ford

Übung 33

Welche **Sportart** spielte man schon zu Zeiten Goethes?

❑ Rugby   ❑ Eiskunstlauf

❑ Eishockey   ❑ Fußball

Übung 34

Welcher **Gott** wird meist als nackter Knabe mit Flügeln dargestellt?

❑ Hades   ❑ Amor

❑ Narcissus   ❑ Adonis

Übung 35

Wo leben die **Tuareg**?

❑ Tarimbecken   ❑ Wüste Gobi

❑ Sahara   ❑ Nefud

Übung 36

Wo steht die größte **Kirche** der Christenheit?

❑ Jerusalem   ❑ Mexiko-City

❑ Vatikanstadt   ❑ London

Übung 37

Wer handelte 1925 den **Vertrag von Locarno** aus?

❑ Gustav Stresemann und   ❑ Matthias Erzberger
  Aristide Briand

❑ Charles G. Dawes   ❑ Heinrich Brüning

Übung 38

Wer begründete die **Immunologie**?

❑ Susumu Tonegawa   ❑ Edward Jenner

❑ Paul Ehrlich   ❑ Alexander Fleming

Übung 39

Welcher Romanschriftsteller schrieb *Es muss nicht immer Kaviar sein* (1960)?

❑ Johannes Mario Simmel   ❑ Heinz G. Konsalik

❑ Frank Wedekind   ❑ Michael Ende

Übung 40

Wo entsteht **El Niño**?

❑ Atlantik   ❑ Pazifik

❑ Südpol   ❑ Nordpol

Ein Wunsch kann durch nichts mehr verlieren, als dadurch, dass er in Erfüllung geht.
Peter Bamm

Es gibt kein Geschäft, das so gemein wäre, dass nicht sofort ein anderer es macht, wenn man darauf verzichtet.
Bertold Brecht

> Der Mensch ist erst wirklich tot, wenn niemand mehr an ihn denkt.
>
> *Bertold Brecht*

> Zukunft: jene Zeit, in der unsere Geschäfte gut gehen, unsere Freunde treu sind und unser Glück gesichert ist.
>
> *Ambrose Bierce*

Übung 41

Wo wurde über die Gründung einer **„Weltbank"** verhandelt?

- ❏ Rom
- ❏ Quebec
- ❏ Bretton-Woods
- ❏ Brüssel

Übung 42

Wie hieß die japanische Hauptstadt **Tokyo** noch bis 1868?

- ❏ Edo
- ❏ Kyoto
- ❏ Kamakura
- ❏ Nagasaki

Übung 43

Wen verehrten die alten **Perser** als den „weisen Gott"?

- ❏ Adad
- ❏ Ahuramazda
- ❏ Ischum
- ❏ Nergal

Übung 44

Wer verfasste den Roman *Jenseits von Eden* (1952)?

- ❏ John Steinbeck
- ❏ Ernest Hemingway
- ❏ William Faulkner
- ❏ François Mauriac

Übung 45

Welches Attentat löste den **Ersten Weltkrieg** aus?

- ❏ Kaiserin Elisabeth
- ❏ Mahatma Gandhi
- ❏ Erzherzog Franz Ferdinand
- ❏ Jean Jaurès

Übung 46

Wer wurde 1542 **Königin von Schottland**?

- ❏ Heidemarie Hatheyer
- ❏ Anne Boleyn
- ❏ Elisabeth I.
- ❏ Maria Stuart

Übung 47

Wie heißt die **Zauberin** der griechischen Mythologie, die Odysseus von der Heimreise abhielt?

- ❏ Pythia
- ❏ Hekate
- ❏ Sibylle
- ❏ Circe

Übung 48

Welcher **Philosoph** lebte in einer Tonne?

- ❏ Diogenes von Sinope
- ❏ Mark Aurel
- ❏ Epikur
- ❏ Al-Kindi

Übung 49

Wofür steht der Begriff **Camcorder**?

- ❏ Kamera-Recorder
- ❏ Spracherkennungs-Recorder
- ❏ Videogerät
- ❏ Computer-Kamera

Übung 50

Was ist **LSD**?

- ❏ Barbiturat
- ❏ Opiat
- ❏ Halluzinogen
- ❏ Anästhetikum

Übung 51

Auf welchen **internationalen Filmfestspielen** werden alljährlich Goldene und Silberne Bären verliehen?

- ❏ Filmfestspiele in Cannes
- ❏ Oscar-Verleihung
- ❏ Berlinale
- ❏ Hofer Filmtage

Die Weltgeschichte ist
auch die Summe
dessen, was vermeid-
bar gewesen wäre.
Konrad Adenauer

Übung 52

Zu welchem Land gehört die **Baffin-Insel**?

- ❏ Kanada
- ❏ Hawaii
- ❏ Alaska
- ❏ Australien

Übung 53

Wo regierte **Gilgamesch**?

- ❏ Kreta
- ❏ Sumer
- ❏ Kleinasien
- ❏ Persien

Übung 54

Wo entstand der **Blues**?

- ❏ Südstaaten der USA
- ❏ Frankreich
- ❏ Kanada
- ❏ Algerien

Der Intellektuelle
braucht auch ein
oberflächliches
Leben, damit er sein
erkanntes überleben
kann.
Elmar Kupke

Übung 55

Auf welcher Kanarischen Insel liegt der **Pico de Teide** mit 3718 m?

- ❏ Lanzarote
- ❏ Teneriffa
- ❏ Gran Canaria
- ❏ Fuerteventura

Übung 56

Welchem altpersischen **Gott** opferte man Stiere?

- ❏ Helios
- ❏ Mithra
- ❏ Dionysos
- ❏ Theseus

Intelligenz lässt sich nicht am Weg, sondern nur am Ergebnis feststellen.
Gary Kasparow

Es genügt nicht Unglück aller Art, um aus einem Blöden einen intelligenten Menschen zu machen.
Cesare Pavese

Übung 57

Welche Musikrichtung machte **Duke Ellington** (1899–1974) unter anderem populär?

- ❏ Blues
- ❏ Swing
- ❏ Gospel
- ❏ Rock

Übung 58

Wer stellte das erste **Porzellan** her?

- ❏ T'ang-Dynastie
- ❏ August der Starke
- ❏ Medici
- ❏ Herzog von Villeroy

Übung 59

Welche Gottheit war **Helios** bei den alten Griechen?

- ❏ Meer
- ❏ Himmel
- ❏ Unterwelt
- ❏ Sonne

Übung 60

Was ist das größte **Holzblasinstrument**?

- ❏ Klarinette
- ❏ Blockflöte
- ❏ Oboe
- ❏ Fagott

Übung 61

Wann war das **Reaktorunglück** in Tschernobyl?

- ❏ 1966
- ❏ 1986
- ❏ 1976
- ❏ 1996

Übung 62

Was bedeutet der Begriff **Akquisition**?

- ❏ Zahlungsunfähigkeit
- ❏ Gewinnung neuer Kunden
- ❏ Firmenfusion
- ❏ Joint Venture

Übung 63

Wer begründete 1923 die moderne **Türkei**?

- ❏ Ismet Inönu
- ❏ Kenan Evren
- ❏ Mustafa Kemal Atatürk
- ❏ Thomas Edward Lawrence

Übung 64

Wie heißt die griechische **Göttin** des Sieges?

- ❏ Galatea
- ❏ Nike
- ❏ Leto
- ❏ Eris

Übung 65

Was ist das größte Heiligtum der **Muslime**?
- ❑ Sidi-Sahab-Moschee in Kairouan
- ❑ Koran
- ❑ Blaue Moschee in Istanbul
- ❑ Kaaba

Übung 66

Wer komponierte die **Oper *Hoffmanns Erzählungen*** (1881)?
- ❑ Sheldon Harnick
- ❑ Jacques Offenbach
- ❑ Leonard Bernstein
- ❑ Georges Bizet

Übung 67

Welcher **Forscher** der Renaissance begründete die neuzeitliche Anatomie?
- ❑ Andreas Vesal
- ❑ Dr. Mabuse
- ❑ Leonardo da Vinci
- ❑ Carl von Linné

Übung 68

Wer wurde nach Hitlers Selbstmord **Regierungschef** im „Dritten Reich"?
- ❑ Franz von Papen
- ❑ Joseph Goebbels
- ❑ Albert Speer
- ❑ Karl Dönitz

Übung 69

Was versteht man unter dem japanischen Wort **Tsunami**?
- ❑ Springflut
- ❑ Seebebenwelle
- ❑ Taifun
- ❑ Vulkanausbruch

Übung 70

Wie heißt der **größte Softwarehersteller** der Welt?
- ❑ IBM
- ❑ Microsoft
- ❑ Hewlett-Packard
- ❑ Olivetti

Übung 71

Mit welcher LP gelang **Michael Jackson** (*1958) 1982 der internationale Durchbruch?
- ❑ *Dangerous*
- ❑ *Blood on the dance floor*
- ❑ *Thriller*
- ❑ *Like a prayer*

Übung 72

Was ermöglicht **WAP** dem Handy-Nutzer?
- ❑ Ausführung mathematischer Funktionen
- ❑ Download großer Datenmengen
- ❑ Zugriff auf das World Wide Web
- ❑ Erstellung einer Homepage

Ich erschrecke bei dem Gedanken, wie weit die Unendlichkeit reicht und frage mich, was wohl hinter der Unendlichkeit kommt.
Heinz Rühmann

Eine Ironie der Weltenweisheit ist es, dass die Intellektuellen der Erde oftmals so haarscharf an weisheitsvoller Intelligenz vorbeidenken.
Christa Schyboll

> Der Mensch ist nicht frei, wenn er einen leeren Geldbeutel hat.
>
> *Lech Walesa*

> Ein Pessimist ist ein Mensch, der sich über schlechte Erfahrungen freut, weil sie ihm Recht geben.
>
> *Heinz Rühmann*

Übung 73

Wo liegt **Patagonien**?
- ❏ Australien
- ❏ Südamerika
- ❏ Antarktis
- ❏ Kanada

Übung 74

Welcher Musiker machte in den 60er-Jahren mit seiner **Reggae-Band** „The Wailers" Furore?
- ❏ Bob Marley
- ❏ Sly Dunbar
- ❏ Harry Belafonte
- ❏ Jimmy Cliff

Übung 75

Wer errichtete die sog. Achse **Berlin-Rom**?
- ❏ Stresemann und Briand
- ❏ Hitler und Mussolini
- ❏ Franco und Hitler
- ❏ Hitler und Stalin

Übung 76

Was bezeichnet beim Tennisspiel ein **Ass**?
- ❏ Verlust des Spiels
- ❏ Verwarnung
- ❏ Gewinn des Matches
- ❏ direkter Punkt durch Aufschlag

Übung 77

Womit wurde **Sisyphos** bestraft?
- ❏ an einen Felsen geschmiedet sein
- ❏ Durst und Hunger
- ❏ Steinblock einen Berg hinaufrollen
- ❏ Firmament tragen

Übung 78

Welches berühmte Opernhaus wird kurz als die **Met** bezeichnet?
- ❏ Mailänder Skala
- ❏ Covent Garden
- ❏ Metropolitan Opera
- ❏ Volksoper Wien

Übung 79

Für welchen Gott wurde die Stadt **Heliopolis** errichtet?
- ❏ Zeus
- ❏ Aton
- ❏ Baal
- ❏ Huitzilopochtli

Übung 80

Welcher niederländische **Physiker** des 17. Jahrhunderts machte bahnbrechende Entdeckungen in der Optik und Mechanik?
- ❏ Isaac Newton
- ❏ Hermann von Helmholtz
- ❏ Christiaan Huygens
- ❏ Frits Zernike

Übung 81

Wer war der **französische Staatsmann** im Dreißigjährigen Krieg?
- ❏ Kardinal Richelieu
- ❏ Vicomte de Turenne
- ❏ Herzog von La Rochefoucault
- ❏ Jean Baptist Colbert

Übung 82

Welche **Reliquie** gelangte 1578 in den Dom von Turin?
- ❏ Gral mit dem Blut Christi
- ❏ Schädel des hl. Apostel Paulus
- ❏ Grabtuch Christi
- ❏ Kreuz Christi

Übung 83

Für wie viele Instrumente bzw. Singstimmen ist ein **Quintett** komponiert?
- ❏ drei
- ❏ fünf
- ❏ vier
- ❏ sechs

Übung 84

Wer veranlasste 750 das **Massaker** an den Omaijaden?
- ❏ Abu l'Abbas, der Blutvergießer
- ❏ Gottfried der Bucklige
- ❏ Wilhelm der Bastard
- ❏ Iwan der Schreckliche

Übung 85

Welcher Ingenieur baute den **Suezkanal**?
- ❏ Gustave Eiffel
- ❏ Johann August Röbling
- ❏ Guglielmo Marconi
- ❏ Ferdinand de Lesseps

Übung 86

Auf welchem Musikinstrument wurde der **Ragtime** populär?
- ❏ Saxophon
- ❏ Klavier
- ❏ Banjo
- ❏ Gitarre

Übung 87

Welche **marktwirtschaftlichen Kräfte** bestimmen die Preise für Waren und Dienstleistungen?
- ❏ staatliche Investitionen
- ❏ Angebot und Nachfrage
- ❏ Geldmenge
- ❏ Kaufkraft

Übung 88

Welcher südamerikanische **Staat** hat sowohl eine pazifische als auch eine karibische Küste?
- ❏ Ecuador
- ❏ Venezuela
- ❏ Kolumbien
- ❏ Guyana

> Es ist keine Kunst, ein ehrlicher Mann zu sein, wenn man täglich Suppe zu löffeln hat.
> *Heinrich Böll*

> Angeln ist die einzige Philosophie, von der man satt wird.
> *Peter Bamm*

Es ist nicht schwer, zu komponieren. Aber es ist fabelhaft schwer, die überflüssigen Noten unter den Tisch fallen zu lassen.

Johannes Brahms

Das schwere Herz wird nicht durch Worte leicht.

Friedrich Schiller

Übung 89

Was ist der **Breitling Orbiter 3**?

❏ Marssonde   ❏ Space Shuttle
❏ Satellit   ❏ Heißluftballon

Übung 90

Was ist der längste Fluss **Asiens**?

❏ Lena   ❏ Ganges
❏ Jangtsekiang   ❏ Hoangho

Übung 91

Wer oder was ist *Waltzing Mathilda*?

❏ Walzer   ❏ Beatles-Hit
❏ Volkslied   ❏ Balztanz

Übung 92

Welcher erste islamische **Staat** entstand in Europa?

❏ Emirat von Córdoba   ❏ Kalifat von Bagdad
❏ Vereinigte Arabische   ❏ Osmanisches Reich
   Emirate

Übung 93

Wer führte in dem Film-Klassiker *Citizen Kane* (1940) Regie?

❏ Orson Welles   ❏ Michelangelo Antonioni
❏ Jacques Rivette   ❏ Laurence Olivier

Übung 94

Welche Gründung geht auf **William Penn** zurück?

❏ Salt Lake City   ❏ Princeton
❏ Cinncinati   ❏ Pennsylvania

Übung 95

Wer soll laut Verordnung vom 1. August 2000 eine **Green Card** erhalten?

❏ Ausländer aus EU-Ländern   ❏ Computerfachleute aus Nicht-EU-Ländern
❏ Deutsche   ❏ Aussiedler

Übung 96

Welches kleine Reich im Himalaya hatte ein **geistliches Oberhaupt**, das sich in einem Kind re-inkarnierte?

❏ Nepal   ❏ Bhutan
❏ Tadschikistan   ❏ Indien

Lösung 1
Eratosthenes (276–196 v. Chr.). Er machte sich die Sonneneinstrahlung in den Städten Syene und Alexandria am Tag der Sommersonnenwende zunutze und errechnete trigonometrisch den Abstand.

Lösung 2
Eine gelehrte Frau, die nicht unbedingt Charme hat. Der Ausdruck wurde um 1750 in England für Frauen geprägt, die in literarischen Zirkeln verkehrten. In Deutschland war er seit 1830 populär.

Lösung 3
Einen Berg bzw. ein Gebirge. Berühmt ist etwa der Djebel Musa (2285 m) oder Mosesberg auf dem Sinai; an dessen Fuß befindet sich das berühmte Katharinen-Kloster.

Lösung 4
Aus der römischen Antike. Es gibt ihn seit etwa 200 v. Chr. Die römische Basilika war als lang gestreckter Hallenbau weltlichen Zwecken vorbehalten, etwa als Markt- und Gerichtsgebäude.

Lösung 5
Der Belgier Jackie Ickx (*1945), der zwischen 1969 und 1982 sechsmal siegte. Auf dem ältesten Langstreckenrennen werden auf einem 13,64 km langen Kurs in 24 Stunden rund 5000 km zurückgelegt.

Lösung 6
Karl Marx (1818–83). Band I kam 1867 heraus, die Bände II und III folgten 1885 und 1894 unter der Federführung des Marx-Freundes Friedrich Engels.

Lösung 7
Die Kreuzigung war nach römischem Recht die übliche Hinrichtungsart für ehrlose Schwerverbrecher wie Tempelräuber und Aufrührer, die allerdings keine römischen Bürger sein durften.

Lösung 8
Im Römischen Reich, gegen Ende des 3. Jh. v. Chr. neben dem As und dem Denar als Silber- und Messingmünze geprägt. In der Kaiserzeit kam noch der Aureus in Gold hinzu.

Lösung 9
Heinrich Böll (1917–85), dessen erste Werke der Verarbeitung des Krieges und der Nazi-Diktatur galten, der sich dann aber zu einem Kritiker der Gesellschaft im Nachkriegsdeutschland entwickelte.

Lösung 10
In St. Petersburg. Das Museum ist in einem während des 18. und 19. Jh. entstandenen Gebäudekomplex untergebracht, der vor allem eine der größten Gemäldegalerien beherbergt.

Lösung 11
Arthur Schopenhauer (1788–1860). Der Wille, so der pessimistische Denker (z. B. *Parerga und Paralipomena*, 1851), sei die kreative Primärkraft, während die Idee an zweiter Stelle stehe.

Lösung 12
Eine unerwünschte Person; in der Regel ein Diplomat, der aus dem Gastland in sein Heimatland abgeschoben wird.

Lösung 13
Ein Heißluftballon, benannt nach den Brüdern Michel Joseph und Étienne Jacques Mongolfier, die 1783 erstmals einen Heißluftballon steigen ließen.

Lösung 14
Tai Chi. Es dient als taoistische Konzentrationsübung. Mehrere Figuren werden dabei in einen fließenden Bewegungsablauf integriert, was Ähnlichkeiten mit dem Kung Fu hat.

Lösung 15
Albanien. Erst 1990 wurde das Recht auf Religionsfreiheit wieder eingeführt. In Albanien sind etwa 70% der Bevölkerung Muslime, 20% griechisch-orthodoxe und 10% römisch-katholische Christen.

Lösung 16
Für das Blättern (englisch: to browse) im Internet. Man kann damit das Internet nach Informationen durchsuchen. Gebräuchlich sind der Netscape Communicator und der Internet Explorer (von Microsoft).

Lösung 17
Durch seine lustigen Streiche, die der Schalk des Volksbuches *Dyl Ulenspiegel* von 1515 auch noch mit Spott und Schadenfreude begleitet. Verfasser war Hermann Bote (um 1465 – um 1520).

Lösung 18
Am 24. und 25. Oktober 1917 nach russischem Kalender, nach dem westlichen am 6. und 7. November. Die Bolschewiki unter Lenin und Trotzki übernahmen die Macht.

Lösung 19
Der Talmud (hebr. „Lehre") ist die Sammlung der Gesetze und religiösen Überlieferungen, die in nachbiblischer Zeit entstanden sind und Richtschnur des orthodoxen Judentums sind.

Lösung 20
Die Reportage (*Der rasende Reporter*). Der tschechische Schriftsteller machte in den 20er-Jahren mit Berichten über die Lebens- und Arbeitsbedingungen von Industriearbeitern von sich Reden.

Lösung 21
In Maastricht durch den europäischen Ministerrat. Die EU löste 1993 die seit 1957 bestehende Europäische Wirtschaftsgemeinschaft (EG) ab.

Lösung 22
Friedrich Ebert (1871–1925), der Vorsitzende der SPD. Er wurde für zwei aufeinander folgende Amtsperioden gewählt. Sein Nachfolger wurde Paul von Hindenburg.

Lösung 23
In der Malerei, der Grafik und Dichtung. Kokoschkas Bilder zeichnen sich durch Farbintensität aus; sie markieren den Übergang vom Jugendstil zum Expressionismus.

Lösung 24
In Boston (1773). Britische Kolonisten protestierten dabei gegen die Steuergesetzgebung des Mutterlandes. 1775 brach der Unabhängigkeitskrieg aus.

Lösung 25
Über die Entstehung der Arten durch natürliche Auslese (1859). Darwin (1809–82) verbannte damit die biblische Schöpfungslehre ins Reich der Märchen. Prinzip der Evolution sei der Existenzkampf.

Lösung 26
Die „Neue Deutsche Welle", die 1981–83 Höhepunkte mit Musikgruppen wie Ideal, Extrabreit, Nena und Trio feierte.

Lösung 27
Einen Sternausbruch, der heftig genug ist, die Helligkeit des Sterns für kurze Zeit dramatisch zu vergrößern, und doch so milde, dass ein funktionierender Stern zurückbleibt.

Lösung 28
Mit der Tierparabel *Farm der Tiere* (1945), wobei Orwell (1903–50) das diktatorische Herrschaftssystem Stalins vor Augen hatte. In *1984* (1949) entwarf er das Bild eines totalitären Überwachungsstaates.

Lösung 29
Die erste Seite (Startseite) eines Internetanbieters. Die Homepage dient zur „Begrüßung" des Benutzers und informiert ihn über den Inhalt der gesamten Webseite.

Lösung 30
Restaurationspolitik. Metternich (1773–1859) war bis zur Revolution von 1848 Staatskanzler in Österreich und vertrat das monarchische Prinzip.

Lösung 31
Sein und Zeit (1927). Heidegger begreift das menschliche Dasein als ein In-der-Welt-Sein, aus dem der Mensch seine Bestimmung finden oder auch verfehlen könne.

Lösung 32
Nikolaus August Otto (1832–92), der den nach ihm benannten Ottomotor erfand. Bei diesem Motor wird das Kraftstoff-Luft-Gemisch im Verbrennungsraum durch Zündkerzen von außen gezündet.

Lösung 33
Fußball. 1801 wurden die Regeln einheitlich festgelegt. 1857 entstand in Sheffield der erste Fußballverein.

Lösung 34
Amor, der Liebesgott, ein Sohn der Venus. Er ist die römische Entsprechung des griechischen Liebesgottes Eros. Amor verliebte sich in Psyche und entführte sie in einen Feenpalast.

Lösung 35
In der westlichen und zentralen Sahara. Nach Schätzungen gibt es heute etwa drei Mio. Tuareg. Staatliche Grenzen erschweren immer mehr die traditionelle Nomadenwirtschaft.

Lösung 36
In der Vatikanstadt in Rom; die Peterskirche (1506–1626) ist die Hauptkirche des Papstes. Die Ausstattung übernahmen u. a. Michelangelo, von dem die Kuppel stammt, und Bernini.

Lösung 37
Gustav Stresemann (1878–1929) und Aristide Briand waren federführend. Der Vertrag beendete den Besatzungszustand in Deutschland nach dem Ersten Weltkrieg und sicherte die deutsch-französische Grenze.

Lösung 38
Edward Jenner (1749–1823). Der britische Forscher entdeckte den Impfstoff gegen die Pocken. Er gebrauchte auch als Erster den Begriff „Virus".

Lösung 39
Der Österreicher Johannes Mario Simmel (*1924), dessen Bestseller in das Genre Unterhaltungs- und Trivialliteratur gehören. Dennoch stellen seine Romane auch historische und zeitkritische Bezüge her.

Lösung 40
Im Pazifik, wo es alle drei bis sieben Jahre zu einer schweren atmosphärischen und ozeanischen Störung kommt. Warmes Oberflächenwasser strömt dabei vom mittleren in den östlichen Pazifik.

Lösung 41
In Bretton-Woods, im US-Bundesstaat New Hampshire. Hier wurde 1944 über die Gründung des Internationalen Währungsfonds und der Weltbank verhandelt und entsprechende Verträge unterzeichnet.

Lösung 42
Edo, das 1868 erobert und dann in Tokyo – „östliche Hauptstadt" – umbenannt wurde. Edo war die Hauptstadt der Tokugawa-Shogune.

Lösung 43
Ahuramazda. Er war in der Lehre des Zarathustra (Zoroaster) Schöpfergott. Der persische König galt als sein Vertreter auf Erden. Symbol hierfür war eine menschliche Figur in einem geflügelten Ring.

Lösung 44
John Steinbeck (1902–68). In seiner Familiensaga greift der Dichter das biblische Kain-und-Abel-Motiv auf. Elia Kazan drehte 1955 einen gleichnamigen Streifen mit James Dean.

Lösung 45
Das Attentat auf den österreichischen Thronfolger Erzherzog Franz Ferdinand am 28. Juni 1914. Einen Monat später erfolgte die Kriegserklärung an Serbien, was eine Kette von Mobilmachungen und Kriegserklärungen zur Folge hatte.

Lösung 46
Maria Stuart (1542–87), die Friedrich Schiller in seiner Tragödie (1800) idealisierte. Elisabeth I. hielt sie 20 Jahre lang gefangen und ließ sie schließlich enthaupten.

Lösung 47
Circe. Als Odysseus mit seinen Gefährten auf der Rückreise von Troja nach Ithaka auf ihre Insel kam, verzauberte sie seine Freunde in Schweine, während er durch ein Kraut geschützt war.

Lösung 48
Der Kyniker Diogenes von Sinope (412–323 v. Chr.). Mit seinem einfachen Leben in einer Tonne provozierte Diogenes die wohlhabenden Griechen. Weil er lebte „wie ein Hund", brachte ihm das den Beinamen „kyon" (gr. Hund) ein.

Lösung 49
Camcorder ist die Kurzform für Kamera-Recorder. Es handelt sich hierbei um ein Videoaufzeichnungsgerät, das eine Videokamera und einen Videorekorder in einem Gehäuse beherbergt.

Lösung 50
Ein Halluzinogen, das 1943 von einem Schweizer Chemiker entdeckt wurde. Es verursacht u. a. traumähnliche Vorstellungen und Angstgefühle.

Lösung 51
Auf der Berlinale in Berlin; sie besteht seit 1951 und gehört seit 1954 zur Kategorie der Erstaufführungsfestivals.

Lösung 52
Zu Kanada. Sie liegt im Nordwesten und ist die größte Insel des Landes – und die fünftgrößte der Welt. Das Admiralty Inlet an der Ostküste ist der größte Fjord der Erde.

Lösung 53
In Sumer, im Zweistromland. Hier war er nach 2750 v. Chr. der Stadtfürst von Uruk. Das berühmte Gilgameschepos aus Ninive berichtet von seinem legendenhaften Leben.

Lösung 54
In der schwarzen Bevölkerung der Südstaaten um 1900. Im Gegensatz zum religiösen Spiritual der Schwarzen erzählt der Blues von ihrem Leben und ihren Problemen im Zeichen der Rassentrennung.

Lösung 55
Auf Teneriffa. Der Berg ist ein Vulkan, wie die gesamte Inselgruppe vulkanischen Ursprungs ist. Der Pico ist der höchste zu Spanien gehörende Berg.

Lösung 56

Mithra, dem „Gott des Vertrages", der auch in der indischen Mythologie erscheint. Er tötete der Sage nach den Stier Geush Urvan, aus dessen Leib alle Pflanzen und Tiere hervorgingen. Um 211 verbreitete sich der Mithras-Kult im Römischen Reich.

Lösung 57

Swing und Jazz. 1933 machte er auf einer Tournee Europa mit dem Swing bekannt. Der Jazzpianist und -komponist schuf u. a. die Lieder *Mood Indigo*, *Satin Doll* und *Sophisticated Lady*.

Lösung 58

Die T'ang-Dynastie in China. Um 620 gelang es, bei 1200 bis 1400 °C aus Kaolin, Quarz und Kalifeldspat Porzellan zu brennen. Erst 1000 Jahre später, in der Barock- und Rokoko-Kultur des 17. und 18. Jh., erlebte dieses Kunsthandwerk seine erste Blüte in Europa.

Lösung 59

Der Sonnengott, der mit seinem von vier feuerschnaubenden Rossen gezogenen Sonnenwagen auf seinem Weg von Ost nach West das Firmament erleuchtete.

Lösung 60

Das Fagott, der „Bass" in der Familie der Oboen. Die etwa 2,45 m lange Schallröhre ist geteilt; beide Teile verlaufen eng nebeneinander und sind durch ein Übergangsstück, den „Stiefel" verbunden.

Lösung 61

1986. Eine Wasserstoffexplosion zerstörte den Reaktor und führte zu einem Fallout. Der größten nuklearen Katastrophe fielen rund 15.000 Menschen zum Opfer.

Lösung 62

Die Gewinnung, d. h. Akquirierung neuer Kunden bzw. auch neuer Aufträge. Daneben bezeichnet man damit auch den Erwerb eines Unternehmens aus strategischen Gründen.

Lösung 63

Mustafa Kemal Atatürk (1881–1938), der „Vater der Türken". Er konnte sich gegen das Sultanat und gegen die griechischen Invasoren durchsetzen.

Lösung 64

Nike. Deren Entsprechung in der römischen Mythologie ist Victoria. Abgebildet wird sie mit Flügeln und Siegeskranz, den sie dem Sieger über das Haupt hält.

Lösung 65

Die Kaaba, ein würfelförmiges fensterloses Steingebäude inmitten der Großen Moschee von Mekka. Der heilige Stein – ein Meteorit – ist in etwa 1,5 m Höhe eingemauert.

Lösung 66

Der Deutsch-Franzose Jacques Offenbach (1819–1880), der sich den Dichter E. T. A. Hoffmann zur Vorlage nahm, der als weinseliger „Erzähler" fungiert und seinen Mitstudenten von seinen Liebesabenteuern erzählt.

Lösung 67

Der Belgier Andreas Vesal (1514/15–64), der mit seinen Forschungen den Weg in die neuzeitliche Anatomie beschritt. 1543 erschien sein Werk *De humani corporis fabrica – Vom Bau des menschlichen Körpers*.

Lösung 68

Großadmiral Karl Dönitz (1891–1980). In seinem Auftrag wurde die Kapitulation in Reims und Berlin unterzeichnet. In den Nürnberger Prozessen wurde er zu zehn Jahren Haft verurteilt.

Lösung 69

Tsunami bedeutet „Hochwasser" und bezeichnet eine große Ozeanwelle, ausgelöst von einem Erdbeben unter dem Meeresboden. Tsunamis breiten sich ringförmig mit ca. 700 km/h von ihrem Herd aus und werden bis zu 30 Meter hoch.

Lösung 70

Microsoft, ein von Bill Gates (*1955) u. a. gegründetes US-Unternehmen. Es nimmt bei der Herstellung von Software eine marktbeherrschende Stellung ein (90% der Betriebssysteme).

Lösung 71

Mit der 40 Mio. Mal verkauften LP *Thriller*. Der exzentrische Sänger gehört seitdem zu den erfolgreichsten und populärsten Popmusikern aller Zeiten.

Lösung 72

Den Zugriff der Mobilfunktelefone auf das World Wide Web (WWW). WAP heißt Wireless Application Protocol. Damit lässt sich mit dem Handy auch das Internet nutzen.

Lösung 73

In Südamerika, südlich des Río Colorado bis nach Feuerland. Der größte, östliche Teil des Hochlandes liegt in Argentinien, der westliche in Chile.

Lösung 74
Bob Marley (1945–81), der mit unsterblichen Songs wie *No woman no cry* in die Musikgeschichte einging. Marley, ein Rastafari, wandte sich immer wieder gegen soziale Ungerechtigkeit und Rassendiskriminierung.

Lösung 75
Adolf Hitler (1889–1945) und Benito Mussolini (1883–1945), die damit ein Bündnis zwischen dem nationalsozialistischen Deutschland und dem faschistischen Italien schlossen.

Lösung 76
Der durch einen Aufschlag erzielte direkte Punkt. Reine Asse werden so platziert bzw. hart geschlagen, dass der Gegner den vom Boden wegspringenden Ball mit seinem Schläger nicht mehr berührt.

Lösung 77
Er musste zur Strafe für seine Frevel an den Göttern in der Unterwelt einen schweren Felsblock einen steilen Berg hinaufrollen; oben angelangt rollte der Stein wieder hinab und die Mühsal begann von neuem.

Lösung 78
Die Metropolitan Opera in New York, die 1883 eröffnet wurde. Hier treten die bedeutendsten Gesangssolisten der Welt auf.

Lösung 79
Für den Sonnengott Aton, den die Ägypter mit Re gleichsetzten. Die Priester von Heliopolis (von gr. Helios = Sonnengott; polis = Stadt) standen in der Hierarchie direkt hinter den Pharaonen.

Lösung 80
Christiaan Huygens (1629–95). Er war der erste Physiker, der die Theorie über den Wellen- und Partikel-Charakter des Lichts vertrat. Seine Experimente, nach denen er seine Pendelgesetze aufstellte, waren die Grundlage für die Erfindung der Penduluhr.

Lösung 81
Kardinal Richelieu (1585–1642), von 1624 bis zu seinem Tod der Erste Minister Frankreichs unter einem schwachen König. Er unterstützte mit französischen Truppen die Protestanten im Dreißigjährigen Krieg.

Lösung 82
Das Turiner Grabtuch, das als Leichentuch Jesu angesehen wurde. Im französischen Lirey wird es Mitte des 14. Jh. erstmals fassbar. Es zeigt den Negativ-Abdruck eines Mannes in Vorder- und Rückenansicht.

Lösung 83
Für fünf (von lateinisch „der fünfte“); auch eine Gruppe von fünf Instrumentalisten oder Sängern wird als Quintett bezeichnet. Berühmt ist z. B. das *Forellen-Quintett* von Franz Schubert.

Lösung 84
Abu l'Abbas († 754), genannt As Saffah (arab. der Blutvergießer). Er begründete die Abbasiden-Dynastie. Von den Omaijaden überlebte als Einziger Abd Ar Rahman I. Er gründete 756 das Emirat von Córdoba in Spanien.

Lösung 85
Der Franzose Ferdinand de Lesseps (1805–94). Das Projekt wurde hauptsächlich mit französischem Geld finanziert. 1869 wurde der Kanal fertig gestellt. Die Nutzung regelte ein internationaler Vertrag von 1888.

Lösung 86
Auf dem Klavier. Grundlage war vermutlich das Banjo-Spiel in der afroamerikanischen Folklore. Begründer des klassischen „Piano-Ragtime“ ist Scott Joplin (1868–1917).

Lösung 87
Das Verhältnis von Angebot und Nachfrage. Angebot ist die theoretisch ermittelte Menge an Gütern und Dienstleistungen, Nachfrage ist der angenommene Bedarf nach diesen Wirtschaftsgütern.

Lösung 88
Kolumbien. Es grenzt im Norden an Panama und das Karibische Meer, im Osten an Venezuela und Brasilien, im Süden an Peru und Ecuador und im Westen an den Pazifik.

Lösung 89
Ein Heißluftballon, der 1999 in 19 Tagen, 21 Stunden und 25 Minuten einmal die Erde umrundete. Piloten waren der Schweizer Bertrand Piccard und der Brite Brian Jones.

Lösung 90
Jangtsekiang, „Blauer Fluss“. Die Chinesen nennen ihn so, weil er relativ wenig Schlamm mit sich führt. Er entspringt im Hochland von Tibet und mündet nördlich von Shanghai ins Chinesische Meer.

Lösung 91

Ein Volkslied von Andrew Patersons (1864–1941), das vielfach vertont wurde. Die Verse des australischen Lyrikers sind über die Grenzen Australiens hinaus populär geworden.

Lösung 92

Das Emirat von Córdoba, 756 von Abd Ar-Rahman I. gegründet, der als einziger Omaijade das Massaker der Abbasiden überlebte. Er ließ die Große Moschee von Córdoba errichten.

Lösung 93

Orson Welles (1915–85). Der Film beleuchtete kritisch die Karriere des Medienmoguls W. R. Hearst. Bekannt gemacht hatte Welles 1938 das realistische Hörspiel nach H. G. Wells' *Krieg der Welten*.

Lösung 94

Pennsylvania. Penn (1644–1718), der wegen seiner religiösen Anschauungen in England mehrmals inhaftiert wurde, war ein Quäker. Für seine Glaubensgenossen, die jeden Kriegsdienst oder Eid ablehnten, schuf er hier eine Zufluchtstätte.

Lösung 95

Computerfachleute aus Nicht-EU-Ländern. Die Verordnung verschafft hoch qualifizierten ausländischen Fachkräften der Informations- und Kommunikationstechnik (IT) eine Arbeitsgenehmigung.

Lösung 96

Bhutan. Der letzte „Dharma Radscha" starb 1904, ohne dass ein geeignetes Kind gefunden wurde. Das „Drachenland" Bhutan ist heute, nachdem bis 1972 die Sklaverei und Frondienste abgeschafft wurden, Mitglied der UNO.